“博学而笃志，切问而近思。”

（《论语》）

博晓古今，可立一家之说；
学贯中西，或成经国之才。

主编简介

徐芳，现任首都经济贸易大学党委副书记，教授、博士生导师。博士研究生学历，获中国人民大学经济学博士学位。兼任中国劳动经济学会副会长、北京科技人才研究会副理事长。

历任中国人民大学劳动人事学院副教授、硕士生导师、书报资料中心副主任、教授，北京市密云县人民政府副县长，中共密云县委常委、宣传部部长，首都经济贸易大学党委常委、副校长。2005年8月至2006年8月为美国康奈尔大学人力资源研究系访问学者。先后到澳大利亚堪培拉国立大学和悉尼大学、香港科技大学、美国明尼苏达大学研修组织与人力资源管理。作为项目负责人主持过国家社科基金项目、北京市哲学社会科学基金重点项目、北京市优秀人才项目等多项国家和省部级课题。出版多部专著、教材和译著，并在《管理世界》《中国人口科学》《经济理论与经济管理》《中国高等教育》等期刊发表论文40余篇。主要研究领域为劳动经济与人力资源管理，研究方向是战略人力资源管理、政府公共部门人力资源管理、人才学、培训与开发理论及技术、知识管理与组织创新、领导力以及员工敬业度研究等。

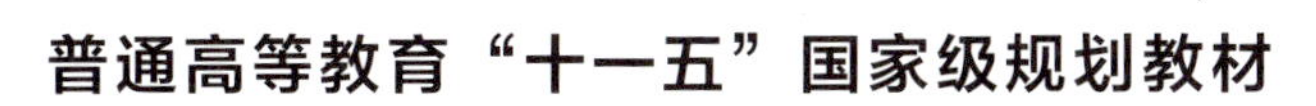

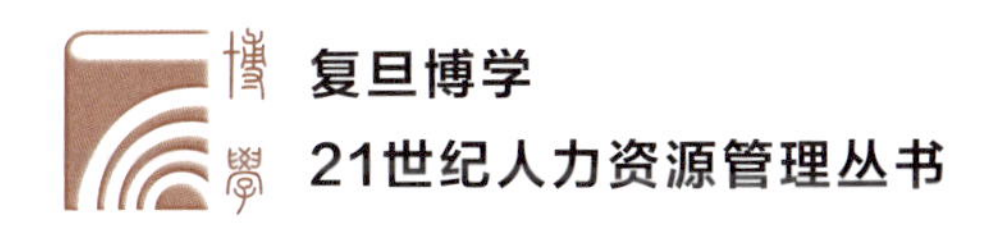

培训及开发理论及技术

（第二版）

徐　芳　主　编
张成刚　副主编

M

本丛书荣获
第六届高等教育国家级教学成果奖

復旦大學出版社

内容提要

本书是“博学 · 21世纪人力资源管理丛书”的一种，详细介绍了人力资源培训与开发基本原理、最新理念和技术方法，并配以众多图表和案例。本书共有三部分，分别为人力资源开发的理论及发展历史、培训与开发的技术方法、职业开发与组织发展。此次出版的第二版对第一版做了较大的修订与改动：增加了与人力资源开发相关的最新理论、培训与开发的课程设计模型等内容，并调整了大部分案例，更新了部分统计数据、图表及网上练习题。本书每章均附学习要点、相关案例与思考题，以引导学生把握书中的重点、难点内容。

本书适合高等院校经济类、管理类专业师生作为教材使用，同时亦适合所有对培训与开发理论及技术有兴趣的人士阅读。

第二版前言

培训与开发是组织提升核心竞争力永远的主题，在当前这样一个充满着多变性、不确定性、复杂性与模糊性的时代，培训与开发对于组织的重要性显得愈发重要。越来越多的组织意识到通过有效的培训、人力资源开发与组织发展实践，可以帮助组织创造价值，成功应对激烈的竞争环境和外部挑战。

2004 年本教材首次出版，当时我还在中国人民大学劳动人事学院任教。承蒙读者的厚爱，14 年来这本教材一直受到来自高校、企业和政府等各类读者的关注。随着社会经济的快速发展，培训与开发的理论、实践都有了长足的发展。因此，我们决定修订完善本教材的理论、数据和案例，包括更新部分章节内容，以反映该领域最前沿的研究和实践成果，满足培训与开发教学、研究以及实践等方面的需求。

与 15 年前本教材首次出版时不同，当前市场上关于培训与开发的各类教材、书籍已经琳琅满目。但是，能同时提供该领域完整的结构框架、经典的理论和优秀实践，既包括国外先进经验，也适应中国情境的综合性教材依然不多见。这更为我们再版这本教材增添了动力。本教材希望能够为人力资源管理专业的本科生和研究生，以及所有关注人力资源开发理论及技术等工作的实践者提供此领域的最新研究成果。作为编者，我们与即将开始阅读本教材的读者们一样，希望既能够有坚实的理论体系应对快速变化的环境，同时也能够保持敏捷的行动，快速吸收先进的经验。秉持这样的原则，本教材在再版过程中，尽可能地将经典理论与前沿思想、优秀实践综合到教材中。

基于此，我们对本教材第一版做了较大的修订与改动：增加了最新的与人力资源开发相关的经典理论，特别是增加了管理与组织理论中的经典理论；在学习理论部分增加了转化学习理论、联通主义学习理论以及柯布的学习风格；在培训与开发的技术方法部分增加了社交网络理论、培训与开发课程设计模型等相关内容；调整了大部分案例，增加了谷歌、华为、腾讯、京东等企业培训与开发的鲜活案例以及以英国文官学院的公务员培训为代表的政府创新案例；更新了教材中的部分统计数据和图表，重新筛选并提供了大量网上资源，更新了部分练习题目。

为与第一版在体例上保持连贯性，本次修订依然采用了三大部分共 11 章的框架：第一部分是人力资源开发的理论及发展历史，由第一至三章组成；第二部分是培训与开发的技术方法，包括第四至九章的内容；第三部分是职业开发与组织发展，包括第十至十一章的内容。各章修订后的主要内容如下：

第一章：组织中的人力资源开发，重点介绍了人力资源开发的内涵，人力资源管理、人力资源开发与组织发展的演变，人力资源开发与企业核心竞争力，人力资源开发专业人员面临的挑战以及人力资源开发专业人员的角色与能力素质要求。第二章：人力资源开发的起源与发展，重点介绍了人力资源开发的起源与历史、人力资源开发同人力资源管理其他职能的关系、人力资源车轮模型、人力资源开发部门的组织架构、基于战略的人力资源开发流程。第三章：组织理论、学习理论及学习策略，重点介绍了管理与组织理论、学习理论、学习策略与学习类型，以及脑科学在培训中的应用价值。

从第四章开始至第九章，重点介绍的是培训与开发的技术方法。第四章：培训与开发的需求分析，介绍了培训与开发需求分析的一般流程，重点讨论了培训与开发需求分析的三个层面，即战略/组织层面、任务层面以及人员层面。第五章：培训与开发项目的设计与实施，重点介绍了培训项目设计与开发的有效模型、人力资源培训与开发目标的明确、培训材料包以及测试题目的开发、培训教师的甄选与培训、培训环境的创建以及培训项目的实施，并特别提供了与培训教师分享的经验资料。第六章：传统与新兴的培训技术媒介，重点介绍了培训技术的选择，传统的培训技术与新兴的培训媒介，包括电子通信技术、自定进度的计算机辅助式培训、网络培训、人工智能、虚拟现实培训、移动学习与设备、全球虚拟课堂等。第七章：组织社会化过程及新员工入职培训，重点介绍了社会化过程的阶段理论、社交网络理论，特别是社会化过程的阶段模型中的弗德曼三阶段模型，布切南三阶段早期职业模型，波特、劳勒和哈德曼的三阶段模型，施恩的三阶段模型和沃纳斯的四阶段模型。第八章：培训与开发项目评估，重点介绍了人力资源培训效果评估的内涵，培训效果评估的模型，培训效果评估的数据收集方法、研究设计方法，以及如何从财务角度评估人力资源开发项目；具体介绍了经典的柯式四级评估模型、全新的柯式评估模型、菲利普斯的五级投资回报模型以及 CIRO、CIPP 评估模型和投资回报率（ROI）评估模型；在实验设计方法中具体介绍了后测、前测与后测、时间序列、有对照组的后测、有对照组的前测与后测、有对照组的时间序列、所罗门四小组等。第九章：培训成果转化，重点介绍了培训成果转化理论和过程模型，包括培训成果转化理论中的同因素理论、激励推广理论以及认知转化理论，福克森的培训成果转化模型以及鲍德温和福特的培训成果转化过程模型。另外还介绍了影响培训成果转化的因素，以及确保培训成果转化的方法。

第十章和第十一章主要介绍了人力资源开发中的另外两大组成部分：职业开发与组织发展。第十章：职业开发，重点介绍了职业开发的概念及意义、职业发展理论与模型、职业规划与职业管理的实践，具体包括施恩和埃里克逊的成人发展阶段理论、莱维森的成人发展时期理论、生涯建构理论、背景行动理论以及生涯混沌理论；在职业发展模型中重点阐述了传统与现代的职业生涯发展模型以及个人导向与组织导向的职业生涯管理模型。第十一章：组织发展与人力资源干预，重点介绍了组织变革过程理论、组织发展实践、人力资源培训与开发的外包技术、人力资源培训与开发的未来发展趋势。特别是组织发展实践中的人力资源干预方式，包括管理技能开发、员工辅导、导师制、管理继承人培养以及企业大学等。

本教材的最终修订完成是我和张成刚老师以及研究生共同努力的结果。在第二版的编写过程中，具体分工如下：徐芳负责第一章，王雨薇负责第三章、第八章、第九章，吴静负责第二章、第六章、第七章，兑浩建负责第四章、第五章，刘利霞负责第十章，张成刚负责第十一章。全书由徐芳、张成刚负责结构及内容体系的设计、案例的选取以及最后的统稿。

相信这本教材值得致力于人力资源开发的教师和学生阅读。它会对组织的培训与开发工作具有一定的指导作用，其中的理论及技术方法对关注此领域研究和实践的人会有所启迪。让我们一起探索人力资源开发模式的创新和知识的创造，让人才的成长更有竞争优势，让组织焕发出更大的生机和活力！

由于我们学识有限，本书肯定会存在这样或那样的不足，恳请同行与读者批评指正。

首都经济贸易大学
徐　芳
2019 年 1 月

第一版前言

越来越多的组织对培训与开发的价值给予了广泛的认可，事实证明，凡是注重员工培训与开发的组织会比他们的竞争对手表现出更好的业绩，也更有信心迎接环境的变化与挑战。虽然市场上对培训与开发的实践活动提出了巨大的需求，但是培训与开发领域的理论与技术研究仍显得较为滞后。本教材是专门为人力资源管理专业的本科生和研究生，以及所有关注人力资源开发理论及技术工作的实践者编写的。本书为高校学生、科研工作者、企业以及政府人员提供了人力资源开发理论以及技术的框架，向读者展示了培训与开发领域的最新研究成果。

一、本书结构

本书共包括11章的内容，主要由三大部分组成：第一部分是人力资源开发的理论及发展历史，由第一至三章组成；第二部分是培训与开发的技术方法，包括第四至九章的内容；第三部分是职业开发与组织发展（OD），包括第十至十一章的内容。

二、本书的主要内容

第一章“组织中的人力资源开发”，重点介绍了人力资源开发内涵、人力资源开发与组织核心竞争力、人力资源开发专业人员面临的挑战以及人力资源开发专业人员的角色与能力素质要求。第二章“人力资源开发的起源与发展”，重点介绍了人力资源开发的起源与发展历史、人力资源开发同人力资源管理其他职能的关系、人力资源开发部门的组织架构、基于战略的人力资源开发流程。第三章“学习理论与人力资源开发环境的构建”，重点介绍了学习理论、学习策略与学习类型、创建有利于学习的培训环境以及标杆、基准法在创建学习型组织中的应用。

从第四章开始至第九章，重点介绍的是培训与开发的技术方法。第四章“培训与开发的需求分析”，详细介绍了培训与开发需求分析的三个层面，战略/组织层面的需求分析、任务层面的需求分析以及人员层面的需求分析方法。第五章“培训与开发项目的设计与实施”，重点介绍了培训项目设计与开发的有效模型、如何确定人力资源培训与开发的目标、培训材料包以及测试题目的开发、培训教师的甄选与培训（TTT）以及培训项目的组织实施。第六章“传统的与新兴的培训媒介”，重点介绍了传统的培训手段、新兴的培训媒介、培训技术的选择。第七章“新员工入职培训与管理技能开发”，重点介绍了组织社会化的基本概念、社会化过程的阶段理论、新员工入职培训、管理技能培训与开发、绩效管理与员工辅导。第八章“培训与开发项目评估”，重点介绍了人力资源培训效果评估的内涵、培训效果评估的发展阶段及其目标、人力资源开发项目的目标和发展历程、培训效果评估的模型与框架、评估所需数据的收集方法、以及如何从财务角度评估人力资源开发项目。第九章“培训成果转化”，重点介绍了培训成果转化理论和过程模型，影响培训成果转化的因素，以及确保培训成果转化的方法。

第十章和第十一章主要是介绍人力资源开发中的另外两大组成部分：职业开发与组织发展。第十章“职业开发”，重点介绍了职业开发的概念及意义、职业开发理论与职业发展模型、职业规划与职业管理的实践。第十一章“组织发展与人力资源干预”，重点介绍了组织发展理论和概念、人力资源干预、人力资源培训与开发的外包技术、人力资源培训与开发的未来发展趋势等。

三、本书的特点

1. 在每一章的开始部分都列举了一个与该章内容有关的案例。

2. 各章中所有的专业名词和概念都用黑体字做了标记。

3. 本书不仅有关于培训与开发的理论介绍，也有具体的企业实践经验分享。

4. 在每章结束后都附有与本章内容相关的案例和网上练习题。

本教材的最终完成是我本人和许多研究生共同努力的结果，全书由徐芳负责结构及内容体系的设计、资料的提供、案例的选取以及最后的统稿。各章的具体分工如下：徐芳负责第一章、第五章，万菲负责第二章、第七章和第九章，骆文琼负责第三章和第十一章，吴铮负责第四章和第八章，张艳负责第六章，欧阳袖负责第十章。

相信这本教材会对组织的培训与开发工作具有一定的指导作用。其中的理论及技术对关注此领域研究的人会有启迪。由于我们学识有限，对本书存在的不足，恳请同行批评指正。

中国人民大学

徐　芳

2004 年 10 月

目 录

第一部分　人力资源开发的理论及发展历史

Theories and Methods of Training & Development

第一章　组织中的人力资源开发

【学习目标】

通过本章的学习，应该重点了解和掌握以下内容：

1. 人力资源开发的内涵；
2. 培训与开发、职业开发以及组织发展的定义；
3. 人力资源开发、人力资源管理与组织发展的关系；
4. 人力资源开发对于组织赢得竞争优势的重大意义；
5. 组织中各部门在人力资源开发工作中的职责；
6. 人力资源开发专业人员所面临的挑战；
7. 人力资源开发专业人员的角色与能力素质要求及其发展过程。

【开篇范例】

谷歌公司的人才开发策略

谷歌公司（Google Inc.）由拉里·佩奇（Larry Page）和谢尔盖·布林（Sergey Brin）成立于1998年，是一家位于美国的跨国科技企业，现在已成为全球最知名的科技公司之一。短短20年能取得今天的成就，在于谷歌始终坚持颠覆式的创新。谷歌的创新不仅体现在产品上，人才管理的创新更是谷歌成功的重要基石，下面让我们共同来了解一下谷歌公司的人才管理实践。

谷歌的创新型用人策略

在谷歌成立初期，实力远远落后于当时的雅虎、AOL、微软等公司，为了能从这些大公司的手中抢到优秀的人才，谷歌认为必须给他们留下深刻的印象，使他们相信谷歌能够带来一些特别的东西。因此，谷歌决定摒弃传统的选才模式，做出两个巨大的改变，以确保谷歌的招聘结果优于其他公司。

1. 慢工招人才

谷歌首席人才官拉斯洛·博克（Laszlo Bock）认为应聘者中只有10%（最多）会成为顶尖的人才，因此需要筛查许多应聘者，进行很多次面试。之所以说最多，是因为各个行业的绝大多数顶尖人才并没有在找工作，他们在现有的工作岗位上享受着成功，因此在投简历的应聘者中招聘到顶尖人才的概率非常低。

但等待是值得的，恰如谷歌的研发高级副总裁艾伦·尤斯塔斯（Alan Eustace）经常说的：“拔尖的工程师的价值相当于普通工程师的300倍……我宁愿错过整整一批工程师毕业生，也不愿意放掉一位出众的技术专家。”

2. 只聘用比你优秀的人

拉斯洛认为判断自己到底有没有找到一名非凡的人才的首要原则是：“只聘用比你优秀的人。”

在谷歌的招聘过程中，拉斯洛也始终秉持这一观点进行选才，因此，经由拉斯洛之手进入谷歌的人才总是在某些方面比他自己更加优秀，并且能在这些人身上有所学。为了聘请他们，谷歌也付出了很大的时间成本，例如为了聘用现任人员发展副总裁凯瑞（Karen May），就让谷歌等待了四年之久。但是一个优秀的人才是值得你等待的，拉斯洛的人才观也从未让谷歌失望。

聘用优秀的人十分重要，但是如何才能将优秀人才的作用最大化，如何才能开发出源源不断的优秀人才，谷歌的做法也值得我们学习。

打造学习型组织

> “我无法告诉你应该培训你的团队或组织哪些知识，因为那取决于你们的目标。我无法告诉你们最好的培训方式是面对面教育还是远程教育，抑或是自学或小组课堂，这要取决于你们的员工在哪种方式下学得最好，还要取决于他们要学习的内容。不过，我可以告诉你到哪里去找最好的老师——他们就坐在你的身旁。”
>
> ——拉斯洛·博克

例如，任何一家公司总销售量最高的销售人员都应该成为公司的优秀老师。请这个人而不是从外面请人给公司的其他员工授课，这样不仅有了一位比其他员工更加优秀的老师，而且这位老师对公司的特定环境以及顾客都很了解。而如果派这名销售人员去参加昂贵的销售研讨班，授课老师是为其他公司销售其他产品的人，这很难带来销售绩效的革命性提升，因为公司的具体情况也是极为重要的因素。谷歌通过打造学习型组织，向优秀员工学习，既节省了培训费用，又得到了很好的培训效果。

在这个信息技术如此发达的时代，作为科技巨头的谷歌自然也会运用新兴技术来对员工进行培训与开发。

Google EDU 项目

谷歌早在2010年就设立了Google EDU项目，该项目旨在以一种全新的方式使谷歌公司的员工得到更规范化的培训，利用数据分析及其他措施为员工提供个性化的学习体验，确保他们学到真正所需的知识。

现在，谷歌全球的员工大约有三分之一都参加过内部培训，这很大程度上得益于Google EDU项目。并且通过对培训数据的分析，Google EDU的课程也在不断更新，不断淘汰落伍的课程。谷歌负责改进Google EDU的人员发展副总裁凯瑞·梅认为Google EDU最大的贡献在于使得公司的培训与整体业务战略相一致。

除此之外，谷歌为了确保培训取得理想的效果，会利用员工对管理者的评价——类似于大学生在学期末对教师的评价，来向管理者推荐其需要进修的课程。并结合搜集到的数据，在经理职业生涯的各个不同阶段（如更换工作地点或者加盟新团队后）向其提供推荐的课程。

此外，谷歌会向新经理提供一项特别的课程，教导他们如何以更加巧妙的方式施展影响力。例如，其他公司的资深经理来到谷歌之后，会发现很难去融入谷歌的企业文化，因为在这里要让下属服从命令，经理必须要有说服力的想法。员工的升职和加薪通常需要得到同事和上级的一致同意。员工不见得会仅仅因为上级的经理身份而对他唯命是从，这与大多数采用自上而下的等级管理体系的传统企业截然不同。这时，经理们就可以将他们在课程中学到的管理方法学以致用，使下属们更好地配合其工作。

谷歌通过完善先进的选人、用人、育人体系，配合谷歌公司特有的企业文化，不仅为谷歌公司提供了优秀的新员工，也使得新员工能够更快更好地融入公司，更有效地为公司创造效益，这也使得谷歌能够从众多公司中脱颖而出，取得如今举世瞩目的成就。

（资料来源：[美] 拉斯洛·博克. 宋伟，译. 重新定义团队：谷歌如何工作 [M]. 中信出版社，2015；华尔街日报 [N]，2012 年 7 月 5 日）

提起人力资源开发，大家首先就会想到如下这些问题：人力资源开发的内涵是什么？人力资源开发的基本内容、原理包括哪些？为什么说人力资源培训与开发对于组织获取竞争优势是至关重要的？组织对人力资源开发的专业人员有什么要求？本章我们将从上述这些问题开始讨论。

第一节　人力资源开发内涵的界定

人力资源开发（Human Resource Development，HRD）是指由组织设计的，旨在给其成员提供学习必要技能的机会，以满足组织当前或未来工作需要的一系列系统性和规划性的活动。关于人力资源开发，国内外学者和专家也提出大量解读，以下介绍几种比较有影响力的观点。

国外方面，纳德勒（Leonard Nadler）教授于 1967 年提出，人力资源开发的含义包括：① 人力资源开发的方式是学习；② 开发时间是在特定的时间阶段，且学习不是一蹴而就的，必须投入时间保持一个持续的过程；③ 开发的目的是提供员工的工作绩效和个人发展机会。由美国培训与开发协会（American Society for Training and Development，ASTD）资助的派特·麦克莱甘（P. A. McLagar，1989）的研究结果表明：人力资源开发是综合运用培训与开发、职业开发和组织发展来提高个人、团队以及整个组织的绩效的活动。该项研究成果阐明了现代人力资源开发理论不仅包括传统意义的培训和开发领域，还包括职业开发和组织发展，人力资源开发职能已经从培训与开发转向了包括职业开发和组织发展在内的职能的转变。斯旺森（Swanson，2009）从组织绩效出发，认为人力资源开发是一个借助员工因素来改进组织绩效的过程，包括岗位设计、能力倾向、技术专长和工作动机等多方面的活动。威尔逊（Wilson，2012）指出，人力资源开发涉及提高社会中所有人及组织的认知、情感和行为能力的全过程。

国内方面，吴文武（1996）等人认为，人力资源开发是指为充分、科学、合理地发挥人力资源对社会经济发展的积极作用而进行的资源配置、素质提高、能力利用、开发规划及效益优化等一系列活动的有机整体；萧鸣政（2004）提出，人力资源开发是指对群体或个体的品德、知识、技能、体力与逻辑性的利用、塑造与发展的过程。

通过对国内外专家定义的梳理，本书认为人力资源开发是组织设计并综合运用员工培训、职业发展、绩效管理与开发等一系列活动提升组织内个人或团队知识、技能、能力，以期达到提高绩效或实现个人及组织发展的目的。

下面，我们将分别从培训与开发、职业开发和组织发展三个方面来论述人力资源开发的内涵。

一、培训与开发

培训与开发是指企业为了使员工获得或改进与工作有关的知识、技能、动机、态度和行为，所做的有计划的、系统性的各种努力，通过这些努力可以有效地提高员工的工作绩效并帮助员工对企业的战略目标做出贡献。

培训与开发的重点在于“通过有计划的学习、分析，确保并帮助员工个人提高关键技术和能力，以便胜任现在和将来的工作”。其中，关键词是“学习”和“员工个人”，培训与开发是直接针对“员工个人”的，而“学习”则是进行改进的主要手段。

培训与开发的区别。培训与开发在组织的实践中经常不做严格的区分，但实际上培训与开发并不完全是一个概念，而是具有不同的含义和侧重点。**培训**主要包括向员工传授完成当前的某项任务或工作所需的知识和技能，而开发活动则拥有一个更长期的关注焦点，更加强调为未来的工作任务做准备（见图1-1）。

图1-1　培训与开发的区别

当今许多组织的培训与开发活动主要包括三种：新员工的入职培训、管理技能开发以及对员工的业务培训。新员工的入职培训是指新员工学习组织重要的价值观和行为规范、学习如何建立工作关系、以及学习如何在岗位上行使职责的过程；管理技能开发则是针对管理者进行的一项培训计划，其目的是让管理者能够适应企业所面对的变化多端的环境，不断提升自身的管理技能，帮助企业实现可持续发展；员工的业务培训则是把范围缩小到向员工传授与具体工作和任务相关的某一特殊领域的知识和技能。

二、职业开发

人力资源管理的一个基本假设就是，组织有义务最大限度发挥员工的能力，并为每一位员工都提供一个不断成长以及挖掘个人最大潜力和创建职业成功的机会。这种趋势得到强化的一个信号是，许多组织越来越重视职业开发。

职业开发（Career Development，CD）是人力资源开发的第二个组成部分。它是在确保个人职业目标与整个组织的目标一致的基础上，以期实现个人与组织需求之间的最佳匹配。职业开发的重点是在工作中扮演不同角色的个体。职业开发和培训有所不同，它不是直接针对员工个人和他们的工作；职业开发与组织发展也不同，它不研究个体或团队之间的相互关系。实际上，职业开发的目的在于确保个人与组织需求之间的最佳匹配。

职业开发包含两个过程：职业规划和职业管理。职业规划强调个人在职业生涯发展中的主观能动性，组织通过帮助个人评价其技术、能力、了解自身的兴趣、价值观、机会等因素，从而选择合适的职业生涯发展目标，建立起一个比较现实的职业规划方案，并努力去实现它。职业管理则更关注于组织在员工的职业发展过程中所起的主导作用，即强调组织要督导员工实施其职业生涯规划。关于两者的关系，一方面，职业规划往往先于职业管理，它是职业管理的起点和终点，因为职业管理的开展要以职业规划为依据，而职业管理的目的就是要实现职业规划的目标；但另一方面，职业管理往往又包括职业规划，职业管理是从职业规划的制定开始的，在整个管理过程中，需要不断地对职业规划的内容进行调整，对职业规划进行再规划。

职业规划与职业管理，是整个人力资源开发的一个重要的组成部分，它为人力资源开发活动提供了一个未来的工作方向，为应对环境变化的挑战、组织目标的实现以及与之相适应的人力资源开发提供了一个科学的依据与思路。对于组织来说，职业开发的作用，具体表现在以下几个方面。

（一）把个人发展需要与组织发展需要联系在一起，形成人力资源开发的合力

在职业开发规划与管理过程中，一方面，组织能够了解员工个人的职业发展需要，因此可以进行针对性的人力资源管理工作，主动把组织发展的目标与个人发展的目标有机联系在一起，目标一致，形成开发动力。另一方面，组织通过帮助员工认识自己、树立职业生涯的目标、克服职业生涯发展过程中的困难，从而使员工与组织形成人力资源开发的情感亲和力。

（二）在双赢中让员工个人获得适应性发展

所谓让员工适应性发展，就是让员工的个性得到发展，产生满足感，从而形成对员工的激励。这样就在促使员工个人职业生涯目标实现的基础上，使组织的人力资本获得了增值、员工的工作积极性得到了提高，实现组织和员工的双赢。

（三）留住更多人才

导致组织中人才流失的一个主要原因就是组织未能给员工提供发挥才能的空间和舞台、以及适当的职业发展平台。而职业开发能够让每个员工在职业发展的过程中实现报酬的增长、能力的发挥和职务的提升，从而增强组织吸纳和保留人才的能力。

三、组织发展

组织发展（Organization Development，OD），指的是为了改进组织效率，解决组织中存在的问题，并达成组织的目标，根据组织内外环境的变化，有计划地改善和更新企业组织的过程。组织发展是在组织理论的指导下，着重改善和更新人的行为、人际关系、组织文化、组织结构及组织管理方式，从而达到提高企业组织的生命力和效能的目的。组织发展倡导在团队内部和各团队之间进行变革和创新。

组织发展既强调宏观的也强调微观的组织变革。宏观的组织变革的最终目的是提高组织的有效性；而微观组织变革主要指个人、小群体以及团队的改进。例如，许多组织都在寻求通过改变员工的报酬体系、工作期望值以及工作报告程序等来达到提高组织有效性的目的。

组织发展具有以下四个方面的显著特点：

第一，组织发展应具有长期性，它不应仅仅是解决短期面临的业绩问题；

第二，组织发展应该得到组织高层管理人员的支持；

第三，组织发展主要通过培训来实现变革；

第四，组织发展的过程包括鼓励员工参与并发现问题，寻找解决问题的方法，挑选合

适的方案，确认变革对象，贯彻执行有计划的变革方案和评估结果等一系列环节。

一般来说，要获得组织发展的成功，必须具备如表 1-1 所示的一些条件。

表 1-1 组织发展成功的条件

1. 组织中至少有一个关键的决策者认识到变革的必要，而且高层管理者们并不强烈地反对变革 2. 这种认识到的变革需要由工作重新设计等问题引发 3. 组织管理者愿意进行一种长期的改进 4. 管理者与员工都愿意以一种开放的心态来对待内、外部顾问提出的关于组织发展的改进建议 5. 组织中存在一定的信任与合作 6. 高级管理层愿意提供必要的资源，以支持组织内部或外部专家的行动

人力资源开发专业人员在组织发展中主要承担变革的代理人角色。推动变革一方面要求人力资源开发专业人员与直线经理们经常性地沟通组织的战略问题和业务问题，并为其提供具体的建议；另一方面也要求人力资源开发专业人员要直接参与到企业的战略变革中去，比如，为计划和实施变革召开员工会议。

由此可见，人力资源开发所行使的上述三个方面的职能各有侧重，培训和开发主要是确保个人具备能够完成当前或未来工作的核心专长与技能；职业开发主要是确保个人的发展规划、目标与组织的目标相匹配；而组织发展则关注的是团队和组织，倡导在团队内部和各团队之间进行变革和创新，从而达到提高组织绩效的目的。

四、人力资源管理、人力资源开发与组织发展的演变

人力资源管理（HRM）、人力资源开发、组织发展（OD）是组织中三个密切相关，但重点不同的实践内容。明确三者的演进过程、发展差异和共同的目标指向，可以帮助我们对三种实践有清晰的理解。从总体上说，人力资源管理的重点是对组织内的人力资源进行合理配置及素质提升，人力资源开发重在组织内人力资源的效率，而组织发展旨在提高组织运作的有效性。组织内的管理实践，从战略层次上划分，可以分为战略层面实践和运营层面实践；从应对管理需求的顺序上分，可以分为前瞻性实践和反应性实践。战略层面实践指的是与组织发展目标和实现目标途径相关的活动；运营层面实践指的是组织内部管理实践开展的具体做法。前瞻性实践指的是面向未发生事件和需求的、未雨绸缪的管理手段；反应性实践指的是面向当下、事件发生时的管理手段。

如图 1-2 所示，人力资源管理、人力资源开发、组织发展三种管理实践经历了运营反应、运营前瞻、战略反应以及战略前瞻四个发展阶段。

在运营反应阶段，三类活动的重点都集中在使组织每天有效运作而必须完成的活动上。开展这些活动的专业人员所需的技能既有技术性的，也有人际关系方面的。这一阶段的**人力资源管理**介入交易和行政活动是迫于不断上升的工会组织影响和政府监管压力。**人力资源开发**专业人员主要从事基于组织短期需求的培训活动，目的在于改变与个人工作相关的行为。与人力资源开发相似，**组织发展**侧重于个人和与组织中人际关系相关的基本活动。

20 世纪 80 年代开始的去管制化和全球化给各类组织带来了新的竞争压力，组织内部的管理实践开始转型，即进入了运营前瞻阶段。在这一阶段，三类管理实践的特征是持续改进、提升效率和改善成本效益。**人力资源管理**活动侧重于通过外包、组织再造、将交易

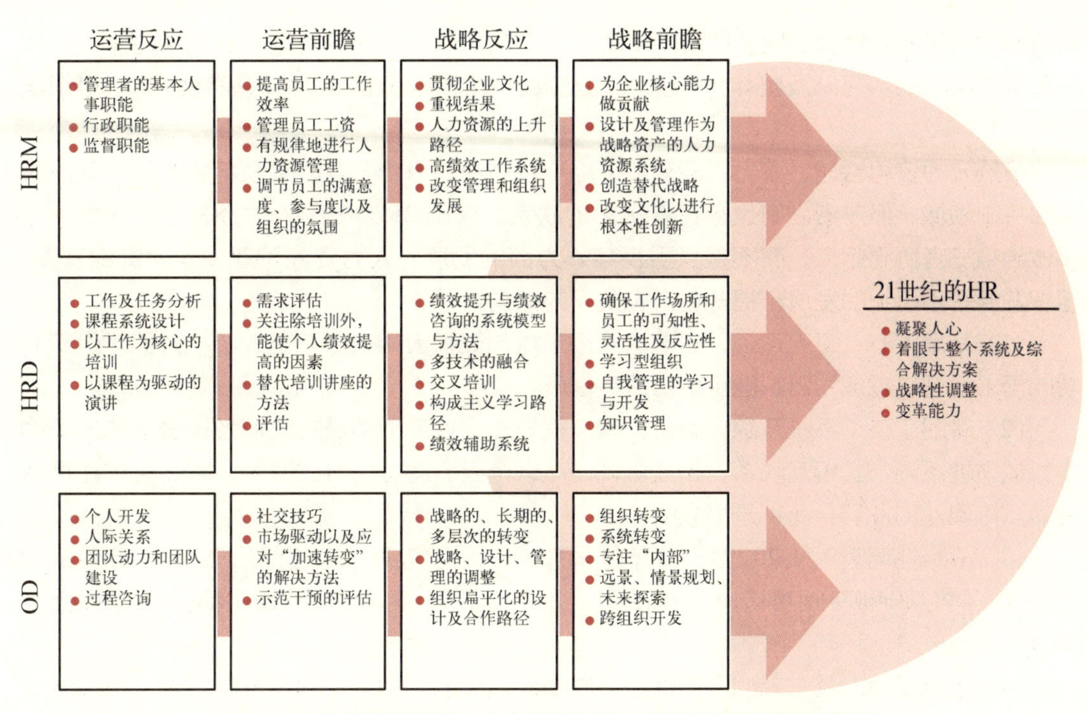

图 1-2　人力资源管理、人力资源开发、组织发展的发展路径图

资料来源：W. E. A. Ruona & S. K. Gibson. The Making of Twenty-First-Century HR: An analysis of the convergence of HRM, HRD, and OD [J]. *Human Resource Management*, 2004, 43 (1): 49-66.

工作转移到部门经理以及开发人力资源指标来衡量生产率等提高人力资源管理实践的效率。**人力资源开发**开始研究个人绩效改进的新方法，并着重于支持个体应用新学习的行为（即改善在职表现）。**组织发展**将重点转移到更大的背景上，以促进更快的变革流程，并将组织发展计划与业务成果联系起来。每个领域虽然仍以运营为中心，但积极介入测量活动内容以确定最具成本效益的运作方法。三类活动都继续强调技术专业知识是各自工作的“基础”，但也认为更广泛的业务视角越来越重要。人力资源专业人员需要评估各种人力资源决策的成本和效果。

在战略反应阶段，组织面临的挑战更多了——全球化、技术进步、管理成本上升等，许多组织认识到人力资源是竞争优势的核心。因此，对人力资源的战略管理及运营方式对于组织持续竞争优势至关重要。受到当时组织资源基础观和组织核心竞争力观的影响，三类管理实践在该阶段都强调战略调整和定位。三类实践都开始将其实践手段与组织战略结合起来，反应意味着战略经常被作为人力资源管理、人力资源开发和组织发展部门决策的基础，以便这些部门“做出反应”。商业素养、变革管理和战略思维被认为是这些领域专业工作者所需要的能力。每类实践必须更加系统地完成他们的目标，包括明确强调管理措施的有效性和影响。最重要的是，每个领域都必须以更系统的观点看待组织，并将这样的视角作为其管理措施的基本假设。

战略前瞻阶段就是当前正在发生的阶段。该阶段的特征是人力资源管理、人力资源开发和组织发展需要非常协调并对组织的外部环境和市场做出反应，还需要不断探索并预测未来趋势。此外，强调战略上积极主动的同时也必须强调战略与系统性管理措施相结合，以发展和利用适应性强、敏捷的员工队伍。员工队伍变得敏捷的关键是真正关注个人、团队和组织层面的学习以及整体组织系统的发展，将学习转化为独特的战略性核心组织能力等。

虽然人力资源管理、人力资源开发、组织发展都在沿着各自的路径不断发展，都成长为独特的领域，但三者之间也存在着密切的联系。对于21世纪的人力资源专业人员，应该做到将三者协同起来，而不是只重视某一方面的发展。人力资源管理、人力资源开发、组织发展对于组织的发展和提升也有着共同的指向：

（1）凝聚人心。毫无疑问，影响这三个领域的最强大的力量正是人心，人们对组织成功的渴求度越来越成为组织能否成功的关键所在。

（2）着眼于整个系统及综合解决方案。很显然，这三个领域在它们各自进化的过程中变得越来越系统，其相互联系、相互协调，并以全面、动态的方式发展，因此更加注重系统性、协调性的发展，而不是孤立的。

（3）战略性调整。从20世纪70年代末开始，人力资源专家们就认识到了战略性的重要程度，他们不断呼吁组织重视组织战略，并指出明确、具体、有效的战略对于组织而言具有极大的价值。

（4）变革能力。从三者的发展路径可以看出现今的人力资源领域日新月异，组织的变革能力也就显得尤为重要，组织要想在如此复杂且不可预知的环境中茁壮成长，变革能力不可或缺。

第二节 人力资源开发与企业核心竞争力

一、什么是企业的核心竞争力

核心竞争力是美国经济学家普拉哈拉德（C. K. Prahalad）和哈默（G. Hamel）于1990年在《哈佛商业评论》上提出的，他们认为“就短期而言，公司产品的质量和性能决定了公司的竞争力；但长期而言，起决定作用的是造就和增强公司的核心竞争力”。此观点一提出，就得到了学术界和企业界的广泛认可，并引起了企业家的高度重视。

何谓企业的核心竞争力？**企业的核心竞争力**是指能够为顾客带来特殊价值的一系列的知识、技能、技术的组合。简单地说，就是企业在经营过程中形成的不易被竞争对手仿效的、能带来超额利润的独特的能力。它是企业在生产经营、新产品研发、售后服务等一系列营销过程和各种决策中形成的，具有自己独特优势的技术、文化或机制所决定的巨大的资本能量和经营实力。核心竞争力主要包括核心技术能力、组织协调能力、对外影响能力和应变能力，其本质内涵是让消费者得到真正好于、高于竞争对手的不可替代的价值、产品、服务和文化。

全世界范围内企业人力资源部的职能正在由传统的人事管理向基于战略的人力资源开发与管理的方向转变。之所以出现这种变化的趋势，其原因在于企业的竞争优势越来越取决于其组织和员工的素质与学习能力。20世纪末，《财富》杂志曾预言21世纪最为成功的企业将是那些学习型组织，而一些跨国公司也称自己“唯一长久的竞争优势，或许是比对手学习得更快的能力”，这些预言正在被逐渐证实。

二、人力资源开发与企业核心竞争力的关系

随着知识经济时代的来临，人力资本对于促进经济增长的贡献日益突出，已经成为企业取得竞争优势的最主要来源，在企业发展中发挥着越来越关键的作用。为此，企业的竞争优势将依赖于人力资本——知识、经验、技能等“软”资本，而不再是它们的厂房、设备等“硬”资产。员工的技术、知识、能力以及同顾客间的相互关系，会创造出一种核心竞争力，这种能力远比可购买到的现成的科技能力更加有效。为此，企业可以持续拥有这种竞争优势。

因此在大多数企业里，人力资本被作为最重要的资本来看待。企业在发展和实施战略的过程中，既要拥有有形资源（如楼房、资金），同时也要拥有无形资源（如人力资本和品牌知名度）。无形资源（人力资本）是最有可能为企业赢得竞争优势的资源，因为它是稀缺的、复杂的以及难以被竞争对手模仿的。并且，企业所拥有的资源，尤其是无形资源在很长时间内很难改变。尽管说人力资本可能会有某种程度的改变，某些能力对企业也许不再有价值了，但是人力资本中的某些特定能力是基于企业的特定知识，个人所拥有的其他知识如果能与企业的资源整合起来，则又会产生新的价值，因此总体上讲不会有太大的变化，企业可以持久地拥有这种竞争优势。从以上综述中，我们可以发现人力资本是企业赢得核心竞争力的最主要来源。企业要想获得竞争优势，就必须将人力资源开发视为一种更广泛意义上使人力资本增值的途径。

目前，许多企业已经开始意识到人力资源开发对于改善生产率、提高产品质量以及强化竞争力所起到的重要作用。对员工的技术、知识、才能进行培训与开发，可以使固定形态的人力资本增值，从而提高员工对企业的人力资本付出量。尤其通过对企业的管理人员进行管理技能培训的投资，使他们能够激发下属的工作热情，将员工个人目标与企业目标紧密结合在一起，培养员工的忠诚度和献身精神，提高员工士气和工作满意度。这种提高员工的努力程度的投资要比提高他们的能力和行为方面的投资更见效，从而有利于提高员工的人力资本付出量。因此，从这个角度来讲，人力资源开发的战略管理职能主要体现为通过开发员工的核心专长与技能，以及培养员工的组织承诺感和组织认同感，帮助企业提高核心能力和获得竞争优势。

现在，随着知识经济时代的到来，人力资源开发对企业生存与发展起着举足轻重的作用。人力资本已超过物质资本，成为最主要的生产要素和社会财富，成为社会经济增长的源泉。据有关统计显示，2017 年美国培训总支出（包括工资和额外开支以及服务）显著上升，增加 32.5%，至 906 亿美元；支出以外的产品和服务保持在 75 亿美元；而其他培训支出（即旅游、设施、设备）从 261 亿美元增加到 445 亿美元；与此同时，培训工资增加 12.4%，至 416 亿美元。[①] 可以说，对培训与开发投资的重视对于企业在日益激烈的国际竞争中生存越来越重要。

三、组织为何要重视人力资源开发工作

一项对美国 600 家大企业的权威调查显示，组织选派管理者参加培训主要由于如表

① 资料来源：Lorri Freifeld. Training Really Does Matter [J]. *Training*, 2017, 11 (11): 4.

1-2 所示的原因。

表 1-2 企业选派管理者参加培训的主要原因

原　因	类　型			
	进高校学习（%）	MBA（%）	外部短期课程（%）	公司特定培训（%）
扩展个人视野	78	74	68	69
获得与其他管理者交流的机会	40	35	31	49
掌握特殊工作所需知识和技能	54	60	88	78
追踪最先进的知识/技能	55	56	77	59
对管理者的奖励形式	6	8	4	2
为未来的工作做准备	27	27	17	21
接受管理技能方面的培训	48	55	35	51
获得与其他项目有关的知识	9	8	23	57
提高工作质量意识	53	45	45	62
了解本公司管理的方法	—	—	—	82

资料来源：L. M. Sarri & T. R. Johnson. A Survey of Management Training and Education Practices in Companies [J]. *Personal Psychology*, 1988, 41: 731-743.

企业之所以越来越重视对人力资源开发的投入，有以下五点理由。

（一）企业的竞争是员工素质与能力的竞争

随着经济全球化、世界一体化脚步的加快，企业之间的竞争将日趋激烈，而在激烈的企业竞争背后实际上是员工素质与能力之间的竞争，谁拥有高素质的人才，谁就会立于不败之地。为此，企业纷纷加大人力资本投资力度，进一步开发员工能力。比如西门子公司每年接受 3 000 名大学生，仅用于这批学生的继续教育费，公司每年就要拨 3 亿德国马克。海尔集团之所以能够成为世界冰箱 10 强，与该公司着力加强人力资本投资、提高员工素质是分不开的。另据日本的一项研究证实，不同素质的工人对降低成本的作用大不相同，如果一般工人的作用是 5%的话，受过培训的工人的作用则是 10%—15%，受过良好培训的工人是 30%，这说明受过良好培训的员工是初始状态效率的 6 倍。中外企业的先进经验都表明，培训是一项需要长期投资的工作，会得到丰厚的回报。

（二）高新技术产业就业机会的增加、新技术的不断应用使再培训的需求增加

由于全球范围内的竞争加剧，不断发展的新技术，使得许多传统制造业的工作岗位消失，技术与知识的更新速度加快，这一切都迫使企业对员工进行有效的培训与开发。如今，报纸和商业杂志上出现了越来越多的有关培训与开发的标题，例如“将管理技能开发作为一种竞争性武器”，“培训是敲开竞争之门的钥匙”，等等。这种趋势使得企业的管理者越来越意识到培训与开发的重要性，便大范围地在企业内外开展起各种形式的培训与开发活动，以求更新员工的知识与技能。

（三）企业组织结构的变化，要求赋予员工更大的责任，因而需要更多技能的培训与开发

企业组织结构的变化，要求每个员工承担更多的角色和更大的工作职责。从培训的实

施效果来看，生产型企业普遍认为，企业推行的培训计划，对于提高员工的自信和士气，增强他们的机械操作能力、沟通能力以及解决问题的能力有着非常重要的作用。另外，它还带来了产品质量和企业绩效的提高。对于服务型企业来讲，它提高了顾客满意度。研究表明，培训计划实施的长短与生产率改善效果的强弱也有着直接的关系。在大多数情况下，培训计划实施时间越长的企业，所产生的效果也越好。与新实行培训计划的企业相比，那些已经实施这种计划两年以上的企业报告说，它们更为明显地在以下几个方面取得了良好的绩效：提高人员解决问题的能力、实现人员在企业内的晋升、降低企业员工的流动率、提高生产效率和改善顾客关系等。

（四）培训与开发的投入可以提高员工的忠诚度和满意度

百事可乐公司曾经在深圳公司从受过培训的 270 名员工中选取了 100 名员工进行抽样调查。调查发现，80%的员工愿意继续留在公司工作。员工反映培训不仅提高了他们的技能，而且提高了对企业文化的认同和对自身价值的认识、对企业目标有了更深刻的理解。大约有 95%的参加者对培训的满意度很高，对满足顾客需要增强了信心。可见百事可乐公司的培训投资不仅提高了员工的忠诚度和满意度，对于企业业绩成倍增长也提供了可能。

（五）高额的培训投资回报率

国外学者在对培训与开发收益进行研究时发现，培训与开发投资可以给企业带来较大的收益，最直接的影响是产品质量的改进和服务质量的提高。企业推行培训计划的主要原因是提高管理人员的管理技能；解决因技术引进、更新或生产效率较低所引发的问题；降低工作中较高的差错率、返工率和浪费现象；满足顾客的要求，改善与顾客的关系；留住优秀的技术人员；提高企业竞争力等。

美国布兰卡德训练中心总裁曾经用事实说明了培训的投资回报率。例如，一家汽车公司在对员工为期一年的培训中共支出 20 万美元，但该企业该年就节省成本支出 200 万美元，第三年又节省成本支出 300 万美元。再如，加拿大贝尔公司是加拿大各企业中在培训与开发投资方面居前列的企业之一。该公司为员工提供了超过 8 000 门在线课程，并且员工可以随时随地的学习，这些系统性、有针对性的课程，有效地提高了员工的工作效率。这些年来，该公司的培训中心运转得非常成功，以至于可以向企业外部顾客出售培训课程。培训方法各部门有所不同，但一般有两种较为常用：一种是将讲座与企业内部材料结合进行培训的方法，另一种则以计算机模拟为主的方法。贝尔公司每一个培训方案的制定都遵循一项所谓的“MRTOP 培训计划”规定，这个计划的名称源于以下单词的词首：Material（材料）、Resources（资源）、Time（时间分段）、Objectives（目标）、Procedure（过程）。

国际竞争是综合国力的竞争，归根结底是科技和人才数量、质量的竞争。新时代的中国人力资源开发逐渐走上了全球竞争与发展的轨道。根据《2016 年度中国培训行业研究报告》，我国企业 2016 年的培训总支出超过 3 818 亿元，占 GDP 的比重为 0.5%，且占全球培训市场规模约为 1/6，成为全球第三大市场，仅次于美国和欧洲。我国培训市场的繁荣体现了我国企业对于人才培训与开发的重视，说明我国企业普遍认识到人才才是第一生产力，是企业创造竞争优势的最有力手段之一。

第三节 人力资源开发专业人员面临的挑战

人力资源开发专业人员指的是那些在企业中主要从事或是辅助企业进行人力资源吸引与培养、为他们提供培训和开发的人，以及为了企业效率最大化或达成企业的某个目标而对人力资源进行管理和使用的人。作为一个从20世纪90年代起逐渐崛起的行业，人力资源开发专业人员的市场价值在不断增长。美国大公司中89%的公司在总公司层面上配备有一名人力资源执行总裁。对于中国来说，人力资源部的职能转变则更加剧烈、更加迫切。企业对人力资源部的期望值也越来越高。人力资源开发与管理的工作也随着这种期望的提高而面临着一系列的挑战。

在这种形势下，人力资源开发专业人员必须掌握人力资源管理的新理念、新技术和新方法，并根据国内外企业最新的人力资源实践来制定最适合本企业实际情况的人力资源开发战略和方案，从而实现为本企业提供增值服务的目标。特别是，人力资源开发经理和专业人员通过以下三个主要途径来实现人力资源开发的战略能力：

（1）直接参与组织的战略管理过程；

（2）对各级管理者进行培训和开发，从而使他们掌握战略管理和规划的概念和方法；

（3）对与组织目标和战略紧密相连的所有员工进行培训。

一、人力资源开发专业人员所面临的挑战

现代企业的人力资源开发系统正面临着经济的全球化、信息技术的迅猛发展等一系列因素的挑战。同样，这些因素也必然对组织的人力资源开发专业人员的职能定位、专业知识、技能和能力提出了新的要求。

（一）第四次工业革命对人力资源开发专业人员的挑战

第三次工业革命掀起的波澜仍未过去，第四次工业革命却已悄然来袭。信息技术对现代企业的人力资源管理产生了十分重要的影响，它使得人力资源管理开始出现了电子化和信息化的发展方向，e-HR开始兴起。随着互联网产业化、工业智能化的发展，互联网、物联网、大数据、云计算、人工智能等技术的逐渐成熟，也将对人力资源管理产生巨大冲击。企业的人力资源培训和开发体系已经取得了许多突破性进展，比如计算机辅助教学技术（CBT）、虚拟教学、网络教学、移动学习、虚拟现实（VR）、人工智能（AI）等技术开始逐步运用到现代企业的培训之中，尤其是对企业的管理培训和高级技术人员的培训，这些前沿技术对于提高培训质量和效果、降低培训成本具有十分重要的作用。

可见，随着技术的发展，HR信息化发展趋势已经势不可挡，这对人力资源开发专业人员的挑战主要有：

（1）数据时代的到来，使得数据云端化、数据处理的系统化成为必然。德勤在2016年做过一项关于HR系统升级的调查，约有66%的企业选择通过基于云平台的系统来替换现有系统。这就使得人力资源开发专业人员需要不断提高自己接受新技术的能力，例如统计软件的操作能力、基本的编程能力等。

（2）人力资源领域的人工智能、大数据技术运用已经相当广泛，例如简历推优、人才画像、智能语音交互、趋势性和预测分析等方面。先进的技术不仅使得效率得到了极大提

高，准确率也是人工所不能相比的。但这必然会使得大量的人力资源从业者被人工智能所替代，行业竞争更激烈。

（二）中国经济进入新常态对人力资源开发专业人员的挑战

自 1978 年改革开放以来，我国经济持续增长，尤其是在 2001 年中国加入 WTO 以后，我国经济有了巨大飞跃。但近年来我国经济增速有所减缓，经济发展逐渐进入新常态。曾湘泉、张成刚（2015）指出中国经济的要素结构、要素质量，市场主体的行为目标、行为特征以及政府的政策文化都发生了改变。这些方面的新常态影响和改变着经济发展的最终目标——人力资源。中共十九大报告中指出，人力资源已成为高质量发展中产业体系建设的四大支柱之一。人力资源在国家经济发展中的地位越来越重要。

在这样的背景下，提升人力资源素质，尤其是企业人力资源素质与能力的培训与开发活动，就显得更加重要。经济增速减缓、利润下行会使得很多企业考虑减少对人力资源培训与开发的投资。作为人力资源开发专业人员，如何让人力资源开发活动成为企业战略目标之一，既能够在短期内满足企业成本控制与利润水平要求，又能够为企业长期价值增值提供帮助，是考验人力资源开发专业人员的挑战之一。同时，宏观经济转型要求企业不断升级自身能力，人力资源开发如何配合企业转型升级，如何为企业战略方向选择提供人力资源支持，也是人力资源开发专业人员面临的巨大挑战。

（三）人口及劳动力结构变化带来的挑战

截至 2017 年底，我国 60 岁及以上老年人口有 2.41 亿人，占总人口的 17.3%。一般认为，60 岁及以上老年人口占人口总数达到 10%，即意味着进入老龄化社会。我国于 1999 年进入人口老龄化社会，预计到 2050 年前后，我国老年人口数将达到峰值 4.87 亿，占总人口的 34.9%。

可以看出，我国人口老龄化逐渐加速，“人口红利”已经消失，劳动力供给的结构性矛盾日益凸显，适龄劳动力人口总数将进一步降低。劳动力资源不断下降，劳动力成本也将逐步提升。面对这种情况，人力资源开发专业人员面临大幅提升企业人力资源技能与素质的需求。

同时，随着年轻一代劳动力逐渐进入市场，时代的不同造就了这一代人拥有更强的独立性，需要给予更多自由、放松的空间。今天的人力资源越来越强调员工激励、赋能，释放每个人自主的创造力，强调以员工为中心，更注重员工服务和优质的员工体验。薪酬在其决策中所起到的作用并不像对以前的员工而言那么关键，而是否能够实现自我价值、团队氛围是否融洽等条件显得越来越重要。培训与开发成为企业激励员工的重要方面之一。如何设计与组织培训与开发活动，将直接影响企业人才队伍的稳定。

（四）人力资源管理外包所带来的挑战

人力资源管理的外包，是当代企业人力资源管理的一个重要发展趋势。所谓**人力资源管理外包**，是指企业将本来由企业内部人力资源职能部门行使的部分或者全部人力资源管理职能，以委托和代理的形式交给企业外部的专业机构来完成的一种模式，从而使人力资源部门的职能和人员能够得以精简。由于外部的专业机构具有更加专业化的服务能力，所以其行使这些人力资源职能的成本可能比企业内部更低，从而使得人力资源外包的成本低于企业设立专门的机构和人员来完成这些职能的成本；另外，人力资源的外包往往集中在那些与企业的核心能力与竞争优势关系不大的职能上，这些职能在不同企业之间具有很大的相似性和通用性，因此通过对这些职能的外包，也可以使企业能够将其精力和资源集中于那些帮助企业获取竞争优势的人力资源职能上。

人力资源的外包对培训企业的人力资源开发专业人员提出了挑战。企业的培训开发职能往往可以分为两个部分：一是为企业的通用型人才设计培训与开发方案；二是为企业的核心人才和独特人才提供培训方案。而随着人力资源外包的兴起，这种通用型人才的培训方案势必要更多地借助于外部的专业培训机构来提供，这样就对人力资源开发人员提出了以下四点要求。

（1）要求人力资源开发人员掌握人力资源外包的技术和方法，包括如何进行外包价格的谈判、如何签订外包合同、如何对外包的效果进行评估、如何在外包过程中进行监控以确保外包的质量等。

（2）要求人力资源开发专业人员准确掌握外部专业培训机构的情况，包括各专业培训机构的培训内容、课程体系、课程特点、培训质量、品牌声誉等。

（3）要求人力资源开发专业人员能够在对内部培训需求进行系统分析的基础上，结合外部专业结构的特点，进行外部专业培训服务的招标和筛选，以确保企业能够以最低的成本获取最能够满足企业需要的培训服务。

（4）要求人力资源开发专业人员将其精力更多地集中于与企业核心能力和竞争优势有关的核心人才和特殊人才的培训，这也进一步要求人力资源开发专业人员更为深刻地把握企业的战略目标、业务模式、产品与服务技术等价值创造的主要环节的特点，使企业内部培训能够更为符合企业的特殊要求。

（五）建立学习型组织对人力资源开发专业人员的挑战

所谓学习型组织，是指企业必须完成个人学习向组织学习的转变，从而使企业的整体能力和业绩得以不断地提升。国际学术界主要从三个视角对其概念进行了界定。第一，从能力和技能角度界定，代表人物彼得·圣吉（Peter Senge）于 1994 年在《第五项修炼》（*The Fifth Discipline*）实践篇中指出，学习型组织是这样一个组织，“该组织的成员持续地发挥其能力，创造其所期待的理想结果，培养新的思想形式，塑造集体的气氛，在此，所有的成员学会如何向其他人学习”。第二，从学习与变革角度界定，代表人物有佩德勒（Mike Pedler）、沃特金斯（K. E. Watkins）和马席克（V. J. Marsick）等。在《学习型组织导论》（*A Guide to the Learning Organization*）中，佩德勒（1995）指出学习型组织是“一个帮助其成员学习并不断改变组织本身的组织”。沃特金斯和马席克于 2003 年指出学习型组织是“一个不断学习并改进自身的组织……学习是持续性的。学习被战略性地结合到未来的组织需求上”。第三，从文化角度界定，代表人物有本内特（J. K. Bennett）、奥布赖恩（M. J. O'Brien）、皮特·汉尼（Peter Honey）等。本内特和奥布赖恩在 1994 年的《学习型组织的构建模块》（*The Building Blocks of the Learning Organization*）中把学习型组织界定为“一种能将学习、调适与变革等能力深植于组织文化的组织，其组织文化所涵盖之价值、政策、实务系统及结构均能支持人员进行学习”。皮特·汉尼认为学习型组织的企业文化鼓励持续改进企业行为和工作惯例。

建立学习型组织要求人力资源开发专业人员掌握学习型组织建设的原理、技术和方法，从而使现代企业的培训开发从传统的个人学习向团队学习和组织学习的方向转变，从传统的传授知识和技能向改变员工的思维模式的方向转变。这样，人力资源开发专业人员就从一般意义上的培训师变为了组织变革的倡导者、组织者和促进者。

（六）终生学习需要对人力资源开发专业人员的挑战

随着知识经济时代的到来，知识型组织正在兴起，而知识型员工也正日益成为现代企业价值创造的主体。而对终生学习具有强烈的需求正是知识型组织和知识型员工的重要特征。一方面，知识型组织面临剧烈变化的外部环境，需要持续性地进行变革，不断提升自己的核心能力，而这就要求知识型员工进行终生学习，随组织的变革和发展不断成长；另一方面，知识型员工对于职业的忠诚往往高于对组织的忠诚，即知识型员工越来越追求提高自己的终生就业能力，而这种终生就业能力的提高来自终生学习。因此，如果企业能够为员工提供终生学习的机会，就能够有效地吸引和保留知识型员工。

终身学习贯穿于每位员工的每个职业生涯时期，这就要求人力资源开发专业人员必须基于员工的职业生涯不同阶段的需要来分析其培训需求。但是由于不同员工在同一职业生涯阶段的问题和状况具有较大的差异，这样就必然导致培训需求进一步多样化，从而要求人力资源开发专业人员必须为每位员工提供多样化、个性化的培训方案。

综上所述，现代企业的人力资源开发专业人员必须转变观念，积极吸收各种先进的管理理念，学习新的管理技能，促进自身综合素质的全面提高，从而有效地应对当前人力资源开发专业人员所面对的挑战，在提高自己终生就业能力的基础上，为组织核心竞争力的提升做出贡献。

二、组织中不同人员在人力资源开发工作中的职责

人力资源开发活动除了与人力资源开发专业人员密切相关外，还需要组织中其他成员的密切配合。组织中参与人力资源开发的人员主要包括：高层领导、人力资源部门、其他职能部门和员工。这几种角色在培训与开发活动中的作用具有明显的差异。

（一）高层领导

（1）提供培训与开发的总体政策与程序，以确保培训工作的有效推行；

（2）提供行政上的监控；

（3）提供权利上的保障，以确保培训管理的权威性；

（4）提倡和建立适合培训的企业文化；

（5）对培训与开发的理解和支持等。

（二）人力资源部门

（1）中长期培训开发规划与年度培训计划的编制与管理；

（2）以专业知识和经验，支持各个部门进行人员的培训开发工作；具体而言，即提供培训资源上的保证；培训管理，包括培训方案评估、培训过程监控、培训效果评估、培训档案管理等；培训制度、程序的制定与监控；培训成本与费用管理。

（三）其他职能部门

（1）确保培训与开发工作的顺利进行；

（2）鼓励所属员工自我开发；

（3）安排时间和机会让员工去实践自我发展；

（4）实施员工的现场培训；

（5）对所属人员进行培训与开发需求评估，并制订所属人员的培训和职业发展计划；

（6）对培训政策和策略、培训制度、程序和资源（时间、权利）方面的支持等。

第四节 人力资源开发专业人员的能力素质要求

在本节中，我们将重点介绍人力资源开发专业人员的职责、角色、任职资格和认证体系，从而为组织选拔和培养出色的人力资源开发专业人员提供支持。

人力资源开发专业人员作为企业人力资源管理者的一部分，其角色必须满足作为一名人力资源管理者的基本要求。因此，要研究人力资源开发人员的角色，首先要研究人力资源管理者的角色。在现代企业中，人力资源管理者必须扮演四个方面给组织带来价值增值的角色：人事管理专家、员工代言人、变革的推动者和战略合作伙伴。

一、现代人力资源管理者的四大增值角色

（一）人事管理专家

人力资源部门从缺乏专业素质的人员到职能分工明晰、职业化程度提高、操作流程有序，无疑是质的飞跃。专业化应该是现代人力资源管理者面向公众的第一形象。比如，对敏感程度很高的薪资福利问题提供可靠的、明确的、及时的解答；向业务部门提供职位分析、人员招聘计划和绩效管理方面的咨询服务，帮助员工进行职业生涯发展设计等。来自组织内外的需求也对人力资源管理的运作流程提出了新的要求，如培训申请是否可以像考勤系统一样建立网上的申请、批准、确认手续以减少时间、资源和精力的耗费等，这都要求人力资源管理人员首先应该精通本专业，同时，作为专家能够为组织提供有价值的人力资源产品和服务。

（二）员工代言人

人力资源部门有时处于两难境地，即一方面，制定政策时要兼顾公司与员工双方的利益与需要，在两者之间取得平衡，而要达成平衡最重要的是创造组织和员工之间良好的沟通环境与氛围；另一方面，某些时候员工作为“弱势群体”，需要得到人力资源部门的支持与指导，包括在技能上的指导和认知上的辅导，以增强员工的素质与能力，保障员工的利益，提高员工的满意度。

（三）变革的推动者

当代企业的生存环境和市场空间正处于一个激烈变化的时代，企业要在今天获得生存和发展的机会，就必须更多地关注外部环境的变化，同时根据组织所面临的挑战，不断地进行变革。通过变革来提升企业对外部市场的适应能力，通过变革来不断提高企业在新的环境下的核心能力和竞争优势。而在组织变革的过程中，最为关键性的因素是“人”。即组织的变革必然会对人的知识、技能、能力、态度和观念等提出一系列新的要求，这些新的要求的达成必须通过人力资源管理变革来实现。并且对人的变革在今天越来越成为整个企业变革的火车头，没有对人的改变，整个企业的组织变革必然难以真正落实，也难以获得实质的效果。因此，人力资源管理者就必然成为企业变革的首要推动者和倡导者。

人力资源部门作为变革的推动者，一方面，必须依据其专业知识和对企业竞争环境的认识，适时提出恰当的变革方案，为企业的人力资源变革指明方向和目标；另一方面，他们还必须在变革之前，事先做好沟通，通过不同渠道去推广“变革”产品，让人们看到变革所带来的机会和利益，消除人们对变革的“无知”与“恐惧”，并同时实施合理的过渡

管理和支援，提高员工对变革的接受能力和认同度。这对于推动变革、促进变革成功无疑是一种十分积极的力量。

（四）战略合作伙伴

基于企业的战略设计人力资源政策和方案已成为目前人力资源管理者的重要角色。这既要立足于职能工作又要着眼于企业全局，否则就会停留在日常重复性、事务性的工作上，从而很难跳出传统思维的模式，将战略的要求渗透于人力资源管理之中。即要将人力资源管理的专业职能置于企业的整个运营系统之中，从深层次考虑如何将人力资源管理的每一个环节与公司的战略目标结合起来，而非仅仅局限于自己的一小块职能。

因此，人力资源管理者必须对招聘、培训、员工关系、薪酬管理等工作进行进一步的提升。比如薪酬管理可以深化为兼顾企业目标与员工利益的战略性发展计划；招聘可以提升为战略性人员配置；培训应该成为全面的、理性的人才发展和继任计划；员工关系则可以从劳动争议违纪处罚走向政策的推广与沟通，倡导健康向上的企业文化；员工离职面谈不再仅仅是履行程序，而是通过对离职情况的各种信息作出数据统计分析以向管理层提供有价值的解决方案和建议，在制订公司的战略计划时作为参考等。

二、人力资源开发经理的职责

虽然企业中的许多人员都要承担人力资源开发的职责，但人力资源开发经理对整体的人力资源开发活动则会承担更为重要的责任。人力资源开发经理主要承担管理和战略责任，与人力资源开发专家相比只承担少量的开发与教学工作。

（一）人力资源开发经理要坚持战略导向

人力资源开发经理要把组织的培训和开发计划与组织战略联系起来，分析现有人力资源存量与实现战略所需能力、素质之间的差距（同时包括数量与质量两个方面），并根据各业务部门的需要制订不同的培训计划，决定人力资源开发计划的战略内容，决定由谁进行培训，以及对谁进行培训。在这一过程中，一方面，人力资源开发经理需要从组织核心竞争力的需要出发，并根据企业的主要顾客和市场要求，来决定需要对什么样的人员进行什么样内容的培训，以及需要为企业提供什么样的人力资源服务，来支持企业在市场竞争中获取优势，进而来综合考虑整个组织内部的培训需要；另一方面，人力资源开发经理还必须从现实出发，根据组织的内部力量和培训预算，来决定究竟是依靠内部的培训力量还是从外部聘请培训专家来为员工提供培训服务。并且当不同部门提出的培训需求发生冲突的时候，人力资源开发经理还必须依据企业的培训预算、培训师资、培训地点、培训时间等方面的因素进行综合考虑，在不同部门的培训需要之间进行权衡。

（二）人力资源开发经理要以顾客为导向

人力资源开发经理必须为组织内部的各层各类员工提供培训服务，通过其培训服务来为组织创造价值。而培训服务的接受者就是他们的内部顾客，他们则必须为这些内部顾客提供有价值的人力资源开发的产品和服务。现实组织中的人力资源开发人员往往还没有意识到以顾客为导向的重要性。对许多人力资源开发人员来说，为顾客服务而且必须使其满意，尚属于一个较为陌生的概念。他们很少真正清楚谁是他们的顾客，谁是他们人力资源开发服务的接收者。人力资源开发经理们要能够非常准确地把他们的精力集中在内部主要顾客上，这样他们就能够帮助一线经理们更好地对其外部顾客进行服务。

人力资源开发经理还要注意如何为人力资源开发部门的所有成员制定战略方针、如何为培训者自身制订培训计划。对培训者的培训是一个组织极为重要的培训内容。培训者自身水平的高低会严重影响培训过程中所有环节的进展，进而严重影响组织中所有培训活动的培训效果。因此，对人力资源开发部门内部人员进行的培训与开发活动是人力资源开发经理不能忽略的一大重要职责。

（三）人力资源开发经理要与直线经理建立工作关系

人力资源开发经理和职员必须与直线经理建立工作关系，从而在组织中协调人力资源开发计划和流程。

总而言之，人力资源开发经理的主要职责就是根据企业战略的需要，确定需要培养的核心能力，来提高其人力资源产品和服务的质量，并且帮助其他部门的同事和下属达成同样的目的。我国的人力资源开发经理们正在努力朝着人力资源开发管理的职业化方向发展。

三、人力资源开发专业人员的角色与素质要求

人力资源开发专业人员可从事多种工作如指导性培训项目设计，培训行政管理人员或培训需求分析专家。每种工作都有特定的角色和职责。例如，需求分析专家扮演的角色之一就是通过面试、观测或调查来汇总收集到的数据，了解某一特定工作或工作族是否有进行培训的必要。需求分析专家必须懂得统计学和相关研究方法才能知道收集什么样的数据，以及怎样汇总这些数据来判断培训的必要性。

表 1-3 与图 1-3 分别展示了 1989 年与 2013 年人力资源开发专业人员能力素质要求。对比发现，21 世纪的人力资源开发所涉及的能力素质较之过去已有很大的不同。

表 1-3 1989 年的 HRD 能力素质要求

类别	能力	结果
HRD	培训与发展 组织发展 职业发展	生产力 质量 创新 人力资源实践过程 为变革做好准备
HRD 相关	组织/工作设计 人力资源规划 绩效管理系统 人事配置	
HR	人力资源研究与信息系统 工会劳动关系 员工援助 薪酬/福利	

资料来源：M. A. McLagan. Models for HRD Practice [J]. *Training and Development Journal*, 1989, 43: 53.

图 1-3 是由美国培训与开发协会（ASTD）绘制的人力资源开发专业人员的能力模型。该模型包括两个组成部分：基础能力和专业领域。

基础能力构成了很多任务成功完成的基础，因此位于该模型的基础部分。该模型定义了 19 种基础能力，并提供了每种基础能力包含的关键行动的例子。这 19 种基础能力被分为以下六组。

（1）业务技能。培训者将继续加强其在工作中的作用。这种角色导致了对业务技能的

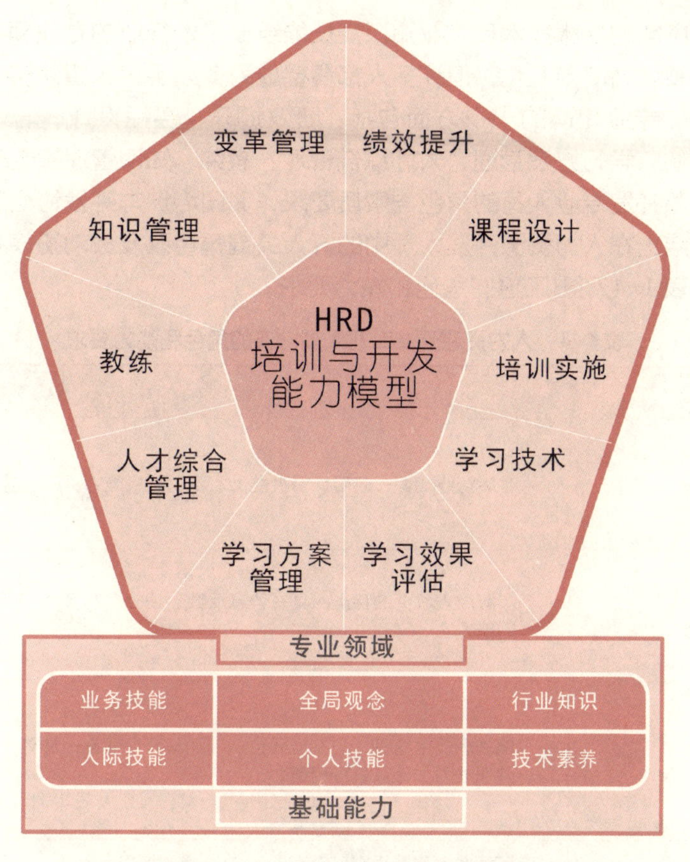

图 1-3　HRD 培训与开发能力模型

资料来源：J. Arneson, W. Rothwell & J. Naughton. Training and Development Competencies Redefined to Create Competitive Advantage［J］. *Training and Development Journal*, 2013, 67（1）: 42-47.

期望。该组包括六项业务能力：分析需求和提出方案、应用业务技能、提升效益、规划和实施任务分配、战略性思考和应用创新。

（2）全局观念。培训者必须适应不断增加的业务全球化。该组包括三种能力：发掘并整合不同人的能力、见解和想法，与具有不同背景的人有效地开展合作，进行跨文化和跨国界的有效合作。

（3）行业知识。培训者往往需要了解其他行业和行业部门。该组包括两种能力：积极浏览和评估当前和新兴趋势的信息，开发和维护其他行业的知识。

（4）人际技能。培训者须具备较强的人际交往能力。该组包括五种能力：建立信任、有效沟通、影响利益相关者、网络伙伴关系和情商。

（5）个人技能。该组确定了两种个人能力：展示适应性和模型化个人发展。

（6）技术素养。该组确定了一种总体的技术素养：识别、选择和应用各种技术，以及将合适的技术与眼前的特定机会或挑战相匹配。

作为一名人力资源开发专业人员，除了创造学习机会来升级自己的知识和技能，还必须让自己处于一个不断学习的环境中。这主要有两个原因：其一，起到表率作用；其二，因为培训和开发必须与时俱进，并位于新发展的最前方。

培训和开发所需的具体技术和专业知识及技能组成了本行业的专业领域。虽然一些专业人士在一两个领域高度专业化，但许多人都渴望成为多面手，希望能够在多个领域展现深厚的专业知识。专业知识的十个方面包括：绩效提升、课程设计、培训实施、学习技术、学习效果评估、学习方案管理、人才综合管理、教练、知识管理和变革管理。

对于人力资源开发专业人员的角色与素质要求，美国培训与开发协会的研究最具有代表性。该研究总结出在人力资源开发人员中的五大关键角色以及成功扮演每一种角色所必备的能力要求。表1-4列出了这些角色和能力要求。

表1-4　人力资源开发专业人员扮演的角色和能力要求

角　色	能　力
分析/评估角色 研究者 需求分析家 评估者	了解行业知识；应用计算机能力；数据分析能力；研究能力。
开发角色 项目设计者 培训教材开发者 评价者	了解成人教育的特点；具有信息反馈、协作、应用电子系统和设定目标的能力。
战略角色 管理者 市场营销人员 变革顾问 职业咨询师	精通职业生涯设计与发展理论、培训与开发理论；具有一定的经营理念、管理能力、计算机应用能力。
指导教师/辅助者角色	了解成人教育原则；具有一定的讲授、指导、反馈、应用电子设备和组织团队的能力。
行政管理者角色	应用计算机能力；选择和确定所需设备能力；进行成本-收益分析；项目管理；档案管理的能力。

四、人力资源开发专业人员的培训和资格认证

（一）人力资源开发专业人员的培训

企业人力资源开发专业人员素质的高低，不仅关系到自身的发展，而且关系到整个企业人力资源开发工作的质量。企业中人力资源开发的方针、政策、指导思想、培训要求、培训内容等大都由人力资源开发专业人员制定、安排和组织实施。因此，对人力资源专业开发人员的教育和培训是企业所有培训活动的重中之重。

对人力资源开发专业人员的培训主要包括以下四个方面的内容。

1. 有关培训开发和学习的基本理论的培训

人力资源开发专业人员要负责分析员工的培训需求，设计培训的课程体系，并安排学习和培训的环境，这就要求培训工作者必须全面掌握与培训和学习相关的理论知识。典型的包括教育心理学、社会心理学、管理心理学等。

2. 有关培训与开发的技术和方法的培训

为了提高培训的质量，人力资源开发专业人员必须掌握培训的专业化技术和技能。具体包括：工作分析的技术、培训需求分析的技术、培训课程设计的技术、培训过程控制的

技术、培训效果评估的技术等。

3. 人力资源管理系统知识和技能的培训

培训与开发是整个人力资源管理系统的一部分，它与人力资源系统的其他职能之间存在着许多的接口。因此，人力资源开发专业人员不仅要掌握培训与开发的知识与技能，还必须从整体上掌握人力资源管理系统的知识和技能，这样才能使人力资源开发工作的开展符合整个人力资源管理系统的要求。

4. 与组织的产品和业务相关的背景知识的培训

人力资源开发的效果不仅仅在于培训与开发本身的质量，在更大程度上更取决于培训的内容能否与组织的战略挂钩、能否有效地支持组织的业务和每一位员工的工作。这就要求人力资源开发专业人员除了要掌握培训和人力资源管理本身的知识和技能之外，还必须从更广阔的角度了解组织的产品、服务、技术和各层各类员工的工作特点和工作需求，这样才能从根本上保证培训与开发的质量。

在上述四个方面的培训中，前三个方面的培训都可以借助于整个社会的职业教育系统来获得，而最后一个部分，主要与企业所在的行业、战略和管理实践有关，因此，只能由企业内部来组织开展，但它对于保证培训的质量和效果至关重要。

（二）人力资源开发专业人员的资格认证

人力资源开发专业人员的资格认证，包括社会性的统一的资格认证体系和企业内部的资格认证体系。这两种认证体系往往具有不同的功能。

对人力资源开发专业人员的社会性的资格认证，目前尚主要存在于美国等人力资源管理水平较高的西方发达国家。在美国进行的一项针对 1 500 多名培训工作者的调查结果显示：大约 60%的人明确表示希望得到某种形式的认证，但由于培训开发是整个人力资源管理系统的一部分，所以人力资源开发专业人员往往没有专门的资格证书，而是统一采用人力资源专业人员的资格证书。

在美国的人力资源管理领域，已有多种证书可供选择，其中以人力资源专业人员证书（PHR）和人力资源高级专业人员证书（SPHR）为主。这两种证书是由美国人力资源认证协会（HRCI）主持的认证项目，每个考试都是由涵盖人力资源管理各个主题的 225 道选择题组成。PHR 试题中 11%的内容和 SPHR 试题中 12%的内容涵盖了人力资源开发的内容。要想得到认证，每个人都必须通过考试并有一定年限的人力资源管理方面的工作经验。通过考试但缺少经验的人员一旦获得相关工作经验则可被授予认证。

我国于 2003 年开始推行人力资源管理师国家职业资格证书，该证书由人力资源和社会保障部职业技能鉴定中心进行资格认证。目前分为四级：人力资源管理员（四级）、助理人力资源管理师（三级）、人力资源管理师（二级）和高级人力资源管理师（一级）。

除了这种社会性的资格认证之外，很多企业也在组织内部建立了人力资源专业人员的资格认证体系，并且这种资格认证体系是与该组织中人力资源开发专业人员（或人力资源管理专业人员）的职业生涯通道相联系的。比如，在有的企业中，高层管理者会根据人力资源开发人员的知识和技能水平的高低，将其划分为几个等级：初级的 HRD 人员、中级的 HRD 人员、高级的 HRD 人员、资深的 HRD 人员，并且针对不同等级建立起任职资格体系，包括其所要求的知识、技能、能力和行为标准。以这样的任职资格体系为依据，企业就可以对人力资源开发专业人员进行认证，从而界定不同人员所处的等级，并与其报酬待遇相挂钩。如果某位人力资源开发专业人员的知识和能力得到了全面提升，可以申请从下一个等级向上一个等级升迁，从而获得职业生涯的发展。这种企业内部的认证体系，对于人力资源开发专业人员的激励和素质提升具有十分重要的作用。

人力资源开发是指由组织设计的，旨在给其成员提供学习必要技能的机会，以满足组织当前或未来工作需要的一系列系统性和规划性的活动。人力资源开发包括培训与开发、职业开发与组织发展。培训主要包括向员工传授完成当前的某项任务或工作所需的知识和技能，而开发活动则拥有一个更长期的关注焦点，既关注于为未来工作任务做准备，同时也关注于提高员工的能力使其完成当前的工作。职业开发（CD）是在确保个人职业目标与整个组织的目标一致的基础上，以期实现个人与组织需求之间的最佳匹配。职业开发包含两个过程：个人角度的职业规划和组织角度的职业管理。组织发展（OD），是指根据组织内外环境的变化，为了改进组织效能，解决组织的问题，并达成组织的目标，运用管理科学和行为科学的知识，有计划地改善和更新企业组织的过程。人力资源管理重在对人力资源的合理配置及提升，人力资源开发重在提高人力资源的效率，而组织发展旨在提高组织有效性。

本章阐明了人力资源开发与企业竞争优势的关系，组织之所以应重视人力资源开发工作是因为目前人力资源开发专业人员正面临如下六大挑战：一是第四次工业革命对人力资源开发专业人员的挑战，二是中国经济进入新常态对人力资源开发专业人员的挑战，三是人口及劳动力结构变化带来的挑战，四是人力资源管理外包所带来的挑战，五是建立学习型组织对人力资源开发专业人员的挑战，六是终生学习需要对人力资源开发专业人员的挑战。在此基础上，本章提出了人力资源开发专业人员的角色与能力素质要求。

复习思考题

1. 什么是人力资源开发？
2. 什么是培训与开发？请说明培训与开发的区别。
3. 什么是职业开发？简要说明职业规划与职业管理。
4. 组织为何要重视人力资源开发工作？
5. 联系实际说明人力资源开发专业人员面临哪些挑战。
6. 请结合本章内容对人力资源培训与开发专业人员的角色及能力素质要求的演变过程进行分析。

网上练习题

1. 研究谷歌培训的网站（https：//edutrainingcenter. withgoogle. com/training）并试着回答：谷歌培训的使命是什么？你认为谷歌培训与国内的企业培训有哪些不同？

2. 登录网址 http：//www. szceo. com/Lgldt/64. htm，在学习了西门子的人力资源开发的案例之后，谈谈你对运用人力资源开发来赢得企业竞争优势的看法。

案例

西门子公司的人力资源开发战略

在众多成功的欧洲公司中，德国西门子公司十分引人注目。西门子公司创立于1847年，是一家拥有40万名员工，以电子、电器为主要产品的高科技跨国公司。据有关人士调查结果表明，欧洲的企业平均寿命通常都在20—40年，为什么西门子公司能够走出一条长盛不衰之路，而且在强手如林、竞争激烈的今天仍然保持着一股强劲的发展势头呢？

西门子公司总结了其长盛不衰的经验，如下所示：① 始终一贯地谨慎处理财务问题；② 不断开发新产品；③ 高度重视人力资源开发；④ 公司对内部、外部环境的灵活适应性；⑤ 科学地培养员工的归属意识等。其中最重要的一条就是人力资源开发。该公司的人力资源开发和管理呈现出许多显著的特点。

一、人事部门地位高、有权威

各层的人事主管都是领导班子的成员，人事总裁马力先生就是西门子公司董事会的董事。这样做，对于把人力资源管理与开发纳入企业经营战略和决策之中是非常有利的。对欧洲1 000家大型企业的调查结果表明，50%以上企业的人事主管都是由董事兼任的。欧洲出现这一特点不是偶然的，这与其发展所处的时代背景有着直接的关系。有人曾对欧洲企业近几十年来的用人情况作过这样的分析：1945—1955年10年间，由于“二战”导致商品极度匮乏，企业大多注意从生产人员中选拔高层主管；1955—1965年10年间，由于市场饱和、产品滞销，企业大多注意从销售人员中选拔高层主管；1965—1975年10年间，由于合资经营、跨国经营的出现，财务问题日趋复杂起来，企业大多注意从财务人员中选拔高层主管；1975年以来，由于市场竞争加剧，人才问题越来越成为各种竞争之关键，因此选拔高层主管的注意力开始转向人力资源管理与开发上来。

二、实施“爱发谈话”制度

“爱发谈话”是西门子公司实行的一项人事制度，主题是“发展、促进、赞许”，德文缩写是EFA。在西门子公司40万员工中，有26 000名是高级管理者，实行年薪制，其余一律按工资税章表领取工资。“爱发谈话”的对象是实行年薪制的各领域高级管理人员，谈话每年一次，成为制度。

“爱发谈话”由员工、领导、主持人三方参加。领导，即谈话对象的直接主管；主持人，通常是人事顾问。这种“爱发谈话”是以谈心方式进行的，领导是主角，在谈话中处于主动地位，但他不以领导身份而是教练身份，从心理上与员工构成伙伴关系，设身处地帮助员工分析优势劣势，帮助员工更好地实现个人的设想。员工在谈话中的任务是：客观分析自己的现状，找出自己的强项和弱项，提出培训进修的意愿，根据自己的兴趣、爱好、潜力以及目前所处的职位设计调整生涯规划，达成关心自我、拓展职能、确立目标之目的。主持人的任务是：协调谈话各方、咨询有关问题、提供市场信息。为了保证谈话效果，在谈话前三方都要做好必要的准备，尤其是领导的准备必须充分。其中包括：了解谈话对象当年完成任务的情况、能力状况、有何要求等，这些情况可以事先通过问卷调查获取；企业能为员工发展提供什么样的可能性；对员工的能力、优劣势、目前状况、所处职位的评价意见。为了提高谈话能力，公司还组织了80名专家对800名谈话者进行专项培训，然后再由这800名经过培训的谈话者去实施对26 000人的“爱发谈话”，谈话结果经三方签字后归入人事档案，作为确定年薪、岗位变动、职务升迁、培训进修的重要依据。在“爱发谈话”的基础上实施的高级管理人员培训的针对性极强，缺什么补什么，参加培训者不是被强迫而是自愿参加。

三、大力开发国际化经营人才

西门子公司的业务几乎覆盖了全世界，其经济一体化和经营国际化程度之高都是其他企业所不可及的。西门子公司的战略是：把西门子公司的发展融入所在国的经济发展之中。为此，公司做出规定，领导干部必须具有1—3年的国外工作经验，而且外语以及对所在国家文化状况的了解是选拔领导干部的重要条件。

四、人才资源开发投资力度大

西门子公司的管理者认为：创新是公司的命脉，技术是造福人类的力量，领先的技术是公司立于不败之地的保障。因此，他们始终把人才开发、推动科技进步作为公司发展的首选之策。从世界上第一台指针式发报机的诞生到现代高科技太阳能芯片的生产，在100多年的科技创新较量中，西门子公司在同领域始终一路领先。西门子公司现有员工中大学以上学历者已超过50%，目前每年还要招收3 000名新大学生，仅仅是用于这批学生的继续教育费，公司每年就要拨3亿马克。另外，公司每年还投入70亿美元并专设45 000名人员用于研究与发展，以迎接本领域的挑战。

五、着力培养团队精神

着力培养团队精神是西门子公司人才开发最大的一个特点。西门子公司的管理者认为，企业的未来在很大程度上取决于人才资源的开发，企业主应当通过与员工的真诚合作来增加公司的价值，要爱护自己的员工，在创造一个人的就业机会的同时创造一个人的发展机会，努力培养员工对企业的归属意识，使之把个人的发展同企业的命运紧密地联系在一起。在西门子公司，企业主与员工的伙伴关系体现得非常充分。当外界询问西门子公司的员工在哪儿工作时，回答近乎异口同声：“在西门子公司！”这回答听起来似乎很平常，但就在这平常之中却展现出西门子公司员工热爱企业、视厂为家的主人翁责任感，这就是西门子文化培养出来的西门子人。是西门子文化给企业不断注入活力，使企业发展始终充满着生机。

西门子公司在一个半世纪里取得的成功经验是极其宝贵的，具有普遍的指导意义。尤其是它在人才资源开发方面的一些有效举措，对于我国正在构建的现代人事制度有着重要的参考价值，我们应当认真地对它加以研究借鉴。

思考：找一家您所了解的公司，将其与西门子公司的人力资源开发和管理模式进行对比。

第二章　人力资源开发的起源与发展

【学习目标】

通过本章的学习，应该重点了解和掌握以下内容：

1. 人力资源开发的发展历史，以及发展过程中的主要历史事件；
2. 人力资源管理的发展阶段；
3. 人力资源开发同人力资源管理，以及人力资源管理其他职能间的关系；
4. 组织中人力资源开发部门的主要组建模式，各种不同模式之间的比较；
5. 基于战略的人力资源开发流程。

【开篇范例】

英国文官学院的历史沿革及公务员培训创新

英国文官学院（The U. K. Civil Service College）是英国乃至全世界重要的领导人才培训机构，在世界范围内赢得了广泛的声誉。经过40多年的发展，学院几经变革，名称也数次嬗变，其每个阶段实施的培训都顺应了时代的要求，并独具特色。

第一阶段——英国文官学院创建初期（The U. K. Civil Service College，1970—2004）

英国文官学院在创建初期，开设的课程主要有普通管理类课程、技术课程和研讨课程三类，经费最初完全由政府拨款，公务员定期来参加培训。随着英国文官制度的改革，文官学院在培训政策方面开始强调培训的自愿性、有偿性和市场化，重视业务能力成为当时英国公务员培训的主题。改革后文官学院的服务方式更加灵活和富有针对性，设立了各种服务以满足不同组织的特殊需求，并提供专家的咨询意见，有针对性地满足客户需要而不是提供统一的培训；课程设计方面，根据以顾客驱动、定制服务的原则，英国文官学院的课程非常灵活，其内容体系体现了以任务为导向、以提高技能为目标的公务员培训特征；运作模式上，文官学院对部分课程收费，明确了学院的任务和职责：培训与开发，研究与咨询，推广最好的管理方式，与其他培训机构结成合作伙伴关系等。

第二阶段——国家政府学院时期（The National School of Government，2005—2010）

2004年，英国政府发表了《政府文职机构改革——作为与价值》，提出要改革公务员培训。在充满变革和全球化持续发展的时代，政府的需求是多样和复杂的，国家级培训机构要做出同样快速、有效的反应，适时调整。在此背景下，2005年6月，文官学院重新组建成为国家政府学院，并于2007年1月升级为一个独立的政府部门。在这个阶段，国家政府学院也形成了独具特色的培训模式：服务政府与市场化运作相结合；基于能力框架，分析和确定培训需求，设置培训课程；注重组织培训；强化培训的咨询职能；实施菜单式与定制式相结合的个性化培训；聚焦领导力开发，创新培训的方式方法；加强国际合作，提升国际影响力。国家政府学院有 8 大类 400 多个专题的培训课程，包括：① 政策与政府，部长与议会；② 职业与专家发展；③ 个人发展；④ 管理发展与商业技能；⑤ 职业资格；⑥ 定制与咨询服务；⑦ 国际培训项目；⑧ 政府部门的职业技能项目。

第三阶段——面向全球服务的文官学院（Civil Service College，2012 年至今）

随着英国文官学院面临的挑战不断增加，英国文官学院需要提供新的技能和人才，并且需要国际化的发展，所以 2010 年英国政府关闭了国家政府学院，并于 2012 年将之再次更名为文官学院，旨在使其面向全球服务，同时学院的培训模式也做出了重大变革。目前文官学院的创新培训项目，把培训提高到一个新的水平——维持公务员队伍的价值观和素质。以下是文官学院目前提供的新型培训方案。

（1）服务对象。在英国，文官学院主要面向公务员和整个公共服务部门，客户范围从大型政府部门到执行机构和半官方机构都涵盖其中，包括英国国家医疗服务体系（National Health System，NHS）和地方政府。同时，文官学院还帮助需要更好地了解与政府合作的复杂性的商业组织。文官学院也与公共部门的学习发展部门紧密合作，以确保其提供的服务能充分反映各部门及机构的需要。在国际上，自成立以来，文官学院一直与公共部门和私营部门的客户合作，包括英联邦成员（如印度、安提瓜岛）的高级官员，以及中国、韩国、孟加拉国、印尼和越南政府的高级官员。

（2）培训课程。文官学院拥有一些业内最好的培训师，他们在公共部门、私营部门和第三部门有着多年丰富的经验，拥有最新的领导力和管理实践，为培训带来了丰富的知识。文官学院提供不同学科的创新培训课程，目前主要包括八大类课程：① 问责制与治理；② 法律与法律意识；③ 财务管理与商业技能；④ 领导与管理；⑤ 信息，数字与数据管理；⑥ 政策技能；⑦ 国际课程；⑧ 专业发展技能。这些课程提供的只是培训服务的框架，客户也可以提出自己的培训方案设计，或自己独特的要求和想法，学院会根据客户的需要另行设计。所有的课程都可以定制，以满足客户特殊的培训需求。

（3）培训方法。文官学院不断对培训方法和培训师进行评估，以确保始终提供最优质的培训和最重要的内容，满足客户的需要。文管学院的培训方法包括以下几个方面：① 准备工作。学习模式的灵活性是文官学院的一大特色。在培训开始之前，文官学院鼓励客户填写培训前问卷，进一步了解客户的需求和目标，使得培训人员能够根据客户需求调整内容。② 开放课程。当课程准备就绪，培训将在伦敦的圣詹姆斯公园举行，面向所有可以离开工作场所到伦敦参加实地培训的客户。在开放课程中，客户可以集中精力在培训上，最大限度地避免分心，同时可以与各种组织中的其他客户建立联系并相互学习经验。③ 人员限制。文官学院的每个培训课程最多可容纳 10 名客户，限制客户的数量，能让他们有更多的时间与培训者互动并进行讨论。除了自己的培训场地外，文官学院还与伦敦市中心和英国的许多场外场所合作，以满足客户的其他具体要求，并根据客户的需求和预约提供培训师。④ 内部培训。如果不能到伦敦参加培训，文官学院也可以在客户所在的场所提供内部培训。这方便了忙碌的工作人员参加培训，还省去了旅行和住宿费用。⑤ 定制培训。文官学院的一大特色就是如果没有找到符合客户培训需求的课程，它可以为顾客专门定制课程。现有的开放课程可以根据客户的具体组织需求进行完全自定义。这意味着客户可以添加自己的具体工作示例和案例研究，使学习更有相关性和更加有效。

（4）国外高级公务员国际培训项目。文官学院一直享有特权，可以与其他培训专家合作，如 Marylebone Associates、Leader Shape 和 The English Manner，确保能提供最佳的培训。自 2012 年项目成立以来，学院欢迎希望进一步了解英国公共部门和公务员制度的国际代表团的到来。通过为斯里兰卡和印度高级公务员代表团举办为期一周的培训项目，以及为来自中国的代表举办早间讲习班，文官学院与各组织紧密合作，帮助规划培训的每一个方面，提供国际高水平的培训。

资料来源：张素玲．英国国家政府学院：历史变迁、培训实施及其启示［J］．中国浦东干部学院学报，2008（4）：105－114.

通过对英国文官学院的介绍，我们发现，当今不论是政府还是企业，都开始注重人力资源的开发；而且无论是在培训对象的确定、培训方式的选择还是课程的设计上，都已经变得日益成熟和专业化。

那么，人力资源开发是如何来的呢？本章将重点介绍人力资源开发的起源与发展。

第一节 人力资源开发的起源与历史

有人认为人力资源开发是一个新兴的领域，只有很短的一段历史，这显然与“人力资源开发”这一概念的使用有关。人们在 20 世纪 40 年代才开始关注这个领域，也是从那个时候起才有与这个领域直接相关的书面材料；而直到 20 世纪 80 年代“人力资源开发”这个概念才开始被广泛使用。但是，有关人力资源开发的实践却早已产生了，最早可以追溯到 18 世纪的学徒培训。

在 200 多年的实践历史中，人力资源开发的发展主要经历了以下几个主要阶段：早期的学徒培训阶段、早期的职业教育阶段、工厂学校的出现、培训职业的创建与专业培训师的产生、人力资源开发领域的蓬勃发展阶段①。通过对人力资源开发历史沿革的了解，有利于了解人力资源开发实践与研究领域的发展过程，从而对目前的人力资源开发实践有更加深刻的把握。

一、早期的学徒培训

18 世纪左右，由熟练的技术工人经营的小店铺主要生产家庭用品，比如家具、衣服和鞋。为了满足顾客对商品不断的需求，工艺店铺的店主不得不额外雇用工人。由于缺少职业学校和技术学校，店主们不得不自己教授并训练他们的工人。这些学徒向他们的师傅学习手艺，一般要在只拿很少或根本不拿工资的情况下在店铺工作几年，直到成为熟练工为止。后来，这种模式不再局限于手工业，许多行业都纷纷采用，如内科医生、海员、教师和律师等行业也开始采用学徒培训模式。在这段时期进行的人力资源开发活动，大部分是一对一的师傅带徒弟式培训，早期的学徒培训成为一种最普遍、最通用的培训模式。随着时代的发展，这种训练也越来越正规化，成为师带徒式的培训计划，并且被迅速推广，尤其是在那些需要某种工艺技能的行业，这种培训方式得到了更加广泛的应用。

---

① R. L. Desimone. *Human Resource Development* ［M］. Harcourt, 2002: 4-7.

二、早期的职业教育

这一时期有一个比较重要的事件：1809 年，德威特·克林顿（DeWitt Clinton）在纽约城建立了第一所公认的私人职业学校，也是一所手工技能培训学校。建立这所学校的目的是给失业的或有犯罪记录的、无熟练技术的年轻人提供职业培训的机会。手工技能培训学校在当时非常盛行，尤其是在美国中西部的各州，因为它为那些一时“迷失了方向”的年轻人提供了机会，解决了这一严重的社会问题。无论出于什么目的，这种早期的手工技能培训学校是职业教育的雏形。

1917 年，美国国会通过了《史密斯-休斯法案》（*Smith-Hughes Act*）。该法案认可了职业教育的价值，并同意建立基金（最初是每年 700 万美元）用于农业贸易、本国经济发展、工业和教师等领域的培训项目。如今，职业指导已成为各国公共教育系统中非常重要的一部分。事实上，由于当前各国存在着严重的技术短缺问题，尤其对于专门技术存在很大的需求，职业教育已经变得非常重要。

三、工厂学校的出现

进入工业革命时期，制造业的出现打破了传统作坊式的生产方式。由于新机器和新技术得到广泛应用，传统的手工工艺已经不再被使用。大量新工人不具备操作新机器的知识和技能，而经验丰富的老员工也需要重新参加培训，因此，学徒制培训已经开始不适应当时的需要了。随着工厂数目的不断增加，对熟练技术工人的需求很快超过了职业教育学校毕业生的供给。当时，许多工厂都希望通过教会非熟练工人使用机器来提高生产效率，同时还需要大量的工程师、机械师和熟练的机修师来设计、制造并修理机器。为了满足这些需求，工厂开始尝试建立被称作“工厂学校”的机修和机械培训项目。

1872 年，第一个有文件记载的工厂学校于美国的厚和公司（Hoe & Company）成立，厚和公司是纽约的一个印刷机制造商。之后，威斯汀豪斯于 1888 年，通用电气和鲍德温机车于 1901 年，国际收割者于 1907 年，以及后来的福特、西部电力、固特异等公司都建立了自己的工厂学校。工厂学校与早期的学徒制培训不同，它更倾向于要求工人在短期内掌握完成某项特定工作所需要的技术。

比较有代表性的是福特公司的工厂学校。1913 年福特公司生产出第一台 T 型汽车，T 型汽车是历史上首次使用装配线大规模生产的汽车，新的装配线大大削减了生产成本，福特公司因此得以降低价格而使一大部分人都能买得起 T 型汽车。装配线的生产只需要培训半熟练工人完成少量固定的工作任务。由于对 T 型汽车的需求不断增长，福特公司不得不安装更多的装配线，这样就提供了更多的培训机会。进入市场的其他汽车制造商大多数也开始使用装配线流程，因此针对半熟练工人的培训计划得以迅速增加。

随后，1914 年爆发的“第一次世界大战”更加促进了这种对非熟练工人进行的培训。“第一次世界大战”期间，为了满足对军事设备的巨大需求，许多生产非军工产品的工厂不得不重新装配机器并培训其工人，这其中就包括对非熟练工人的培训。比如，美国海运委员会负责对造船工人进行建造战船的培训。为了提高培训效果，主管查尔斯·艾伦（Charles Allen）为海运委员会的培训计划创建了四步骤指导方法，即“演示、讲解、操作、检验”。这一方法后来被称为工作指导培训（Job Instruction Training，JIT），至今仍用于员工的在职培训。

四、培训职业的创建与专业培训师的产生

第二次世界大战的爆发，使得人们又不得不重新开始依赖工厂生产军需用品，这就需要像在“一战”时一样在一些大型的组织和工会中建立新型的培训计划。美国联邦政府为此建立了行业内部培训服务机构（Training Within Industry，TWI）来组织和协调这些培训计划，它们涉及了与国防领域有关的各个工业领域。TWI 同时还培训指导员如何在各自的工厂里开展培训项目。到战争结束时，TWI 已经培训了 23 000 多个指导员，并对 16 000 个工厂和培训服务机构的 200 多万个主管经理进行了培训资格认证。

随后，这些接受过 TWI 培训的培训指导员建立了自己的培训部门，制定、组织并协调组织内部的培训项目。1942 年成立的美国培训指导协会（American Society for Training Directors，ASTD）为这个正在兴起的行业领域建立了标准。当时，成为 ASTD 的全职会员要求申请者具有大学学位及两年以上的培训或相关领域的工作经验，或者具有五年的培训经验；在培训职能部门工作或正在学院读书的人有资格获得准会员身份。

五、人力资源开发领域的蓬勃发展

20 世纪 60 年代到 70 年代之间，专业培训人员认识到他们的角色已经不仅仅局限于培训教室的范围了。在许多组织中，员工民主参与的呼声越来越高，这要求培训人员为员工提供辅导和咨询。对人力资源开发专业人员能力的要求也因此扩展到人际交往技能——比如员工辅导、问题解决等各项能力。组织对员工发展的需求也促使美国培训指导协会将它的名字更改为“美国培训与开发协会”（American Society for Training and Development，简称仍为 ASTD）。到了 20 世纪 80 年代，组织的变革使培训和开发领域发生了更加巨大的变化。在这一时期，ASTD 召开了一些国家级别的专门会议来讨论这一迅速蓬勃发展的行业，包括培训与开发人员的专业化问题。ASTD 对“人力资源开发”这一术语的肯定也进一步促进了这一领域的发展和变化。20 世纪 90 年代，ASTD 又为加强人力资源开发的战略角色做出了不懈努力，提出人力资源开发在与组织战略目标配合、支持组织战略目标实现的过程中应担当重要角色。ASTD 强调把绩效提升作为大多数培训以及人力资源开发项目的直接目标，同时也强调要把组织打造成高绩效工作系统。

21 世纪以来，新的理念不断冲击人们的常规观念和传统思维模式。学习成为组织与人才适应环境、参与竞争的必需品。2001 年，来自世界 80 多个国家（地区）的专家出席了 ASTD 国际大会，会议重点研讨了有关全球人力资源发展的议题。大会提到培训需要创新，21 世纪真正的资源是人才，培训要以学员为中心，要注重员工的价值和知识型人才的开发。2014 年 5 月 6 日，美国培训与开发协会正式宣布更名为“人才发展协会”（Association for Talent Development，ATD），一方面表示学习与发展行业的全球化进程加快，另一方面也代表行业发展的趋势从培训向人才发展转变。目前，全球人力资源开发更加关注企业绩效的改进与人才管理体系的构建，全球培训设计提倡以学习者为中心构建非正式学习生态圈，学习技术的研究更加关注如何帮助员工更好地参与到学习活动中来。不仅美国如此，全球的学习发展行业都呈现出类似趋势。

从以上人力资源开发的演变与发展历史可以看出，人力资源开发随着西方人本管理思想的出现，行为科学研究的深入以及人力资本理论的不断发展，在现代企业中已成为日益

重要的组织活动。我国自20世纪80年代中期引入人力资源开发理论和技术后，有关它的研究活动也迅速得到了重视和发展。目前，中国企业不再盲目移植国外的先进技术与工具，他们在深入研究国外理论与国内文化土壤的基础上，不断进行理念创新、机制创新、技术创新，逐步建立起中国式的人力资源开发与管理。近几年企业关注的焦点主要在于课程开发、学习项目设计以及学习效果评估，越来越多的人力资源培训部门也致力于成为“业务伙伴”（Human Resource Business Partners，HRBP），使培训项目服从并服务于企业的业务发展。

第二节　人力资源开发与人力资源管理的关系

人力资源开发与人力资源管理之间的关系究竟如何？本节将重点探讨人力资源开发在人力资源管理系统中的地位和作用。在研究这两者的关系之前，我们先来看一下人力资源管理的主要职能。

一、人力资源管理的主要职能

人力资源管理作为一门科学提出是在20世纪50年代（作为行为科学提出），正式成为一门学科是在1956年。大学中人力资源管理教学起源于20世纪20年代，第一本人事管理教科书是由奥德威·蒂德（Ordway Tead）和亨利·梅特卡夫（Henry Metcalf）在1920年写的，书名为《人事管理：原则与实践》，他们是这一研究领域的奠基人，勾画了人事管理的轮廓。他们也是率先在哥伦比亚大学开设人事管理课程的人。

美国著名的人力资源管理专家加里·德斯勒（Gary Dessler）在其所著的《人力资源管理》一书中，认为人力资源管理是完成管理工作中涉及人或人事方面的任务时需要掌握的各种概念和技术。中国台湾著名学者黄英忠先生认为，人力资源管理是指为了更好地吸纳、维系、开发和使用组织中的人力资源而做的规划、执行、控制等一系列过程。

根据这样的定义我们还无法准确地认识人力资源管理的职能，因为人力资源管理在其发展历史的不同阶段会承担不同的职能，所以，首先需要对人力资源管理的发展历史进行追溯。

（一）人力资源管理职能的发展阶段

从20世纪50年代至今，人力资源管理已经经历了四个发展阶段。

1. 第一阶段：人事管理阶段

这个阶段是20世纪50—70年代，人事管理的主要内容是进行人事档案的日常管理，主要关注“事”，如对员工招聘、工资、绩效、工作变动和晋级等进行归纳整理，同时对人事制度的实行和方针进行整合。员工没有被视为企业的资源而被当作企业的成本来看待，人事管理者也缺乏对工作性质和目标的明确认识，企业内部往往没有清晰的人事管理条例和制度。因此，在这一阶段人力资源管理的职能主要体现为人事档案等方面的事务性管理，人力资源管理的政策和实践均被视为价值消耗活动。

2. 第二阶段：人力资源管理阶段

第二阶段是20世纪70—80年代，人力资源管理成为企业的一个专业职能，以人力资本理论、行为科学等原理为基础并开始发挥专业作用。企业中开始出现人力资源部，负责企业的人事政策制定，根据上级要求进行人员招聘及管理，并参与企业战略规划的实施。

但在企业战略目标的形成过程中，往往把对人力资源问题的考虑排除在战略之外。这一时期，企业以技术性和模块化的发展和应用为主要特征，既关注事（工作分析），也关注人（从个体视角关注个人绩效），以及人与组织之间的有效配置。在这个阶段，人力资源管理逐步开始从以“事”为中心转向以“人”为中心，不过仍以关注“事”为主，因为企业虽然意识到人力也是一种资源，但并不认为是组织中重要的战略性资源，而人力资源部门的工作也往往处于一种被动应付和服务的状态。

3. 第三阶段：基于战略的人力资源管理阶段

20 世纪 80 年代到 21 世纪初，企业战略目标的实现越来越需要对市场的快速响应能力和团队协作能力，因此，人力资源正逐步成为形成企业核心能力和竞争优势的关键所在。人力资源部门开始从企业战略的被动接受者转变成企业战略的制定者和推行者。这一阶段，企业开始制定人力资源战略并实施战略人力资源管理。一方面，企业为实现其目标而制定具体的人力资源行动方案，同时，企业还将人力资源管理与企业战略目标联系起来，以提高员工绩效与组织的整体绩效。这时，人力资源部门将关注的重点从传统的事务性工作转移到人力资源规划、绩效管理、薪酬体系与激励制度、人力资源开发等方面的工作上。这一点从人力资源管理者的增值角色上可以得到验证（见第一章第四节）。

随着信息技术的发展、无纸办公的出现，人力资源管理者应慢慢淡化其行政专家的角色，而花更多的时间来承担后面的三个角色（员工代言人、变革的推动者和战略合作伙伴）。因此，人力资源管理部门的人员，已经不再是事务性的人员，人力资源管理部门应该成为一个人力资源产品服务的研发制造机构，必须通过研究、开发，像对待客户一样持续向员工提供人力资源产品服务，这对人力资源管理者的专业能力素质提出了新的要求。

4. 第四阶段：人力资源价值增值管理阶段

彭剑锋教授（2014）提出 21 世纪以来，随着外部环境的变化，组织发展进入一个面临质变与转型的时代，人力资源管理也升级到一个新的阶段——人力资源价值增值管理阶段，逐步增强对于人的价值的关注、提升管理效率。具体而言，此阶段有以下五个方面的特点：一是知识化。人力资源管理注重将员工的个人智慧转化为组织的知识资源，从强调员工管理的“留人”“留心”转向“留智”的智慧资源管理阶段，解决组织知识的获取、应用与创新问题。二是归核化。通过人力资源专业服务与运营管理的合理外包，凸显人力资源管理中组织人才能力发展与组织能力发展这两大核心。三是价值化。人力资源管理强调让组织中的每个人都成为价值创造者，通过价值评价与价值分配激发员工潜能和创造力，提升人力资源的价值创造能力。四是流程化。通过以客户为核心构建人力资源价值创造流，人力资源管理从权利驱动转向客户价值驱动。五是平台化。基于互联网与信息化，人力资源管理实现集中化、整合化、平台化与智能化伙伴式管理。

（二）人力资源管理的具体内容

当前越来越多的企业实行战略性人力资源管理。战略性人力资源管理的最终目标就是提升公司绩效，而这一目标是通过以下具体职能模块的完成来实现的。

1. 人力资源规划

人力资源规划是指预测未来的组织任务和环境对组织的要求，并为完成这些任务与满足这些要求提供人力资源的过程。人力资源规划的总体过程包括人力资源预测、人力资源目标的设定与战略规划、人力资源规划的执行、人力资源规划的执行效果评估四大组成部分，其目的就是帮助组织通过最佳的方式获取达成组织目标所需要的人力资源。人力资源规划首先要正确地分析达成组织目标所需要的人力资源，包括所需人力资源的数量、质量和结构；然后对企业人力资源进行现状盘点，找到企业的人力资源供给和需求之间的差距；再以这种差距为指导提出满足组织需要的人力资源方案，包括外部人员补充方案、内部人力资源开发方案、员工素质提升方案、继任者计划和员工退休、解聘方案等；通过这一系列方案的实施，就可以有效地满足企业的人力资源需求，帮助企业达成其战略目标。人力资源规划是人力资源管理系统中具有提纲挈领作用的职能模块，它为人力资源管理其他职能模块的方案设计与运作指出了目标和方向。

2. 招募和甄选

人力资源招募实际上就是在人力资源规划和新员工甄选之间架起了一座桥梁。招募活动可以帮助企业在内外劳动力市场上吸收和获取符合职位要求和组织期望的优秀人才，从而为组织拥有一流的人才队伍提供前提和基础。人员甄选是在招募之后进行的人力资源管理活动，通过采用各种测试工具和手段对求职者进行筛选，使最终进入组织的员工能够满足组织和工作的要求并取得优异的工作绩效。因此，招募和甄选是提升企业员工素质和能力的基础。

3. 培训与开发

培训与开发是企业提升现有员工素质和能力的主要手段。现代企业的培训与开发系统主要通过以下几个环节实现：培训需求分析与培训计划制定、培训计划的组织与实施、培训成果的转化、培训效果的评估、培训体系的改进。同时，现代企业培训体系的设计已经越来越强调对组织战略的支撑与落实，即通过培训来提升员工的核心专长与技能，从而使企业获得竞争对手难以模仿的核心能力。

4. 薪酬管理

薪酬是企业支付给员工的劳动报酬，是企业吸纳、保留和激励员工的关键手段。薪酬体系目前主要分为两大类：以工作为基础的薪酬体系和以能力为基础的薪酬体系。前者主要依据员工所担任职位的价值来支付报酬，而后者主要依据员工所具备的知识、技能和能力来支付报酬。不论哪种薪酬体系都必然要考虑四个基本的方面：薪酬的内部一致性、外部竞争性、员工的贡献和管理的可行性。薪酬体系满足这四个条件，企业就能有效地满足员工的内在需求，从而充分调动员工的工作积极性、主动性和创造性。

5. 绩效管理

绩效管理是管理者和员工双方就目标设定及如何达到目标达成共识，并促进员工成功地完成目标的管理方法。

绩效管理是整个人力资源管理体系的重心，也是保证企业战略在人力资源管理中落地的重要工具。绩效管理主要包括以下几个环节：表达组织期望和制定绩效计划、工作的执行和辅导、绩效考核、绩效反馈，以及绩效回报。在上述几个环节中，绩效考核是整个绩效管理的重点与难点。在考核体系的设计中，目前国际通行的方法主要包括关键业绩指标、平衡计分卡等。

6. 员工关系

现代企业正面临着创建高绩效工作系统的挑战，而员工关系管理正是创建高绩效工作系统十分重要的环节。通过员工关系管理，为员工创造一种积极的工作环境，包括良好的人际关系和积极的工作氛围，建立组织与员工之间的劳动契约与心理契约，从而为员工和组织的绩效提升与改进提供重要支持。

二、人力资源开发与人力资源管理各职能的关系

随着现代企业人力资源管理的系统化趋势越来越明显，企业的人力资源开发体系也越来越需要与人力资源管理的其他职能模块对接，因此，深入研究人力资源开发职能与其他职能模块之间的关系就变得越来越重要和富有意义。

从上面的分析中我们可以看到，人力资源开发是企业战略性人力资源管理中的一个模块。在一些组织中，培训与开发是通过一个独立的职能部门来完成的，但在大多数组织中，培训或人力资源开发部门只是更大的人力资源管理部门中的一个组成部分，它与人力资源规划、薪酬管理等并列，作为人力资源部门下的子部门而存在，图 2-1 给出了有代表性的人力资源管理部门的组织结构图。

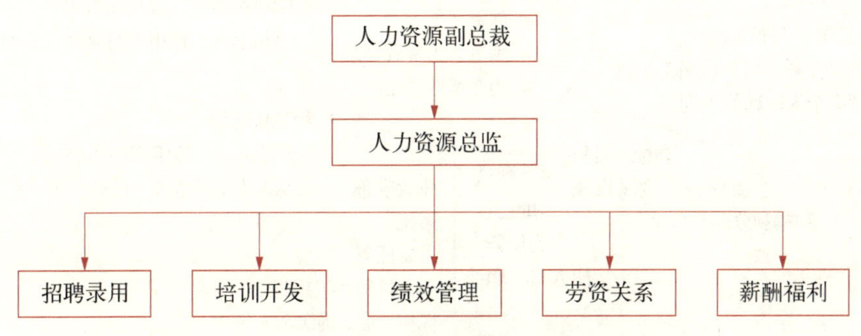

图 2-1　有代表性的人力资源管理部门的组织结构图

在关于人力资源开发与人力资源管理各项职能关系的种种研究中，最具代表性的是帕特里夏·麦克拉根（Patricia Mclagan）的研究成果。她在《人力资源开发实践模型》一文中提出了一种研究人力资源开发的新方法，这项研究运用“人力资源车轮”模型（见图 2-2）确定了人力资源的主要领域，并重点展示了人力资源开发在其中的地位和作用。

正如图 2-2 所展示的那样：培训与开发、组织发展和职业开发是相互关联的三个领域，每一个都是人力资源开发的关键组成部分。“人力资源车轮”上的各个方面都是相互关联的，但是相对来看，培训与开发、组织发展、职业开发这三者与组织/职位设计、人力资源规划、绩效管理系统、甄选和配置等方面的联系更为紧密。

（一）人力资源开发与职位设计的关系

培训需求分析主要建立在三个层面的分析之上，包括组织分析、任务分析和人员分析。根据组织中的职位设计可以进行上述三个层面的分析。组织分析是针对企业的战略目标和整体组织状况展开分析，因此需要企业的战略和组织研究系统的支持。任务分析主要通过职位分析来进行。职位分析是人力资源管理的基础性操作技术，它通

图 2-2　人力资源车轮模型

资料来源：P. A. McLagan. Models for HRD Practice［J］. *Training and Development Journal*, 1989, 41: 53.

过明确工作内容、业绩标准和任职资格要求来为培训需求分析提供基本的信息，从而使企业能够结合每个职位的具体工作特性和工作要求确立起分层分类的培训计划。人员分析则需要建立在绩效管理体系和素质模型的基础之上：通过绩效考核，发现员工的工作绩效与组织期望之间的差距；通过素质模型评价，找到员工能力上的不足与短板。两个方面相互结合就可以分析出员工具体需要通过什么样的培训来提升自己的能力与业绩。

（二）人力资源开发与人力资源规划的关系

人力资源规划是预测未来的组织任务和环境对组织的要求，以及为完成这些任务与满足这些要求而提供人力资源的过程。组织结构的复杂性要求组织必须制定人力资源规划，因为它可以确保组织在发展过程中对人力资源的需求得到满足，能够有计划地在预测基础上调整未来人员在职务上的分布状态，可以有效地预测和控制人工成本。在大型组织中，人员的需求与供给、人员的晋升和补充、人员的培养与开发、薪酬的提升速度与成本控制、人员在组织中的有序运动，以及公平的管理等，不能盲目处理，必须进行有计划的指导，人力资源规划可以在这方面提供可靠的信息。

组织的人力资源规划是制定人力资源开发策略的基础和前提条件。组织整体人力资源规划的内容包括确定培训开发的阶段性和层次性，确定对哪些人员重点进行哪些内容的培训与开发，确保培训开发与人员补充规划和晋升规划的连接性等。

（三）人力资源开发与人员招聘甄选的关系

在人力资源开发体系中，入职培训是非常重要的内容。通过入职培训，企业向新员工传递组织的文化与价值观，使其了解组织的基本状况，并传授职位需要的基本技能，这样便能使员工迅速地融入组织，减少进入陌生的组织环境所带来的冲击，提高员工职业生涯发展的质量。

从整个人力资源管理的流程来看，入职培训是招聘甄选之后的人力资源管理环节，同时，它也是员工上岗的前提和基础。只有经过了入职培训，在确保员工了解了组织的基本情况，基本认同了组织的文化，掌握了基本的岗位技能的前提下，员工才能够正式步入工作岗位。

（四）人力资源开发与绩效管理体系的关系

绩效管理与人力资源开发体系的关系主要体现在绩效考核与绩效改进这两个环节。其中，一方面绩效考核为培训需求分析中的人员分析提供了基本的数据和信息；另一方面，培训与开发以及职业开发作为员工绩效改进的重要手段和工具，为提升员工的绩效水平提供了重要的支持。

第三节　人力资源开发职能部门的组织结构

根据管理学的基本原理，功能决定结构，结构支持功能，组织发展战略目标的实现取决于组织结构的有效设置。因此，人力资源开发职能的完成将需要人力资源开发部门具有一个精简、高效的组织结构。由于不同企业的战略和内在管理机制存在差异，其人力资源开发部门采用的组织结构也将存在较大的差异。在这一节中，我们将重点介绍五种典型的人力资源开发职能部门的组建模式。[①]

一、客户模式

根据客户模式组建的人力资源开发部门能够很好地满足组织内某些职能部门的培训需求。这种模式能够使培训项目与经营部门的特定需要相一致。该模式中的培训者必须了解经营需要并不断更新培训的课程和内容。如果培训需求发生了变化，组织内部无法提供相应的培训，那么组织就要借助外部专家的力量。

---

① M. London. *Managing the Training Enterprise*［M］. San Francisco: Jossey-Bass, 1994.

这种模式的缺点在于：① 培训者在开始培训前必须花很多时间研究各业务职能部门；② 许多专项的培训课程是由客户开发的，因此培训者很难保证每项培训的有效性。这一模式可以用图 2-3 表示。

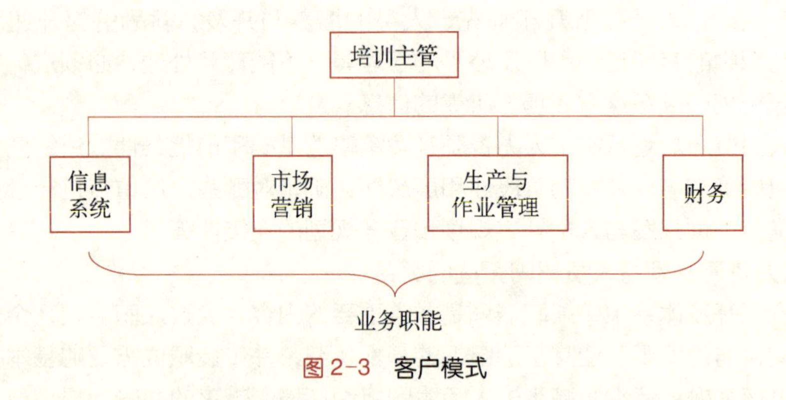

图 2-3 客户模式

二、学院模式

按照学院模式建立的人力资源开发部门就好像是一所大学。培训与开发部门的培训活动由一名主管和对特定的技术领域具有专业知识的专家共同领导，这些专家负责开发、管理和修订培训项目。

学院模式具有以下几个优点：① 培训主管是组织中培训领域的专家；② 培训部门的计划由人事专家制定，培训的内容和进度主要是根据培训教师的时间安排和专业水平而定。但是使用学院模式建立人力资源开发部门也有不利之处，即如此建立的人力资源开发部门虽然可能会具有一定的专业水准，但是可能并不十分了解组织的需求。为了克服学院模式的缺陷，管理人员要不断地对接受培训的组织内部客户进行调查，以确保提供的服务能够满足他们的需要，图 2-4 给出了学院模式的示例。

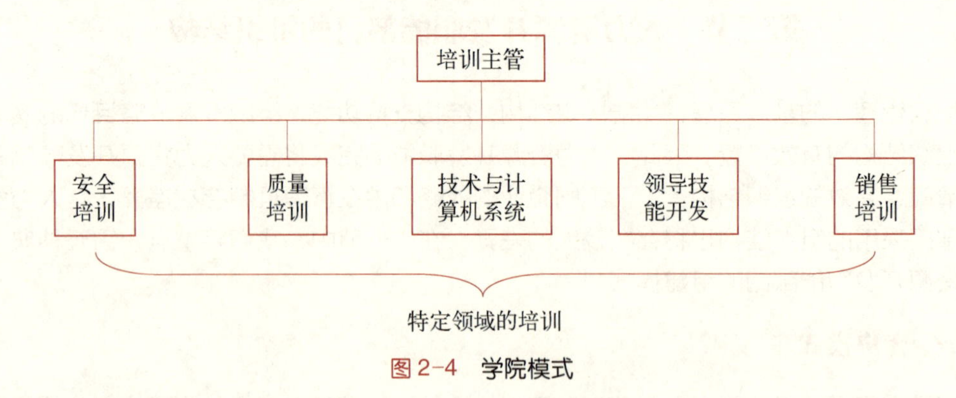

图 2-4 学院模式

三、矩阵模式

矩阵模式是要求培训者既向培训部门经理又向特定职能部门经理汇报工作的一种模式。培训者具有培训专家和职能专家两方面的职责。

矩阵模式的优点在于：① 有助于将培训与经营需要联系起来；② 培训者既可以通过了

解某一特定职能而获得专门知识，也可以保持自身专业知识的不断更新与完善。但矩阵模式的一大缺陷是培训者将会被迫接受很多可能产生矛盾冲突的指令，因为他要向两个主管汇报工作——职能经理和培训主管，图 2-5 给出了矩阵模式的示例。

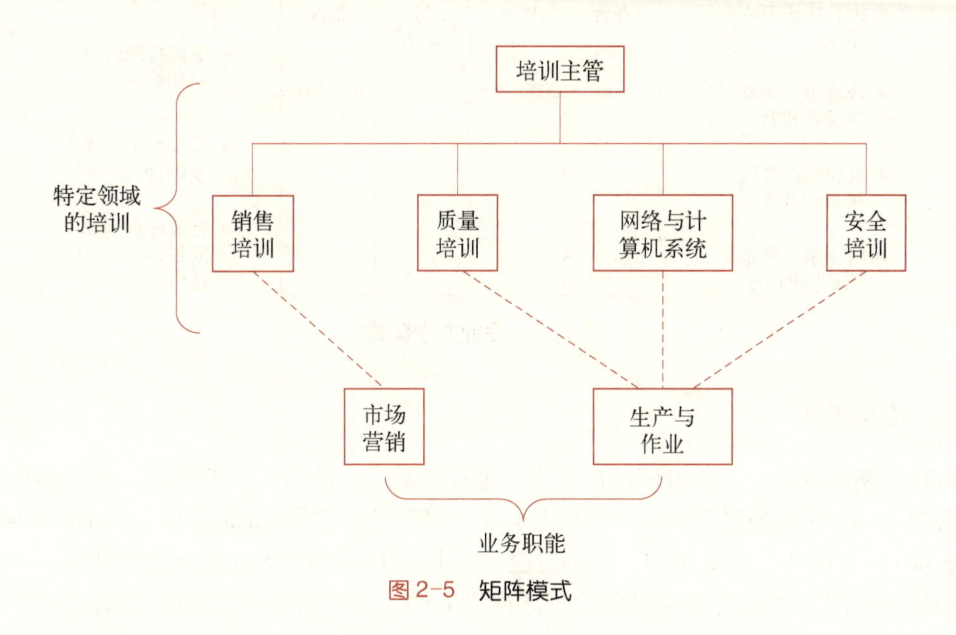

图 2-5　矩阵模式

四、企业办学模式

企业办学，即企业自己开办研究院或培训学院，在研究院或培训学院中，学员必须完成特定的课程。企业办学模式与其他模式的不同之处在于它的客户群不仅包括雇员和经理，还包括公司的外部客户。现在许多企业都有自己的大学或管理学院。采用这一模式的公司包括：通用电气（GE）、国际商业机器公司（IBM）、麦当劳、百度、华为、京东、海尔等。

企业办学模式的管理组织主要有三种类型：① 交互型企业大学。其主要特征是企业大学的管理者与人力资源部门的负责人互为对方的副总。以华为的企业大学为例，华为大学校长兼任人力资源部的负责人，根据 HRD 的发展路径规划学校管理。② 独立并行型。其特征为根据内外部对象进行分割，企业大学向高层进行汇报，从企业战略的角度获得资源，与企业的其他部门并行，成为独立的部门，比较著名的有通用电气克劳顿管理学院、惠普商学院、汉堡包大学等。③ 从属型。这一类型的企业大学由 HR 部门制定规划，以培训为导向，其主要特点是企业大学从属于企业集团公司及人力资源开发中心，比较著名的是海尔大学。

根据企业办学模式组建的人力资源开发部门有很多优点，可以提供范围更广的培训项目和课程，并且组织内部重要的文化和价值观也将在企业大学的培训课程中受到重视。这种模式使得组织内部某一部门进行的培训可以在整个公司内传播。此外，企业的培训大学可以通过开发统一的培训实践和培训政策来控制成本，图 2-6 给出了企业办学模式的示例。

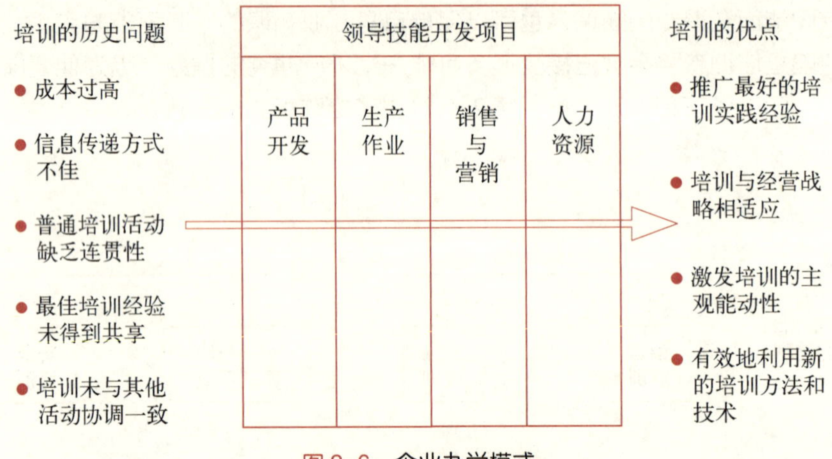

图 2-6 企业办学模式

五、虚拟模式

现在许多跨国公司正在组建虚拟人力资源开发组织，使自己能够对客户的需要迅速做出反应并提供高质量的服务。美国人力资源管理协会（Society for Human Resource Management，SHRM）2012 年的一项调查显示，近一半的美国公司使用虚拟组织；2013 年的调查显示跨国公司使用虚拟组织的可能性为 66%。扁平化的组织结构、节省成本的举措、全球化的发展以及对知识共享的日益重视，共同促成了虚拟模式在组织中的广泛使用。随着技术将工作场所从物理空间转化为虚拟环境，虚拟人力资源开发也越来越多地被运用。

虚拟人力资源开发（Virtual Human Resource Development，VHRD）是指“包含富媒体且与文化相关的网络环境，利用技术进行正式或非正式的学习，战略性地提高专业技能、学习能力和组织建设的过程”。在虚拟工作中，人们不仅相互交流，而且还与嵌入价值的对象和各种形式的媒体进行交互。VHRD 侧重于在网络虚拟环境中学习和工作的总体性和复杂性，该虚拟环境包含从个人层面到组织层面的活动，如图 2-7 所示。

对于 VHRD 模型的上述定义，现将其扩展如下：

（1）包含富媒体的网络化环境；

（2）环境中设计、使用和交互的文化价值和假设；

（3）与各级组织使命（个人、团体和组织）的战略结盟；

（4）人力资源开发的典型结果，包括但不限于绩效改善、专业知识和创新的发展以及社区建设；

（5）正式学习和非正式学习的基本过程。

VHRD 还涉及过去、现在和将来的时间同时性，包括过去解决问题的方法和当下、实时的交互，以及未来的计划、目标和最后期限，提醒各成员组织曾经在什么地方，目前处于什么地方，未来打算去什么地方。VHRD 同时针对通过战略调整的个人和组织层面，因此它反映了 HRD 对人力资源干预和变革水平的关注。

目前，如何在地理上分散的虚拟团队之间建立信任，促使各团队一起完成特定的、时间敏感的任务，已成为全球虚拟组织共同面临的挑战。在虚拟团队中快速建立信任主要有

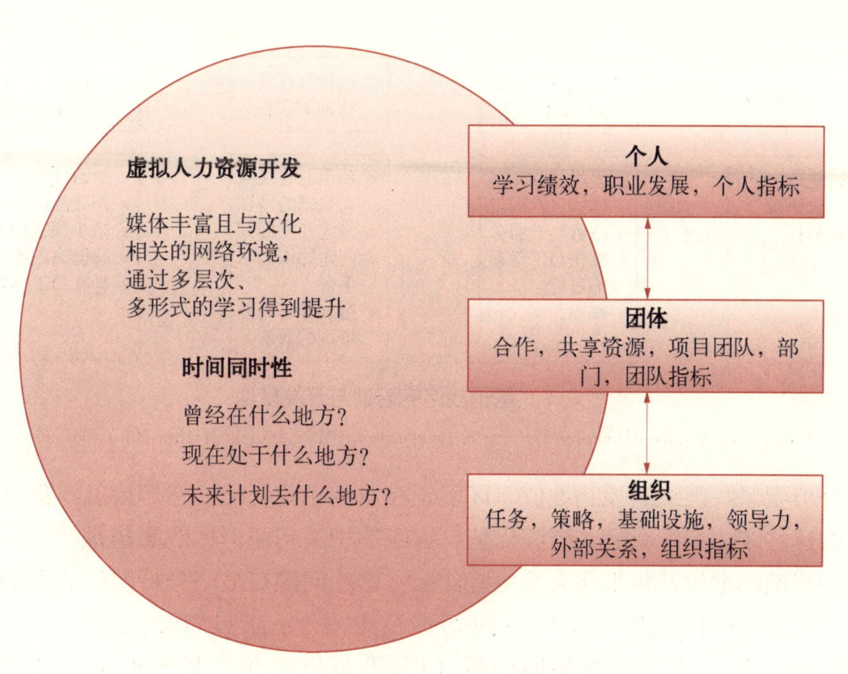

图 2-7　虚拟人力资源开发模型

四种障碍：个人障碍、组织障碍、技术障碍和团队障碍。VHRD 的角色之一是通过快速激发信任感来支持虚拟团队成员的人力资源开发，技术问题不能被看作虚拟团队工作的“附加”，因为正确的软件和技术对虚拟团队能够有效地工作至关重要。HRD 从业者通过指导技术界面的选择和采用以及对案例的研究和讨论，在支持和维持虚拟团队的工作中发挥重要作用，帮助团队成员了解于在线环境中工作的良好实践。VHRD 可以帮助多样化的员工在虚拟环境中茁壮成长，需要对所有团队成员进行敏感化培训以避免文化和语言差异导致误解，还需要培训员工如何在网络环境中有效工作。虚拟团队的领导人尤其需要经过精心挑选，他/她必须展示团队精神、文化修养、沟通能力和冲突管理能力，以帮助成员快速建立信任并培养有效的虚拟团队。

第四节　基于战略的培训与开发流程

在任何组织中，有效的培训体系建立的关键是要遵循基于战略的培训与开发流程。图 2-8 展示了基于战略的培训与开发的流程。首先是确定组织的发展战略，即组织的使命宗旨、核心价值观与组织目标，在此基础上确定培训的策略，然后选择具体的培训与开发的方式和方法，最后衡量培训与开发的效果。衡量的标准是培训与开发活动是否有利于组织战略目标的实现。

基于战略的培训与开发体系的设计首先强调的是战略管理。战略管理是指企业通过一系列的策略行为帮助企业实现目标的过程。对一个组织来说，光有战略是不够的，更为重要的是整个战略管理过程。战略管理不仅管理有关组织主要决策的制定过程，它还要保证战略能够成功实施并发挥作用。它包含三个主要活动：战略分析、战略选择和战略实施。

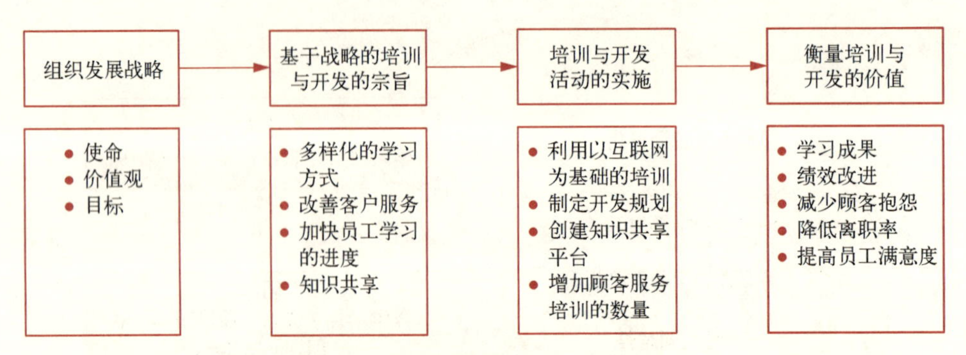

图 2-8　基于战略的培训与开发模型

资料来源：R. A. Noe. *Employee Training & Development* [M]. 5th ed. Mcgraw-Hill, 2001: 43.

战略分析要了解组织的战略地位。环境正在发生哪些变化？它们会怎样影响组织和组织活动？对这些变化组织有哪些资源优势？组织的相关利益群体的愿望是什么？这些会怎样影响组织当前的地位？将来还会发生些什么？这些问题在战略分析时都要考虑。在进行战略分析时组织可以使用以下几种工具：行业及竞争分析工具如波特的五种竞争力模型，环境影响因素分析工具如宏观环境分析（PEST 分析）和态势分析法（SWOT 分析），等等。

战略选择以战略分析为基础，它可以分为三个部分：① 战略方案的产生，在这一阶段组织应该尽可能地形成各种战略方案；② 战略方案的评估，可以从两方面分析，一是战略的匹配性或适用性，二是战略的可接受性；③ 战略方案的选择，实际上不可能有完全正确或错误的选择，因此最后的战略选择是一个相互比较、评分决策的过程。

战略实施就是将战略转化为行动的过程。它涉及资源计划，即确定哪些是需要完成的关键任务、组织资源混合使用时需要做哪些调整、由谁负责调整等问题。组织结构中的变动有可能也需要通过战略来实现。

培训的战略管理职能主要体现在两个方面：一是在战略分析的时候，企业必须充分考虑现有人力资源的特点、优势和劣势，以及哪些优势需要通过培训来进一步发挥，哪些劣势可以通过培训来弥补；二是在进行战略实施的时候，企业的战略转型方案落实到人力资源的培训开发方面，对培训开发提出了哪些要求。

另外，从战略管理的流派上来看，现代企业的战略理论可以分为外部战略理论和内部战略理论。外部战略理论主要强调企业的战略管理就是企业的行业选择，以及企业对外部机会的把握和外部威胁的抵御；内部战略理论则强调企业的战略管理就是对企业能力的培育和企业资源的整合。培训的战略管理职能主要是依据后一种理论提出的，即通过人力资源开发提升企业的核心竞争力，帮助企业获取竞争优势。因此，现代企业的人力资源开发已经成为企业的战略能力的重要组成部分。

在培训与开发活动的实施阶段，主要应遵循如图 2-9 所示的流程。通过培训需求分析可以使人力资源专业人员了解到企业需要什么样的培训计划，哪些员工需要被纳入计划之中，哪些方面会妨碍培训计划的实施，以及应建立一套怎样的业绩衡量标准。所以，培训需求分析是人力资源培训与开发的基础性工作。从图 2-9 中可以清楚地了解企业人力资源培训与开发的全过程。

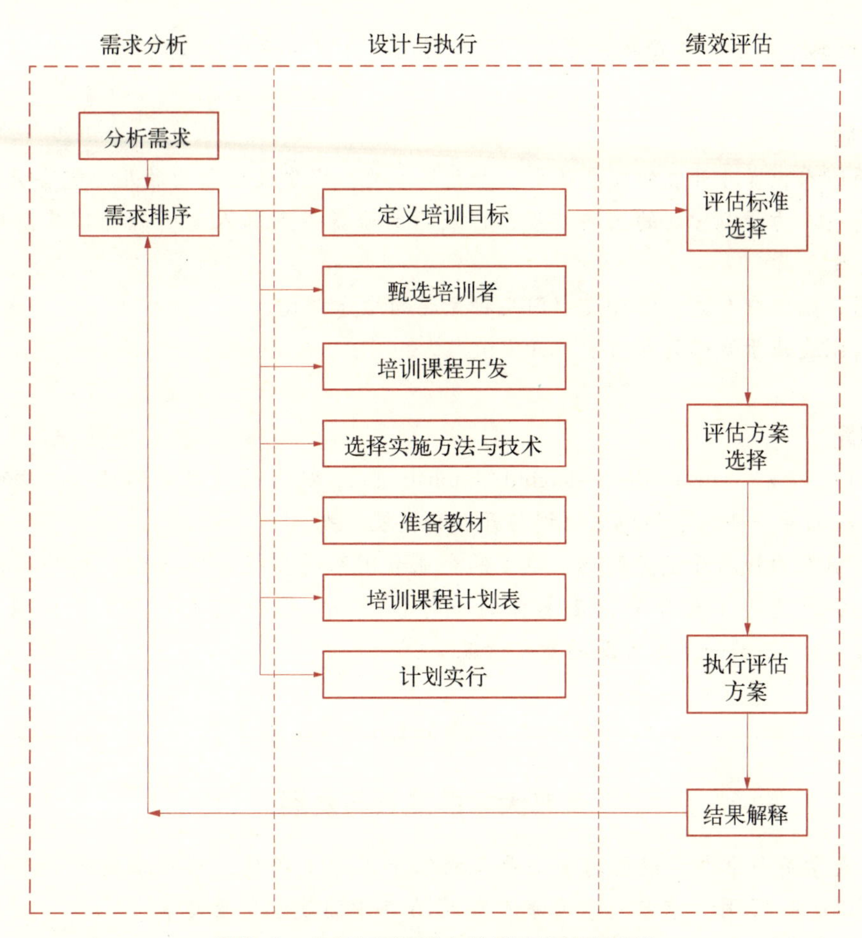

图 2-9　人力资源开发与培训实施过程模型

资料来源：Desimone & Harris. *Human Resource Development* [M]. Harcourt College Publishers，2002：24.

本章小结

本章首先介绍了人力资源开发的演变历史，主要有以下几个阶段：早期的学徒培训阶段、早期的职业教育阶段、工厂学校的出现、培训职业的创建与专业培训师的产生、人力资源开发领域的蓬勃发展阶段。对人力资源开发历史沿革的介绍，有利于读者了解人力资源开发实践与研究领域的发展过程，从而对组织目前的培训与开发实践有更加深刻的把握。在此基础上，本章从纵向的角度阐述了从 20 世纪 50 年代至今，人力资源管理经历的四个发展阶段：人事管理阶段、人力资源管理阶段、基于战略的人力资源管理阶段和人力资源价值增值管理阶段。

此外，本章还讨论了人力资源开发与人力资源管理其他职能的关系，如人力资源开发与职位设计的关系、人力资源开发与人力资源规划的关系、人力资源开发与招募甄选的关系、人力资源开发与绩效管理的关系等。随后本章介绍了人力资源开发部门几种主要的组建模式，如客户模式、学院模式、矩阵模式、企业办学模式和虚拟模式，并对每种组建模式进行了比较。最后，本章阐述了基于战略的人力资源开发的具体流程。

复习思考题

1. 简述人力资源开发的发展历史，并列举人力开发发展过程中的几个重要历史事件。
2. 简述人力资源管理的主要职能，以及人力资源开发与人力资源管理其他几大职能之间的关系。
3. 简述组织中人力资源开发部门几种主要的组建模式。
4. 请阐述基于战略的人力资源开发流程。

网上练习题

1. http：//www. msu. edu/～sleightd/trainhst. html，从上面提供的网址中，你可以了解到美国和欧洲等一些国家和地区培训与开发的发展历史。
2. 目前人力资源开发受到越来越多的企业和国家的重视。21 世纪，整个亚洲在人力资源开发方面是怎样或者将会是怎样的一种状况呢？请登录亚太人力资源网 http：//www. aphr. org，了解一下这方面的研究情况。

案例 1

京东大学的成长与发展

京东大学是企业办学模型的一个典型的例子。2011 年底，京东正式着手建立“京东大学”。2016 年 12 月，京东大学被评选为 2016 年中国最佳企业大学。

一、京东大学成长的三个阶段

企业大学想要在企业中获取一席之地，得到企业各级部门的认可与支持，就要依据企业的战略规划服务企业发展。同时，要使发展的业务方向随时与企业的发展方向保持匹配。京东大学的发展可分为三个阶段。

（1）培训初创阶段（2008 年以前）。表 2-1 描述了初创阶段京东大学培训文化的特征及表现。

表 2-1 京东初创阶段的培训文化特征及表现

维 度	特 征	典 型 例 证
战略导向	以发展为目标 价值导向	发展目标是做中国最大，全球前五强的电子商务公司； 公司的使命是让购物变得简单、快乐！
培训文化	以业务能力培训为主	培训并未成为一个独立的部门，而是被归于 HR 的部门职能中。

（2）培训发展阶段（2008—2012）。在前一阶段的基础上，京东取得了优异的成绩，成为国内首屈一指的 3C（计算机、通信、消费类电子产品）网购平台，销售与盈利能力也逐步增强。2008 年京东开始搭建京东培训体系，并在 2010 年将培训部门从原本的 HR 功能中独立出来组成集团培训部，标志着京东的培训开始进入独立的发展阶段。表 2-2 描述了京东培训发展阶段的培训文化特征及表现。

表 2-2　京东发展阶段的培训文化特征及表现

维　度	特　征	典 型 例 证
战略导向	以服务为目标 市场导向	由2009年以前的“价格战”转变为“服务站”，自建库房和物流中心； 公司的使命是让购物变得简单、快乐！
培训文化	搭建培训体系	培训从HR部门职能中独立出来，成为集团培训部，一个独立的部门。

(3) 企业大学阶段（2012年至今）。在2011年底，京东正式着手建立“京东大学”，京东大学也在2012年正式成立，培训上升为京东公司的重要战略之一。这一时期，培训相关的建设进一步体系化与成熟化，并持续创新发展。培训开始从员工的被动接受，向员工自发的学习转变。京东大学在培训的过程中，开始思考如何节省时间及成本并更快更好地提高培训效率和质量。表2-3描述了京东企业大学阶段的培训文化特征及表现。

表 2-3　企业大学阶段的培训文化特征及表现

维　度	特　征	典 型 例 证
战略导向	以服务为目标 市场导向 培训上升到企业战略层面	京东企业大学成立； 公司的使命是让购物变得简单、快乐！
培训文化	企业大学成立	既是一个平台，也是京东人才培养的摇篮，文化传承的纽带。

二、京东大学分支

京东大学成立的目的是“提升京东员工工作能力，宣贯和落地公司文化价值观”，京东大学在其组织架构中，设置了人才发展学院、领导力学院、学习管理中心、文化创新中心、京东商学院。如图2-10所示，在整个企业大学的运作中，各组织各司其职且相互作用。

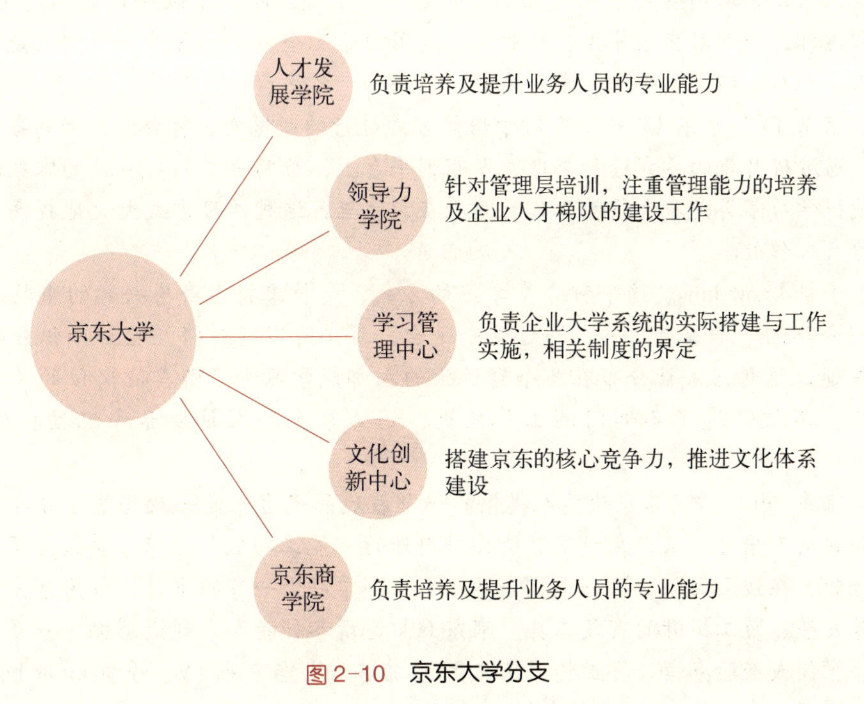

图 2-10　京东大学分支

三、京东大学的培训教材

一套好的培训教材不仅要符合企业的发展需求，符合企业的价值观，还要能够很好地完成企业的培训计划，体现企业的培训意志并取得良好的结果。京东主要有七大课程体系，无论哪一个课程，均以体现企业的核心价值为导向，培养与企业价值观高度匹配的员工，培养具有高超技能水平的员工，并辅以提升员工的职业化素养。图 2-11 展示了京东大学的七大课程体系。

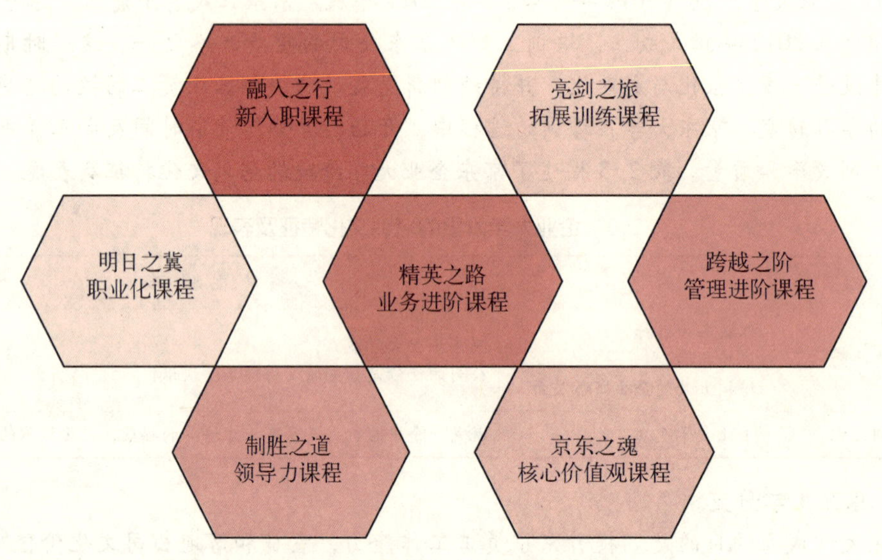

图 2-11　京东大学七大课程体系

四、京东大学的重点项目

目前，京东的培训主要采用“项目+平台”的方式，即三个做培训的部门是项目制，按照课程运作，分别对应领导力、专业力、通用力这三个体系；另外三个部门是基于互联网模式来做平台，即文化平台、学习平台、市场和产品平台。

（1）京东 TV。京东 TV 是京东对于培训方式进行的新探索，将企业内部的各种优秀学习案例，通过碎片化的方式进行整理并发布到平台上，帮助员工利用有效的零散时间进行学习，使得学习不再是花大段的工作时间坐在教室里，这种学习方式大大地提高了京东员工的学习及工作效率。

（2）手机 know how。这一种分享学习的方式，是员工将自身感兴趣的事物或优秀的案例进行分享的一个有效工具。通过这一平台，员工可以随时将经验和知识分享给所有人，京东通过这种方式让分布在各个岗位上的人都能学习和了解其他岗位的工作职责和工作方式，不仅促进了各部门的工作协调，还为京东的人员培养和配置提供了基础资源。

（3）京东 talk。这是京东为能人提供的一个展现的平台，是一款将线下分享与线上学习相结合的交互平台。京东在线下邀请公司内外的“能工巧匠”给京东员工分享行业知识与工作经验，在线上则创造了一个集分享、交互、学习于一身的平台，成为京东的文化传播、业务发展、员工提升的有效工具。京东 talk 邀请各种能人来到摄影棚，分享自己工作中的一个案例或经验感悟，再上传至京东 TV。京东 talk 与京东 TV、手机 know how 成为京东大学的学习工具三板斧。

京东众多的分享平台帮助京东把学习的课堂搬到了屏幕上，使员工能够随时随地进行学习，最大化地灵活管理了员工的学习时间。

资料来源：董飞燕．关于互联网企业大学体系设计的思考．案例分析：京东大学的个案研究［D］.

思考：

1. 京东大学是如何根据京东的培训战略发展的？
2. 在京东大学的组织架构中，各个组织的职责是什么？

案例 2

海尔公司员工培训的探索与发展

海尔作为世界白色家电第一品牌，在互联网时代下，从 2007 年开始踏上从家电制造商向服务商的战略转型之路，支撑海尔成功战略转型的核心是人才的竞争力。通过多种渠道的员工培训模式创新，海尔集团搭建了完善的培训体系，并将海尔大学作为海尔人的学习平台和创客加速平台，承接海尔集团“企业平台化、员工创客化、用户个性化”的战略发展，并通过交互推广海尔的“创业、创新”文化及“人单合一双赢”模式。海尔的员工培训实现了再一次的创新。

一、“校企合作、以赛代训”的多元化培训手段

海尔在家电行业内率先建立“校企合作”模式，实现人才储备与技能培训“双丰收”。2003 年，海尔打破了家电行业内传统的自招聘、自培训的模式，成立了海尔服务中心（海尔家电学院）。2004 年，海尔集团在全国范围内建立了 35 所海尔培训服务中心，为海尔培训的数量累计达 10 万人次。海尔集团每年至少组织一次全国性的一线服务人员技能“大比武”。截至 2011 年，全国累计共有 15 000 人次参加总部组织的培训及比武大赛，不仅学到了最新的产品技能知识，同时还增强了动手实践能力。截至 2012 年 3 月份，全国共有 3 000 多名服务人员通过“以赛代训”的方式成为海尔的金牌服务工程师，这些优秀的服务人员为终端用户提供了高增值、差异化的优质服务。

二、融合内外资源，创新培训体系

为支持员工个人的学习与发展，海尔与国际知名教育管理机构合作，不断优化培训体系。自 2011 年起，海尔大学的培训体系包含三大部分，每一部分都由专门的团队负责设计和实施。这三大部分特点如下：① 三级经营体聚焦领导能力。三级经营体领导力发展项目的课程根据不同经营体成员的发展需求，为他们设计管理自我、管理他人、管理团队、管理部门、管理组织等培育发展方案与发展规划。加速提升海尔管理者的能力，使他们成为新业务模式的引领者。② 三类经营体聚焦专业能力。三类经营体培育承接集团及经营体战略，在培育过程中挖掘最好的样板经营体形成模式在内部进行分享，组织相关人员带着问题进行案例互动研讨，找到差距和创新的解决方案，再实践到“人单合一双赢”模式中，使得优秀模式在经营体中持续优化，螺旋式提升。③ 自主经营能力聚焦自主发展。自主经营能力的培育为员工提供了一个自主发展、按需学习的平台，每年制定年度培育菜单，员工根据个人能力提升需求选择合适的资源进行学习。

三、人人创客组织的转型与探索

从2013年至今，海尔大学着力打造互联网时代的开放学习平台，致力于成为行业引领的知识共享平台和互联工厂。目前海尔大学主要聚焦于四个方面，即内部的创客孵化、内部人员的能力提升、资源创新、内部服务平台的搭建，形成了三大平台，分别是创客学院、小微学院和资源平台。

（一）“创客+”训练营，推动创客加速

在“人人创客”的战略下，海尔的员工不再需要传统的层级升迁，只要有能力，就可以以创业项目为依托，向小微公司甚至相关领域发展。海尔大学搭建了一个从入职、创业到能力提升的学习生态圈，其中，“创客+”训练营是非常重要的一环（见图2-12）。每个训练营的关注点都不同，可以根据创业项目的特点，进行定制化培训。目前，创客学院已入选全国首批双创示范基地。

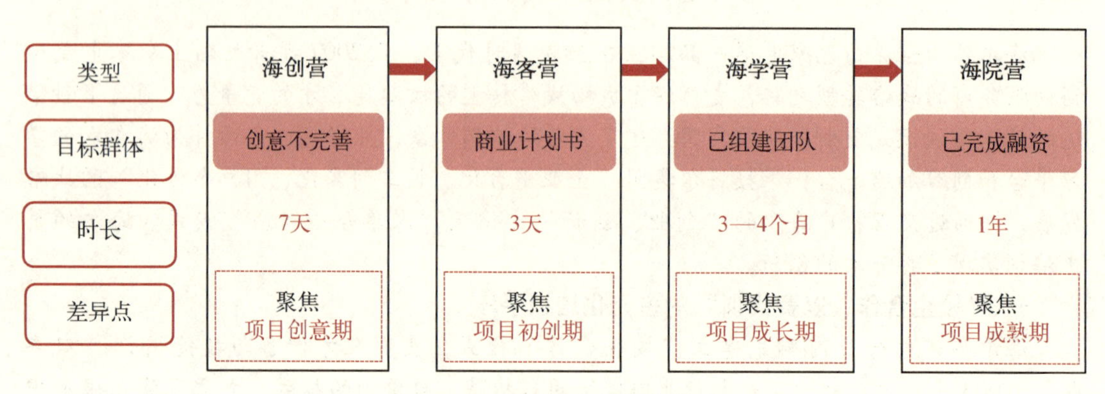

图2-12 “创客+”训练营体系

（二）共创学习体验，实现价值共赢

所有人才发展项目都应该找到员工内发的兴趣点以及“成长区”，基于这样的理念，海尔大学设计了小微训练营的发展体系。

（1）了解痛点，聚焦能力需求。海尔大学构建了从低频、单向需求调研到高频、多向即时需求的互动体系，包括学习社群互动、项目过程互动、工作场景互动，以了解学员的学习痛点。了解痛点之后海尔大学会进行能力聚焦，比如，聚焦小微主的能力和要求时，海尔大学基于对内部200多名小微主的数据评估、对外部人才特质能力的参考，以及对3 000多名内部创客的调研，形成大数据，来确定小微共性能力。同时，海尔大学也培养了内部的人才解码师，聚焦各个小微的个性能力。海尔大学认为，这样的能力聚焦才是最定制化、最符合业务需求的，也更能落地应用。

（2）让学员自主学习。海尔大学探索出了非线性的培训方式，学员可以主动参与设计课程，并可随时随地按需学习。在海尔，一个创客根据自己的学习和发展需求，可以选择小微主的课程，也可以选择行业主的课程，并且基于对其个人能力的评估和为用户创造的价值，可以获得行业主相关的创业和提升学习的机会。为加强用户场景体验，海尔大学搭建了“创客读书日”“讲师成长日”等各种学习社群平台，让感兴趣、有共同爱好的人加入社群学习中。海尔大学云学习平台也开放给了创客，员工在入职之前即可进行线上学习，更可以根据自己的需要，定制学习，满足7天24小时即时在线学习需求。

(3) 将学习转化为价值。海尔大学一直秉承帮助员工实现自己的价值并创造业务价值的理念，从业务痛点出发，通过定制学习项目产生创新成果，节约设计成本，实现跨界资源的合作，真正实现学习向商业价值的转化。海尔大学将学习与员工的抢单发展认证结合在一起，借此激发员工自主学习、自主发展的意识。海尔大学还梳理了海尔单人酬、人人创客、大数据等30余门非线性管理模式课程，向其他企业输出，为社会创客提供价值（见图2-13）。

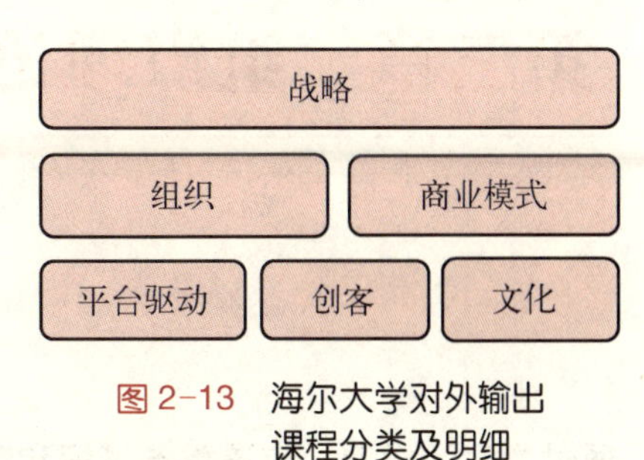

图2-13　海尔大学对外输出课程分类及明细

（三）打造开放的资源平台

海尔大学线上的学习培训是通过云学习平台和微学习平台两个资源平台展开的。

(1) 云学习平台。云学习平台面向社会开放，提供创客在线学习内容，支持企业培训管理。它是以用户全生命周期的学习提升为切入点，实现用户的便捷体验，构建动态优化的学习平台。云学习平台包括入职导入，创客加速和能力提升三个周期。

(2) 微学习平台。微学习平台以利用碎片化时间、线上线下结合的形式，追求从知识的搬运到知识的原创，再到知识的引领的转化；以语音微课分享为切入点，连接学习者和资源方，实现资源的免费利用；举办微课大赛，吸引内外部的资源在6个月内参与微课共创，实现持续的线上线下交互学习。

互联网时代，海尔探索出“人单合一”的模式，打破了组织僵化的状态，解放了生产力，成为中国企业内部创新创业的先驱者，海尔公司的员工培训体系也不断优化创新。正如海尔集团董事局主席、首席执行官张瑞敏所言，这是一个必须自我颠覆的时代，因为没有成功的企业，只有时代的企业。

资料来源：张碧雪. 海尔转型自我颠覆之矢［J］. 培训，2017（7）：96-101.

思考：

1. 海尔集团是如何将各种培训方法和技术有效地结合起来以实现企业的战略目标的？
2. 海尔集团是如何提升员工参与培训的积极性的？
3. 从组织的角度，海尔集团如何支撑培训系统的有效运转？

第三章　组织理论、学习理论及学习策略

【学习目标】

通过本章的学习，应该重点了解和掌握以下内容：

1. 镜像理论、吸收能力理论、自我决定理论及其对组织培训的启示；
2. 社会学习理论、目标设定理论、期望理论、强化理论、成人学习理论、转化学习理论、联通主义学习理论及其在培训中的运用；
3. 学习过程及其对培训的指导作用；
4. 不同类型的人的学习进展速度；
5. 柯布学习风格、学习策略和加涅的教学理论；
6. 脑科学及其在培训中的应用价值。

【开篇范例】

西门子管理学院的行动学习

目前管理培训的发展趋势之一是从原来的引导性培训变成一种自发性学习、从原来的独立学习转向小组学习、从标准化案例研究到直接利用现有的实际业务问题、从阶段性学习到一生不间断的连续学习。西门子的首席执行官 H. 冯·皮尔诺（H. Von Pierer）博士曾说过："只有那些能对市场需求做出灵活反应，甚至预先做出行动，使自己适应当前市场需求的公司才能生存下去。"为此，西门子通过行动学习法来培训员工。

行动学习是西门子培训与开发中最具特色的环节。行动学习（Action Learning）是指由4—6人组成一个小组来完成一个真实的项目，其目的是通过完成项目进行学习和反思。对个人而言，通过行动学习可以获取解决问题和决策过程当中的实际管理经验和技巧，提高解决现实问题的能力；对组织而言，行动学习直接涉及组织的业务需求，可以为组织创造可衡量的实际利益，帮助组织向学习型组织转型。

西门子系列管理培训中的初始阶段管理基础教程被称为"S5 培训"。在 S5 培训中，除了完成系列管理知识的培训外，每一个参训学员都必须参与一个真实的商业影响项目（Business Impact Project，BIP）并运用所学知识完成这个项目。BIP 的设计、实施与总结成为西门子行动学习的核心。

学习形式：研讨会

获准参加 S5 培训的员工，需要和他们的上级经理讨论目前组织中存在哪些商业机会或问题，并将其带到培训研讨会中讨论，这些问题将成为 S5 培训的备选 BIP 项目。通常成为一个 BIP 项目的条件包括以下几点：

（1）项目所要解决的是公司业务发展中的紧急问题；

(2) 项目可以在4—6个月完成（也就是S5的学习期）；

(3) 项目有可量化的结果和产出；

(4) 项目的目的是学习，所以项目应该富于挑战但可完成；

(5) 运用公司现有资源及项目成员现有权限可以完成项目。

第一阶段研讨会的主题是“以团队为基础的项目管理”，研讨会的课堂学习时间为5天。在研讨会上，每个BIP商业影响项目的提出人会进行项目介绍以供其他学员选择。在西门子管理学院辅导员的帮助下，大家讨论并筛选出4—5个项目并形成相应的BIP小组，各小组在后续的时间中通过实施项目完成学习。每个BIP小组成员为4—6人，来自不同的业务部门和职能部门，这样多样化的小组可以更好地分享不同方面的知识，同时更容易突破原有的职能局限而采用创新的方法来实施项目。当这一期研讨会结束时，各小组就要在工作中按计划实施BIP项目。

学习方法：课堂学习+远程学习+实践

在西门子的系列管理培训中，每个系列的培训都会采取课堂学习、远程学习与实践期学习相结合的方法。在西门子全球的内部网络上，BIP小组可以找到所有曾经做过和正在进行的BIP项目资料，并且可以在网上同其他S5学员进行交流。西门子管理学院也会将一些学习材料放到内部网上供学员远程学习使用。对于来自不同地方的BIP学员，网络和电话交流成为完成项目的主要交流手段。

学习参与者：学员，辅导员和BIP教练

每个行动学习小组在学习与实践中，都会得到双重的指导和支持：一方面，管理学院会有一位行动学习辅导员全程跟踪每个BIP小组的工作和项目实施情况；另一方面，从选定BIP项目起，每个行动学习小组都有一位教练在项目实施期中给予业务及管理上的指导。教练通常由能直接从BIP结果中受益的部门管理者担任。辅导员在管理知识上给予BIP小组支持，教练从业务运作的角度指导BIP小组实施实际项目，这种多方位的支持和辅导能更好地保证每个BIP项目都是理论与实践结合的产物。

学习成果总结：成果展示+全面评价

在辛苦的项目工作期之后是第二阶段的研讨会，这一阶段的研讨会以“自我意识和领导艺术培训”为主题，课堂学习时间为5天，回顾BIP项目成果和分享行动学习体验是其主要内容之一。研讨会的第一天，每个行动学习小组都有机会展示他们的项目情况，并邀请其他小组提出建议。在研讨会结束之后的3个月中，即BIP项目实施阶段，BIP小组需要根据行动学习日程，向项目教练和行动学习辅导员提交项目报告，并对BIP项目中自己的表现进行评估，教练和辅导员也会就每一位学员在学习期和项目期内的表现做出评估。这些评估会和其他管理知识学习的考试结果一同体现在每个人的结业成绩中。另外每个BIP小组都要将项目报告和BIP项目成果发表在西门子内联网上，使西门子全球的所有成员都能从各BIP项目经验中受益。

行动学习倡导“提出问题—反思—总结—计划—行动—发现新问题—再反思”的有机循环，保证了学习过程的连续性，使得各阶段学习之间环环相扣、步步深入，从而克服了传统学习中对学习过程的割裂，使学员能够获得书本之外的管理知识。西门子公司的生动的实践经验也表明，行动学习的方式值得借鉴和推广。

随着时代的进步，越来越多的学科和理论知识增进了我们对组织内学习的理解，包括心理学、社会学、系统理论、成人学习理论、管理科学、组织发展、组织理论等。各类知识都为人力资源开发带来了独特的观点和实践方向，并使培训人员能够为组织和员工带来更大的价值。西门子行动学习的案例，是学习理论在企业培训与开发实践中的具体应用。本章我们将重点学习一些具有代表性的理论并探讨如何将它们运用到培训中。

资料来源：汤启宇．西门子公司的行动学习培训法［J］．杭州金融研修学院学报，2003.

第一节 管理与组织理论

管理与组织理论可以帮助管理者更好地描述、理解、预测组织中的行为，帮助政策制定者创建和管理组织，还可以有效地指导组织进行培训与开发。本节我们将重点介绍几个经典的、主流的、与人力资源开发密切相关的管理与组织理论，分别是镜像理论、吸收能力理论和自我决定理论，并对每个理论如何应用提供简要的总结。通过学习这些理论，我们期待学生能够完成自己的学习任务，组织能够解决培训中的实际问题和挑战，建立相应的学习氛围。

一、镜像理论

镜像指的是一种包罗万象的信息结构，这些信息描述了决策者正在做什么、他是如何做的、为什么要做，以及当下已取得了什么样的进展。镜像理论中的“镜像”指的是被卷入决策中的图式。图式指的是认知框架，它可以帮助决策者构建他们自己的世界，并为决策过程提供具有内涵和结构的信息输入。

镜像理论（image theory）是基于主观期望效用的经典决策理论的一种替代方法，由李·罗伊·比奇（Lee Roy Beach，1990）提出。镜像理论聚焦于个体在关系或组织情境中的决策分析，并且假设决策在未来既可能被支持，也可能被修改。作为一个有关决策制定的心理理论，镜像理论是对行为决策过程的真实刻画，也是对传统决策理论的重要补充。传统决策观认为，决策是蓄意和系统化地制定的；相反，镜像理论认为，决策是由直觉自动生成的。根据镜像理论，人们经常使用简单、容易、合成和快速的方式制定决策，即使在所做决策对于决策者本身非常重要的情形下，依然如此。

镜像理论假设员工基于三种镜像做出决策：价值镜像（value image）、轨迹镜像（trajectory image）和战略镜像（strategic image）。价值镜像是对决策者决策原则的描述，包括道德、伦理、价值观、理念、公平、公正、忠诚、仁慈，以及他的品行、文明程度和宗教信仰。价值镜像表示的是决策者所坚持的“不证自明的真理”，它帮助决策者决定哪些目标是值得追求的，哪些目标又是毫无意义的，它反映了员工的个体价值观。轨迹镜像是指决策者试图达到的未来状态和所遵循的日程，即决策者对理想未来的展望，这个目标可以是具体的、特定的事件，也可以是抽象的状态（如实现成功的职业生涯），轨迹镜像反映了员工理想中的自己。战略镜像指的是，为实现轨迹镜像而采取的一系列计划、战略和战术，它反映了员工为成为理想自我而采取的行动。三种镜像的相关组成部分构成了当前决策的框架，这个框架既可以帮助构建决策的情境，同时又提供了制约决策的标准。

镜像理论认为，决策者监测现状并预测预期目标的进展。如果决策者面临的现状与其期望的状态存在较大差异，而且几乎没有自行纠正的希望，那么决策者就必须接受现状或采取行动改变现状。感知到的现状和期望状态的落差会促使决策者采取行动。员工总是在寻找那些他们能够为成为理想自我而做出的投资中收益最高的行为，一旦员工发现一个不错的选择或者付出和收益之间的平衡，他们就会试图维持现状。试图维持一个理想状态的员工，很容易成为“认知吝啬鬼”。他们没有必要重新评估或改变目前的情况，除非他们看到了比当前更好的轨迹镜像。

对组织培训的启示

管理者的职责就是帮助员工发现属于他们的新轨迹镜像，帮助他们提升到新的、更好的位置上。为此，管理者就要通过与员工的交谈，收集员工价值镜像的相关信息（个体价值观和信念），与员工建立共同战略，开发一条旨在帮助其在工作、组织和整个职业生涯中实现理想自我的路径。最终，随着时间的推移跟进员工情况，微调其镜像和轨迹，使其朝着一个新的状态迈进。现今，知识的翻新速度惊人，人工智能将逐渐替代部分工作岗位，员工若安于现状必将被时代淘汰，企业应鼓励员工通过培训提升自身职业技能，帮助他们确定职业发展方向，促使他们达到更好的理想状态。在培训中，企业常常在课程安排方面花费大量的时间和成本，在课程结束后却疏于跟进和落实。根据镜像理论，管理者应该谨慎跟进员工达成理想状态的进程，即员工是否将培训中所学很好地应用到工作中，当察觉到员工继续沿用老方法、放弃尝试新技能时，管理者必须采取行动加以改变，如进行训后的辅导、鼓励员工交流心得等。

二、吸收能力理论

在知识经济时代，企业价值创造的基础正在发生改变，稀缺的、异质的、难以模仿的、不可替代的知识资源逐步取代土地、劳动力、资本资源，已成为当前企业持续竞争力与持续发展的重要源泉。自从科恩和莱文索尔（Cohen & Levinthal）于1989年在《经济学杂志》发表《创新与学习：R&D的两方面》并正式提出吸收能力概念以来，吸收能力迅速成为三十余年来创新理论和组织与战略管理理论中最重要的概念，被广泛地用于分析企业获取和保持竞争优势的知识创造和应用。

科恩和莱文索尔指出，吸收能力是企业识别、评价、消化和应用外部新知识的能力，是先前创新活动和问题解决的副产品，依赖于组织成员的个体吸收能力。由于吸收能力可以加强、补充和巩固企业的知识基础，提高企业竞争力，吸收能力理论认为，吸收新知识可使组织变得更具创新性和灵活性，且比不吸收新知识的组织具有更高的绩效水平。

现实中，企业主要通过四种途径获取新的技术知识：① 开展自主研发（Research and Development，R&D）创造新知识；② 从日常生产运作中提取新知识；③ 从其他组织机构或来源借鉴新知识；④ 购入新知识，如购买新设备、招聘高技能人才，或者聘请顾问对员工进行新技能和新方法培训等。

吸收能力理论认为，组织需要构建一个可以吸收和应用新知识的知识基础（knowledge base）。对于没有构建知识基础的企业，不管他们通过何种方式或者耗费多少代价获得新知识，仍然可能无法消化和吸收。构建知识基础可以为企业提炼先验知识，而拥有先验知识至少能为组织提供两方面的帮助：第一，帮助吸收新知识，因为前一阶段塑造的知识吸收能力有助于后一阶段对新知识的吸收；第二，帮助持续吸收新知识，成功使用新知识可以实现自我强化，进而激励企业未来持续不断地吸收新知识。具有高吸收能力的企业倾向于主动搜索和吸收新知识，不论其当前绩效水平如何；具有低吸收能力的企业则只会在面临失败或者绩效水平下降时才被动探索新知识。

扎赫拉和乔治（Zahra & George，2002）提出基于动态能力视角的吸收能力模型。他们依据新知识的识别、评价、消化和应用过程提出了四种能力类型或者说四个维度：获取、消化、转换、利用。基于动态能力视角的吸收能力模型如图3-1所示。该模型与以往模型最重要的区别在于：前人将吸收能力作为静态变量进行测量，而扎赫拉和乔治将吸收能力作为嵌入组织惯例与流程的动态能力，并用获取、消化、转换、利用四个过程实证测量吸收能力的动态性。

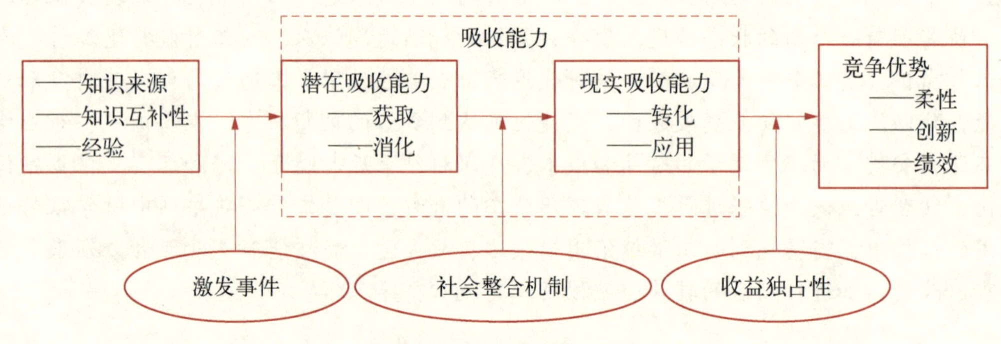

图3-1 基于动态能力视角的吸收能力模型

资料来源：S. A. Zahra & G. George. Absorptive Capacity: A Review, Reconceptualization, and Extension [J]. *Academy of Management Review*, 2002, 27 (2): 185-203.

获取能力是指企业当前的支出水平、知识储备，以及挖掘新知识的强度、速度和方向；消化能力是指能够推动企业更好地评估、解释、理解和学习新知识的惯例和流程；转换能力是指企业添加、删除、重组和重新配置新知识的能力；利用能力则是指企业在实践中改变惯例和流程并应用新知识的能力。此外，基于动态能力视角的吸收能力模型将吸收能力分为潜在吸收能力和实际吸收能力两个维度，获取和消化被称为“潜在性”吸收能力，而转换和利用被称为“实现性”吸收能力。之所以这样区分，是考虑到一些企业可能拥有很强的吸收新知识的潜力，却无法将这些知识真正投入使用。

对组织培训的启示

作为一名管理者，其主要职责就是帮助企业更好地吸收和应用新知识以实现组织目标。第一，管理者需要帮助企业员工理解组织当前的工作内容，以建立一个强大的知识基础；第二，营造一种知识文化氛围，使得每位员工都能认识到学习和吸收新知识的重要性，从而推动企业更好地达成目标；第三，为企业找到监控外部环境的方法，并识别出更好、更新的行事方式；第四，从企业选拔能够应用和修正新知识的人才；第五，推动建立一个能够促进新知识的获取和应用的团队；第六，监控新知识的进展，持续记录和跟踪进展顺利及进展不顺利的新知识，并利用这些信息推进企业内对新知识的搜寻、吸收和利用这一循环。

培训作为企业获取新技能与新知识的重要途径之一，对企业的长期生存与发展至关重要。如今，如何帮助员工更好地吸收新知识，让员工能够将培训中所获取的技能持续地应用到工作中，是管理者面临的难点与重点。企业若想增强员工的知识吸收能力，就需要以浓厚的知识文化氛围和强大的知识基础作为支撑，使培训内容与业务高度契合，赋予员工们追寻、分享并应用新知识和技能的动力，从而使组织变得更富有竞争力、灵活性、创新性和吸引力，使个人和组织绩效不断提升。

三、自我决定理论

自我决定理论（Self-Determination Theory，SDT）是关于人类行为的动机理论，研究个体行为的自我激励或自我决定程度，有力地阐述了环境对个体行为产生影响的因果路径，对于个体行为的激励与改变具有重要的指导价值。自我决定理论最初由美国纽约州罗切斯特大学临床与社会科学心理系教授爱德华·德西（Edward Deci）和理查德·瑞安（Richard Ryan）提出。经过近 40 年的发展，已具有深厚的哲学基础、完善的理论构架及丰富的思想内容。

自我决定理论假设人是一种积极的生物，天生就具有不断追求自身发展、应对挑战以及自我实现的潜质；个体的潜质不会自主地表现出来，需要来自社会环境的支持与激发；若社会环境满足了自我潜质发展的基本需求，就会促进个体的发展，否则就会抑制个体的发展。

基本需求是指人们所感受到的一种“缺失”或“差距”，当其得到满足时会带来健康和幸福感，未得到满足时会引发疾病与异常。基本需求可以是生理的，也可以是心理的。自我决定理论提出，人在一生中必须持续满足三个基本的心理需求（psychological needs）——自主（autonomy）、胜任（competence）和关系（relatedness）——以达到最佳的机能水平，不断体验个人的成长与幸福感。自主需求是指人们相信他们可以自主决定自己行动的需求，如发起、调节和维持自己的行为，当这种需求得到满足时，人们会体验到个体的自由；胜任需求是指人们希望完成困难和具有挑战性的任务，以获得所期望的结果的需求，当这种需求被满足时，人们会体验到掌控感、成就感和控制感；关系需求是指人们与他人建立相互尊重的关系的需求，在做事情时得到亲人、老师或伙伴的支持、理解及帮助，能够使自我体验到一种归属感。如果人们满足了自主、胜任和关系这三个基本需求，那么与这三个基本需求未能得到满足的人相比，他们会倾向于具有更高水平的绩效、健康和幸福感。

自我决定理论的一个主要关注点是内部动机与外部动机的区别。内部动机（也称内在动机）是指，执行一项活动的原因是活动本身是有趣的，可以不断满足活动执行者的需求。当人们完成任务本身就能体验到积极的情感时，个体是出于内部动机完成任务。外部动机（也称外在动机）是指，之所以采取行动是因为这样做会带来一些不同于活动本身的结果，例如获得奖励或避免惩罚。根据自我决定的程度可以将人类行为的动机分为三类：去动机、外部动机、内部动机。其中，去动机是指缺少做事意愿的状态，意味着个体完全处于非自我决定状态，被迫执行某一行为；外部动机意味着个体处于半自我决定状态，是受到外部利益驱使而执行某一行为的状态，一旦外部利益消失，行为执行的动力就会减弱甚至消失；内部动机则意味着个体处于自我决定状态，个体能自发并轻易维持某一行为的动力。相比外部动机，内部动机是一种比较稳定的动机，不会随外部因素的改变而改变。

对组织培训的启示

管理者的目标之一是激励员工完成组织所期望的目标和任务。员工可以仅仅是为了满足管理者的要求、获得奖励或避免惩罚而完成一项任务，在这种条件下实施的行为往往不会持久，并且一旦惩罚或奖励取消，其行为通常就会停止。员工也可以是因为认同一项任务的目标和意义而执行这项任务，在这种情况下，行为通常可以持续较长一段时间。但是，最理想的状况是员工已经内化了任务的重要方面，并将其转变为自身的一部分，这意味着员工完成任务是因为任务本身是有趣的、令人愉快的。员工将他们的工作原因和工作过程内化的程度越高，越会发现任务本身带来的趣味性、满足感和幸福感。管理者应该与员工讨论他们是由内部动机驱动还是外部动机驱动的。如果可能的话，寻求多种方法，使员工能够更多地因为内部动机而执行任务。为了强化内在驱动，管理者可以向员工说明具体任务对组织愿景、使命、战略和目标的价值。

此外，研究发现，领导给员工的自主性支持越多，员工越能感受到基本心理需求的满足，会有更高的幸福感和更好的绩效表现。运用到培训中，企业可以引入多样化的培训方式与培训技术，如慕课（大规模开放网络课程，MOOC）、虚拟现实等，给予员工更多的自主性、胜任感与归属感。在MOOC学习中，学习者能够自主选择自己的学习内容、实现学习的自我调控等，这些都是自主性的体现；学习者能够及时地与教师、同伴进行互动、交流，这些都是归属感的体现，能极大地提高员工培训的效果。

第二节　学习理论

上一节我们从组织层面介绍了人力资源培训与开发的相关理论。本节将重点介绍学习理论，包括社会学习理论、成人学习理论、质变/转化学习理论以及联通主义学习理论。还有一些我们熟悉的激励理论，如目标设定理论、期望理论、强化理论等，这些理论更多地从微观层面来分析员工的行为，能够帮助我们营造一个更有利于员工学习的培训环境。

一、社会学习理论

社会学习理论是指人们通过观察他们认为值得信赖的且知识渊博的人（示范）的行为而进行的学习。社会学习理论认为那些被强化或奖赏的行为会再次发生，人们会不断向那些被奖励过的行为或技能的示范者学习。

我们主要可以将社会学习理论对培训的指导作用归纳为两个方面。

（一）自我效能

社会学习理论的一个特点就是学习会受到自我效能的影响，也就是在认知过程中的功效预期。班杜拉（Bandura）是社会学习理论的创始者，他将功效预期定义为人确信自己能够成功地完成某种任务的预期。功效预期不同于结果预期，结果预期是指个人对特定的行为将导致的后果的估计（见图3-2）。

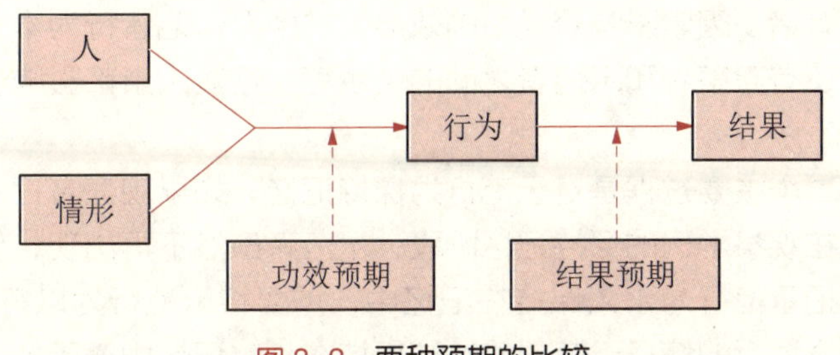

图 3-2 两种预期的比较

图 3-2 形象地表明了两种预期的不同。举例来说，如果一个人知道某种特定的行为将会受到一定的奖赏，这属于结果预期；如果该人对自己完成这种特定行为的能力表示怀疑，这就属于功效预期，也就是自我效能感。一些研究表明，功效预期或自我效能感确实影响着人们完成某种学习或工作的效果，并且影响其学习或工作的努力程度。一般来说，自我效能感愈强烈，付出的努力愈大，承受失败或挫折的能力也愈强，坚持的时间也愈长久。

运用到培训上，受训者对自己掌握知识的能力的预期，即自我效能，在很大程度上会影响培训成果的大小，这对于培训项目的设计是很重要的参考条件。

（二）观察学习

班杜拉明确地区分了人类学习的两种基本过程，即直接经验的学习和间接经验的学习。直接经验的学习是人类在认识世界和改造世界的实践活动中获得知识和经验的过程，是人类知识的源泉。而间接经验的学习是学习者通过观察示范者，或通过教师、家长的口头传授而间接地获得他人已有的知识经验的过程。这种学习过程比直接经验的学习过程更迅速简捷。观察学习是人类间接经验学习的一种重要形式，它普遍地存在于不同年龄阶段和不同文化背景的学习者中，并被广泛地应用于人们的生活经验、行为操作和运动技能的学习中。人们通过观察学习可以快速敏捷地获得他人的行为方式、人际交往、工作和学习的经验。班杜拉对观察学习的描述和解释客观地揭示了观察学习的一般过程和规律，对于解释和指导人类的观察学习过程有重要的理论价值和实践指导作用。

在这个前提下，班杜拉提出了社会学习的过程：关注、保持记忆、行为复制和激励过程（见图 3-3）。

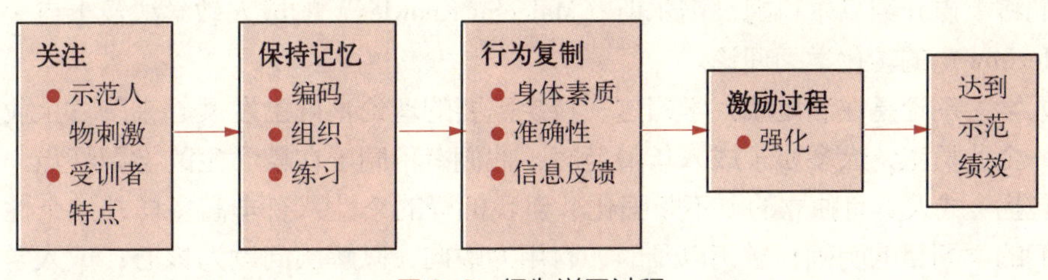

图 3-3 行为学习过程

资料来源：A. Bandura. A Social Foundations of Thoughts and Actions [M]. Englewood Cliffs, NJ: Prentice-Hall, 1986.

观察学习起始于学习者对示范者行为的关注。如果人们对示范行为的重要特征不注意，或不正确地知觉，就无法通过观察进行学习。所以，关注过程是观察学习的起始环节。在关注过程中有诸多因素影响着学习的效果，其中有示范者行为本身的特征和观察者本人的认知特征，还有观察者和示范者之间的关系等，这些因素都影响着观察经验的数量和类型。

观察学习的第二个主要过程是对示范行为保持记忆。如果观察者记不住示范行为，观察就会失去意义。在观察学习的保持记忆阶段，示范者虽然不再出现，但他的行为仍然影响着观察者。要想把示范行为永久保持在记忆中，需要将示范行为以符号的形式表象化，通过符号这一媒介，短暂的榜样示范就能够被保持在长时记忆中。因此，高度的符号转化能力使人们的很多行为都可以通过观察习得。除此之外，对示范行为的不断练习也会提高保持的效果。

行为复制是指尝试采取观察到的行为，看看它们是否会受到与示范者一样的强化。重复这些行为或技能的能力取决于学习者能在多大程度上回忆起这些技能和行为，而且学习者必须具有一定的身体素质来执行这些行为和技能。但是，一般情况下，第一次执行的情况总是会不尽如人意，所以学习者必须要有实践的机会并且能获得信息反馈来纠正他们的行为，以便更接近示范人员的行为。

能够再现示范行为之后，观察学习者（或模仿者）是否能够经常表现出示范行为会受到行为结果因素的影响。班杜拉认为有三方面的因素影响着学习者做出示范行为：

（1）他人对示范者行为的评价；

（2）学习者本人对自己再现行为的评估；

（3）他人对示范者的评价。

这三种对行为结果的评价就是班杜拉所称的强化。如果这三方面的评价都是正面的，那么学习者就更可能接受这种行为。社会学习理论强调被强化的行为会在将来被反复实施。

运用在培训中，社会学习理论是行为示范培训的主要理论基础并且影响着多媒体培训项目的开发。

二、成人学习理论

成人学习有许多不同的理论基础，包括心理学、神经科学、经验学习、自主学习和转化学习，所有这些理论都有一个目标——帮助成人学习者创造有效的学习体验。在本书中，我们将重点介绍马尔科姆·诺尔斯（Malcolm Knowles）的成人教学法及杰克·麦基罗（Jack Mezirow）的转化学习理论。

成人学习理论是在满足成人学习这一特定需要的理论基础上发展起来的。企业培训的对象——企业员工，大多属于成人年龄范畴，他们有不同于在校学生的学习特点。这些特点大致包括：成人具有独立的、不断强化、自我指导的个性，有丰富多样并且个性化的经验；他们的学习目的明确，学习以及时、有用为取向，以解决问题为核心；成人学习的能力并不由于年龄增长而明显下降，在某些方面还具有优势，等等。教育心理学家马尔科姆·诺尔斯认识到了正规教育理论的局限性，于是开发了成人教学法，即成人学习理论，他的模型建立在下列一些假设条件上。

（1）知识需求：成人需要知道他们为什么要学习。

（2）自我指导：成人有进行自我指导的需求，成人需要对他们的教育决策负责，并且参与他们的教学计划和评估。

（3）基础或经验：成人能为学习带来更多的与工作有关的经验，这些经验构成了他们学习的基础。

（4）学习导向：成人学习是以问题为中心而不是以内容为导向。任务导向型学习可以锻炼他们解决问题的能力。

（5）动机：成人是由内部动机驱动的。相对于外部激励，成人对内部动机的反应更好。

（6）意愿或准备：成人的学习意愿来自对知识相关性的感知。当他们知道知识对他们有直接价值时，他们学得最好。

成人学习理论对培训项目的开发十分重要，成人学习理论对培训的一个基本要求是互动性，也就是受训者和培训者都要参与到培训的学习过程中来（见表3-1）。因为成人具有我们指出的以上一系列特征，所以他们能够把理论与实践在高层次上结合起来，善于灵活运用理论，强调知识的可操作性和实践性，以此来指导自己的工作。同时他们具有的人生阅历，使他们对人和事形成了相对固定的思考模式和见解，因此对成人的培训并非易事，需要采用多种形式和方法实现最终目的。一旦企业员工掌握了创新的方法、技巧，提升了创新素质，他们就会在应用层次上实现最优化，达到效益的最大化。

表3-1 成人学习理论对培训的启示

设计问题	启　　示
自我观念	相互启发与合作指导
经　验	将受训者的经验作为范例和应用材料
准　备	根据受训者的兴趣和能力进行开发指导
时间角度	立即应用培训内容
学习定位	以问题为中心而不是以培训主体为中心

资料来源：M. Knowles. *The Adult Learner* [M]. 4th ed. Houston, TX: Gulf Publishing, 1990.

除了成人教学法外，有学者还发展了一种偶然性模式，即认为“成人学习者是一个异质群体，不同的人需要不同的培训开发方法，这些方法因每个人的特征存在差异而有所不同”。以此为基础，在规划人力资源开发项目时应考虑到受训者的不同，这样就可以使项目适应参与者的特点。为此，他们提议按照10个标准对受训者进行评估，包括注意力时段、自信心和控制点等（见表3-2）。

表3-2 成人学习中评估受训者的标准

1. **关注性**：受训者对所学概念和技能的即时可用性的关注程度
2. **怀疑性**：受训者表现出质疑态度并要求逻辑、证据和实例的程度
3. **抵制变革**：受训者对前景未知的变化过程的恐惧程度及其对个人的影响
4. **注意力时段**：在注意力开始减弱之前，受训者可以保持精神集中的时间长度
5. **预期水平**：受训者对培训或培训过程所要求的质量水平（进度/过程）和数量水平（内容）
6. **支配性需求**：目前推动受训者的内在和外在个人需求
7. **吸收水平**：受训者期望或能够接受新信息的速度
8. **话题兴趣**：受训者对话题感兴趣的程度
9. **自信心**：受训者的独立性、自我肯定的水平高低，因此相应地需要或高或低水平的反馈，强化成功经验
10. **控制点**：受训者认为存在或不存在组织支持的情况下培训内容可以成功地应用于工作的程度

资料来源：J. W. Newstrom & M. L. Lengnick-Hall. One Size Does Not Fit All. *Training and Development*, 1991, 45 (6): 46.

三、转化学习理论

转化学习，也称质变学习、转换学习或嬗变学习，是指人们在经历一些对自身产生转折性影响的真实境遇后，对自己原有的假设、期待等进行批判性反思，并做出评估性解释的学习过程。美国进步主义教育学家杜威（Deway）认为，学习不是知识经验的简单堆积和叠加，没有经过反省思维的经验和没有经过反省的知识都是没有活力的，是“死”的。所以，**学习绝不仅仅是知识的累积，更重要的是思维方式的转变**。转化学习就是用一个更好的、更成熟的观点或心理定式取代原有观点或心理定式的过程。

转化学习理论（Transformative Learning Theory）作为成人学习理论研究的一个视角，自20世纪70年代提出以来，受到了广泛关注，成为推动美国及世界成人教育实践与改革的动力。1975年，美国著名成人教育学家杰克·麦基罗（Jack Mezirow）首次提出了“转化学习”这一概念，并于1991年完成《成人学习的转化维度》一书，至此转化学习理论框架基本形成。

（一）转化学习的环节

麦基罗认为有意义的转化学习包括三个环节：“对自身假设进行批判性反思，交谈以验证通过批判性反思所获新解，最后付诸行动。”这意味着转化学习不是任何时候都会发生的，它只有在人们开始自我觉醒并对自身所处的困境、原有假设进行质疑、追问时才能产生。因此，麦基罗认为，所有的行为和陈述都要公开质疑和讨论，这是转化学习的假设条件之一。

批判性反思是引发质变学习的动力和核心因素，人们只有对已有观念不断地从内容、过程以及假设等方面进行批判评估，才能形成观点的转化。没有批判反思，就没有转化学习。为此，成人学习者必须对曾经影响经验解释的假设和看法进行批判性的自我反思，这会促使其修正头脑中那些原有的、固定的假设，直至此结构中的假设发生质变。麦基罗认为理性的交谈是具有社会性质的交流与对话，是转化学习过程中的重要环节，学习者在交谈中碰撞出思维的火花，获取新的思维方式和方法，促使彼此发生良性转变，从而达到转化学习的根本目的：改变原有的观点、信念和行动方式。

（二）转化学习的阶段

麦基罗在《成人学习的转化维度》一书中对转化学习的阶段进行了详细划分，具体分为如表3-3所示的10个阶段。

表3-3 转化学习的10个阶段

1. 遭遇一个迷惘的困境
2. 进行带有恐惧、气愤、内疚或羞耻感的自我检验
3. 对假设进行批判性评估
4. 认识到自己的不足，转化过程可以和他人分享并一起进行剖析
5. 为新的角色、关系和行动探索提供备选方案
6. 规划行动方针
7. 为实施计划获取知识与技能
8. 临时尝试新的角色
9. 在新角色与关系中建立能力与自信
10. 在新观点的支撑下重新融入生活

资料来源：J. Mezirow. *Transformative Dimensions of Adult Learning* [M]. San Francisco: Jossey-Bass, 1991.

20 世纪 90 年代，克兰顿（Cranton）提出成人的转化学习是可以被促进的，具体要经历如图 3-4 所示的 4 个阶段。

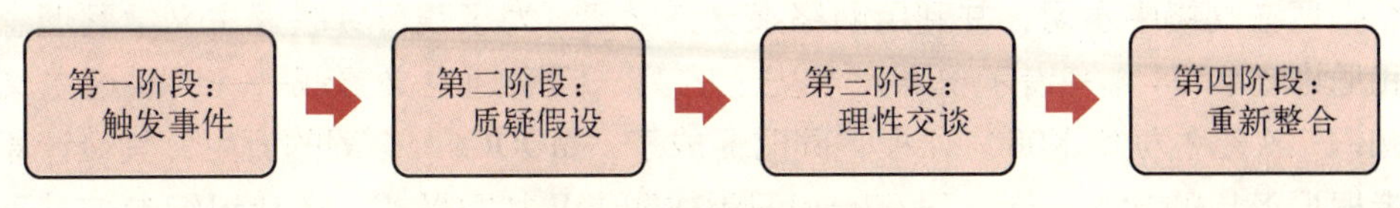

图 3-4 学习转化阶段

第一阶段：刺激性事件出现，触发个体进行自我分析和检验。触发事件（Trigger Events）是生活中引起个体情感、态度、行为、价值观发生转变的情绪体验或事件。这既可能是引发个体不良情绪体验的消极情感，也可能是激发个体积极性和主动性的正面情感。在触发事件中，个体会发生态度、行为的转变，因为目前的新境遇已经无法用之前的旧观念做出合理解释。

第二阶段：对原有观念的质疑与反省。质疑假设（Questioning Assumptions）是转化学习发生的核心环节，个体在经历各种复杂的情绪体验后，对先前的认知或思维模式展开质疑和检查，这就是反思的过程。在反思的过程中，个体会发现先前思想观念的不合理，进而以一种新的假设解释并应用于当前情境，为转化的发生提供契机。

第三阶段：对新观点的假设或修正。自身的反思固然重要，但是反思之后的观念或认识是否正确，还是需要在实际中检验。理性交谈（Rational Discourse）是个体进行理性探索和与他人进行交谈和沟通的过程。在理性交谈中，他人类似的境遇会使个体对一些客观存在的、现实的观点或看法豁然开朗，从而发现自身观念的不合理之处，促成转化的发生。

第四阶段：重新整合（Re-integration），达到均衡状态。重新整合的阶段，既是对反思后繁杂观念的系统梳理，也是对理性交谈后形成的观念的实践应用，是促成最终质变的不可或缺的重要环节。

在人力资源开发的实践中，通过促进员工的转化学习，使其掌握相关工作领域中所需的知识、技能、能力，达到提高自身素质的目的。运用到培训中，企业要时时将“反思”的学习理念注入其中，鼓励员工敢于反思自己所学内容，在不断的批判性思维中使自己的认知得到升华与创新。可以通过行动学习、小组计划、角色扮演、案例分析等方法激发成人学习中反思的状态，特别要注重发挥行动学习在人力资源开发中的动力作用，积极为个体或组织营造批判性反思的氛围，利用日常生活情景中的困境来引导反思。

四、联通主义学习理论

乔治·西蒙斯（George Siemens）认为第二代互联网（Web 2.0）技术已经改变了学习面貌，传统学习理论的三大流派（行为主义、认知主义和建构主义）已经不适合描述利用网络工具促进学习的过程。西蒙斯于 2005 年提出了联通主义（connectivism）学习理论，作为 Web 2.0、社交媒体等技术以及知识更新速度日益加剧的背景下催生出的重要学习理论，联通主义从全新的角度解释了在开放、复杂、快速变化的信息大爆炸时代学习如何发生的问题。联通主义学习理论因契合当前的时代特征和知识特性而受到了国际社会的普遍关注，在过去十年间获得了快速的发展并逐渐形成体系。

联通主义学习理论的核心代表人物是乔治·西蒙斯和斯蒂芬·唐斯（Stephen

Downes），他们至今都是联通主义学习理论及其实践形式——cMOOCs（基于联通主义的大型开放式网络课程）的核心推动者。斯蒂芬·唐斯认为联通主义把学习看作网络的形成过程，强调在网络中学习，并利用网络来支持学习。为了践行其联通主义学习理念，西蒙斯和唐斯于2008年开设了慕课发展史上的第一门联通主义慕课——“联通主义和联通化知识”（又称为CCK08）课程，同时促成了“MOOCs”一词的诞生，其设计原理是学习者根据各自的学习目标、已有的知识和技能以及共同兴趣，自我组织参加基于网络的课程。

西蒙斯在《联通主义：数字时代的学习理论》一文中系统地提出了联通主义的思想，指出学习不再是一个人的活动，而是连接专门节点和信息源的过程，同时也概括出了联通主义学习理论最基本的观点——八条原则。在随后的发展过程中，西蒙斯又补充了五条原则（见表3-4）。

表3-4　联通主义学习理论的基本原则

联通主义学习理论的基本原则
1. 学习和知识存在多样性的观点
2. 学习是与特定的节点和信息资源建立连接的过程
3. 学习也可能存在于物化的应用中
4. 学习能力比掌握知识更重要
5. 为了促进学习，我们需要培养和维护连接
6. 发现知识、观点和概念之间关系的能力是核心的能力
7. 流通（准确、最新的知识）是所有联通主义学习的目的
8. 决策本身是学习的过程
9. 在理解中将认知和情感加以整合非常重要
10. 学习有最终的目标：发展学生“做事情”的能力
11. 课程不是学习的主要渠道，学习发生在许多不同的方式中，如电子邮件、社区、对话、网络搜索、邮件列表和阅读博客等
12. 个人学习和组织学习是相互整合的过程
13. 学习不仅是消化知识的过程，也是创造知识的过程

资料来源：G. Siemens. Connectivism：A Learning Theory for the Digital Age［J］. *International Journal of Instructional Technology & Distance Learning*，2005，2（s101）：3-10.

最初的八条原则反映了联通主义学习理论初创阶段最基本的思想：前三条和第八条强调学习和知识的网络分布性，学习的联通性、多样性和过程性特征；第四、五、六条概括了开放联通的网络时代学习者应具备的能力；第七条指出了联通主义学习的目的——让知识流通。新增的五条原则丰富、发展了联通主义学习理论：开始考虑认知、思维、情感的影响；完善了之前只强调知识流通的目标，将最终目标定位为发展学生“做事情”的能力，让联通主义学习的目标得以落地，变得具有可操作性；与学习多样性的观点相比，学习发生在不同方式中的观点体现了非正式学习中强调的学习的泛在性；同时再次强调了组织学习的重要性，并指出了个人学习和组织学习之间的关系；最重要的是，反映了学习观的重大改变：除了强调学习是建立连接和形成网络外，还强调知识创新。

经过两位创始人及相关研究者近十年的研究与实践，联通主义学习理论已经形成了相对完整的体系，如表3-5所示，它分别从知识观、学习观、课程观、学生观、教师观、学习环境观和教学交互观等方面全面揭示了学习发生的过程，已经逐渐成为新型学习方式的理论支撑。其中，知识观和学习观决定了课程观、学生观、学习环境观和教师观。

表 3-5 联通主义学习理论的核心观点

观 点	内 容
知识观	(1) 知识存在于连接当中，是一种联通化知识 (2) 管道比管道中的知识更重要，即在我们所处的网络时代中获得知识和学习知识的能力比掌握知识本身更加重要
学习观	学习即连接的建立和网络的形成
课程观	为了给学习者创建复杂的信息环境，对应的课程必须是开放的网络课程
学生观	学生是自我导向、网络导向的学习者和知识的创造者
教师观	教师是学习促进者（facilitator），影响和塑造着整个网络
学习环境观	学习者在学习过程中创造个人学习环境和个人学习网络
教学交互观	教学交互是连接和网络形成的关键

资料来源：G. Siemens. Connectivism：Learning as Network-creation [DB/OL]. ASTD Learning News，2005，10（1）.

为了说明联通主义学习理论确实是一种有别于其他理论的新型学习理论，西蒙斯采用“区分学习理论的五个决定性问题”解释了联通主义学习理论与其他主要理论的区别（见表 3-6）。

表 3-6 联通主义与其他主要学习理论的区别

	行为主义	认知主义	建构主义	联通主义
代表	华生、斯金纳	布鲁纳、加涅	皮亚杰、维果茨基	西蒙斯、唐斯
学习是如何发生的	黑盒子——主要关注于可观察到的行为	结构化的、可计算的程序	社会的、由每个学习者意义构建	分布于网络、社会中的，模式识别和解释
哪些因素会影响学习	奖励、惩罚、刺激	存在图示、先前经验	投入、参与、社会、文化	网络的多样性、联络的强度、发生的环境
记忆扮演什么角色	记忆是重复经历的连接线——奖励和惩罚最能产生效果	编码、存储、提取	先前知识在当前情境中的混合	自适应模型、当前状态的展现、存在于网络中
转变是如何发生的	刺激、反应	复制他人的知识结构	社会化	连接（建立节点）
哪种学习最适合用这种理论来解释	任务导向的学习	论证、明确的目标、解决问题	社会的、模糊的	复杂、快速变化、多样化知识来源的学习

资料来源：G. Siemens. *Orientation: Sensemaking and Wayfinding in Complex Distributed Online Information Environments* [D]. Aberdeen：University Doctoral Dissertation，2011（a）.

五、目标设定理论

目标设定理论认为目标本身就具有激励作用，目标能把人的需要转化为动机，使人朝着一定的方向努力，并将自己的行为结果与既定的目标对照，及时进行调整和修正，从而实现目标。这种使需要转化为动机，再由动机支配行动以达到目标的过程就是目标激励。研究表明，目标主要有两个基本属性。

（一）明确度

明确的目标可以使人们更清楚要怎么做、付出多大的努力才能达到目标。明确的目标本身具有激励作用，这是因为人们有希望了解自己行为的认同倾向，对行为目的和结果的了解能减少行为的盲目性，提高行为的自我控制水平。因此，目标明确与否对绩效的变化有很大的影响。

（二）挑战性

根据目标设定理论，个体在目标既具有挑战性又很具体的情况下绩效水平会达到最高，所以为个体设置的目标越具有挑战性，越有可能实现高绩效。当设置的目标具体且有挑战性时，目标达成情况就可以成为有效评估员工绩效的客观依据。研究也发现，只有在个体对目标有很强的专注力且具备达成目标所需的知识和能力时，目标设定与绩效才成正比，同时还要保证设定的目标清晰、具体。

同样的目标对某些人来说可能是容易的，而对于另一些人来说可能是有一定难度的，这取决于他们的能力和经验。一般来说，绩效和目标的难度水平呈线性关系，而前提条件就是完成任务的人有足够的能力，对目标又有高度的承诺。在这样的条件下，任务越难，绩效越好。一般认为，绩效和目标难度水平之间有着线性关系，是因为人们会根据不同的任务难度来调节自己的努力水平。由明确度和难度还可以引申出其他一些影响目标设定的因素，包括对目标的承诺、反馈、自我效能感、任务策略和满意感等。具体如图 3-5 所示。

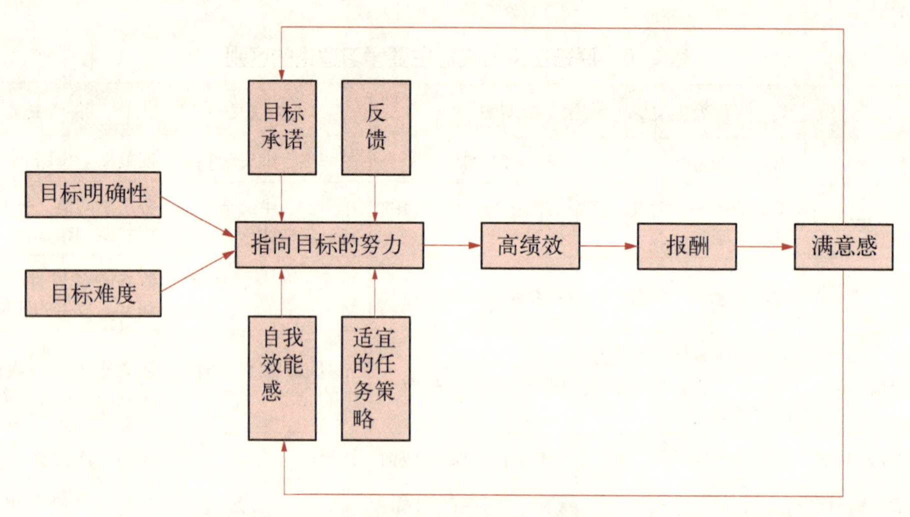

图 3-5　目标设定理论模型

资料来源：E. A. Locke & G. P. Latham. *A Theory of Goal Setting and Task Performance* [M]. Englewood Cliffs, NJ: Prentice-Hall, 1990.

承诺是指个体被目标所吸引，认为目标重要，持之以恒地为达到目标而努力的程度。目标承诺只有在设定的目标清晰、具体且有挑战性的情况下才能有助于达成高绩效。一个人只有在相信其设定的目标重要且可以达到时才会产生高的目标承诺。反馈是告诉人们目标设定的标准完成得怎样，哪些地方做得好，哪些地方尚待改进等，对于员工无法确定自己表现如何的任务，定期给予绩效反馈对于达成目标会大有帮助。高自我效能感的个体会为自己设定更高的目标，他们通常不满足于低目标或低绩效水平。管理者可以通过教育培训来提升员工的技能水平，或为其寻找可以效仿的对象并充分信任其具备完成绩效目标的能力，这些均有助于提高其自我效能感。任务策略是指个体在面对复杂问题时使用的有效的解决办法，如果人们在完成困难目标时选择的策略不佳，目标设定产生的效果可能会比较弱。满意感是指个体经过努力终于达到目标后，如果能得到他所需要的报酬或奖赏，就会感到满意；如果没有得到预料中的奖赏，个体就会感到不满意，同时满意感还会受到个体认为他所得回报是否公平等因素的影响。

运用在培训中，目标设定理论说明给受训者提供特定的富有挑战性的目标和目的，并适当适时地提供一些反馈等会有助于受训者学习，这就要求培训课程计划的设计要从特定的目标开始，这些目标向学习者提供了应采取的行动、学习发生的条件、可被接受的绩效水平等信息。

六、期望理论

期望理论最早是由美国心理学家维克托·弗鲁姆（Uictor Vroom）在 1964 年首先提出来的。其基本内容主要是弗鲁姆的期望公式和期望模式。

（一）期望公式

弗鲁姆认为，人总是渴求满足一定的需要并设法达到一定的目标。这个目标在尚未实现时，表现为一种期望，这时目标反过来对个人的动机又是一种激发的力量，而这个激发力量的大小，取决于目标价值（效价）和期望概率（期望值）的乘积。用公式表示就是：$M=\sum VE$。M 表示激发力量，是指调动一个人的积极性，激发人内部潜力的强度，也就是人的努力程度。V 表示目标价值（效价），这是一个心理学概念，是指达到目标对于满足个人需要的价值。同一目标，由于各人所处的环境不同，需求不同，其目标价值也就不同。同一个目标对每一个人可能有三种效价：正、零、负。效价越高，激励力量就越大。E 是期望概率（期望值），是人们根据过去经验判断自己达到某种目标的可能性是大还是小，即能够达到目标的概率，它包括行为预期和实现手段两个方面。目标价值的大小直接反映人需要及动机的强弱，期望概率反映人实现目标的信心强弱。这个公式说明：一个人把某种目标的价值看得越高，估计自己能实现目标的概率越高，那么这个目标激发动机的力量就越强烈。

（二）期望模式

对于怎样使激励力量达到最佳值，弗鲁姆提出了人的期望模式：

个人努力→个人成绩（绩效）→组织奖励（报酬）→个人需要

在这个期望模式中的四个因素，需要兼顾三个方面的关系。

(1) 努力和绩效的关系。个人努力与绩效这两者的关系取决于个体对目标的期望值。期望值又取决于目标是否适合个人的认识、态度、信仰等个性倾向，以及个人的社会地位、别人对他的期望等社会因素。因此，努力和绩效的关系由目标本身和个人的主客观条件决定。

(2) 绩效与奖励的关系。人们总是期望在达到预期成绩后，能够得到适当的合理奖励，如奖金、晋升、晋级、表扬等。如果没有相应的、有效的物质和精神奖励来强化，时间一长，个体的积极性就会消失。

(3) 奖励和个人需要的关系。奖励要满足不同需要，要考虑效价，要采取多种形式，最大限度地挖掘人的潜力，最有效地提高工作效率。

运用在培训上，期望理论说明在下列情况下学习的可能性最大：员工相信自己能够完成培训项目内容（期望），学习与更高的工作绩效、加薪、同事的认同这些成果相关联，并且员工认为这些成果是有价值的（见图 3-6）。

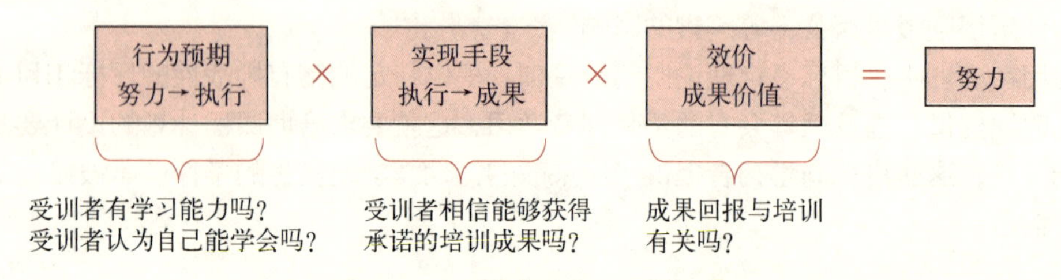

图 3-6 期望理论在培训中的运用

资料来源：R. A. Noe. *Employee Training & Development* [M]. McGraw-Hill, 1999.

七、强化理论

强化理论也叫行为修正理论，是美国的心理学家斯金纳（Skinner）提出的，以学习的强化原则为基础的关于理解和修正人的行为的一种学说。

斯金纳认为：人或动物为了达到某种目的，会采取一定的行为作用于环境，当这种行为的后果对他有利时，这种行为就会在以后重复出现；不利时，这种行为就减弱或消失。人们可以用这种正强化或负强化的办法来影响行为的后果，从而修正行为。所谓强化，从其最基本的形式来讲，指的是一种行为的正面或负面的后果（报酬或惩罚），它至少在一定程度上会决定这种行为在今后是否会重复发生。根据强化的性质和目的，可把强化分为正强化和负强化。在管理上，正强化就是奖励那些组织上需要的行为，从而加强这种行为；负强化就是惩罚那些与组织不兼容的行为，从而削弱这种行为。正强化的方法包括奖金、对成绩的认可、表扬、改善工作条件和人际关系、提升、安排挑战性的工作、给予学习和成长的机会等。负强化的方法包括批评、处分、降级等，有时不给予奖励或少给奖励也是一种负强化。

斯金纳将强化理论应用于人的学习上，发明了程序教学法和教学机。他强调在学习中应遵循小步调和及时反馈的原则，将大问题分成许多小问题，循序渐进，他还将编好的教学程序放在机器里对人进行教学，收到了很好的效果。

强化理论具体应用的原则如下。

（1）经过强化的行为趋向于重复发生。所谓强化因素就是促使某种行为在将来重复发生的可能性增加的因素。例如，当某种行为的后果是受人称赞时，就增加了这种行为重复发生的可能性。

（2）要根据强化对象的不同采用不同的强化措施。人们的年龄、性别、职业、学历、经历不同，需要就不同，强化方式也应不一样。例如，有的人更重视物质奖励，有的人更重视精神奖励，应区分情况，采用不同的强化措施。

（3）小步调前进，分阶段设立目标，并对目标予以明确的规定和表述。对人进行激励，首先要设立一个明确的、鼓舞人心而又切实可行的目标，只有目标明确而具体时，才能进行衡量并采取适当的强化措施。同时，还要将目标分解成许多小目标，完成每个小目标都及时给予强化，这样不仅有利于目标的实现，而且持续的激励可以增强信心。如果目标一次定得太高，会使人感到不易达到或者达到的希望很小，这就很难充分调动人们为达到目标而做出努力的积极性。

（4）及时反馈。及时反馈就是通过某种形式和途径，及时将工作结果告诉行动者。要取得最好的激励效果，就应该在行为发生以后尽快采取适当的强化方法。一个人在实施了某种行为以后，即使是领导者表示“已注意到这种行为”这样简单的反馈，也能起到正强化的作用；如果领导者对这种行为不予注意，这种行为重复发生的可能性就会减小以至消失。

（5）正强化比负强化更有效。在强化手段的运用上，应以正强化为主；同时，必要时也要对不好的行为予以惩罚，做到奖惩结合。

强化理论有助于对人们行为的理解和引导。这并不是对员工进行操纵，而是使员工能够更好地在各种明确规定的备择方案中进行选择。因此，强化理论已被广泛地应用于激励和人的行为改造上。

运用在培训中，强化理论说明如果要让受训者获得知识、改变行为方式或提高技能，培训者必须要清楚受训者认为哪些属于正强化（和负强化），并将其与受训者的知识、技能的获取和行为方式的改变联系起来。

第三节 学习策略和风格

一、学习过程

在上一节中，我们对学习理论进行了回顾，然而人们究竟是怎样学习的？学习过程对学习指导有什么启示呢？下面我们先介绍学习过程的主要步骤。

（一）学习过程的主要步骤

学习过程包括预期、知觉、加工存储、语义编码、长期储存、恢复、推广、回馈八个步骤。

预期是指学习者带入学习过程中的一种思想状态，包括以下方面：培训前的准备（学习动机、基本的技能）、对培训目标的理解、判断学习以及将学习成果应用于工作中可能带来的益处。**知觉**是指对从环境当中获取的信息进行组织整理，使其经过加工处理后能成为行为指南。加工存储和语义编码都与短期记忆有关。在**加工存储**中，会出现信息的编排和重复，使得资料可以被编入记忆中。加工存储受一次能够加工的材料量的限制。研究表明每次存储的信息不宜超过 5 条。**语义编码**指信息来源的实际编码过程。当信息被关注、编排和编码后，它们就可以存入长期记忆中了。为应用所学内容，必须恢复对这些内容的记忆。**恢复**包括找到存于长期记忆中的学习内容，然后用它来影响绩效。学习过程很重要的一项内容不仅是应能准确重复学过的内容，而且要能在类似而又不完全相同的环境中应用所学内容，这就是**推广**。最后，**回馈**是指通过学习者运用所学内容所获得的反馈，使学习者采取更切实可行的行动的过程，它还能提供对工作业绩进行激励或强化的信息。

（二）学习过程对学习指导的启示

学习指导是指使学习行为发生的环境特点。上述学习过程与学习指导的要项和形式有很大联系，具体如表 3-7 所示。

表 3-7 学习过程中指导要项和指导形式之间的联系

学习过程	指导要项	指导形式
预期	告知学习者学习目的	● 说明预期绩效 ● 指出需要口头回答的问题
知觉	展现具有不同特征的刺激物	● 强调感觉到的事物特征 ● 利用图表和文中的数字强调这些特点
加工存储	限制学习量	● 将较长的资料分段 ● 提供学习资料的视觉图像 ● 实践并重复学习
语义编码	提供学习指导	● 提供语言线索以形成正确顺序 ● 为较长的有意义的上下文提供语义联系 ● 利用图表和模型揭示概念之间的联系
长期储存	对学习内容进行加工	● 为资料展示及回忆提供不同的上下文和背景设置 ● 将新学习的资料和以前的掌握的信息联系起来 ● 在实践过程中提供不同的背景资料
恢复	提供用于记忆恢复的线索	● 提供能够清楚回忆起资料的线索 ● 使用熟悉的声音或节奏作为线索
推广	增强记忆和学习成果的应用	● 设计与工作环境一致的学习成果转换环境 ● 为有附加难度的信息提供语句联系
回馈	为绩效改进提供反馈	● 对绩效的正确性与适时性提供反馈 ● 确认是否满足了预期需求

资料来源：R. Gagne. Learning Processes and Instruction [J]. *Training Research Journal*, 1996, 1 (1): 17-18.

表 3-7 中的学习过程和学习指导形式，带给培训者的启示有以下六个方面。

（1）学员应知道他们为什么学习。学员只有知道培训目标，学习才是有效的。目标可以根据每一个培训阶段设置，也可以根据整个培训计划来设定。培训目标建立在培训需求分析的基础上，可以帮助学员理解他们为什么要参加培训。目标也有助于明确培训成果的类型，这些成果可衡量培训计划的有效性。培训目标包括三个部分：

① 说明学员应该做什么（绩效）；

② 阐明可被接受的绩效标准（标准）；

③ 说明受训者获得指定学习成果的条件（条件）。

（2）学员应将自己的经验作为学习基础。只有当培训与学员目前的工作和任务相关联，即培训对学员有意义时，学员才有可能愿意参加学习。为增强学习内容的有效性，应使用受训者熟悉的概念、术语和例子来传递信息。同时，我们还可以通过向受训者提供自由选择实践机会和学习环境的权利来强化学习。

（3）学员应有实践的机会。实践是指让学员根据目标给定的条件和绩效标准来演示培训目标强调的能力。为了让实践更有效，培训过程中应让受训者积极参与，包括为演练安排适量的时间，重复学习，并确定适当的学习量。实践活动还应与培训目标结合起来。

（4）学员需要反馈。反馈是提供有关培训目标实现程度的信息。为使反馈有效，应该将反馈重点放在特定的行为上，并且在受训者行为过后立即给予反馈，对受训者的正确行为及时予以口头表扬或加以强化。录像是给予反馈的一个有效工具，培训者应和受训者一同观看录像带，就如何改进行为提出具体的意见，同时要表扬那些行为达到标准的受训者。

（5）学员应通过对别人的观摩与交往学习。我们在上节中已经讲述了社会学习理论，人们是通过观察和模仿示范的行为来学习的。为了让示范有效，必须明确阐释规定的行为或技能，并且示范者应具备与目标学员相似的特点；对示范行为进行观摩后，应给受训者提供机会让他们在实习课上重复示范者演示的技能和行为。同时，在工作中进行的学习也是交往的一个重要方面。

（6）学员需要合理安排并协调好培训项目。良好的协调工作可以保证不让受训者因为其他的事分心，例如，培训前向受训者通报项目目标、举办地点、出现问题时的联络人以及所有应由他们完成的计划内工作等。

二、学习进展速度

前面我们介绍了一些学习理论和学习过程，在具体的学习中，这些都是共性的方面，除此之外还有哪些因素会影响培训项目的具体设计呢？个人的学习进度无疑是我们必须要关注的方面。每个人的学习进度都不同，有些人学习就是比其他人进度更快，即使在同一个培训项目中，各个学习者进步的速度也可能不同，例如，一个刚刚学习使用冲床的新员工，开始可能进步甚微，错误迭出，然而不久却突飞猛进，迅速掌握整套程序，完全胜任这项工作。表现学习进度的一种有效方法是学习曲线（见图 3-7）。在坐标图中，纵轴表示学习的熟练程度，横轴表示时间进程。

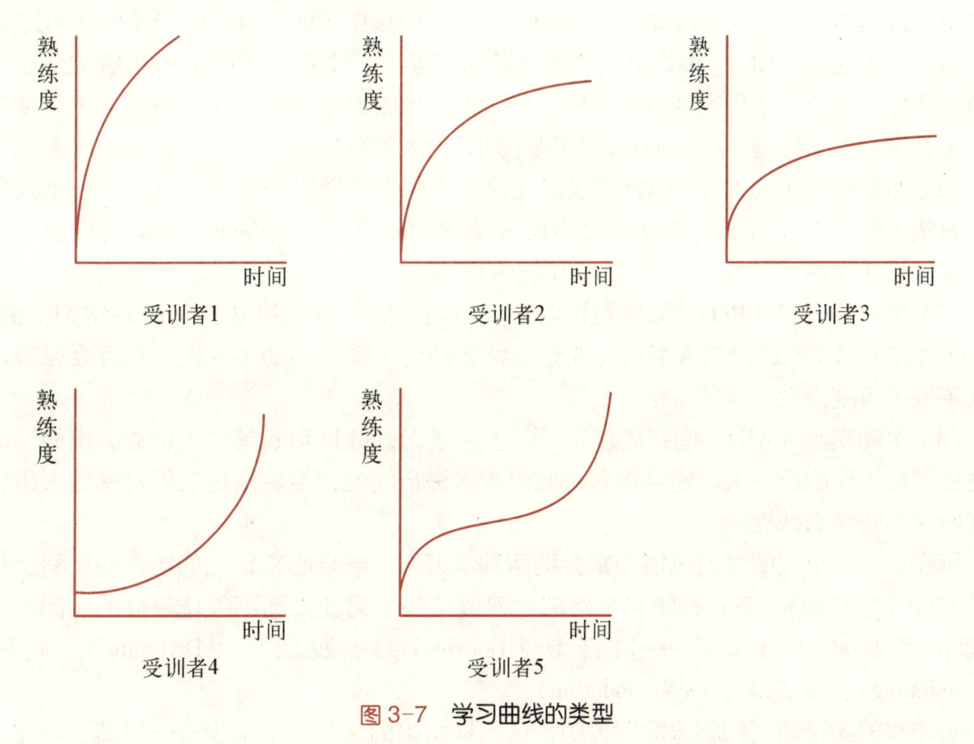

图 3-7　学习曲线的类型

由图 3-7 我们可以看出：受训者 1 的学习曲线表现出很快的学习进度，短时间内就达到了很高的程度；受训者 2 的学习曲线则表现出较缓慢的学习进度，培训结束时达到的程度比受训者 1 要低；受训者 3 很快就达到了中等水平，但之后尽管持续努力，却收效不大；受训者4正好相反，开始进步缓慢，之后却平稳地上升到一个较高水平；最后，受训者5的S形曲线表明起初进步很快，在培训中期一度进步缓慢，后期又恢复如初。

学习曲线向受训者和培训者都提供了有效的信息。如果培训者发现一段停滞期（表示没有进步的曲线平直部分），则需要采用一种不同的方法，例如采取鼓励措施或其他方式促使受训者取得进步；当可以实行新的人力资源开发项目时，学习曲线可以向未来的培训者和受训者展示进步预期值，也可用它来安排将来的培训学习课程。

三、柯布学习风格

戴维·柯布（David Kolb）是经验性学习的著名理论家，他认为每个人的学习过程有所不同，由于学习过程的复杂性，总会存在个人差异和个人偏好。学习风格表明学习过程中所做的个人选择影响信息的选择。柯布通过分析人们如何学习打台球说明了学习风格的概念："有些人只是走上前，击球，并不仔细看看球击到了哪儿，除非它滚进袋里；另一些人则事先要做大量分析和测量，而真正做起来却又有些犹豫。因此，学习击球看起来是有不同的风格和策略的。"

学习风格的不同可以解释为什么有些人在接受一些培训方法（如角色扮演、讲座和录像）时比别人更适应、更成功。同样，培训者学习风格的不同也会使得他们倾向于某些特定的培训方法。

柯布提出这样一种理论：一个人的学习风格取决于他偏爱的学习方法。学习方法指的是在学习过程中个人对信息收集与处理的定位。柯布提出了四种基本的经验型学习方法。

（1）具体经验（CE）：偏好通过直接经验进行学习，更重视人际关系和感觉而非理性思考。例如，一个人要用这种方法了解工作政治，他就会亲自在各种情景下运用各种政治权术来获取个人的感受，在与他们的接触中判断他人的反应。

（2）抽象概念化（AC）：偏好通过用理论术语思考问题进行学习。例如，一个人要用这种方法了解工作政治，就会分析政治权术及它们的含义，或许还会查阅或构造一种模式，这种模式包括了对政治活动组成的现象的表现。

（3）思考性观察（RO）：偏好通过观察、检验不同的观念以达到理解来学习。例如，用RO方式了解工作政治的人很有可能会观察其他处于政治活动中的人，并且会思考这些人从不同的角度出发所见的事物。

（4）主动实验（AE）：偏好通过实际动手来学习，并且判断其实用价值。例如，用这种方式了解工作政治的人可能会用各种政治权术进行实验，然后通过它们对其他人所施加的影响来判断其有效性。

柯布认为一个人的学习风格通常会把两种学习方法结合起来，比如结合抽象概念化和主动实验（想和做），每一种学习风格都会强调某些学习能力而不强调其他的。因此，柯布指出了四种学习风格——聚合型（Converging）、发散型（Diverging）、同化型（Assimilating）、调节型（Accommodating）。

近年来的实证研究和临床数据表明，这四种原始的学习风格类型——调节、同化、聚合与发散，可以进一步细化为9种风格类型，以更好地定义个人学习风格的独特模式，减少原始的四种学习风格的边缘案例引起的混淆。根据用户的反馈，柯布首先注意到了第五种"平衡"风格，用以描述在学习风格网格中心得分的用户。后来柯布发现在网格边界线附近得分的人也有独特的风格。例如，调节风格和发散风格之间确定了“体验”风格。在这 9 种风格中，有四种对应了上文提到的基本经验型学习方法——体验（CE）、反思（RO）、思维（AC）和实验（AE）。其他四种风格强调两种学习方法的融合，一种来自理解（Grasping）维度，另一种来自转换（Transforming）维度——想象（CE & RO）、分析（AC & RO）、决定（AC & AE）和启动（CE & AE）。最后“平衡”这一风格类型平衡了学习周期的四种模式。

学习风格类型可以通过抽象概念、具体经验、主动实验和思考性观察来系统地安排在一个二维的学习空间上，这个空间包括对每种风格的风筝形状的描述，如图 3-8 所示。

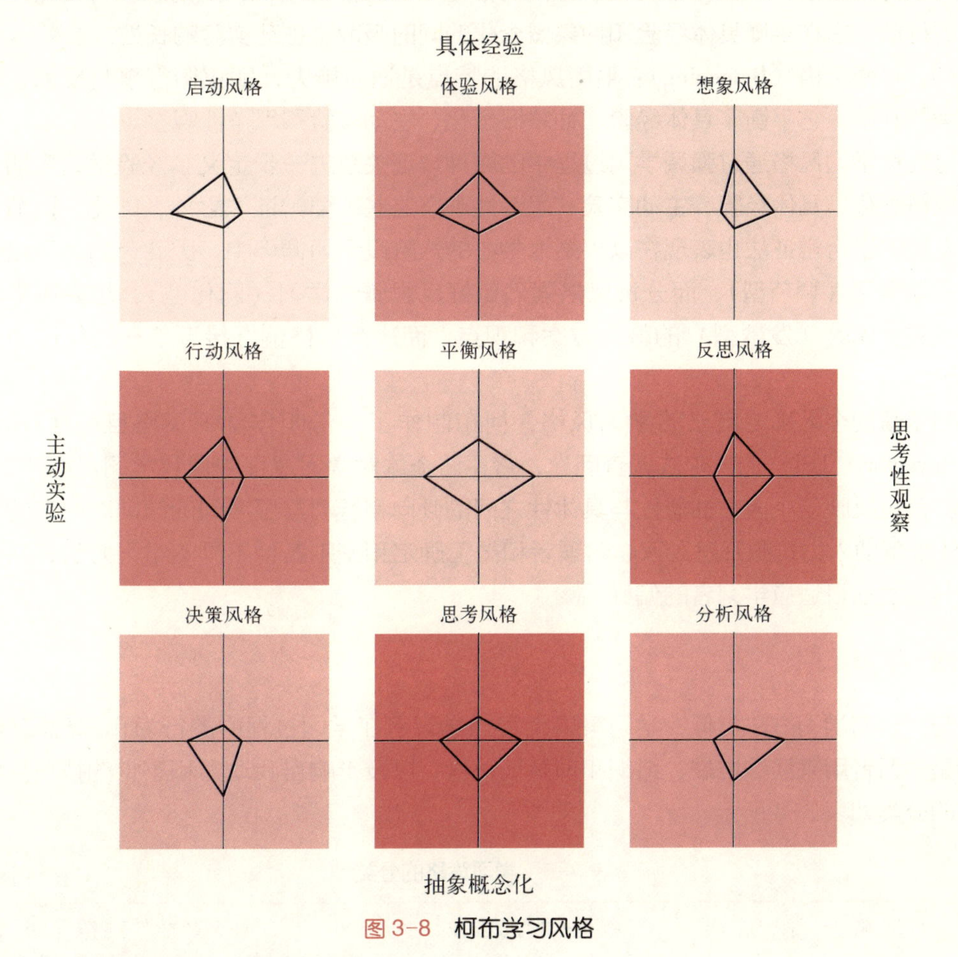

图 3-8 柯布学习风格

资料来源：The Kolb Learning Style Inventory 4.0.

（1）启动风格（Initiating）：启动风格的特点是有能力采取行动，以获得处理各种情况的经验。它包括主动实验和具体经验。

（2）体验风格（Experiencing）：体验风格的特点是能够从深度参与中找到意义。它在平衡主动实验和思考性观察的同时吸取了具体经验的长处。

（3）想象风格（Imagining）：想象风格的特点是通过观察和反思经验来想象可能性。它结合了具体经验和思考性观察的学习步骤。

（4）反思风格（Reflecting）：反思风格的特点是能够通过持续反思将经验和想法联系

起来。它在平衡具体经验和抽象概念化的同时吸取了思考性观察的长处。

（5）分析风格（Analyzing）：分析风格的特点是能够通过反思将想法整合与系统化。它结合了思考性观察和抽象概念化。

（6）思考风格（Thinking）：思考风格的特点是有能力对抽象推理和逻辑推理进行严格的干预。它在平衡主动实验和思考性观察的同时借鉴了抽象概念化的学习方法。

（7）决策风格（Deciding）：决策风格的特点是能够运用理论和模型来确定问题的解决方案和行动方案。它结合了抽象概念化和主动实验。

（8）行动风格（Acting）：行动风格的特点是具有强烈的动机，指向以整合人与任务为目标的行动。它在平衡具体经验和抽象概念化的同时吸取了主动实验的长处。

（9）平衡风格（Balancing）：平衡风格的特点是适应能力，即权衡行事与反思、体验与思考的利弊。它平衡了具体经验、抽象概念化、主动实验和思考性观察。

这九种学习风格通过强调学习过程中的四种辩证关系进一步定义了经验学习周期。除了抽象概念化、具体经验、主动实验、思考性观察这些主要辩证法之外，同化、调节、聚合、发散的组合辩证法也表现在以平衡为中心的八阶段学习循环中。因此，启动风格强烈偏好主动学习（调节型），而分析风格强烈偏好反思概念学习（同化型）；想象风格倾向于开发关于体验（发散型）的替代方案和观点，而决策风格偏好接近单一最佳行动选项（聚合型）。

为了帮助个人确定自己的学习风格，柯布制作了一份叫作学习风格目录（Learning Style Inventory，LSI）的自陈式调查问卷，它评估个体对学习过程中自我学习风格的定位，它的打分也反映了个人在抽象性与具体性之间的倾向和行动与思考间的倾向。柯布的理论和 LSI 能帮助人力资源开发专家、管理者和员工确定和鉴别各种不同的学习方法，从而使培训与开发项目适应学习者的偏好。

四、学习策略

与柯布的学习方法类似，学习策略代表“学习者在学习过程中的行为和思想”，学习策略是学习者用来演练推敲、组织和理解新材料，以及影响自我动力和感觉的技巧。学习策略的分类如表 3-8 所示。

表 3-8　学习策略的分类

策略分类	基本的学习工作	复杂的学习工作
一、认知策略		
（一）复诵策略	吟诵所要记忆的图表	图形 复制材料 逐字逐义记笔记 画底线
（二）精致化策略	关键词法 心像 位置法	释义 摘要 创造模拟 做笔记 提问回答

（续表）

策略分类	基本的学习工作	复杂的学习工作
（三）组织策略	群聚法 记忆法	选择主要观念 做大纲 理清网络结构 画组织图
二、后设认知策略	应用在所有的学习工作中	
（一）计划策略	设定目标 略读 提出问题	
（二）监控策略	自我测试 集中注意 应试策略	
（三）调整策略	调整阅读速度 复读 概览 应试策略	
三、资源经营管理	应用在所有的学习工作中	
（一）时间经营	预定进度 目标设定	
（二）环境经营	划定区域 组织区域	
（三）努力经营	归因于努力 情绪 自我对话 坚持 自我坚强	
（四）寻求他人帮助	寻求老师协助 寻求同事协助 小组学习 个别指导	

资料来源：W. J. McKeachie. *Teaching and Learning in the College Classroom* [M]. Program on Curriculum, University of Michigan, 1987: 26.

人力资源开发已经把学习策略应用在了“通过学习来学习”的方案中，这种方案试图为学习者提供必要的技术使之在任何学习环境中都会达到较高的效率，它强调要选择合适的学习策略来有效地迎合学习材料的性质和对学习条件的要求。

很显然，如果员工能够获得并且熟练地应用各种学习策略，他们就可能从正式的学习机会（如培训项目）和非正式学习机会（如解决问题的会议）中受益更多。

五、加涅的教学理论

加涅（Gagné）对教学系统设计理论的建立做出了开创性的贡献。他的教学理论建立在两个基本观点之上：第一，学生的“学”才是获得学习结果的内因，教师的“教”只是外因，所以应“以学论教”；第二，不同的学习结果需要不同的学习条件即教学事件。

加涅提出了一个关于知识与技能的描述性理论，认为在学校学习的知识与技能可以分为五种类型：言语信息、智力技能、认知策略、动作技能和态度。

（1）言语信息。言语信息是用口头语言或书面语言表达或陈述的事实性知识或事件信息。加涅将言语信息区分为“事实”“名称”“原则”和“概括”。学习者学习或保持大量的言语信息，有助于智力技能、认知策略的学习。

（2）智力技能。智力技能是学习者通过符号与自己所处环境作用及反应的能力。学习主要是理解、掌握前人的知识与经验的过程（间接经验），只有掌握了智力技能，才能更有效地理解和掌握前人的知识和经验。

（3）认知策略。认知策略是学习者用以支配自己的内部心理加工过程的技能，可用于实现学习者对自己学习行为的修正和调节。加涅区分了认知策略与一般智力技能的关系：一般智力技能是运用符号处理事情的能力，即处理外部世界的能力；而认知策略是学习者对学习过程进行自我控制和调节的能力，即处理内部世界的能力。

（4）动作技能。动作技能是一种习得的能力，以它为基础的行为表现反映在身体运动的速度、精确度、力量和连续性上。在学生的学习中，动作技能的学习往往和认知策略交织在一起。

（5）态度。态度是影响个体对人、物、事的行为的复杂的内部状态，它带有情感和行动，而无须很多知识的参与。加涅认为态度是一种习得的内部状态，它影响个人对在某些事情上采取的行动的选择。

通过对上述五种类型的分析，加涅提出了一个关于教学策略的描述性理论。在加涅看来，由于人类的信息加工过程是相对稳定的，所以作为促进内部心理加工过程的外部条件即教学事件也应是相对不变的。由此观点出发，他根据学习过程中包含多个内部心理加工环节，推断出相应教学过程应由九个教学事件构成：引起注意、告诉学习者目标、刺激对先前学习的回忆、呈现刺激材料、提供学习指导、诱发学习表现（行为）、提供反馈、评价表现、促进记忆和迁移（见表3-9）。加涅特别指出，以上九个教学事件的展开是可能性最大、最合乎逻辑的顺序，但也并非机械刻板、一成不变的。也就是说，并非在每一堂课中都要提供全部教学事件。

表3-9　教学事件与学习过程的关系

教学事件	信息加工过程
1. 引起注意	接受神经冲动的模式
2. 告诉学习者目标	激活监控程序
3. 刺激对先前学习的回忆	从长时记忆中提取原有相关知识进入工作记忆
4. 呈现刺激材料	形成选择性知觉
5. 提供学习指导	进行语义编码（以利于记忆和提取）
6. 诱发学习表现	激活反应组织
7. 提供反馈	建立强化
8. 评价表现	激活提取和促成强化
9. 促进记忆和迁移	为提取提供线索和策略

由于不同的学习结果需要不同的学习条件，这就使每一种教学事件以及不同教学事件的组合在具体运用上有不同的要求。加涅在分析学习的条件时，根据实验研究和经验概括，详尽地区分了不同学习结果对每一种教学事件的要求，这就构成了“9-5 矩阵”——加涅的教学模式系列（见表 3-10）。

表 3-10 9-5 矩阵

学习成果 教学事件	言语信息	智力技能	认知策略	态度	动作技能
1. 引起注意	刺激变化	刺激变化	刺激变化	刺激变化	刺激变化
2. 告诉目标	说明希望学习者达到什么状态；指明要求回答的言语问题	实际示范要运用哪一种概念、规则或程序；提供行为的类别或示例	说明或实际示范某一策略；澄清期望采用的解决办法的一般性质	不说明目标，提供期望做出选择的行动类型	实际示范期望的行为
3. 刺激对先前学习的回忆	回忆组织有序的知识实体；刺激回忆有组织信息的上下文情境	回忆先决规则和概念；刺激回忆从属规则和概念	回忆较简单的先决规则和概念；回忆该学习所要求学习的任务策略及与之相关的智力技能	回忆做出个人选择的情境及行动；使榜样实际示范这种选择，回忆相应的信息和技能	回忆执行子程序及组成技能
4. 呈现刺激材料	利用区分明显的特征呈现书面的或视听型言语陈述	描述对象或符号的特征使之带有概念或规则的形式；提供概念或规则的实例	说明问题的症结所在并展示要实施的策略	由榜样说明做出选择的性质；由榜样实际示范他人的选择	提供包括工具及实际特征的外部刺激；实际示范执行子程序
5. 提供学习指导	通过知识实体间的相互联系详细说明内容；利用形象和记忆方法提供可纳入更大的有意义的上下文情境的言语联结	给出概念或规则的具体实例；为适当的序列联结提供言语线索	对给出有实例的策略提供言语指导；对新的解决办法给予指点或启发	由榜样说明或实际示范行为选择；同时观察榜样如何对行为进行强化	反复练习；提供反馈性联系
6. 诱发学习表现	“说出来”；请学习者解释信息	提供未曾遇到过的情况；请学习者在新实例中运用概念或规则	解决不熟悉的问题；要求解决问题	在以前未曾遇到过的情境中观察所做的选择；问卷调查；在真实的或模拟的情境中做出选择	完成指定的行为
7. 提供反馈	确定信息陈述的正确程度	确定运用概念或规则的正确程度	确定解决问题的独创性	对行为选择做出直接的或替代的强化	对有关的精确性及时间要求提供反馈
8. 评价表现	要求说出命题的各种含义；学习者用适宜的方式重新说明信息	在一系列附加的新实例中，让学习者实际运用概念或规则	学习者独创性地提出一个新的解决办法	学习者在一个真实的或模拟的情境中做出期望的选择	学习者完成由指定技能组成的行为
9. 促进记忆和迁移	在一个更大的有意义的上下文情境中增加练习和定时复习；与附加的信息复合体达成言语联结	在一个更大的有意义的上下文情境中增加练习和变式练习；提供包括实例变式的定时复习	提供解决各种新问题的机会	为某种行为选择提供附加的多样化的情境	学习者持续练习技能

加涅的理论，为那些正在想办法提高培训项目效率的人力资源开发专家提供了丰富的

观点，它要求我们根据培训目的采用不同的教学事件，创造出适用于不同培训项目的培训环境，也就是要运用不同的教学策略，达到最理想的培训成果。

第四节 脑科学对于人力资源开发的意义

过去30年间，神经科学（Neuroscience）这一学科的影响力与日俱增。最近几年，神经科学开始走出实验室，对其他领域——从经济学到农业科学——产生了很大的影响力。按照ATD的解释，脑神经科学包括一切涉及神经系统和大脑结构及功能的研究领域，包含神经化学和实验心理学等。本节我们将介绍大脑的结构及功能，并从本质上解析人类学习的特征，探究脑科学在人力资源培训与开发中的应用价值。

一、大脑结构及功能

企业管理中，我们既不明白自己的大脑优势，也不了解他人的潜能分布，这对企业管理者，尤其是人力资源管理者的工作造成了诸多障碍。做培训时，管理者倾向于把更多的精力投入于员工的行为分析上，然而行为来自情绪，情绪源于深层的思考和想法，这一切都在大脑中激荡并产生结果。了解大脑的结构、功能及运作方式，有利于为学员创造良好的培训环境，从而帮助员工实现行为改变。

我们主要探讨脑神经科学的三个领域——工作记忆（Working Memory）、基底核（Basal Ganglia）、海马体（Hippocampus），以及它们和学习之间的关系。

（一）工作记忆

我们大脑所产生的一切新想法或观点，最初都出现在工作记忆中，而工作记忆与前额叶皮层——位于前额后方的一处很小却高度活跃的脑部区域——有关。当人的工作记忆发生作用时，我们对所有感受到的外在或内在刺激展开“工作”，赋予它们意义、判断价值或者进一步加工数据。工作记忆对于一切新事物的学习都是十分关键的。但人的工作记忆能力有限，无法同时处理太多的信息。若环境当中存在太多令人分心的因素，分散了大脑的注意力，那么就会导致学习效率下降。这就是为什么无论培训课程多么有趣，学员在上了一天课后依然会筋疲力尽。因此，神经科学家建议，培训师或课程设计师须将学习信息以一个个简短的“模块”来呈现，如果信息过长或者过于复杂，会导致人的工作记忆无法及时处理全部的信息。大脑的专注力——特别是在容易分心的环境中——将是一种重要的学习能力。

（二）基底核

人力资源开发者希望看到的不是员工学会了多少知识，而是他们的行为发生了多少实质性的改变，然而，大脑在本能上抗拒行为改变。那些我们不断重复的活动，会被纳入基底核的管辖范畴，借此来缓解前额叶皮层的工作压力。基底层位于大脑深处，和前额叶皮层不同，这里不需要耗费太多能量就能维持运作。我们依靠基底核来管辖那些不怎么需要有意识地思考的生理活动和习惯，如下意识的学习、磨牙与眨眼的形成、认知及情绪活动等。这些习惯一旦养成，就难以改变。不过尽管如此，神经科学家已经发现特殊的思维方法——“正念”（Mindfulness），即有意识地观察和分析自己的每次生理、心理活动，可以帮助人们较为有效地改变既有习惯。

（三）海马体

大脑当中的海马体对于一切学习来说都是至关重要的，因为它扮演着将信息从短期记忆转化为长期记忆的关键角色。神经科学家已经发现，在学习过程中能否“唤醒”海马体，关乎人们以后能不能回想起之前学过的东西。对人力资源开发与培训而言，多数知识都是陈述性、明确化的信息，员工能不能记住并回想起来，是有没有“学到”的判断标准。最近的神经科学研究表明，信息的编码方式会影响海马体的活动，在编码中适当加入注意（Attention）、生成（Generation）、情感（Emotions）和空间（Spacing）这四个元素（AGES），将能够有效地唤醒海马体，让信息的记忆和回想变得更容易。图 3-9 对此进行了阐释。

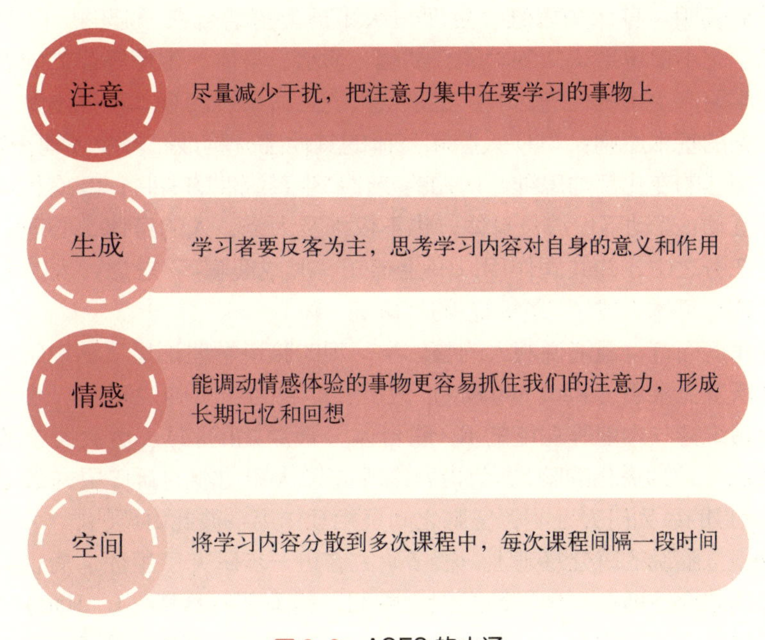

图 3-9　AGES 的内涵

资料来源：［美］伊莱恩·碧柯．顾立民、杨震、赵弘等译．ATD 学习发展指南（第 2 版）［M］．电子工业出版社，2016．

此外，海马体在个人观点和见解的形成中也起到了重要作用，因为这同时关乎记忆的形成及读取。神经科学研究表明，包含个人见解的学习更容易形成长期记忆，因为这会在大脑当中形成新的突触[①]网络，协助人们以全新的方式看待事物。因此，培训与开发专业人员应该在培训中引导学员产生自己的想法和见解，使学员从简单的解决问题的思路转向更为复杂的思考模式，帮助学员形成长期记忆。

二、脑科学视角下的学习观：解析人类学习的本质特征

迈克尔·波斯纳（Michael Posner）指出，“20 世纪最初 20 年，人类能通过显微镜来观察肉眼看不到的微观世界，而到了 20 世纪最后 20 年，脑科学家则可以运用脑成像技术来观察运作中的人脑……从此，人类第一次可以观察思考过程中的脑活动”。正是借助这

① 突触，神经生理学术语，指一个神经元的冲动传到另一个神经元或传到另一细胞间的相互接触的结构。

些尖端技术（包括正电子放射断层X线摄像术和功能性磁共振成像术等），行为主义、认知主义等所采用的隐喻的、间接的、带有推测意味的学习研究方法，开始面临能直接探测脑功能活动的高技术方法所带来的挑战。脑科学在获得更多的、更直接的学习研究结论方面显示出巨大优势，能够推动人才发展研究从应用、技术和方法（What & How）层面转向为什么（Why）这一基础层面，回归到个体如何高效地学习这一本源，且更加关注学习背后的逻辑、原理和原则，为我们探讨21世纪的成人学习规律提供了新的视角和观点。

纵览诸多的脑科学成果，可以发现，整体学习观、社会学习观与情境学习观正被各种脑科学研究一一佐证，且显示出更具体、更丰富的内涵。

（一）整体学习观

脑科学研究表明，身体与思维、生理与认知是紧密结合在一起的。作为一个生命系统，一个人的学习不单单是认知的功能，情感、情绪、身体、生理等都共同参与到学习过程之中，并对学习产生系统化的影响。正是从人的生命系统的基本特征出发，脑科学研究确立了人类学习的基本原则："① 人脑和身体的其他部分构成了一个不可分离的有机体，身体、生理、情感的变化都与思维、认知的变化产生系统性的关联；② 有机体作为一个整体与环境进行互动：互动不仅涉及身体，也不仅涉及大脑，人的身体、心理、情感等共同参与到活动与任务之中，并共同作用以产生感知、形成理解。"总之，人的生命系统观指出，大脑、思维和身体构成了一个动态的生命统一体。

从具体的角度而言，最能说明人的整体学习观的脑科学理论是三脑说研究。美国国家精神健康研究所麦克莱恩（Paul McLean）教授长期致力于三脑说研究。他鉴定出三个层次的脑，即负责维持与本能等功能的R－联合体（最原始的脑）、负责情感及自我防卫等功能的边缘系统（较为进化的脑）、负责思维等高级认知功能的新皮层（最进步、最发达的脑）。麦克莱恩的系列研究证明，三脑之间是相互作用、彼此协调的。

在麦克莱恩三脑说的研究基础上，很多研究者进一步研究了生理、情感与认知是如何相互联系，如何整合性地参与到学习过程之中的。美国学者哈特（L. Hart）的研究表明，当人们面对威胁并感受到焦虑、无助和紧张时，大脑功能将降格到更古老、自动的R－联合体和边缘系统，即为哈特所说的"换低挡"。哈特认为，"换低挡总是指向更传统、更熟悉、更粗糙的行为——指向脑不发达时的行为"。如果联系到企业培训，当学员对培训活动存在一种紧张、焦虑甚至无助的感受时，其思维与认知活动也将受到这种消极、被动的情感状态的影响，产生"换低挡"的弱化表现，最终导致思维活动与认知学习的低效或失败。很多脑科学家建议应为学员创设"高挑战、低威胁"的学习环境，即通过"高挑战"来激发、调动学员的心理能量、生理能量，使学员产生充分的"唤醒"状态；通过"低威胁"来减低学员的焦虑、紧张和无助感，从而避免"换低挡"的出现。所以，企业培训不是不给予学员压力，而是要给予学员积极的、具有高挑战的、能产生唤醒状态的"好"的压力，消除威胁性的、令学员感到恐惧的"坏"的压力，使学员产生"放松性警觉"的良好状态，最终达成情感、思维、认知、生理等的最佳平衡。

（二）社会学习观

苏联著名心理学家维果茨基（Lev Vygotsky）是社会文化心理学派的奠基者。他的观点是，人的心理发展与思维发展依托于人身处的社会文化环境，或者说，他人、语言、交往、文化等外部社会环境因素将决定学习者内部的心理状态与发展。这种社会学习观已经被越来越多的脑科学研究所证实和丰富。

著名神经心理学家吉尔科莫·里左拉蒂（Giacomo Rizzolatti）发现，人的大脑中存在着一种特殊的神经元——镜像神经元（Mirror Neurons），它的功能是“追求与他人的一致性”。通过对一个月大的婴儿、猴子等进行大量有关模仿性的实验研究，他指出，“镜像神经元的存在显示了我们对他人在我们周围环境中的所作所为会建立一种生物学的反应。无论一个人把自己想象为多么完全独立而分割的个体，实际上每一个人都注定了要去模仿别人。每一个人所学到的一切都在一种社会关系和我们身处的群体中不断被点缀、丰富”。镜像神经元证实了同理心和以身作则在调动他人积极性时的作用。

企业在具体实践上，要通过精心编排的培训活动（特别是主题探究式的学习活动、具有真实性和挑战性的活动等），让培训中的各个成员都能更加投入地参与进来，促成共同体的形成和有效学习的发生。同时，在工作中，领导者也要言传身教，促进培训转化。

（三）情境学习观

从20世纪80年代开始，一批认知心理学家，如赫伯特·西蒙（Hebert Simon）等，开始反思传统认知科学的信息加工隐喻之弊端，并尝试以生态学的方法来研究自然情境中的认知。在此基础上，认知科学家越来越赞同如下观点：“情境性在所有认知活动中都是根本性的”；“知与行是交互的——知识是情境化的，通过活动不断向前发展”；“知识总是境脉化的——不是抽象的”。这些知情交互的情境性观点正被越来越多的脑科学研究证实。

约翰·奥基夫（John O’Keefe）和林恩·纳德尔（Lynn Nadel）进行了对人的空间记忆系统的研究。奥基夫和纳德尔将人的记忆区分为两种类型。一种是分类记忆，这种记忆强调通过反复练习和复述来储存信息（比如背单词）。这种类型的记忆需要付出努力，且易于遗忘、排斥变化、难以迁移。另一种是位置记忆，这种记忆是一种情境性的记忆，它自然发生在行动的空间之中，几乎不需要付出太多的背记努力，且一旦形成就极易长久保持，具有自然性、连续性和情境性。位置记忆的重要作用在于，通过对空间情境的记忆与复杂经验的不断积累，大脑能形成强有力的索引，从而把储存在分类系统中的相关信息调动与联系起来，形成个人愈加丰富的认知经验和深度理解。因此，奥基夫和纳德尔认为，最佳的学习状态应当是把分类记忆和位置记忆结合起来，通过自然的相互作用来产生意义。

分类记忆易导致学员出现表层理解、体验单一、记忆消退、远迁移缺失等诸多问题。基于此，企业应该为学员创建具有完整体验感的学习场景，真实还原员工在现实工作中面临的情境和挑战，并在此场景中开展相关教学活动或自主学习活动，帮助学员形成一种情境式的记忆，使新知识能长久保持并被持续应用于工作中。

三、脑科学在培训中的应用价值

国内外众多研究表明，脑科学在人力资源管理领域具有较大的应用价值，能够帮助企业管理者和人力资源部门更好地实现人力资源开发。

（一）改进培训设计

全球主流培训研究机构已经逐渐把研究的方向进一步扩展到对人脑的研究，掌握培训过程中大脑的客观运行规律，尊重或干预规律，科学合理地设计培训环节和内容，使培训者能够更加轻松愉快地学习，体验培训中的快乐，从而更容易接受知识、获取知识、提高智力。通过即时性的心理信息采集，还可以实现对培训过程的动态性监测，为后期培训项目的改进提供数据支持。此外，通过对培训参与者个体层面的信息记录，实现员工个体学习特点认定，有助于针对不同学习类型的员工，设计个性化、差异化的培训方案，并在培训实施过程中及时调整。

（二）提升培训效果

人的大脑可以处于很多不同的状态，作为培训师，可以通过加入脑健康锻炼，即利用一些身体训练方法和课堂间的小活动，积极开发人脑左右半球区域，让学员迅速进入良好的学习状态，从本质上缓解培训过程中的大脑疲劳，使学员能更好地接纳、吸收新知识。有很多方式能够使我们的大脑处于一个健康的状态，比如合适的动作、适宜的音乐、信手涂鸦、肢体运动等，这些都可以用来进行脑力功能的调节。美国 Neuro-Link 公司首席执行官、脑科学专家——安德烈·韦尔穆伦（André Vermeulen）创立了具有完整体系的脑科学评估方法，用以测评人的学习潜能并确定如何对大脑进行训练，从而进一步提升和优化大脑性能。此外，通过对培训过程中的大脑活动情况进行监测，还可以给予培训师和受训者及时反馈，有利于受训者自主地调节学习状态、学习内容和学习方式，提升培训效果。

（三）完善培训效果评估

在培训效果评估模型中，柯克帕特里克（Kirkpatrick）的四层次模型（详见第八章）占据主导地位，被学术界和实践界广泛采用，但是在运用中仍然普遍存在评价主观化、评价节点化、分析整体化等问题。在培训评估阶段，学员往往是一个信息提供者，评估过程并不会对其自身能力产生有利的影响，因此学员对评估的参与动机不足，容易流于形式。为解决培训评估中的这些问题，需要借助新技术来测量和分析人在工作中大脑的反应，客观、准确、实时地了解工作绩效和心理状态，实现较事后问卷更真实、客观、全面的评估。脑科学的发展使即时、动态、客观、个性化地分析培训效果成为可能。基于脑科学的个性化评估使培训评估中学员的主体性增强，更有利于管理者掌握培训效果。

本章小结

本章我们详细介绍了管理与组织理论、学习理论、学习策略和风格、脑科学对于人力资源开发的意义。第一节介绍了镜像理论、吸收能力理论、自我决定理论及其对人力资源开发的启示。第二节介绍了几个代表性的学习理论，包括社会学习理论、成人学习理论、转化学习理论和联通主义学习理论、目标设定理论、期望理论、强化理论，并讨论了如何将这些理论运用到培训中。第三节主要分析了受训者的学习策略和学习类型，首先介绍学习过程的八个步骤，包括预期、知觉、加工存储、语义编码、长期储存、恢复、推广、回馈等环节；其次说明不同的受训者具有不同的学习进度，以帮助培训者更好地设计培训；最后介绍了柯布的学习风格、学习策略和加涅的教学理论。第四节探讨了一个独特的前沿话题——脑科学。具体介绍了大脑的结构、功能及运作方式，探究了人类学习的本质特征，说明了脑科学在人力资源开发领域的应用价值，意在为学员创造良好的培训环境，帮助员工实现行为改变。

复习思考题

1. 结合社会学习理论中关于自我效能和观察学习的研究，你觉得在实际操作中它对培训项目设计有何影响?

2. 运用目标设置理论，讨论不同的目标设置会对培训的效果有何影响。

3. 假如你在培训一名员工如何修理机器的某一问题，演示过程结束后，你让这名受训者演示你是如何做的，受训者一次就正确地演示了这一过程，并修好了机器。请问是否发生了学习？证明你的结论。

4. 利用各种可能的资源，找到一个关于培训项目的课程描述，思考本章中提到的学习过程和学习过程对指导的启示，评价该项目对学习的有利程度，并为项目的改进提出建议。

5. 学习者用学习策略来演练、组织、推敲、理解新材料，从本章谈到的学习策略中选两种你已用过的，看一看你是如何运用每一种策略，它又是如何帮你提高学习效率的。

网上练习题

请登录培训技术和学习理论网站 www. funderstanding. com。这个网站可向你提供在公司内和学校里学习的环境。点击“学习”这一项，你可以看到一些学习理论以及每种理论的定义和基本要点。选择其中一种学习理论，准备在课堂上给这个理论下个定义，描述它的基本要点，并讨论如何将其用于培训项目的设计之中。

案例 1

复盘：基于自我反思的行动后学习实践

“复盘”原是围棋术语，本意是对弈者下完一盘棋后，重新在棋盘上把对弈过程摆一遍，看看哪些地方下得好或者不好，哪些地方可以有不同甚至更好的下法等。用到企业管理中，复盘是指从过去的经验、实际工作中进行学习，帮助管理者有效地总结经验，提升能力，实现绩效的改善。复盘的实质是从经验中学习，是成人学习最重要的形式之一。

美国进步主义教育学家杜威认为，学习不是知识经验的简单堆积和叠加，没有经过反省思维的经验和没有经过反省的知识都是没有活力的，是“死”的，所以，学习绝不仅仅是知识的累积，更重要的是思维方式的转变。美军的行动后学习正是一种基于批判性反思的经验学习。自我反思是转化学习理论的重要环节之一，美军的行动后学习也体现了转化学习理论在组织培训中的应用。

复盘是在 20 世纪 70 年代中期被引入美国军队的，最初是为了从国家培训中心（National Training Centers）的模拟战斗中快速学习。他们将其称为“行动后反思”（After Action Review，AAR）。美军对“行动后反思”（AAR）的定义是：AAR 是对一次事件的专业讨论，侧重于绩效表现，让参与者自己发现发生了什么，为什么发生，如何保持优势以及改正缺点。

一、正式 AAR 和非正式 AAR

在美军的实践中，AAR 分为两大类：一是快速或简易 AAR，这意味着在一次重要活动或事件之后，所有参加者迅速聚集到一起，花十几分钟甚至更少的时间来回顾他们的任务，鉴别成功与失败，寻求下次做得更好的方法；二是事先计划好的、正式的 AAR，往往有很多人参加，事先进行过周密的计划和安排，过程中有记录或观察，事后的AAR也有人引导，可能持续数小时或几天。表3-11展示了两者的区别。

表3-11 正式AAR和非正式AAR的区别

项目	正式AAR	非正式AAR
参加人	有外部观察者和控制人（OCs）	按团队内部层级进行
所需时间	花费较多时间	花费较少时间
所需工具	使用复杂的培训辅助工具	使用简单的培训辅助工具
计划性	事先计划好	有需要时进行
地点	在最合适的地点进行	在培训现场进行

1. 正式AAR

对于正式AAR，领导者一般在制订近期正式培训计划时就策划正式的AAR（行动开始6—8周之前）。正式AAR比非正式AAR需要更多的计划和准备，需要事先考察并选择场地，协调培训辅助工具（地形沙盘模型、地图等），选择并培训观察者和控制人（observers and controllers，OCs）。在正式AAR期间，主持人要把问题集中到训练目标上，按照规范流程进行引导，最后回顾已经确认的关键要点（对讨论中出现的议题进行强化学习）。

2. 非正式AAR

领导者通常为排或更低级别单位的士兵进行非正式AAR。非正式AAR操作简便，所需资源少，可为士兵、领导者和单位提供训练时的即时反馈，并立即进行应用在后续训练中以改进训练。

二、AAR总体流程

AAR通常包括四个阶段：计划、准备、执行及后续跟进（见图3-10）。

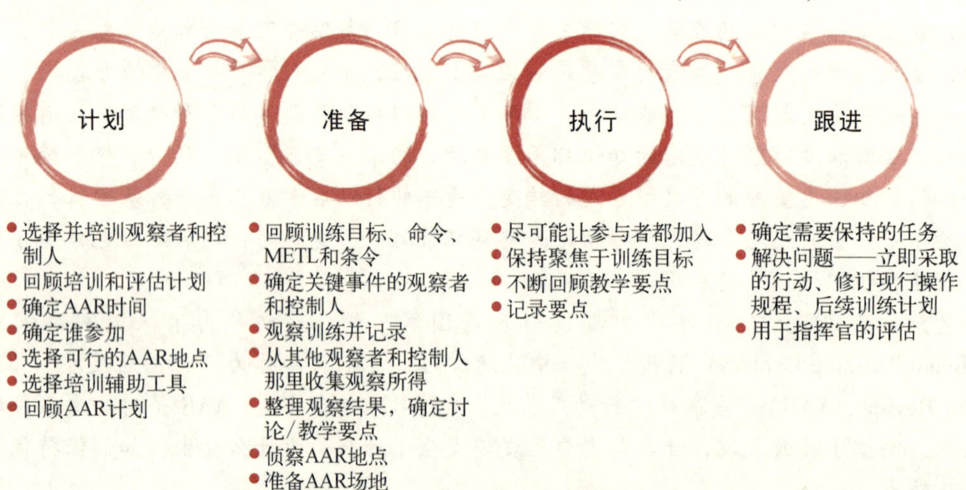

图3-10 AAR总体流程

1. 计划

领导者要为每一次训练活动制订一个AAR计划，确定他们必须考察的关键要素。

• 谁来观察训练，谁来引导 AAR?

• 培训者应该评估什么? 按照训练目标和条令标准，培训者应该事先列出评估要点。

• 谁要参加? AAR 计划应该明确哪些人必须参加。通常情况下，只有关键角色参加，然而有时候，越多参与者到场，反馈越好。

• 何时何地进行 AAR? AAR 通常是在训练过程中或结束之后，在训练场地或其附近进行。

• 培训者要使用哪些培训辅助工具? 正式的 AAR 可能需要投影设备、海报板、沙盘模型等设施；非正式 AAR 几乎没有任何要求。

2. 准备

AAR 的准备始于培训开始之前，将一直持续至实际行动开始，主要工作包括以下内容。

• 观察者和控制人应该在训练前更新知识，熟悉训练的技术与战术，并回顾条令、训练目标、命令以及使命必备任务清单（Mission Essential Tasks List，METL）。

• 识别关键事件的观察者和控制人。观察者和控制人必须知道哪些事件对于完成目标和任务是关键的，从而确保自己在恰当的时间出现在恰当的地点，观察作战单位的行动。

• 观察培训并记录。OCs 应该对其所见、所听保留一个准确的书面记录，按照时间序列记录下发生的事件、行动以及自己的观察。

• 整合其他观察者和控制人收集的信息。当收集了所需的全部信息之后，领导者要将笔记按时间顺序排列好，以便能理解事件的来龙去脉。接下来，要根据与培训目标的相关性，选择并排列关键事件，确定关键讨论议题或教学要点。

• 选择并侦察 AAR 场地，并提前布置。应该选择靠近训练现场，或者最关键事件发生的地点。如有可能，提前布置好场地，安装培训辅助工具和设备。

• 彩排。领导者要回顾 AAR 的模板，在 AAR 场地进行彩排。

3. 执行

按照预定时间，所有训练/评估的参与者都聚集到一个合适的地点，进行“行动后反思”。一次典型的 AAR 会议，通常包括以下程序。

• 导入与规则介绍。有效的 AAR 离不开氛围的营造。在开始阶段，要简要介绍活动的目的与规则，邀请与行动相关的负责人参与进来。

• 目的及意图的回顾检查（预期会发生什么）。AAR 的主持者应该简要回顾训练任务的目标，重申指挥官的命令、作战意图、任务的条件、技术和程序（Tactics，Techniques and Procedures，TTPs）等。

• 近期事件讨论（发生了什么）。主持人应按照事件发生的逻辑或时间顺序，来描述和讨论实际发生了什么事情，并由此引导评估过程。在这个过程中，不应该只问一些封闭性问题，而是在运用开放性和引导性问题，鼓励大家进行开放性讨论。

• 关键事件讨论（为什么会发生，以及如何提升）。要想充分发挥 AAR 的效率，就要聚焦于最有学习价值的关键事件。领导者可以选择按照时间先后顺序、按照各个职能体系或以关键事件为中心组织研讨。

• 讨论军队保护问题。保证安全是每个士兵和指挥官的职责所在。美军要求，安全应该成为每一次AAR中专门讨论的问题。

- 收尾性评论（总结）。在总结阶段，AAR主持人要回顾并总结讨论过程中所确认的关键点，把结论与未来的训练联系起来。

4. 后续跟进

AAR的真正价值在于把评估结果应用于未来的行动和训练。对于后续跟进，可根据不同时长进行思考。

- 短期行动：可以被快速采纳、应用，并立即产生效益的行动。
- 中期行动：影响系统、政策以及组织的行动，如修改政策、标准等，可能需要经过申报、研讨、审批、发布等程序。
- 长期行动：与组织的使命、战略、目标等相关的变更，时间更长，需慎重评估。

三、以复盘为基石，搭建组织学习体系

复盘是一种有效的组织学习与知识管理体制，可以吸取组织中各个局部单位、每一项工作/每一次行动中的知识（经验与教训），而且可以实现更大程度的知识共享。因此，以复盘为核心，可以搭建完备的组织学习体系，使组织成为一个学习型组织。在哈佛大学教授戴维·加尔文（David Garvin）看来，美军是少数几个能形成制度化的组织学习体系的机构之一，尤其是在集体层面上。尽管由于机构庞大、内容众多、涉及部门众多，看起来非常复杂，但从本质上看，美军的组织学习体系非常简单，可用图3-11表示。

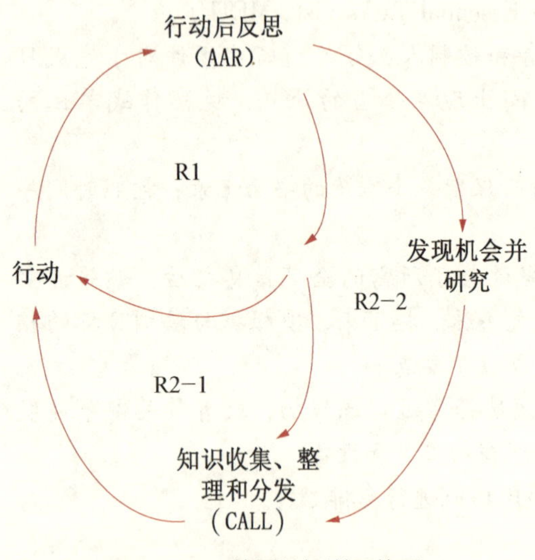

图3-11 美军组织学习体系

简言之，这一系统的运作与美军的训练和作战行动是紧密相关的，在局部单位和整个组织层面，形成了三个闭环的、自我增强的体系。

（1）由于建立了覆盖整个组织、分层分级实施的AAR体系，每一次行动后，都可以快速进行“行动后反思”（AAR），获取知识，促进各个局部单位行动能力的提升和行动的改善，如图3-11中的R1所示。

（2）在复盘的基础上，美军建立了“经验学习中心”（Center for Army Lessons Learned，CALL），从各个单位收集AAR得到的经验教训，并进行加工、整理，再分发、传播出去，让各个单位不仅从自己的行动中学习，而且还能获得其他单位的经验，以提高行动的效能，如图3-11中R2-1所示。

（3）美军经验学习中心不只是收集各单位从AAR中获得的知识，他们还主动地发掘改进机会，并和内外部机构进行合作研究，以更快地获得前瞻性知识与洞察力，应对未来战争变革和满足美军整体战略的需要，如图3-11中R2-2所示。

通过这样整体的设计与运作，美军搭建了完备的组织学习与知识管理体系，如同强大的“数字神经系统”，支撑着组织知识的积累、使用与更新，使得美军成为一个学习型组织，可以快速学习、提升能力，应对未来复杂多变的未知挑战。

组织学习大师彼得·圣吉（Peter Senge）表示：有证据表明，美军的AAR是迄今为止所发明的最成功的组织学习方法之一。由于成功地应用AAR，美军的执行力、领导力和作战能力得以持续提升。AAR在美军的实践及其显著成效，引起了企业界的广泛关注。事实上，联想、英国石油公司、联邦快递、万达等企业和机构都已经形成了体制化的复盘实践，并从复盘中获得了极大的价值。

资料来源：邱昭良．复盘+：把经验转化为能力［M］．机械工业出版社，2015.

思考：

1．您认为企业在复盘时需要回顾和思考的问题有哪些？

2．企业在复盘之前需要做哪些准备？

案例2

美国联邦行政学院的培训策略——成人学习理论的一个应用

美国联邦行政学院（Federal Executive Institute，FEI）成立于1968年，作为政府领导人的行政管理发展和培训中心，联邦行政学院专为公共部门的高级管理人员设计课程，通过强调“个人成长和专业成长”的“跨部门学习体验”提供基于价值观的领导力发展机会。目前联邦行政学院是人事管理办公室（Office of Personnel Management，OPM）领导力发展中心的一部分，其使命是“培养优秀行政官员，保证联邦政府工作的行政效率”。当时任总统的林登·约翰逊（Lyndon Johnson）在发布成立联邦行政学院的命令中指出：“为了美国人民的利益必须提高政府素质”，“联邦培训的关键是要在我们职业领导层中培养出具有最高水平的人才”。为此他要求政府各部门“将最有才华和前途的优秀人才送到学院进行培训”。

一、培训的指导思想

联邦行政学院是一所为培养通才型政府高级行政官员而设置的全脱产培训、开发中心。它的培训强调扩充公务员多领域的经验，而不是局限于自身专业领域，通过一种大多数行政官员都未接受过的培训方式，使他们进入到一个全新的、开阔的领域。据调查了解，由于许多官员长时间局限于某一专门行业，当他们即将晋升到高级官员行列时，尚不清楚国会、白宫、人事管理总署等机构是如何运作的。这势必会给其工作带来不利影响。培训期间，学院通过多种课程帮助学员理解并适应工作中将面临的政治、社会、经济、环境及文化等新情况。

二、培训对象

学院的培训对象为部分高级行政类官员（相当于司局长级）和即将升入高级行政类官员系列的一般行政类最高级别的官员（相当于处级至司局级之间）。这两部分人员在培训人员中分别占20%和80%。高级行政类官员来学院培训主要是为了扩大视野，增强管理经验和领导能力，而对于一般行政类最高级官员来讲，除了上述目的之外，来学院培训还是他们从普通类公务员晋升为高级行政官员的重要任职条件。

三、培训宗旨与培训目标

联邦行政学院的培训宗旨是：协助政府各部门培养职业行政官员领导层，将个人培训开发与改进政府部门工作结合起来。

联邦行政学院的培训约有八项目标：

(1) 加深对美国治理国家的基础系统全面的理解和认识。

(2) 认识公共服务文化的基础及其内在的价值。

(3) 认识高级行政官员任务的范围和有效执行任务的策略。

(4) 通过政府高级行政官员之间的交流与研讨，使学员加深对当前政策问题及其难点的认识。

(5) 通过跨岗位、跨机构学员混合编班的制度，建立提供专门知识与咨询意见的网络。

(6) 通过调查分析和测评，确定最佳个人职业生涯前景、目标和培训需求。

(7) 提高团队综合实力、小组执行任务能力和小组领导能力。

(8) 通过个人保健、生活方式、财务状况评价促进行政官员为承担领导职责做好准备。

四、领导力培训计划

FEI执行四项领导力培训计划：民主社会的领导力（Leadership for a Democratic Society, LDS），定制的执行计划（Custom Executive Programs, CEP），开放注册课程（Open Enrollment Programs, OEP）和全球领导力中心（Center For Global Leadership, CGL）。FEI的计划旨在帮助管理人员有效履行美国公务员制度的最高领导职责。此外，所有课程均由具有广泛专业知识的兼职教授提供支持，FEI的兼职教师包括来自美国各大学院校的代表，目前已有超过150名兼职教员。

1. 民主社会的领导力

“民主社会的领导力”计划持续四周，每年有多达750名高管完成LDS计划。这个计划提高了职业联邦政府高管的领导能力，从而提高了其个人表现和政府机构的表现。

LDS计划有两种学习形式：一种是连续四周的住宿制培训；另一种是分段学习（学员在学院学习两周，回到工作岗位三个月，再回到学院把剩余的课程学完）。培训课程主要分为四个模块：个人领导力、组织变革、宪法体系中的政策以及行政官员行动的国际环境。

2. 自定义执行计划

除了LDS，FEI还专注于了解联邦机构内的特定组织需求，根据特定组织需求构建定制计划。FEI全年提供开放式招生课程，例如：跨组织边界合作，情感能力和战略领导力。

3. 开放注册课程

FEI还为GS15和高级行政服务（SES）级别的联邦高管提供了二十多个开放注册课程。开放注册课程是各类短期培训班，这些为期一天的课程广泛涵盖了与行政领导相关的主题，包括个人技能发展和组织发展的主题。

4. 全球领导力中心

FEI是全球领导力联盟的创始成员之一，为使联邦机构培养出能够在国际环境中脱颖而出的领导者，并提高他们从全球化角度思考问题的能力，FEI提供了各种全球领导力课程。

五、常规培训班次

联邦行政学院开办两大类型的培训班。一类是定名为“领导艺术”的培训班；另一类是不同专题的短期培训班，时间在2—5天，培训专题主要包括：工作团队开发、公共服务中的领导艺术、高级行政人员相关能力，以及为曾参加过培训的学员开办的后续培训，等等。这里重点详细介绍联邦行政学院培训的基本模式——领导艺术培训班。

根据教学计划安排，领导艺术培训分为两个阶段，第一阶段为自我认识开发，需一周时间；第二阶段为专题学习研讨，共三周时间。

1. 第一阶段：自我认识开发

第一阶段培训主要是使学员熟悉和适应教学环境并对个人学习需求进行评估。教学内容如下。

（1）设立领导艺术开发小组。学员入学后，8—9人为一个小组，由一名专职教师或兼职教师担任小组协调人。在以后的整个培训过程中，即以这种小组为学习单位，许多交流、研讨、评估等活动均以小组为单位进行。小组形式的建立有助于创造相互支持、相互学习和相互信赖的环境，以及在学院进行自评定的环境。培训班的第一周，小组的主要任务是：① 使学员彼此熟悉并开始识别他们在价值观念、管理作风、学习需求等方面的共同点及不同点。② 评价小组每个成员在培训中需要获取什么以及他们可能做出什么贡献。③ 建立起个人之间的联系以利于后三周的互助互学。

（2）对学员进行价值观念的培训。从培训主题出发，学院强调高级行政官员价值观念的培养。这类课程的范围包括探讨世界范围的价值观念和个人的价值观念。其目的主要是通过从历史的角度介绍和阐述行政官员及其领导作用的演变，使学员观察到当代及未来高级行政官员所应具备的技能，从而使他们理解自己是政府公共部门的领导，而不是私人部门的领导，他们服务对象是民众而不是某个团体。

（3）开设健康保健课程。针对参加培训的学员大都人到中年、健康状况已非最佳的特点，学院专门开设保健课程，并把它作为学员的必修课之一。学员入学后的第一周即对学员进行体检，使学员对自己的身体状况有全面的了解。健康保健课程内容包括：健康风险评估、健身运动锻炼、保健系统讲座（控制紧张情绪、营养与健康、初始锻炼方案、心血管健康、药物使用、戒烟、积极的生活方式转变等）。健康保健课程一直延续到培训结束。

（4）开设测评课程。测评课程主要是使用一种指标框架对学员的个人能力、价值观、需求等进行测评。通过分类回答问题、填写表格等方式，描述个人是如何选择、收集及处理信息，以及如何根据这些信息得出结论。由于个体之间的差异，所得的结论也各不相同，指标系统会根据不同的回答做出不同的指示。开设这一课程的目的是要表明，人与人之间的差别是与生俱来的，这种差别将会产生创造性，并且是有益的，如果把个人的偏好强加于他人，则会导致人际间的冲突。同时，这门课程还帮助指导学员通过参加学院的各项活动，如授课、讲座、专题研讨、模拟、案例学习、小组交流、社交活动等，来评定个人的价值观念、人际关系、管理作风、工作能力以及学习需求等。

（5）制订个人学习计划。第一周结束时，每个学员在小组评价、调查问卷、信息反馈、测评、价值观研讨、健康风险评估等各种评定形式的基础上制订个人学习计划，上交学院。这个计划不仅要在学院的培训期间使用，而且还能在今后五至十年中的职业生涯中参考使用。因为全面评估的结果使大家认识到，行政能力的开发提高仅凭在学院四周的培训是远远不够的。

在领导艺术培训中，第一周的培训计划是核心部分，每期内容是固定不变的，课程也是全体学员必修的。

2. 第二阶段：专题学习研讨

培训班的第二、三、四周为第二阶段，培训的内容主要包括以下几个方面：

（1）开设多项课程供选修。由于学员来自不同的单位和岗位，各人的学习需求也不尽相同。为尽量满足学员的需求，学院提供数量尽可能多、范围尽可能广的课程。这些课程是经常处于调整和变化之中的，每期培训班所开设的课程都不尽相同，但主要集中于以下几个方面：

——管理系统与实践。制定战略计划及做出决策；行政管理方式；工作管理；资源管理；政策和项目的计划与评价等。

——理论与政策。美国民主的基础；美国政府机构发展和机构间的相互作用；外交政策和国家安全；经济政策和市场变化过程；政府管理和公共行政管理理论等。

——行政官员开发。有效的交往；管理中的创造性和革新；处理纠纷；组织变革；制定职业生涯规划等。

（2）开设专题讲座。除上述主课外，学院还设置了若干讲座，进行演讲的都是学院特别邀请的政府高级官员、议员、政治家、专家学者。涉及的内容包括总统决策机构如何运作，改进政府机构的管理，国家重大政策性问题，传播媒介的性质，突发事件处理，等等。这些讲座不仅仅是一方讲，一方听，讲和听的双方还可以就演讲涉及的问题展开讨论，每一个参加者都可以表达自己的看法，提出问题和意见，进行充分的交流。

（3）开设行政官员论坛。学员来自联邦政府的各个部门，且都是各方面的专家，经验丰富，让学员自己介绍工作中的政策问题和管理问题，这些都是对学院课程的重要补充。学院请学员们自己推举出一些代表，利用晚间1小时的时间进行这项研讨活动。

六、教学方式特点

学院采取的教学方式基于两个原则：适应成人学习和适合个人需要。

1. 适应成人学习的教学方式

联邦行政学院成立之初即根据成人学习的原则采用教学方式，其原则为：

（1）成人的最佳学习环境的特点是相互尊重与协作，相互信任与支持；学习过程充满兴趣；具有舒适的物质环境。

（2）成人必须对自己的学习负责，他们只有自觉学习才能更有效果，教学人员的首要任务是帮助学员意识到自己需要学习。

2. 适合个人需要的学习方式

没有任何一种课程能够适用于所有组织的所有成员，但是确有一些培训方式可以适用于那些从管理者升为领导者的人的需要，那就是在强调组织评价、个人需求评估的基础上，提供适合个人需要的研讨会和小组交流会，通过各种方式、各种内容的交流和研讨来满足学员的学习需要。

每期培训班结束前，学院要求学员对照第一周制订的学习需求计划进行个人总结和评价，并畅谈对四周全部培训内容的收获和体会，最后写出一份提纲性质的书面总结。此外，学员在离校前要填写一份调查评估表，对学院的教学和管理提出意见。最后一天要举行一次结业式，结业式上学员要进行宣誓，表示作为联邦行政官员要永远致力于公众服务。

附：

联邦行政学院课程内容（下面所列课程讲座是美国联邦行政学院近年来所开设课程和讲座中的一部分，括弧中为大约的课时数）

1. 正规课程内容

美国宪法与价值观念（4）

你与当代宪法（4）

个人价值观念，组织价值观念（4）

价值观念、伦理及公共业：领导艺术与联邦行政官员（4）

公共部门的优越条件（4）

遵守诺言——谈判的原则方针（20）

领导科学与争取部下的艺术（20）

创造性解决问题：行政权力的十个经济概念（20）

20世纪的伟大总统（20）

管理信息——行政官员生存与发展的关键（20）

行政官员事业规划与发展（20）

创造未来：领导、控制组织机构的变革（20）

为20世纪开发高效率的组织（20）

思想观念的基础：行政官员的沟通（20）

美国在全球经济中的地位（20）

英国政府：90年代的传统继承与改变（20）

宪法研究：最高法院与当代问题（20）

公平与个人权利（20）

如何在机构的领导层稳妥地工作（20）

信息时代的领导艺术（20）

决策、权利与影响（20）

顾客第一：选择与需求（20）

太平洋边缘地带：美国的利害关系（12）

应用创造力：发现他人未能发现的方法（12）

美国的外交政策及国家安全问题（12）

媒介：公共部门中的通信管理（12）

工作环境中有效管理的多样化（12）

行政官员职业生涯计划：领导你的组织渡过动荡时期（12）

宏观领导艺术模拟（12）

2. 专题讲座内容

行政官员的创造力

管理模拟：带头人

行政官员的创造性：发现未来

公共事业环境的质量管理

行政官员与传播媒介

联邦体制的钱财掌管人

经营管理——什么情况会使行政官员陷入困境

社会安全管理

优秀的派驻地方的行政官员

滥用药物：流行、问题与干涉

高级行政官员所做的贡献：当代与未来

高层领导的见解

健康地工作

将健康带回家

当代政治环境——克林顿行政管理面临着什么

改变管理重点

最高法院和比较宪法

重塑政府：在较小压力下更好地工作

美国总论

高级行政官员重大问题讨论小组

创造力及优胜的策略

政府机构内部的管理趋势与问题

劳资关系管理

电视与政治

艾滋病——当代与未来预测

行政官员的财政计划

变化中的管理压力

高级行政官员的服务

获胜的战略

美国的公民权利

领导艺术文献

3. 研讨交流课程

领导艺术开发小组介绍

领导艺术开发小组活动

行政官员技能和能力评估

健康风险评估（体检）

行政案例学习

管理模拟

迈尔斯-布里格斯类型指示器与领导艺术

个性及对组织的影响

个人能力水平研讨会

个人财务计划评议

4. 其他非课程类活动

联邦行政学院校友介绍

联邦行政学院未来发展的介绍
参观蒙蒂塞洛（Monticello）——杰斐逊故居
锻炼、散步

案例来源：整理自美国联邦政府学院（FEI）官网，http：//leadesship. opm. gov/.

思考：从培训内容和培训方式的角度来评述美国联邦行政学院的培训策略。

第二部分　培训与开发的技术方法

Theories and Methods of Training & Development

第四章　培训与开发的需求分析

【学习目标】

通过本章的学习，应该重点了解和掌握以下内容：

1. 对培训活动的全过程有一定的了解；
2. 什么是培训与开发需求分析？为何要进行培训与开发的需求分析？
3. 培训与开发需求分析的流程及方法；
4. 战略/组织层面需求分析的内涵和流程；
5. 根据企业经营战略及企业特点确定培训目标；
6. 任务层面需求分析的内涵和流程；
7. 人员层面需求分析的内涵和流程；
8. 结合斯内尔模型确定人员所属类型；
9. 培训需求分析的信息来源；
10. 如何根据胜任力模型来进行培训需求分析。

【开篇范例】

如何才能找到真正的培训需求

刘先生是某家互联网公司的高级工程师，技术水平十分出色，对工作认真负责，而且时常有新创意。他所经手的项目不仅总能按时完成，在项目进行时他还经常提出建议，调整计划，缩短开发周期，节约开发成本。他经常被公司当作优秀案例在公司内部进行表扬，客户方对他也是赞不绝口。公司理所当然看到了刘先生的努力，并决定让刘先生升职，担任开发部经理一职。但是令人不解的是，近几个月他所在部门负责的开发项目均未能按客户要求完成，部门工作绩效明显下降。

刘先生觉得自己主要的问题在于不能在技术上带领团队，于是向人力资源部提出参加知识技能培训，以拓宽视野、让自己的技术更进一步。人力资源部门接到申请后，当即对刘先生进行了为期一周的技术培训。但是培训结束刘先生回到公司后的几个月里，整个部门的业绩依然没有好转，这让上级领导非常诧异，身为技术大牛的刘先生为何在升职以后非但不能带领团队发挥更大价值，反而倒退了呢？

人力资源部主动与刘先生进行了面对面的沟通，发现了问题的关键。原来刘先生在担任开发部经理一职以后，不再有精力像原来一样潜心钻研技术，而是要统筹规划整个部门的人员工作，并且处理好整个部门复杂的人际关系。刘先生显然在管理方面经验不足，使得部门整体的工作秩序有些混乱，业绩自然也就难以提高。

如果你是这家公司的管理者，你将如何找到真正的培训需求，从而确保公司的培训能达到预期的效果？通过以上范例我们可以看出：当员工的工作绩效出现问题时，我们不能简单地认为是缺乏培训的结果，应该深入了解真正的原因。组织中导致绩效下降的原因有很多：组织结构设置、内部流程等方面存在问题；组织缺乏有效的激励措施；员工与上级的关系不和谐；领导的工作方式方法有问题；工作地点或环境发生变化；岗位或工作内容发生变化，员工的态度、知识或技能没能适应转变；等等。因此，应该在培训前首先对培训的需求进行有效的分析。

从本书的第二部分开始我们将具体介绍培训与开发的技术方法，而本章的重点是培训与开发的需求分析。

第一节 培训与开发需求分析概述

一、什么是培训与开发的需求分析

我们先讲一个小故事：有个妈妈下班回到家，发现自己的两个儿子正在抢一个橘子，两个人打得不可开交。见到这个场景后，妈妈二话没说就把橘子掰成两半分给两个孩子，老大一半，老二一半。结果她所看到的场景是什么呢？老大愤怒地把半个橘子摔在地上，转身就跑掉了。老二拿着半个橘子坐在地上哇哇大哭。这是什么原因呢？

母亲思考的结果是，原因在于分配的结果两个人都不满意。小儿子在家里总受到照顾，独占欲强，认为这个橘子理所当然应该自己得到；而老大正在念小学，那一天老师让大家放学回家用橘子皮做一个小橘灯。当老大兴冲冲地跑到家正从冰箱里拿橘子准备做小橘灯时，弟弟跑过来要抢这橘子吃，因为家里当时只有这一个橘子，两个人便争抢起来。正好妈妈下班回家，见此情景，二话没说，就将橘子掰成两半，结果老大做小橘灯的希望也破灭了，老大所需要的其实只是橘子皮。

这个故事告诉我们的道理，就是关于需求的。作为一个管理者，首先要了解对方的需求是什么，然后才能采取有效的激励措施。在建立有效的培训体系的时候，最关键也是最初的工作就是需求分析。需求分析是根据组织的发展战略和员工实际的工作绩效表现而得出的。有了需求分析，下一步再做培训项目设计、培训课程的开发、培训的实施，最后对培训进行评估，而且上一轮的培训评价可以作为下一轮培训需求分析的起点。

为了深入了解培训与开发需求分析的定义，我们首先从国外文献中比较有代表性意义的定义开始进行分析。

（一）凯瑟琳·M. 司莉泽（Catherine M. Sleezer）的定义

在培训需求分析阶段，由培训专业人员对培训需求进行排序，将培训所需的资源与实际可用的资源进行调整与匹配，从而设计出切实可行的培训方案。

（二）斯蒂夫·库克（Steve Cook）等人的定义

培训需求分析主要是寻找理想的绩效标准与实际绩效表现之间的差距，它是人力资源开发的基础工作，是进行有效培训的前提条件，它有助于培训计划的顺利实施，同时也是衡量培训方案的标准。

（三）切斯特·德莱尼（Chester Delaney）等人的定义

培训需求分析是指寻找和发现组织中谁需要学习什么，以帮助其更好地完成工作，它有助于提升组织绩效，并排列出培训需求的优先顺序。培训需求分析的焦点不是学习本身、培训计划本身或培训部门必须提供什么，而是根据绩效的标准，关注员工学习的需求，即员工需要学习到的知识、技术、能力、态度等。因此，培训需求分析力求在对缺乏培训而可能引发的后果与通过培训改善现有业绩上建立一定的相关关系。

（四）戴维·M. 哈里斯（David M. Harris）和兰迪·L. 迪西蒙（Randy L. DeSimone）的定义

培训需求分析是确认一个组织人力资源开发需求的过程，它是企业人力资源开发与培训的起点。通过需求分析能够明确：

（1）组织的目标；

（2）员工实际具备的技能和业绩优秀的员工所需具备的技能之间的差距；

（3）现有技能和未来使工作获得更好绩效所需的技能之间的差距；

（4）企业人力资源开发活动的情况。

（五）考夫曼（R. Kaufman）的定义

考夫曼在强调培训需求分析的重要性时指出，作为人力资源开发人员，要始终保持对组织绩效的关注，要尽量避免表 4-1 所描述的问题的发生。

表 4-1　培训需求分析需要走出的误区

误　区	原　因
注意力全部集中在个人的绩效差距上	这样只能解决那些不涉及群体或组织绩效的问题
一定要从培训需求分析开始做起	如果已经知道培训是解决问题的办法，就没有必要进行需求分析了
进行问卷调查，看大家需要什么	让受训者参与进来是件好事，但这类开放式问卷得到的回答有时与组织运作本身没有非常大的相关关系
只采集“软信息”	意见和想法需要与绩效和结果联系起来
只采集“硬信息”	人们常常用那些容易测量的指标来分析绩效，而忽视了过程本身提供的关键信息

综上所述，在本书中，我们将**培训需求分析**定义为通过收集组织及其成员现有绩效的有关信息，确定现有绩效水平与应有绩效水平的差距，从而进一步找出组织及其成员在知识、技术和能力方面的不足，为培训活动提供依据。

培训需求分析需要对不同的培训主体进行分析，分析对象包括组织高层管理者、人力资源部门、各级管理人员、其他人员等。只有调动各方面人员的积极性，使他们参与需求分析，发挥各自优势，才能保证需求分析的真实性、全面性和有效性。同时，培训需求分析就是要通过对组织及其成员的目标、技能、知识、态度等的分析，来确定员工现有状况与应有状况的差距、组织现有状况与应有状况的差距，并预测组织与成员未来的需求。

二、培训需求分析的意义

人力资源培训与开发是一个系统，这一系统始于对培训与开发需求的分析评价，然后是确定培训目标，选择设计培训方案，实施培训，最后是对培训效果的评估。培训系统是一个各部分相互联系的网络，其中，培训与开发的需求分析是首要和必经环节，是其他培训与开发活动的前提和基础，在培训中具有重大作用。

（一）寻找组织绩效问题产生的原因

不同的组织有不同的问题存在，相同的问题在不同的组织系统中不能采用同样的培训方案，即使是相同的问题在相同的组织系统中在不同的阶段也不能采用同样的培训方案。因此，培训人员必须依据组织环境寻找真正的组织问题，再设计培训的内容与方式，才能有效解决组织中存在的问题。

（二）确认差距

培训需求分析的基本目标是确认差距。这主要包括两个方面：一是绩效差距，即组织及其成员绩效的实际水平同绩效应有水平之间的差距，它主要是通过绩效评估的方式来完成的；二是知识、技术、能力方面距离达到一定绩效目标的要求仍存在的差距。首先需要分析理想的知识、技术、能力的标准是什么；其次分析现实缺少的知识、技术、能力；最后对理想的与现有的知识、技能、能力之间的差距进行分析。

（三）了解员工个人需求，赢得组织成员的支持

组织中的培训与开发工作必然会影响组织成员的日常工作和行为，而培训需求分析的结果有助于获得组织人员对培训活动的支持，从而有助于保证培训活动的顺利进行。组织成员的支持需要贯穿于培训的全过程之中，如果没有组织支持，任何培训活动都不可能顺利进行，更不可能获得成功。获得组织支持的重要途径之一就是进行培训需求分析。

除了解决员工工作绩效的问题，员工本身的个人能力发展与个人成长的需求已经成为不可忽视的部分。所以，培训需求分析还应该了解员工个人职业发展需求，帮助员工培养多方面的专长并提升工作能力，这也有助于组织的发展。

（四）建立信息资料库，为培训后的效果评估做准备

培训需求分析实际上是一个通过各种方法技术收集与培训有关的各种信息资料的过程，通过这一过程，可以建立一个人力资源开发与培训的信息资料库。一个设计良好的培训需求分析能够确定有效的培训战略、培训重点，确立培训内容，明确目标学员等。此外，可以把培训需求分析收集到的资料作为培训效果评估的标准，用此标准来分析培训项目的有效性。如果缺乏需求分析的资料，那么培训效果的评估工作将无基础可言。可见，培训需求评估是培训效果评估最为重要的前提。

（五）确定培训的成本与价值

培训需求分析可以回答，一个培训项目究竟需要投入多少成本才符合经济的原则，培训的投资是否获得应有的产出，培训的投入与产出之间应该保持一个什么样的比例等问题。如果进行了系统的培训需求分析，并且找到了存在的问题，分析人员就能够把成本因素与产出的预期因素引入培训需求分析。当然，不同性质的组织，培训成本确定的难易程度是不同的。

三、培训需求分析的层次

培训需求层次的划分有许多不同的方式，许多学者主张利用三层次分析法来进行——组织分析、任务分析、人员分析。这种分类方式有助于分析主体从不同角度了解组织及其工作人员现在及未来的培训需要，这对于提高培训需求分析的合理性、真实性、有效性是非常有必要的。培训需求分析的三大层次并不是截然分开的，而是相互关联、相互交叉、

不可分割的。为了使人力资源开发工作更为有效，我们对每一层次都需要进行测量和分析，每一层次的需求分析反映了组织中不同侧面的需求（见表4-2）。**组织分析**的目的是找出组织在哪些地方需要培训，以及实施培训的环境和条件如何；**任务分析**要解决的是为了圆满完成某项工作或某个流程必须要做什么；**人员分析**的任务是找到那些需要培训的人，并确定他们需要的培训种类。

表4-2 培训与开发需求分析的层次

层 次	需求分析的内容
组织层面	哪些地方需要培训，实施培训的环境和条件如何?
任务层面	为了有效地完成工作必须做些什么?
人员层面	哪些人需要接受培训? 需要哪种培训?

四、培训与开发需求分析的过程模型

在医院中，医生对患者进行诊断时通常采用X光、化验等方法，并根据结果对患者采取相应的治疗措施。培训需求分析就好比给患者照X光一样，运用一定的评估方法与工具研究培训与开发是否必要，以及采用何种培训方式更容易产生预期的效果。下面的培训与开发需求分析过程模型能够很好地说明需求分析的全过程（见图4-1）。

（一）组织支持

组织中的培训需求分析可以说是组织的一种干预措施。培训需求分析一般会对员工的日常工作行为产生一定的影响，如果培训需求分析设计得很周密，就可以使这种干扰降至较低的程度。培训需求分析工作能否顺利实施与组织及其成员的支持是密不可分的。组织应该非常清楚地了解要从需求分析中获得什么，谁来参与这项工作，并且由谁对这件事负责。因此，如图4-1所示，赢得组织的支持是整个培训需求分析过程中第一个关键环节。

组织支持包括三个方面：一是要赢得高层管理者的支持，二是要与组织中的其他关键成员建立密切的联系，三是要组建一个对外联络小组。如果组织的高层管理者不能认同培训需求分析的重要性，那么在推进这项工作的进程中就会遇到阻力。此外，组织中的其他关键人物也会对需求分析过程产生影响，这些关键人物上至组织的最高层，下至一线经理。因此，可以通过建立对外联络小组的方式与这些人加强沟通，赢得组织所有成员对这项工作的配合。一般来说，对外联络小组成员的选拔标准可以遵循以下原则：一是从组织中有代表性的部门选派合适的人员；二是这些人员在部门中要有一定的影响力，很了解所在部门的各方面情况，掌握一定的数据和资料，并且能够与本部门的人很有效地沟通；三是这些人员应该具有一定的问题解决能力。

（二）组织分析

组织是由人组成的，他们具有明确的目的和系统性结构的实体。每一个组织都有一个明确的目的，这个目的一般是以一个或一组目标来表示的。每个组织都具有系统性的结构，用以规范和限制成员的行为。如果组织的目标不明确，就容易产生个人的行为与组织目标相背离的情况。如果这样，即便员工在培训中获得了大量的知识、技术和能力，在工作中也会无用武之地。因此，在进行培训需求分析时应该首先进行组织分析。

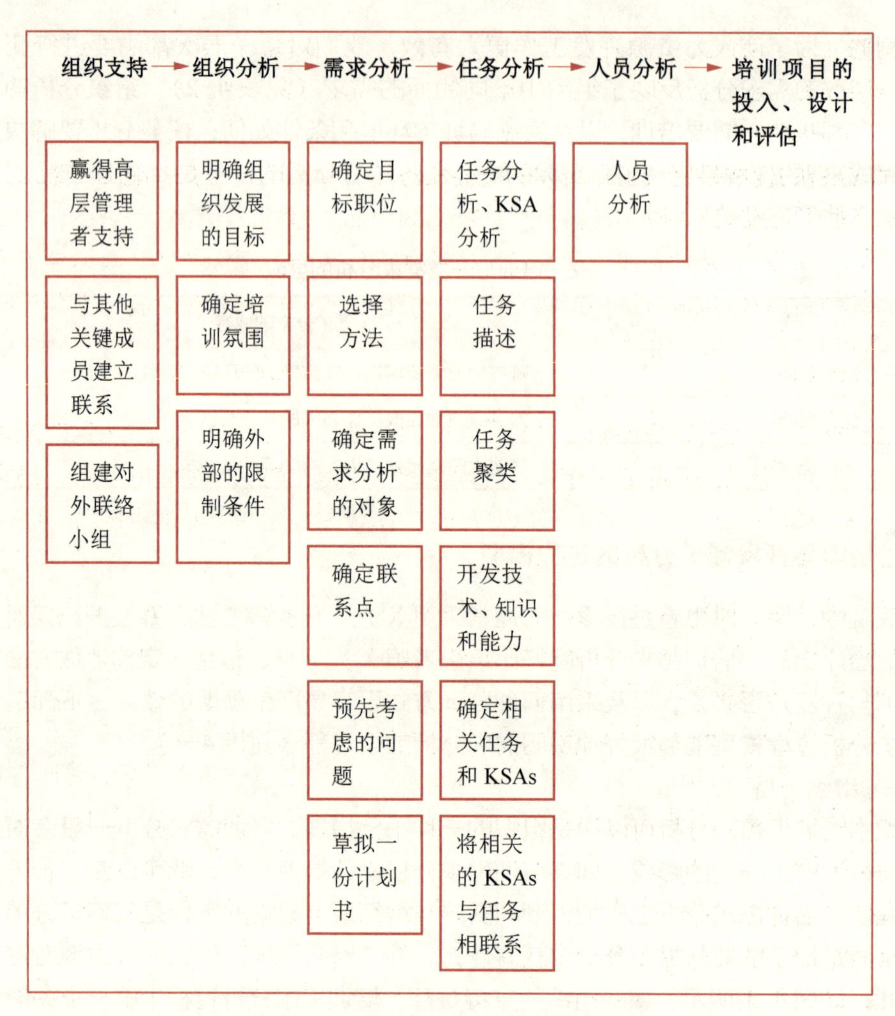

图 4-1　培训与开发需求分析过程模型

资料来源：Irwin L. Goldstein. *Training in Organizations* [M]. Brooks/Cole Publishing Company，1993：31.

组织分析指的是除了常规的工作任务分析和人员分析之外，组织还必须仔细考察组织中影响培训效果的系统要素，包括了解组织目标、组织中的资源、影响培训成果转化的环境、组织内外的限制条件等。培训经理需要明确组织的战略导向，根据组织的发展战略来确定培训的策略。只有设计一个与组织目标和规划相适应的培训系统才能获得大家的认同。

（三）需求分析

需求分析是指在收集与工作任务相关的知识、技能、能力之前必须要做的工作。它首先需要明确重点分析的目标职位，然后是选择进行需求分析的具体方法。需求分析的主要目的是获取准确、有效和可靠的信息，因此，如何设计和选取收集信息的方法至关重要。访谈法、观察法、问卷调查法、小组讨论法和咨询法等都有各自的优点和缺点。

在需求分析中，还有一个很重要的步骤就是确定需求分析的对象，即重点对哪些人群进行培训的需求分析。然后要确定联络小组成员与这些需求分析对象的联系点，以及需要预先考虑的问题和计划书。

（四）任务分析与知识、技术、能力（Knowledge，Skill，Abilities，KSA）等要素分析

需求分析的构成是完成工作所需的重要任务环节和知识、技术、能力要素，这些因素将被纳入培训系统设计之中。任务分析是针对职位而不是针对工作执行者的，主要是描述执行一项工作时的一系列工作活动，以及执行此项任务时的工作条件，具体包括通过填写任务清单等方式对任务进行描述，然后对任务进行聚类分析，并在此基础上分析执行该任务应该具备的知识、技术和能力等。

（五）人员分析

人员分析主要是考察组织中的成员在实际执行工作的过程中所表现出来的技术、知识与能力，通过分析员工实际的工作绩效与理想的、规范化的工作绩效的差距，确定需要对组织中哪些具体的人员进行培训，应该在培训中重点关注哪些能力素质方面的提高。

人员分析还可以根据素质模型来进行。组织应首先确定业绩优秀的人所应具备的素质和特征标准。哈佛大学麦克利兰（David McClelland）教授设计了行为事件访谈（Behavior Event Interview），分别选择业绩优秀者和业绩一般者作为研究对象，分组进行行为事件访谈。访谈贯彻 STAR 原则，即问他在什么样的情形下（Situation），做了一项什么工作（Task），采取了什么行动（Action），最后结果如何（Result）。通过行为事件访谈，总结出他们对同样的或者不同的工作所采取的行动，找出其思维方式、工作方式等方面的差异，并通过对这些信息归纳和总结，提炼出优秀人员的素质特征，最后形成素质模型框架。在培训的过程中，就可以对这些素质进行分析和培训。这就解决了培训中应该针对哪些人做哪些方面的培训的问题。

以上是培训需求分析的过程模型，五个步骤之间的联系应该是非常紧密的。在此基础上，才能进行培训项目的投入、设计和评估。

在做需求分析的时候，高层领导、中层领导和一般专业培训人员在做组织层面、任务层面和人员层面的分析时所关注的重点是不一样的（见表 4-3）。比如，高层领导关注培训对实现组织目标的重要性等；中层领导考虑的是培训的成本如何、重点对哪些人进行培训等；具体的专业人员则关注如何确定具体的培训对象和人员名单、需要培训的任务和任务所要具备的知识技能特点等。

表 4-3　不同层级的管理者在培训需求中关注的重点

需求分析层次	高层管理者	中层管理者	基层管理者
组织分析	● 培训对实现我们的经营目标重要吗？ ● 培训将会如何支持战略目标的实现？ ● 哪些职能部门和经营单位需要培训？	● 组织愿意花钱搞培训吗？ ● 要花多少钱？	● 我有资金来购买培训产品和服务吗？ ● 各个部门的管理者会支持培训吗？
人员分析	● 哪些职能部门和经营单位需要培训？ ● 公司有具备一定知识、技术、能力，可参与市场竞争的人员吗？	● 哪些人需要接受培训？管理者、专业人员还是一线人员？	● 我怎样确定需要培训的人员？
任务分析		● 在哪些工作领域内培训可以有效地提高产品质量或客户服务水平？	● 哪些任务需要培训？ ● 完成这些任务需要具备哪些知识、技能或其他特点？

五、培训需求分析的技术方法

培训需求分析的方法有很多种，包括行为观察法、绩效评估法、面谈法、调查问卷等。可以说，每一种技术方法都有其优缺点，表4-4整理和总结了一些组织中非常常见的培训需求分析技术及其优缺点，这将为组织的实际工作提供许多支持与帮助。

表4-4 培训需求分析的主要技术方法及其优缺点

培训需求分析的具体技术	优　点	缺　点
观察法 以旁观者的角度观察员工在工作中或在会议进行过程中表现出的行为	• 得到有关工作环境的资料 • 将评估活动对工作的干扰降至最低	• 观察员需要具备熟练的观察技巧 • 只能在观察到的环境中收集资料 • 被观察者的行为方式有可能因被观察而受到影响
问卷法 采用不同的抽样方式选择对象回答问题，形式有开放式、等级量表式等	• 可以在短期内向大量的人员进行调查 • 成本低 • 使被访者回答问题时更加自然 • 易于对数据资料进行归纳总结	• 问卷编制周期较长 • 限制受访者表达意见的自由，不够具体 • 回收率可能会很低，有些答案不符合要求
咨询法 通过询问特定的关键人物来了解关于培训需求的信息；咨询对象一经确认可采用问卷、面谈等方法收集资料	• 简单省钱 • 可以建立和增强与参与者的沟通渠道	• 取得的培训需求资料可能会具有一定片面性
访谈法 是结构性或非结构性、正式的或非正式的对某些特定人群的谈话	• 有利于观察当事人的感受，判断问题的症结和解决方式	• 费时 • 不易量化分析 • 需要熟练的访谈技巧
团队讨论法 类似于面对面访谈。可以用于任务分析、团队问题分析、团队目标设定或其他关于团队的任务或主题	• 可以当场汇总不同的意见 • 讨论后的最后决定能够获得支持 • 建立分享机制	• 费时 • 难以量化分析 • 可能出现讨论不充分的情况
测验法 类似于观察法。可以测验员工的工作熟练程度和认知度，发现员工学习成果的不足之处	• 结果容易量化分析和比较 • 特别有助于确认问题是知识、技能的不足还是态度等因素导致的	• 结果只能说明测验所涉及的知识能力 • 无法展现实际的工作行为与态度 • 效度不高
评价中心法 主要适用于管理潜能开发方面的评价，需要参与者完成一系列活动以确定哪些方面需要发展。让参与者在模拟的管理情境中工作，从而发现其潜力	• 可以对人员的发展潜力进行初步确认 • 直观判断其发展潜力，减少误差，增加甄选的客观性	• 耗费时间、成本 • 评价被试者潜能的过程中缺乏固定的标准
书面资料研究法 用分析资料的方式考察相关的文献	• 通过现存的重要信息和问题的线索，提供客观的证据 • 资料容易获得	• 通常无法找到问题的原因和解决之道 • 信息的时效性差

上述的培训需求分析方法都有其优缺点，在进行需求分析时并不是每一种方法都要用上，也不是只用一种方法进行分析即可。在实际工作中，我们需要考虑组织的内外部环境条件，在可能的范围内，选择合理的方法进行需求分析，以达到需求分析的有效性。

第二节　战略/组织层面的需求分析

一、战略/组织层面分析的内涵

有许多培训与开发领域的专家学者曾对培训需求分析中战略/组织层面的分析做过详细的阐述。1961 年，麦吉（McGehee）和塞耶（Thayer）就提出组织层面的需求分析应该重点考察组织战略、组织中的资源及资源配置状况。之后的戈尔茨坦（Goldstein）认为组织分析是指分析组织整体的系统性要素，除了需要考察组织目标与组织资源之外，还需要对组织的培训氛围和组织内外的环境限制条件等进行分析。到了 1992 年，坦纳鲍姆（Tannenbaum）与尤克尔（Yukl）认为组织分析必须考察组织结构、政策程序、工作设计与流程等因素，凡是会影响到员工工作能力与工作业绩的因素都应该归入组织分析的范畴。2003 年，卡维塔·古普塔（Kavita Gupta）又提出，组织分析也是一种战略分析，他认为组织战略的内部和外部环境都影响着员工绩效，并且提出了评估的五个步骤：① 评估当前情况，② 检查外部环境，③ 检查内部环境，④ 描绘未来环境，⑤ 制订绩效改善计划。

下面以思科特纸业公司为例进行说明如何进行战略/组织层面的需求分析。思科特纸业公司几年前收购了一家食品企业，当时这家企业员工士气低落。为了使企业重现生机，公司管理层组织进行了一次广泛的培训需求分析，根据需求分析的结果在食品服务部门实施了一项继任规划和管理开发项目。在之后的四年时间里，食品中的残次品问题大有改观，实时发货率达到 98%，工厂生产能力提高了 35%。通过这个例子我们可以清晰地看到，企业进行的组织分析为成功地进行人力资源开发工作以及正确地制定培训与开发项目奠定了坚实的基础。

综上所述，战略/组织层面的需求分析是指通过对组织经营发展战略的分析，确定相应的培训，为培训提供相应的资源以及管理者和同事对培训与开发活动的支持。可见，对组织层面的需求分析通常由组织分析来完成，其目的是更好地认识组织的特征，以确定什么地方需要培训，以及这些工作完成的背景条件。

二、战略/组织层面分析的流程

进行组织分析时应该从以下几个方面入手，才能为企业人力资源培训与开发项目提供重要的信息。

（一）明确组织目标

组织目标和战略规划是评价组织绩效的重要标准，因此，在进行培训需求分析之前，必须充分了解组织目标和战略规划。那些实现了组织目标的领域也许不需要培训，但仍需对其进行监控，以便能够及早发现潜在的问题和提高运作效率的潜在机会。那些高效运作的领域应当被视为典范，为其他单元实现更有效的运作提供借鉴。而对那些没有达到组织目标的领域，则需要进行更深入的分析，并制订相应的人力资源培训与开发计划或采取管理方面的干预措施。

（二）了解组织资源

在分析组织对人力资源开发工作的需求时，了解组织的资源条件非常有必要。显然，可利用的资金的数量是人力资源开发工作的重要决定因素。此外，知识资源条件，比如组织的设施、现有的相关资料以及组织内部的专业力量也会影响人力资源培训与开发工作的开展。可利用的资源数量会在一定条件上限制人力资源培训与开发工作的开展，并影响各种培训需求的优先次序。例如，如果组织内部没有教室或会议室，在安排人力资源开发活动的日程和场地时就会遇到很大的困难，费用也会相对高昂。因为在这种情况下，可能就需要另找一个会议中心或饭店，或者只能将活动安排在下班以后。

（三）确定组织氛围

组织氛围对人力资源培训与开发工作的成败有很大的影响。如果组织氛围不利于人力资源开发工作，那么人力资源开发项目的策划实施就会遇到很大的困难。例如，如果经理和员工之间互不信任，员工可能就无法全心全意地参加培训；如果中高层管理者之间意见不统一，中层管理者可能会抵制培训或不予以全面的合作，从而使培训的成效大大降低。研究表明组织氛围将影响员工培训成果的转化，即培训中所获得的技术、知识和能力在实际工作中的运用。

（四）考虑外在环境限制

外在的环境限制条件包括组织面对的法律、社会、政治、经济问题。这些外界因素会影响对某些培训的需求。例如，法律规定要保障弱势群体的工作权力时，组织就需要针对弱势群体的员工实施必要的培训，促进其能力的发展。同样，市场竞争的激烈程度，也可能对人力资源开发产生影响，因为组织有时必须精减部分员工以节约人工成本，为此，组织就有可能需要对在职员工进行培训，使之完成那些被精简下来的员工先前的工作，以应付组织突发的减员带来的冲击。

上述四项组织分析要素是进行组织分析时不可缺少的重点，当然除上述四要素之外，组织结构、业务流程也是组织分析时需要考虑的因素。

三、进行战略/组织层面分析时需要考虑的问题

培训需求分析的目的就是通过对组织及其成员在知识、技术、态度等方面现有状况与应有状况的差距分析，为培训的必要性的判定，培训规划的设计，培训目标的确定，培训对象、培训内容的选择，培训活动的组织等提供依据。这些信息可以保证所有的人力资源开发活动都围绕组织的战略和使命进行，这对人力资源开发工作的成败起着决定性的作用。通过向组织成员阐明人力资源开发和组织战略目标之间的联系，可以使企业人力资源开发工作得到更多的支持，使培训效果大幅度提高。

表4-5列举了企业经营战略与培训目标的关系。

表4-5 企业经营战略与培训目标

战 略	战 略 特 点	企 业 特 点	培训目标重点
财务战略	● 上向或下向延伸 ● 收购兼并 ● 股权运作	● 企业文化冲突 ● 人力资源重组 ● 体制变动	● 企业文化适应性训练 ● 变革管理训练 ● 财务运作培训 ● 团队建设
市场战略	● 提高市场份额 ● 低成本扩张 ● 专业化系列产品	● 市场为导向机制 ● 持续的营销业绩压力 ● 持续的与产品相关的技术研发、质量管理压力	● 操作岗位培训、轮训 ● 营销人员技能培训 ● 团队建设

（续表）

战　略	战 略 特 点	企 业 特 点	培训目标重点
产品战略	● 新、换代产品研发 ● 保持在某一系列产品上的技术垄断 ● 产品体系扩张	● 研发组织受到高度重视 ● 产品不断推陈出新 ● 对市场意见的高度重视 ● 更注重招募已有高技能的人才	● 创新能力培训 ● 专业机构深造
管理战略	● 业务流程重组 ● 管理效率持续提升 ● 新技术运用 ● 自我检讨与革新	● 组织效率备受关注 ● 不断地进行内部调整 ● 人人均需要管理技能 ● 注重团队合作	● 创新与变革管理培训 ● 管理基本技能培训 ● 企业文化灌输 ● 团队建设

要注意的是，大多数企业会同时运用两种或三种典型经营战略，或部分运用典型的经营战略。但每个企业只要有明确的经营战略，就一定会形成鲜明的企业特点，培训任务一定要围绕企业自身的战略与特点展开。

那么，在实际的工作中怎样才能更好地进行战略/组织层面的培训需求分析呢？怎样才能够很好地将组织分析与组织的战略目标联系起来呢？

（一）进行组织分析时需要思考的组织战略与人力资源方面的问题

在进行组织分析时我们可以利用下面的问题清单（见表 4-6 和表 4-7），获得有关组织战略规划和人力资源方面的信息。

表 4-6　进行组织分析时需要思考的组织战略问题

1. 组织所属的行业是处在上升期还是稳定期？竞争对手的发展态势如何？组织在国内外的主要竞争对手是谁？和这些竞争对手相比，本组织的主要优势是什么？
2. 为什么组织能在过去取得辉煌的业绩？
3. 组织准备引进什么新技术？如果在这方面已经有所规划，那么新技术将在什么时候正式投入使用？
4. 可以预见将在未来出现的变革与创新将如何改变行业竞争的格局？
5. 组织将在何时建立起什么样的新型管理理念或者采取什么新的管理措施？
6. 在过去、当前或者未来，是否存在影响组织战略规划的任何政府管制问题？
7. 为了实现组织的总体战略，组织内不同的单位或部门各自将采取什么样的具体策略？为什么？他们将如何进行规划？

表 4-7　进行组织分析时需要思考的人力资源方面的问题

1. 本组织员工目前有什么优势和劣势？
2. 在工作流程、组织文化和员工的技能水平上必须实现哪些改变？
3. 组织总体战略的实施是否会造成裁员和员工跳槽的现象？能够预期对哪些人产生影响？
4. 从组织的战略规划出发，需要重新修改哪些人力资源管理政策？
5. 组织的总体发展战略对人力资源培训和开发工作意味着什么？培训与开发工作将如何为组织战略目标的实现做出贡献？
6. 组织需要实施哪些具体的培训和人力资源开发工作？组织本身是否有能力实施必要的人力资源开发项目？有没有外界的专家可以帮助我们？这些专家是谁？
7. 员工和管理层过去是如何看待培训和人力资源开发工作的？他们对人力资源开发项目、培训师和其他人力资源开发人员的信任程度如何？
8. 对每一个项目而言，投入-产出比最大而且最可行的实施方案应该如何制订？
9. 当前采用的是什么样的培训效果评估方法？它能提供有关投资回报率（Return on Investment，ROI）的信息吗？如果不能的话，这样的评估方法对组织的战略管理有帮助吗？
10. 有无正式的工作程序可以确保目前的培训/开发活动与组织新的发展战略是一致的，或者说，有无工作程序可以发现新战略规划对培训的需求？
11. 除人力资源培训和开发工作以外，是否还需要考察其他的人力资源管理职能？是否有必要进行重新设计？

（二）戈尔茨坦对于战略/组织层面分析的观点

戈尔茨坦从另外的角度提出了自己的观点，他认为在进行组织分析时，必须思考下列问题，这些问题涵盖了许多重要的内容（见表4-8）。

表4-8 戈尔茨坦提出的进行组织分析时必须思考的问题

1. 是否有一些没有具体化的组织目标需要转化成具体的培训目标或培训指标？ 2. 组织内不同级别的人是否都支持培训的目标？ 3. 组织内不同级别的员工或单位是否都参与了培训目标的设定，从而都参与到了培训项目的设计中来？ 4. 组织内的关键人物是否支持受训者在工作中充分运用所学到的技能，是否准备以身作则在工作中应用培训中获得的成果？ 5. 受训者会不会因为在工作中正确地运用了学到的技能或行为而受到奖励？ 6. 对那些实际上需要用其他解决方案来处理的问题或冲突，组织是否错误地把培训当成了解决的手段？ 7. 如果培训会影响员工的正常工作，高层领导是否愿意追加投入更多的资源以维持组织的正常运行？

四、战略/组织层面分析的信息来源

战略/组织层面分析的方法根据不同的组织而有所不同，组织可以根据自己的实际情况选择不同的方法进行分析，在本章第一节中已经系统介绍了培训需求分析可以选择的方法。表4-9是可用于战略/组织层面培训需求分析的信息来源，这些信息来源包括：组织目标信息、人力资源储备信息、技能储备信息、组织氛围指数等。

表4-9 战略/组织层面需求分析的信息来源

组织分析的信息来源	对人力资源培训/开发的意义
1. 组织目标、目的和预算	通过评价实际绩效和组织目标的差距，确定培训重点、培训方向及经费预算
2. 人力资源储备信息	人力资源开发/培训需要弥补因退休、离职等引起的人力资源储备不足，可以据此确定培训需求的大致范围
3. 技能储备信息	包括以下信息：每一技能群体包含的员工数量、知识和技能水平的级别，每项工作所需的培训时间等。可以由此估算出对人力资源培训/开发的特定需求量，并有助于进行人力资源开发项目的成本收益分析
4. 组织氛围指数（包括不满情绪、缺勤率、离职率、生产率、态度调查、顾客投诉等）	反映组织层面的“工作环境质量”，有助于发现可能与人力资源培训/开发有关的问题，也有助于管理者分析实际工作绩效和理想工作绩效之间的差距，从而设计出所需的培训方案，以改进员工工作态度和行为方式
5. 效率指数分析（包括劳动力成本、物料成本、产品质量、设备利用率、运输成本、浪费、交货延迟等）	这些成本会计概念在一定程度上可以代表实际绩效与期望绩效或标准绩效之间的差距
6. 系统或子系统的变化	设备的更新换代可能对人力资源开发或培训与开发工作提出了新的要求
7. 管理层的要求或指示	这是最常用的分析人力资源开发/培训需求的指标之一
8. 离职面谈	一些从其他途径无法得到的信息常常可以从离职面谈中取得，尤其是可以从中发现组织在哪些方面出现了问题以及需要对管理层进行的培训是什么
9. 目标管理或工作规划与述职报告	获得工作绩效总结、潜力评价和长期经营目标等方面的信息。以不断循环发展的观点了解实际的工作绩效，分析绩效问题，并力求改进

资料来源：M. L. Moore & P. Dutton. Training Needs Analysis: Review and Critique [J]. *Academy of Management Review*, 1978 (3): 534-535.

由表4-9可知，组织可以通过许多渠道和方法收集到需求分析所需的参考资料。有的资料可以马上获得，例如效率指标；有的资料可能需要进行调查，例如组织氛围指数，调查工具可以由组织自行设计或从组织外部获得。此外，还可以采用一些组织诊断的工具，如“7S”诊断工具。“7S”模型是由麦肯锡咨询公司开发出来的，这个模型为每一个企业定义了它们全部的竞争优势，包括七个方面：共享的价值观（Shared Value）、结构（Structure）、系统（System）、领导风格（Style）、全体员工（Staff）、技能（Skill）、战略（Strategy）。

第三节　任务层面的需求分析

组织层面的需求分析用于确定组织的目标，而任务层面的需求分析则主要用来确定与某种特别的活动或工作相关的培训目标。

一、任务分析的内涵

任务分析是指系统地收集关于某项工作或工作族的信息的方法，其目的是明确为了达到最优的绩效，需要重点关注的工作任务以及从事此工作的员工需要学习的内容。

任务分析除了要分析需要执行的工作，以及执行此工作的员工需要具备的知识、技能、态度和其他所需的特征外，还需要分析影响员工工作绩效的阻碍因素。因此，任务分析的结果通常会包括工作的绩效标准、要达到这些标准所应采取的工作方法，以及员工应具备的知识、技术、能力和其他所需的特征等。任务分析需要投入大量时间来收集并归纳数据，这些数据来自公司内的管理者、员工和培训人员。

二、任务分析步骤

一般来说，任务需求分析可以采用以下五个步骤。

（1）通过工作分析，撰写详细的工作说明书。

（2）确定工作中包含的具体任务是什么：

① 描述工作中应该做的事；

② 描述工作中实际在做的事。

（3）分析工作中所需的知识、技术、能力以及其他素质特征。

（4）指出哪些工作任务和知识、技术、能力等是可以通过培训得到改进的。

（5）对这些可以由培训改进的领域进行培训的优先次序排列。

（一）步骤一：通过工作分析，撰写详细的工作说明书

进行全面的工作描述首先需要进行工作分析，工作分析指的是对一项工作进行系统分析，确定它的主要构成成分，以便为管理活动提供各种有关此工作的一系列信息的收集、分析和综合的人力资源管理基础性的活动，它是现代组织实现管理科学化、制度化的最基础的工作。工作说明书是对一项工作从事的主要活动以及在什么样的情况下从事这些活动的陈述。一些组织有现成的工作说明书并定期进行更新，以便准确地反映职位的现实情况。人们把工作分析中有关任务的说明称为工作职责，把有关知识、技术、能力等方面的部分称为任职资格。工作说明书通常既包含了对任务的说明，又包括了对人员任职资格条件的说明。在已经有了一份工作说明书的情况下，仍有必要对实际的工作操作进行

观察，这样可以使人力资源开发人员对工作包含的任务和员工实际的工作条件有更清楚的认识。

（二）步骤二：确定工作中包含的具体任务

需要确定的内容包括：

（1）工作的主要任务；

（2）如何执行每一项任务（执行标准）；

（3）绩效的变动范围（每日执行工作的实际绩效）。

绩效标准和实际绩效的变动范围对有效的需求分析而言是至关重要的。尽管绩效标准指出了什么是应该做的，但作业行为变动范围的信息则揭示了实际发生的业绩行为。在了解了这些信息之后，人力资源开发人员就可以确定哪些是需要弥补的作业缺陷以及受训者在培训结束时应该达到的作业水平。在设定培训目标时，以上的信息都是重要的依据。

在确定一项工作包含的主要任务时有多种方法，最常用的五种方法如下。

1. 刺激-反应-反馈法

米勒（Miller）将工作任务都分解成了三个组成部分：第一个是刺激，它提示员工在何时应该进行某项操作；第二个是反应，指员工的反应或应该表现出的行为；第三个是反馈，指员工获得的关于自己行为表现的反馈。

2. 时间抽样法

进行任务分析时需要一个受过专门训练的观察员，由他来观察和记录员工作业的性质和频率。在一定时期内对观察时间进行随机取样，在抽取的时间段内对作业进行观察和记录，这样就可以勾勒出工作的线条。

3. 关键事件技术

美国学者约翰·弗拉纳根（John Flanagan）提出的关键事件技术（Critical Incidents Technique，CIT）也可以用来分析一项工作包含的主要任务。弗拉纳根最早研究了1941—1946年间美国空军飞行员的绩效问题，于1954年提出了关键事件技术，他认为，工作分析的主要任务就是评价工作的关键要求。关键事件技术实质上是一种访谈法，访谈的对象是那些亲眼看过一段时间内发生在某项工作中的关键事件，并熟悉这些事件背景的人。所谓关键事件，是指在工作中表现出的特别有效率或特别无效率的行为。关键事件技术的主要内容包括：确定工作行为的目的；针对目的收集与工作行为相关的关键事件；分析相关数据；描述这些行为需要的素质特征。

4. 任务评价法

任务评价法主要的步骤是：对熟悉业务的组织成员进行问卷调查，让他们列出业务的重要性以及履行工作所需要花费的时间。这种方法的优点在于：一是可以从多渠道获得信息，二是可以对有关任务的信息进行量化分析。

5. 工作-职责-任务法

这种方法将一项工作进行层层分解，包括确认职位名称、工作职责，以及完成每一项任务所需具备的知识、技能、能力和其他特质。表4-10举例说明了工作-职责-任务法的分析结果。

表 4-10 用工作-职责-任务法进行任务分析

职位名称：人力资源培训与开发　　　　具体职责：任务分析

任务	子任务	所需知识和技能
列出此项工作的任务	1. 观察行为	● 能够列出行为的特征 ● 能够对行为进行分类
	2. 选择动词	● 具备关于行为动词的知识 ● 符合语法规范
	3. 记录行为	● 能够用通俗易懂的语言叙述行为 ● 能够有条理地进行记录
列出子任务	1. 观察行为	● 能够列出除典型行为外所有的行为；能够对行为进行分类
	2. 选择动词	● 能够正确地对行为进行描述 ● 符合语法规范
	3. 记录行为	● 有条理，通俗易懂
列出所需知识	1. 说明哪些是必须了解的知识	● 能够对所有信息进行分类
	2. 确定技能的复杂程度	● 能够确定某项技能是否代表了必须按一定顺序学习的系列行为

资料来源：G. E. Mills, R. W. Pace & B. D. Peterson. *Analysis in Human Resource Training and Organizational Development* [M]. Reading, MA: Addison-Wesley, 1988: 57.

（三）步骤三：明确知识、技术、能力等任职资格条件

要达到良好的工作绩效，员工必须具备相应的知识、技术、能力以及其他素质特征。人力资源开发人员必须确定每项工作的任职资格条件，因为这些能力是员工在培训中必须发展和学习的。人力资源开发专业人员可以通过与主管、工作者、其他专家进行访谈或查阅相关文献资料来确认工作所需的知识、技术、能力。

关于任职资格的描述必须清楚明确，并且依照对工作绩效的重要性和难易程度进行排序，这样员工在获得培训之外同时还可以了解相应的发展阶梯。确认与工作相关的知识、技术、能力等条件，对人力资源开发与培训方案的设计师非常有价值的。通过表 4-11 中对知识、技术、能力各个方面的定义，我们应该能够更好地了解完成某项工作应该具备的知识、技术、能力。

表 4-11 知识、技术、能力和其他特征的定义

知 识	对成功地完成某项任务所需信息的掌握和了解，这些信息通常是陈述性或程序性的信息
技 术	个人在某项作业上的熟练程度或胜任力水平，胜任力水平通常用量化的形式给出
能 力	个人在执行任务之初拥有的更一般化、更持久的特质或能力，比如说完成某项体力活动或脑力活动的能力
其他特征	包括人格、兴趣爱好和态度

资料来源：R. D. Gatewood & H. S. Field. *Human Resource Selection* [M]. 5th ed. Fort Worth, TX: Harcourt College Publishers, 2001.

（四）步骤四：确认能够通过人力资源培训与开发得到改进的任务和知识、技术、能力

此步骤的重点在于决定人力资源培训与开发项目中应该包含哪些工作和技能作为培训

开发的内容。在这个阶段需要考虑工作的重要性、时间成本，工作所需的知识、技术、能力，学习的难度等方面的因素并评定等级。在设计人力资源开发项目时应该优先考虑在综合评定中排名靠前的任务和知识、技术、能力。依据各方面的等级评定结果选择培训内容时，必须注意各项目之间的平衡。例如，如果一项任务占用的时间多，学习起来又很容易，那么就应该对这项任务进行培训；但是，如果与此同时这项任务在重要性上的得分很低，也就是说它对作业绩效的影响不大，那么也许就应该考虑采用低成本的培训方法而不值得投入人力、物力进行专门的培训了。因而，我们必须了解的是，不是所有问题都适合用培训的方式去解决，有时候其他的人力资源管理方式可能更适合某些特殊的情况。

（五）步骤五：培训需求的排序

此步骤就是将上一步骤中提出的任务和知识、技术、能力按照重要性进行排序。除此之外，由于资源的稀缺性，还必须考虑培训过程中需要的各项资源，包括设备、物资、培训专家、费用等。按照这样的需求排列设计出的培训方案才更具有可行性。

维特金（Witkin）曾提出一个计算培训需求的模式——需求优先指标（Priority Need Index，PNI），其计算是运用量表评定等级的方法分别表示任务的重要性和任职者的工作熟练程度，计算公式如下：

$$PNI = I \cdot (I - D)$$

其中，I：任务的重要性；

D：任职者的工作熟练程度。

PNI 越大就表示培训需求越大，在排序上应该优先给予考虑。例如，当对一组需要培训的主管进行培训需求评定排序时，假设主管某项工作的重要性评定等级 $I=7$，而设定目标的工作熟练程度 $D=5$，那么 $PNI=7\times(7-5)=14$，主管其他各项工作可以依此类推，最终确定各项工作的 *PNI* 数值并进行比较，就可以得到培训需求的优先排序。

三、任务分析举例

下面以某公司在规划对项目经理进行管理技能开发的方案时所做的任务分析为例进行说明。

某公司人力资源部接受了一项任务：对企业技术部项目经理进行短期培训，以便他们能更有效地开展自己的技术管理工作。主管此公司培训的人员需要找到一个分析培训需求的方法，然后设计一项低成本的培训项目。为此，他们请来了咨询公司专家。这些专家所做的第一件事就是与公司总经理、技术部经理、人力资源部经理和技术部人员进行会谈，以了解下列信息。

（1）公司的使命是什么？

（2）部门的使命是什么？

（3）大家觉得应该进行哪些培训？

（4）过去和现在在管理技能开发上都做了哪些工作？

（5）不同部门内的角色分工、职责分配和团队工作的现状如何？

通过组织分析，培训人员了解了培训应涉及的重要问题，他们以这些信息为依据，通过与企业中高层经理的充分沟通，确认了通过五个步骤完成任务分析工作。

（一）分析典型任务

专家参阅了与培训实施有关的文献，包括公司内部的技术报告、工作分析报告等资料。专家形成粗略的管理技能任务列表后，首先交由技术部经理、人力资源经理确认，再让项目经理们做进一步的修改和补充。这样做的目的是确保在界定工作的时候，能将所有专业人员的观点包括进来。最后，形成了包含众多项目的任务列表。

（二）问卷调查

咨询专家给每一名技术部项目经理发放了调查问卷，问卷给出了任务列表，要求他们从以下两个方面对每项任务进行评分：一是此项任务对他们的工作而言重要性程度如何；二是他们是否有兴趣接受关于此任务的培训。随后将员工在这两个方面的评分加以平均，确认最为重要和迫切的任务。

（三）课堂教学观察

安排观察员两人一组，对实际教学进行 2 小时的观察，并作记录。

（四）结构化访谈

与每一位受训者座谈，提供反馈信息，以此作为实际教学过程的补充信息，其目的是保持员工调查和课堂观察结果之间的一致性。通过访谈，培训小组收集了关于每个分支机构的更多信息，同时印证了先前收集到的信息的正确性——他们发现，访谈结果与通过其他方式获得的信息是一致的。

（五）总结报告

最后的工作是撰写报告。报告审视了任务分析得到的结果，总结了当前在任务培训与开发工作上具有的优势，对今后的培训与开发工作提出了建议，并提供了通过不同信息收集方法得到的数据结果。

此公司的任务分析是成功的，因为受训员工都有机会表达自己在相关问题上的观点，从而确保了他们对这项工作的理解与支持，培训小组能够凭借全面充分的信息而非直觉来分析培训需求，完成对它们的优先次序排列。

上述这个例子说明了任务分析中的四个重要问题。

（1）来自经理、员工及其上级的多方信息确保了大家对任务分析的支持，为今后的培训与开发工作铺平了道路。

（2）采用多种分析方法有几个好处：一是不同的方法可以提供独特的信息；二是不同分析方法得到的结果不仅可以相互验证，还可以进一步找出差异，并加以解决。

（3）对任务进行评定可以得到量化的数据，这样就可以进行量化分析以确定培训应该针对哪些任务来进行。

（4）从一个更广泛的角度去分析培训需求，而不是仅仅着眼于绩效差距，这样不仅可以更好地认识组织和员工对培训的需求，还可以得到大家对培训项目的支持。

四、任务分析的信息来源

有关任务分析的信息资料可以从哪些方面获得呢？表 4-12 明确指出了任务需求分析的信息来源。

表4-12 任务需求分析的信息来源

任务需求分析的信息来源	对人力资源培训与开发的意义
1. 工作说明书	描述此项工作的典型职责，有助于明确绩效标准
2. 人员的任职资格要求	列举出工作的特定任务，可以明确任职者所需要具备的知识、技术、能力以及其他素质特征
3. 绩效标准	明确完成工作任务的目标及其衡量标准
4. 执行具体的工作任务	确定绩效的一个更好的方式，通常职位级别越高，实际绩效与理想绩效的差距越大
5. 观察——抽样	了解工作的实际情况
6. 查阅相关文献（其他企业研究、专业期刊、文件、政府资料、论文等）	有助于分析比较不同的工作类型，但是有可能出现和实际的、特定的组织环境或绩效标准无法比较的情况
7. 访谈（任职者、主管人员、高层管理者）	通过向组织成员询问和工作有关的问题充分了解培训需求问题
8. 培训委员会或专题讨论会议	可以提供一些关于培训需求的看法与要求
9. 分析工作中出现的问题（停工报告、维修、浪费损耗等）	明确工作中存在的影响工作绩效的阻碍因素和外在环境因素

第四节 人员层面的需求分析

一、人员分析的内涵

在完成了组织分析与工作任务分析之后，最后一个步骤就是重点分析员工是否需要培训和需要什么样的培训。人员分析必须根据任务分析的结果，利用各项工作应有的绩效标准，衡量工作执行者的知识、技术、能力和态度。因此**人员分析**指的是评估执行特定工作的员工对各项任务的执行情况。如果希望进一步改善员工的绩效情况，就必须分析他是否具备足够的知识、技术、能力，因此应着重分析组织成员目前所具备的知识、技术、能力的程度。

人员分析的目的在于确定个别员工的培训需求，其焦点在于组织成员怎样才能将主要的工作任务执行好。人员分析最好由有机会定期观察员工绩效的人进行，而且通常员工及其直接上级都可以参与到其中，几乎所有的与个人业绩相关的人都可以成为个体需求分析信息的提供者。

在全球化和信息技术所引起的产业变革的背景下，康奈尔大学的斯内尔（Snell）教授研究出了斯内尔模型，此模型将人力资源划分为四种类型的人才，分别为核心人才、独特人才、通用型人才及辅助型人才，在进行人员层面的需求分析时，我们需要对不同类型的人才进行差异化分析。

（一）核心人才

核心人才是对企业而言价值很高而且非常稀缺和独特的人才，这类人才能够给客户带来特别的、与众不同的利益。核心人才与企业的核心价值息息相关，妥善使用核心人才可以给公司带来巨大价值。同时，此类人员具有公司急需、人才市场上难以获得、培训周期较长、人员价值需要较长时间工作的积累等特点，因此非常稀缺和独特，如公司的高级管理人员、核心技术人员等。

（二）独特人才

独特人才对企业而言战略价值较低，与企业所需的核心能力并非直接相关，但独特人才具有非常特殊、难以短时间掌握的知识，因此比较紧缺，例如某些公司雇用的专业咨询师和咨询顾问等。

（三）通用型人员

通用型人员是指对于企业而言，与企业所需的核心能力直接相关，价值较高的一类人员。但由于该类人员在人才市场上较容易获得、培训的周期较短、不需要太长时间的工作积累，他们虽然价值较高但并非难以获得的人员，例如公司的销售人员和财务人员等。

（四）辅助型人才

辅助型人才总体来讲战略价值较低，因为在市场上较容易获得，仅具有一般的知识和技能，例如前台、司机等。

斯内尔模型从战略性人力资源管理的视角提出对这四类人员应采用不同的人力资源管理方式，对不同种类的人员所采取的培训与开发方式也不同。当进行培训需求分析时，应充分考虑到人才所属的类型。

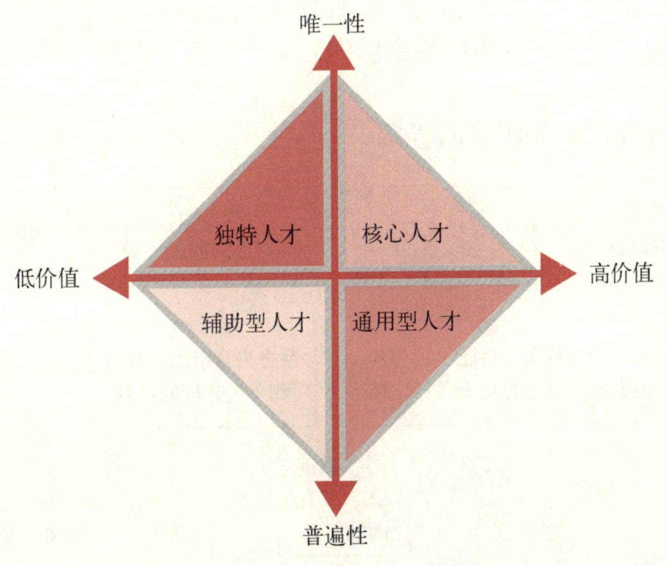

图 4-2　斯内尔人力资本分类模型

二、人员层面需求分析的构成

在实际的工作中，我们将人员层面的需求分析分为两个部分，即判别性的人员分析和诊断性的人员分析。[1]

判别性人员分析用来判断员工个人整体绩效的水平。通过从总体上评估个体员工的绩

① G. R. Herbert & D. Doverspike. Performance Appraisal in the Training Needs Analysis Process: A Review and Critique [J]. *Public Personnel Management*, 1990, 19 (3): 255.

效，将员工划分为业绩优秀者和业绩不佳者两类。

诊断性人员分析用来寻找隐藏在个人绩效表现背后的原因。确认导致员工行为的原因，了解员工的知识、技术和能力以及其他环境等因素怎样结合在一起对工作绩效产生了影响。

对业绩优秀的员工进行分析，可以为如何改进或实现更高的绩效提供思路；通过研究业绩不佳的员工，可以找到需要采取的人力资源培训与开发的措施。若将判别性和诊断性人员分析结合起来，就可以评定谁绩效良好或有欠缺。这就是所谓个体需求分析所呈现出的结果。可见，个体需求分析的重点在于了解员工的工作绩效和存在的问题，为达到这个目的需要对员工进行详尽的绩效评估。

三、人员分析中的绩效评估

人员需求分析过程中一定会涉及的一项重要的工作是针对员工个人的绩效评估，绩效评估是进行个人分析的一个非常有价值的信息来源。绩效评估并不是一项简单的工作，把绩效评估作为需求分析的一种工具，需要经理人员搜集各种各样的信息并且做出一系列复杂的判断。在个体需求分析过程中的绩效评估模式应该遵循下列步骤进行（见图 4-3）。

（1）进行全面准确的绩效评估或获取这方面的现有资料。

（2）确认员工行为、特质与理想的绩效标准之间的差距。

（3）确认差距来源。可能需要整合组织分析、任务分析和个体的技术能力方面的资料。

（4）选择恰当的干预措施以消除差距。

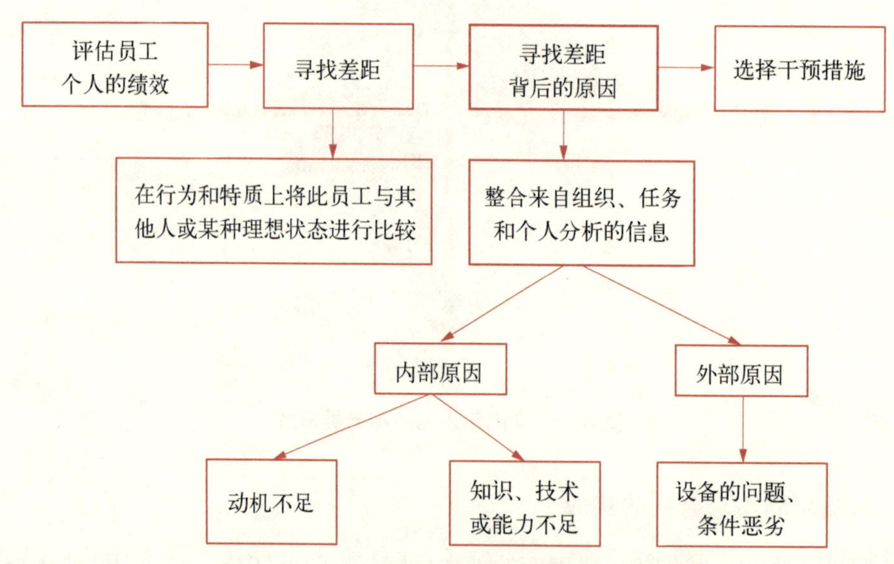

图 4-3 在人员分析过程中进行绩效评估的操作模型

资料来源：G. R. Herbert & D. Doverspike. Performance Appraisal in the Training Needs Analysis Process: A Review and Critique［J］. *Public Personnel Management*, 1990, 19（3）: 254.

总之，绩效评估模式有一定的用途，但首先需要注意确保绩效评估的结果是全面且准确无误的，因为评估方法使用错误或产生误差时，许多评估结果都会出现问题。其次，我们必须了解导致绩效低的原因非常多，可能是员工本身的动机或态度问题，也可能是由于环境因素。因此，在寻找绩效差距背后的原因时，既要考虑从组织分析、任务分析中得到的信息，又要考虑员工技能或能力测验反馈的结果。简而言之，进行绩效评估的时候必须尽可能做综合性思考。

下面这个关于开关质量问题的案例能够帮助我们更好地理解评估问题。

一家日本工厂生产开关，采取了许多质量管理措施，但还是经常出现质量问题。经过对质量问题进行分层分析，发现产品的质量问题大多是开关中没有装入弹簧。随后到装配车间现场去观察，发现其操作过程是：每次从装有许多弹簧的盒内取出两个安装到开关里，再装上按钮。由于长时间工作，身心疲惫，就总会有工人忘记将弹簧装入开关就装上了按钮。显然，产生这一问题的原因，不是工人缺乏知识或工作技能不高，因此这不是通过培训可以解决的，而只要对操作流程稍加改动，即可杜绝此类错误的发生。具体办法为：每次从弹簧盒里取出两个弹簧放入一个小盘，再从小盘中取出弹簧装入开关，若装配后盘内还有弹簧，工人就会知道开关里没有装上弹簧，并立即予以纠正。

四、人员分析的信息搜集途径

为获得人员培训需求分析所需的资料，可以利用表 4-13 列出的方法获取信息。

表 4-13 人员需求分析可利用的信息资源

人员需求分析的信息来源	对人力资源培训与开发需求分析的意义
1. 绩效评估结果以及能够反映一定问题的历史数据（生产率、缺勤或迟到次数、事故率、病假、不满情绪、浪费、交货延迟、产品质量、停工期、设备利用率、客户投诉）	从这些信息中可以看出员工在工作中的长处和短处以及有待改进的地方，以及绩效差距。这些信息容易量化、便于分析，对确定培训的内容和培训类型很有帮助
2. 观察工作样本	这个方法比较主观，但其优点在于不仅能观察员工的行为，还能观察行为的结果
3. 访谈	员工本人最了解自己的培训需求。通过对员工进行访谈，不仅可以了解他们的想法，还可以让他们参与到需求分析中来，从而增强他们的学习动机
4. 问卷调查	问卷的编制可以根据组织的具体情况进行灵活安排。缺点是由于问卷已经设定了一定的结构，可能会导致结果有一些偏差
5. 测验（工作知识、技能、成就）	可以使用自行编制的测验或标准化的测验。需要注意的是，要确保检测的是与工作有关的素质
6. 态度调查	针对个人进行，有助于了解每个员工的士气、动机水平和满意度
7. 评定量表	必须确保对员工的评定是客观的、有一定信度和效度的
8. 关键事件法	观察到的、导致工作成功或失败的关键行为表现
9. 工作日志	员工对自己工作的详细记录
10. 情景模拟（角色扮演、个案研究、无领导小组讨论、培训会议、商业游戏、公文处理测试）	某些知识、技术和能力可以在这些人为设置的情境中表现出来
11. 诊断量表	对诊断量表进行因素分析

（续表）

人员需求分析的信息来源	对人力资源培训与开发需求分析的意义
12. 评价中心	将上面提到的某些技术整合成一个综合性的评价方案
13. 辅导	类似于一对一的访谈
14. 目标管理或工作述职系统	按照组织规定和个人承诺，定期提供绩效反馈。这样可以将实际的绩效水平与理想标准进行比较，看绩效是上升还是下降了。这种绩效和潜能评价体系对实现组织大的目标来说非常关键

资料来源：M. L. Moore & P. Dutton. Training Needs Analysis：Review and Critique［J］. *Academy of Management Review*，1978，3：539-540.

第五节　胜任力模型与培训需求分析

在了解了培训需求评估的重要理论之后，本节的重点主要探讨如何将胜任力概念融入培训需求分析之中。

一、胜任力以及胜任力模型的概念

胜任力的概念可以追溯到20世纪70年代，哈佛大学的麦克利兰教授在为美国信息管理局设计员工甄选方案时，首先对组织中表现优异的官员和表现平庸的官员分别进行面谈，让他们各举出三个工作表现优异和表现较差的事件，仔细纪录事件发生的经过，再进行详尽的归纳分析。通过这个方式，麦克利兰发现那些表现优异的员工，具备一些别人缺少的东西。这是胜任力模型发展过程中一个重要的里程碑。

所谓**胜任力**是指任何个人所具备的可以被测量的特质，它们使表现平庸和表现杰出的工作者之间有明显的区分，许多学者认为胜任力包括了知识、态度、技能和价值观。简而言之，胜任力是凝聚在人身上的一种相当深层和持续存在的特质，是可以在各类情况或工作任务中加以预测的，其能力可以通过培训和发展加以改善，能将某一组织中表现优秀者与表现普通者区分开来的个体潜在的深层次特征。

这一概念包括三个方面的含义：深层次特征、因果关联和效标参照。胜任力是个体潜在的深层次特征，能保持相当长的一段时间，并能预示个体在不同情境和工作任务中的行为或思考方式。因果关联指胜任力能引起或预测行为和绩效。一般来说，动机、特质、自我概念和社会角色等胜任特征能够预测行为反应方式，而行为反应方式又会影响工作绩效。此模式可表述为：意图导致行为，行为导致结果。胜任力应当包括意图，它对于人的行为有直接影响，如果某种行为不包括意图，我们就不能称之为胜任力。效标参照指胜任力能按照某一标准，预测效标群体的工作优劣。效标参照是胜任力定义中一个非常关键的内容。一种特质如果不能预测有意义的差异（如工作绩效方面的差异），与参照的效标没有明显的因果关联，则不能称之为胜任力。

胜任力模型是指组织当中特定的工作岗位所要求的与高绩效相关的一系列素质或素质组合，这些素质是可分级、可被测评的，通常由4—6项素质要素构成。正基于此，在培训需求评估中，胜任力模型概念的导入是十分必要的，因为胜任力的可测量性可以使评估过程更加标准化，也使培训的需求更加具体化。

胜任力模型被认为是人力资源管理最具开发潜力的工具之一，至今已有许多国内外知名专家、机构以及企业对其做了深入研究。

国外方面，麦克伯（McBer）管理咨询公司为美国政府建立的用于甄选驻外新闻官的通用模型包括：对别人有正面的期待、跨文化的人际敏感度、快速洞察政治的人际网络；博亚特兹（Boyatzis）通过行为事件访谈、图画-故事技术和学习风格问卷，对12个工业方面的41个管理职位的2 000多名管理人员的胜任力特征进行了全面分析，得出了管理人员的胜任力通用模型，提出管理者应该具备的六大特征（目标和行动管理、领导、人力资源管理、指导下属、关注他人、知识），19个胜任力特征（效率定向、主动性、关注影响力、判断性的使用概念、自信、概念化、口才、逻辑思维、使用社会权力、积极的观点、管理团队、准确的自我评价、发展他人、使用单向的权力、自发性、自控、自觉的客观性、精力和适应性、关注亲密的关系）；刘易斯（Lewis）通过关键行为事件访谈和360度访谈，对绩效优秀和绩效一般的酒店经理进行了研究，建立了酒店经理的胜任力模型，包括成就导向、信息搜寻、客户服务导向、组织关怀、专业技能、诚实、洞察力、团队合作、领导力、分析思维、创新、自我控制、自信、自学、沟通交流、人际关系建立、乐观和热情等18项；2014年美国人力资源协会（SHRM）发布了新一代人力资源管理者的胜任力模型，涵盖多个商业与专业维度，把人力资源管理上升到了商业管理的高度。

胜任力模型的发展与公司战略紧密相连：企业经营战略目标决定了企业所需的关键能力和核心价值观，相应地对企业人员的能力素质、结构提出要求，根据这些要求建立专业序列胜任能力模型。在培训开发系统中，胜任力模型有助于描述工作所需的行为表现，以确定员工现有的能力，同时发现员工需要学习和发展哪些能力。胜任力模型也使员工更容易理解组织对他的要求，建立行动导向的学习。此外，胜任力模型中明确的能力标准，使组织进行绩效评估更方便，因此，胜任力模型中对行为的描述，应该将重点放在特定的、具体的、可被教育改变的行为上。

进行以胜任力为基础的需求分析之前，必须开发出一套结合了对特定知识、技能和个人特质的描述的胜任力模型，作为评估个人目前能力和能力需要加强到什么程度的依据。由于胜任力是一个较为复杂的概念，某项工作所需的胜任力需要足够的经验才能判断，因此对于某些工作或任务所需的胜任力，需要长时间的资料积累才能确定符合各项胜任力要求的知识、技能、行为或其他特质等，从而建立胜任力模型。可见，详尽的任务分析是建立工作模型的根本，职位说明书的建立有助于明确工作职责，完成工作职责所需的胜任力标准也随之建立，胜任力标准即可构成一组胜任力模型。

为了给管理者提供一些实用的参考性建议，以帮助他们开发员工，更好地实现长期的战略和达到较高的绩效，著名管理学家乔恩·沃纳（Jon Warner）博士确定了36种素质，并且把它们作为一个参考库纳入亚努斯（Janus）绩效管理系统之中。亚努斯素质“库”中的素质可分为三类：核心素质、通用素质和角色素质。其中，核心素质是此素质库的重要组成部分，亚努斯素质库中的36种核心素质分别是：分析能力、预期/前瞻性能力、注重细节、应变能力、指导能力、商业意识、沟通、成本意识、创造力/革新、顾客导向、决策能力、授权、可依赖性、多样化导向、激励/动机、情感智力、情感互动、授权能力、领导能力、倾听、反馈、知觉/判断、持续性/坚韧、计划和组织、问题解决能力、质量导向、结果导向、安全导向、自我发展、制定战略的能力、压力管理、采取主动权/责任感、团队工作能力、技术应用、时间管理、书面沟通。

二、以胜任力为基础的培训需求分析

与传统的基于岗位要求的培训体系相比，现代基于胜任力模型的培训体系是对传统培训体系的改进，主要根据企业自身的特点，以组织战略为导向，利用优秀绩效者与一般绩效者的胜任力水平差距来进行相应岗位的培训需求分析，并依据模型对一般绩效者进行培训，使他们迅速地向优秀绩效者群体靠拢，通过提高个体的胜任力水平，进而使整个组织的胜任力水平得以提升。基于胜任力模型的培训开发体系最大的优点就是有快速高效的培训效果，所以受到越来越多企业的重视（见图 4-4 和图 4-5）。

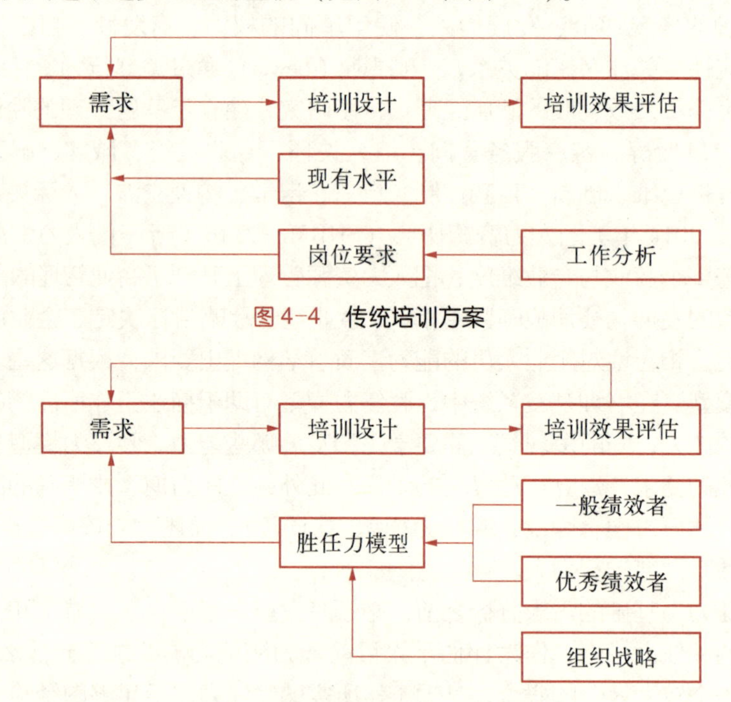

图 4-4　传统培训方案

图 4-5　基于胜任力模型的培训方案

基于胜任力模型的培训体系有以下几个特点：

（1）胜任力模型不仅包括知识、技能层面的能力，还包括了自我认知、个性特质、做事动机等更深层次的特质，范围比较广，使培训体系更加全面；

（2）从分析优秀绩效者与一般绩效者的关键特征出发，使培训的内容针对性更强；

（3）把组织战略放在重要位置，在设定预期绩效的同时考虑了组织和岗位的潜在需要，将培训与整个组织的产出和绩效改进相联系；

（4）以受训者为中心，注重受训者的感受，多采用体验式的培训方法，区别对待外在的知识、技能与内隐的胜任力要素，使培训达到最佳的效果；

（5）在基于胜任力模型的培训体系中，受训者参与了整个过程，包括构建胜任力模型、培训需求分析、培训计划的制定、培训的实施以及培训的效果评估，共享了培训成果。

从总体上看，以胜任力为基础的培训需求分析过程包括以下几个步骤：

（1）胜任力：包含各种明确的或较为抽象的能力；
（2）胜任力标准：在评估计划、方法或管理上具有明确的意义；
（3）胜任力要素：判断胜任力标准的关键要素；
（4）评估计划：为课程开发过程或基准设定的一部分；
（5）测试过程：选择开发技术、记录评估系统、管理评估过程；
（6）实施评估：进行反思并运用其他的评价技术，在评价过程中不断修正评估手段；
（7）处理评估结果、记录和报告结果：管理整个评估系统，重视评估结果的记录与报告。

美国联邦人事管理局开发出的公务员胜任力矩阵（见图 4-6），说明了公务员无论在哪一个层级都必须具备的基本能力，而各级主管人员除了具备本层级所需能力外，还须具备较低层级需要具备的其他能力。

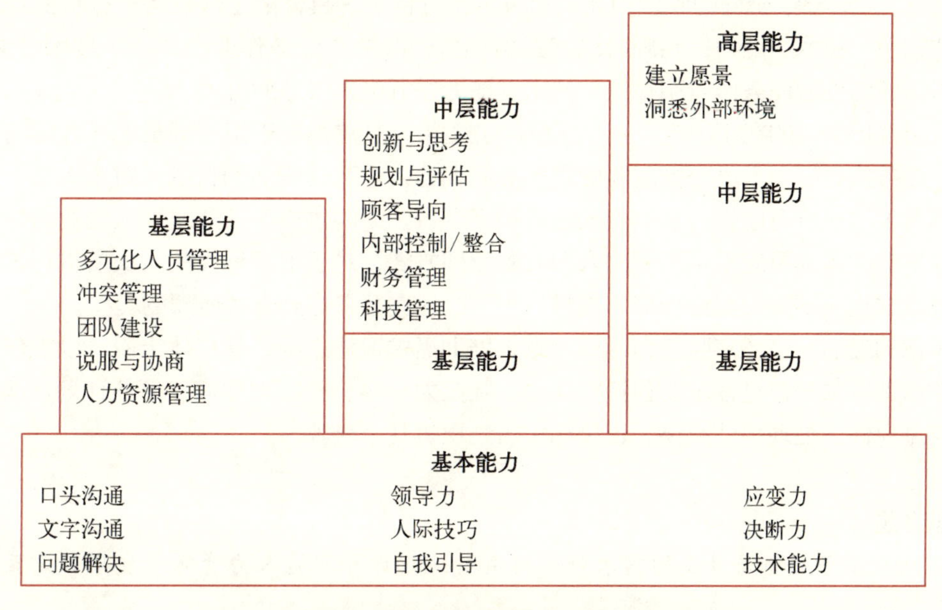

图 4-6　美国联邦人事管理局的公务员胜任力矩阵

企业将根据胜任力模型确定培训需求并进行员工胜任力开发，寻找员工实际胜任力水平和理想胜任力水平的差距，从而对症下药，使企业的培训与开发工作具有更强的针对性。当然，建立企业胜任力模型是一个非常困难的过程，不仅需要外脑的介入，还需要企业自上而下，全员共同思考共同努力，并经过不断修正，才能最终形成科学实用的企业胜任力模型。

本章小结

本章主要介绍了培训流程模型中的第一部分内容——培训与开发的需求分析。本章首先从培训需求分析的内涵入手，系统介绍了培训需求分析的全过程。培训需求分析有三个层次：战略/组织分析、任务分析和人员分析。战略/组织分析指的是一套工作流程，其目的是更好地认识组织的特征，以确定什么地方需要培训和人力资源开发工作，以及这些工作完成的背景条件。本章介绍了战略层面分析的内涵、流程、关键问题和进行分析的资料来源等。其中的一些问题是值得读者关注的，如组织的哪些部分需要人力资源培训与开发工作的帮助？开展人力资源培训与开发工作的环境条件如何？如何将人力资源培训与开发工作和组织的绩效联系起来？战略分析的侧重点是分析组织的目标、组织在实现这些目标时的效率、组织的资源条件、培训氛围以及其他环境约束条件。此外，战略分析还要考虑员工目前的优劣势，工作、组织文化和员工的技能水平上必须实现的改变，总体战略的实施是否会造成裁员和员工自动离职、能够预期的波及范围等人力资源管理方面的问题。组织分析的目的是了解组织的目标，培训在加强组织运营效率方面可以起到的作用，以及培训与开发工作中可能出现的阻碍因素，等等。

组织需求分析用于确定组织的目标，而任务需求分析是用来确定与某种特别的活动或工作相关的培训目标。任务分析需要确定应对哪些任务和技术、知识、能力进行培训。任务分析有五个步骤：全面的职位描述；通过工作分析明确具体的工作任务；分析此项工作所需的知识、技术、能力；明确可以通过培训得到改进的任务作业和知识、技术、能力；对这些需要培训的任务作业和知识、技术、能力进行优先次序的排列。

人员分析的目的在于决定个别员工的培训需求，其焦点在于组织成员怎样才能将主要的工作任务执行好。人员分析需要确定接受培训的人选及其培训的目的。对个人绩效差距和发展需求的分析有助于确定培训的内容和受训者。斯内尔模型从战略性人力资源管理的视角提出对四类人员应采用不同的人力资源管理方式，对于不同种类的人员所进行的培训与开发方式也应不同，当进行培训需求分析时，应充分考虑到人才所属的类型。

本章的最后一节还将胜任力的概念融入培训需求评估之中，从总体上看，以胜任力为基础的培训需求分析过程主要包括胜任力、胜任力标准、胜任力要素、评估计划、测试过程、实施评估、处理评估结果、记录和报告结果等几个步骤。

复习思考题

1. 为什么说培训与开发的需求分析对成功地设计并实施人力资源开发项目是至关重要的？

2. 组织分析与组织的战略规划有什么联系？为什么根据组织的战略目标来制定人力资源开发项目有利于为人力资源开发项目争取到资源支持？

3. 假设你要对某企业财务人员进行任务分析，你认为用什么方法分析该职位最适合？说出你的理由。

4. 假如你要为一家以通信设备研发制造为主业的高科技企业设计一套管理技能开发的培训体系，你首先需要进行的工作是什么？说出你的理由。

5. 作为一名从事人力资源开发工作的人员，你如何说服有关的经理或高层管理者在培训需求分析上投入一定的时间和资源？

6. 人员需求分析的一个重要信息来源是候选的受训者对个人发展需求的看法。在进行个人分析时依赖自陈的信息有何优缺点？

7. 战略/组织分析、任务分析和人员分析获取资料的渠道都有哪些？

8. 你认为胜任力模型与培训需求分析存在什么关系？请详细说明。

网上练习题

1. 请登录网址 http：//www. hrloo. com，在此网站上可以找到很多比较常用的培训需求分析的工具，试选取其中的一两种，谈谈它的优缺点。

2. 登录网址 https：//hstalks. com/t/3613/training-needs-analysis/，学习此网课，并在学习后尝试论述培训需求的分析在整个培训过程中的作用和地位。

案例

华为公司的人才培养机制

华为技术有限公司（以下简称华为）自 1987 年创立以来，最初只有 2. 1 万元人民币起家，如今已发展成为销售规模超 6 000 亿人民币（华为控股有限公司 2017 年年度报告）的世界 500 强企业。华为已经成长为世界通信设备产业的领导者。

众多跨国对手把华为视作“东方幽灵”，为自己的公司在业务上与华为没有交集而感到庆幸。华为为什么能在强敌如林的世界高科技领域后来居上？对华为的发展来说，技术很重要，资本很重要，但最重要、最具魅力的还是人力资源管理，而人力资源管理中，人才的开发与培养更是重中之重。华为有独特的人才开发与培养机制，培养出的员工缔造了华为高速成长的奇迹，而华为员工也成为猎头公司和其他同行业企业争相追逐的对象。

全员导师制度

华为的全员导师制通过一帮一的训练方式，让新员工有机会进行更多工作尝试并掌握更多专业技能，迅速成长为骨干，不仅有效缩短了员工进入新环境的磨合期，还增强了员工上下级之间的密切关系和员工的荣誉感。

华为导师的职责比较宽泛，不仅在业务上、技术上对新员工进行“传、帮、带”，还要进行思想上的引导和生活上的引领，而且华为这一做法不仅限于新员工，而是全员性、全方位的，也就是说，所有员工都有导师。华为认为，所有员工都需要导师的具体指导，实现“一帮一，一对红”。华为的导师制非常值得所有民营企业学习和借鉴，有不少企业也在实行导师制，但产生实际效果的却少之又少，原因是什么呢？还要从以下三个方面进行分析。

（1）华为全员导师制的基本特点。华为全员导师制与国有企业过去实行的师徒制类似，但又存在差异。对于调整到新岗位上的老员工，无论资历多长，级别多高，公司都会安排导师，这个导师可能比这位员工的工龄短、资历低，但在这个岗位上业绩突出，就可以成为导师。在华为，毕业后进入华为只有一两年的员工，照样可以成为导师。

（2）华为导师激励制度。华为为了保证导师制的落实，对导师实行物质激励：导师每月可以获得一定的“导师费”；华为还定期评选“优秀导师”，被评为“优秀导师”的员工可以获得奖励。而且，华为将导师制提升到培养接班人的高度，并以制度形式做出规定：“没有担任过导师的员工，不得提拔为行政干部；不能继续担任导师的，不能再晋升。”

（3）华为导师要能上能下。华为在选择导师方面，必须根据员工的真才实学，不论资排辈，只要在这个岗位上业绩突出，就会成为导师。这对刚入职的员工而言，也是一种激励。华为规定，如果徒弟出现问题，导师也不能得到提拔，甚至还会被降职。这也促使导师承担起培训的责任。

华为的特色案例教学

案例教学一直是华为采用的重要教学方法。华为总裁任正非指出，华为大学教学案例必须来自华为和社会的真实案例，本本主义的案例一个也不要。虽然有些真实案例不能成为好的教材，但这些案例是别人做成功的，或是正在使用的，如果你认为案例有欠缺，可以补充，但不能关起门来编案例，想当然的东西打起仗来绝对用不到。

华为案例教学，注重实战，没有实际意义的案例，就会被踢出教材。华为案例教学的精髓，总结起来就是任正非总裁所强调的四个阶段。

(1) 启发式学习。任正非强调，第一阶段先从启发式学习开始，先读好教材，最好每天考一次试，促进学员的通读。考试后老师先不要改卷子，直接贴到心声社区，贴到网上去，让周边的人看看，给他学习压力。

(2) 自己来演讲。任正非强调，演讲不能说我学了好多理论，我就背那个条条，这种演讲就毫无价值。要讲在实践中具体做了哪些事、符合或不符合这个价值观，只要是你自己讲的，就是合格的，不动脑子喊口号、拍马屁的，就是不合格分子。

(3) 大辩论。将观点和故事讲出来，没有实践的纯理论的东西，不能上台讲，演讲完了要进行辩论。

(4) 论文答辩。任正非强调，论文只要是理论性的，就是零分。没有实践，你看到别人做了一件事情特别好，从中学到了东西，也可以写，但是要当事人做证明人，找不到证明人的，这个阶段就不算过。

除了这些以外，华为的人才培训系统还有许多先进之处，总结起来主要体现在以下几个方面：

(1) 培训系统完善。新员工培训系统、技术培训系统、管理培训系统、营销培训系统、专业培训系统及生产培训系统，组成了华为分类分层、系统完善的人力资源培训体系。华为建立了一个全球性的培训中心网络，对全球数万名员工进行培训，规模庞大，覆盖面积广。华为海外培训中心覆盖了拉美、亚太、中东、北非、独联体等地区，国内在北京、南京、广州、昆明等多个城市和地区都建立了区域培训中心。相关统计数据显示，仅2014年，华为总部培训中心就对71 848人次的员工进行了培训，总培训时间达到104 915.6天（7小时/天）。

(2) 培训方法多样。华为培训方式包括在职培训和脱产培训两种，包括华为大学在内的全球培训中心为员工提供众多培训课程。华为更注重培训要以实战为依托，强调在职培训和自我培训。

(3) 培训内容广泛。华为的培训内容涉及众多领域，例如，华为为不同职业资格、级别及类别的在职员工制订了不同的培训计划，针对性地对员工进行技术或管理培训。为适应国际化发展战略，公司又根据各部门自身情况，推出了相应的举措和培训办法，例如外语培训、海外员工轮换交流等。

(4) 培训质量高。华为人力资源培训体系聚集了一流的教师队伍，配备了一流的教学环境，而且华为对于培训教师的资格选拔极为严格。华为的教师队伍中，既有资深的培训师，也有经验丰富的华为专家、工程师，华为还定期邀请业内权威专家及资深教授前来授课，保证公司在技术及管理方面处于发展的前沿。

华为还注重员工心态方面的培训，为此聘用了一批德高望重的退休专家和教授。这些人拥有丰富的人生经验和科学的研究方法，通过思想交流和情绪疏导，帮助员工树立正确观念、掌握科学方法，促进员工的成长和发展。

虽然华为注重培训，但同时华为又强调，培训是培训不出将军的，想要成为将军，就必须上前线。从这也可以看出华为的培训体系，一切是为了实战，这也是华为培训体系能够快速形成战斗力的原因所在。

资料来源：黄志伟. 华为人力资源管理［M］. 古吴轩出版社，2017.

第五章　培训与开发项目的设计与实施

【学习目标】

通过本章的学习，应该重点了解和掌握以下内容：

1. 确定人力资源培训与开发项目目标的意义；
2. 熟悉并理解培训与开发课程设计模型；
3. 编写培训与开发项目目标的方法；
4. 对课程结构的设计有清晰的思路；
5. 明白什么是培训项目设计，什么是培训项目开发；
6. 明白如何才能设计一个有效的培训项目；
7. 了解有效的培训课程计划应具备的特征；
8. 了解如何选择和布置培训场所。

【开篇范例】

培训项目到底该如何设计

胡哲是国内某知名家电企业人力资源部的培训专员，最近两年来，他觉得自己的工作压力太大，总是有搞不完的培训，成天忙于联系教师、安排教室、组织培训现场，一刻也不得停歇。最让他想不通的是，前几天领导还狠狠地批评了他一通，说他不知道是怎么搞的，明明花那么高的代价，但参加培训的人员却纷纷反映培训的效果差！回来后，胡哲百思不得其解，领导可不知道，自己为了这些系列培训不知花费了多少心思，难道大家真的不满意吗？这到底是怎么回事，培训项目到底该怎么搞？

事实上，胡某碰到的是许多企业经常面临的问题。培训效果的好坏取决于整个培训项目的设计和安排，学完本章以后，你将明白究竟该怎么组织和设计一个有效的培训项目。

什么是培训项目？威廉等人（William，2016）认为培训项目有以下特点：它是一种新兴的专业能力；注重建立和维持较高的工作效率；以工作绩效模型为导向；系统地开展；基于开放的系统理论；它是发现并解决员工绩效问题以及通过员工智慧找到生产率提升的突破点的最具性价比的方式。

第一节　培训项目设计与开发的有效模型

在上一章中，我们详细介绍了如何确定组织的培训需求。培训需求分析是整个培训与开发工作的起点，直接决定了后续工作的有效性，因此在人力资源培训与开发活动中至关重要。而在完成了需求分析之后，许多重要的问题就摆在了人力资源开发人员的面前，比如：

（1）是否应该通过培训与开发等措施来解决在培训需求分析中发现的问题？

（2）应该如何把培训需求分析的结果转换成一个具体的人力资源培训与开发项目或措施？

（3）如何进行有效的培训与开发项目的设计与开发？

（4）如何选择恰当的培训方法和资料，并做好相应的准备工作？

（5）在为培训做准备时，是否需要考虑一些关于日程安排的具体问题？

（6）怎样才能最好地组织培训项目？

完成培训需求调研并撰写了分析报告之后，企业常常会发现，各层各类人员的培训需求相差甚远，需求分析工作做得越仔细，发现的问题往往越多，提炼、总结出的培训需求也就越多，试图通过一两次培训活动就解决所有的问题不太现实。现实的解决办法是对归纳之后的诸多培训需求，根据企业发展战略与经营要求进行排序，以项目的形式进行实际运作。当选择了由组织自行设计和开发一个培训项目后，就必须掌握和了解如何才能设计与开发一个有效的培训项目。本章的主要内容是具体介绍如何设计一个有效的培训和开发项目，以满足培训与开发的需求。

培训项目设计主要是指将确定的培训需求转化为培训目标、教材说明、测试细则以及讲授策略的过程。

培训项目开发则主要是将教材说明、测试细则以及讲授策略转化为具体的学员材料、指导教师所需的材料以及具体的测试题目的过程。

图5-1展示了培训项目设计与开发的具体流程。在第一阶段主要是根据培训需求确定培训目标，即回答学员在完成培训后能干什么，该培训能够给予学员提供哪些资源和帮助，如何评估他们的学习成果等问题。第二阶段是准备测试题目，测试是衡量学员学习收获的一种方法，在该阶段主要考虑如何量化学习成果，是否可以通过某些方式量化在岗学习或脱产学习的结果等问题，以确定检验培训成果的方法。第三阶段是制作、购买或修改培训材料，以满足培训需求，达到培训目标，主要考虑如何才能达到培训目标，什么样的材料最适合达到既定的培训需求，是制作、购买还是修改培训材料，从而达到成本最优化等问题。第四阶段是选择培训所需要借助的媒介，确定是采取课堂培训、计算机辅助培训、网络培训，还是在职现场培训等其他形式（本阶段内容将在第六章详细介绍）。第五阶段是准备学员材料和教师教学资料包。学员材料包括学员用书、学员的活动、预读资料等；教师教学资料包包括教师用书、课程计划、辅助材料、在职培训的指导清单等。

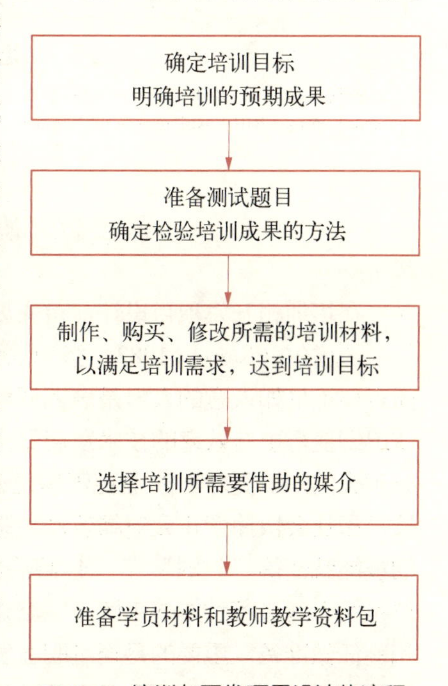

图5-1　培训与开发项目设计的流程

图 5-2 是培训与开发课程设计的流程模型。培训与开发课程设计的流程以需求评估为起点，通过课程设计、选择并开展课程内容、分析目标人群等，一直到有效实施为终点。此流程展现了培训与开发课程设计最完整、最理想的过程，但并非流程中的所有项目都必须完成。课程设计者可以根据自身需求进行调整。环形下方的五种能力是在整个培训过程中，培训者需要具备的素质，只有具备了这些素质，才能有效地对受训者进行培训。

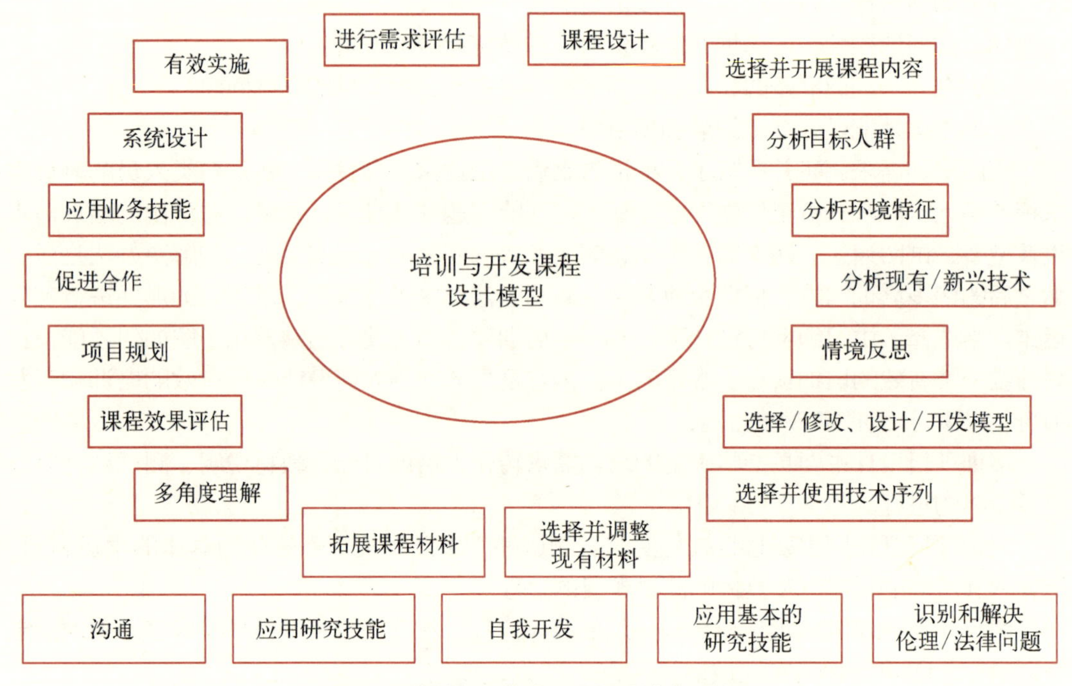

图 5-2　培训与开发课程项目设计流程模型

资料来源：R. Richey, D. Fields & M. Foxon. *Instructional Design Competencies: The Standards* [M]. 3rd ed. Syracuse, NY: ERIC Clearinghouse on Information and Technology, 2001.

第二节　确定培训与开发项目的目标

在培训和开发项目设计前首先要做的工作就是确定培训与开发项目的目标。

卡雷尔（Carrel, 1982）指出培训的目标包括六个方面。① 提升绩效。由于缺乏技能而表现不尽如人意的人员是培训课程的主要目标。② 升级员工技能。管理人员必须对能够使组织变得更有效率的技术发展做出反应。技术变革意味着工作范围的改变，这表明应该有预先的知识更新。③ 避免管理过时。许多方法在日新月异的变化中都被证明是无效的。技术和社会快速变化会对绩效产生影响。对于那些无法适应的员工来说，他们之前所拥有的技能就变得“过时”了。④ 解决组织问题。在每个组织中，一定会发生很多冲突，当然也可以通过各种方式来解决。培训和发展为员工提供了应对冲突的能力。⑤ 为员工晋升和继任做准备。重要的是通过职业发展计划吸引、留住和激励员工。通过培训和员工发展计划，员工可以获得晋升所需的技能，并能轻松地向更高的工作岗位迈进。⑥ 满足个人需求（满足个人成长需求）。许多员工更注重成就感，并且在工作中不断需要新的挑战。安瓦尔（Anwar，2009）认为员工培训的目标主要有：① 得到心灵和意识上的提升；② 提高工作效率；③ 提高工作质量；④ 改进人力资源制度；⑤ 提高道德感和斗志；⑥ 激励员工，使其执行力最大化；⑦ 提升职业健康和安全；⑧ 避免“过时”；⑨ 提升员工的发展。

一、明确培训与开发项目目标的意义

培训与开发项目目标是对某一个或少数几个培训需求要点的细化，它反映了组织对培训与开发项目的基本意图与期望。取得这些结果的方法和途径有很多，比如举办讲座、角色扮演、员工辅导等，但它们并不被包括在目标的内容里。相反，只有在明确了目标之后，才能进一步确定为了实现目标应该采取的方法。正如在进行培训与开发活动之前要弄清楚培训需求一样，在实施具体的培训开发活动之前，拟定项目的基本目标，也具有重要的现实意义。同时，拟定培训与开发项目的基本目标，不仅要注意基本的格式，还要遵照一定的流程。

项目目标的确定直接关系到培训与开发活动的成败。正如在黑夜航行于茫茫大海中的船只，如果没有灯塔的指引只能随波逐流一样，没有目标的培训活动，培训工作势必陷入泥潭，除了浪费企业的人力、财力、物力以外，不会取得什么成果。在项目开始之前，认真、准确地制定项目实施的基本目标具有以下意义。

（一）培训与开发的项目目标是确定培训内容与培训方法的基本依据

企业在组织培训开发活动中常犯的一个错误是，在既定的培训主题之下，把一些看似相关其实价值不大甚至毫无价值的东西罗列到一块，看似培训了许多内容，其实收效甚微。究其原因，就是没有制定明确的培训项目目标，因此，也就不可能基于既定的项目目标去组织必要的培训素材，选择相应的培训方式。

（二）培训与开发的项目目标是对培训开发活动效果进行评估的主要依据

目前许多企业对培训效果的评估仅仅停留在培训结束后对授课讲师的授课情况的简单评价上，也即常见的反应层面的效果评估，对受训者在接受培训之后的实际效果，则很难做出客观、公正的评价。诚然，人力资源培训与开发活动的效果评估工作操作起来的确有一定的难度，尤其是许多方面难以量化，而且周期很长。但是，企业在培训开发效果评估中表现出来的主要问题，则在于没有明确、客观的依据可循，这是导致企业培训效果评估流于形式的主要原因，而其真正的根源在于没有制定明确的项目目标，因而也就不可能基于培训目标得出相应的评估指标。

（三）明确的培训与开发项目目标有利于引导受训者集中精力完成培训与学习任务

培训开发活动效果的好坏，一方面取决于授课教师的课程内容安排、授课方式的选择以及授课技巧的运用，另一方面也取决于受训者的配合与主观努力情况，而受训者的反应与行为则来自受训者本人对项目的整体认识。前文已经指出，项目目标是组织对培训与开发活动的基本意图与期望，也就是说，项目目标明确表述了组织认为受训者在接受了相关的培训之后，在行为表现和业绩方面应该获得的基本成果，如果受训者在接受培训之前，已经明白了组织对自己的基本期望和要求，那么，我们有理由相信，这种带着明确的目的去学习和盲目地去学习的效果会截然不同。

如果在项目目标中没有具体说明受训者应该达到的作业水平、作业的环境条件和评价指标，那么这样的项目目标通常是含糊不清的，它容易使人对同一目标做出不同的诠释，并由此导致冲突和分歧。为了确保目标的内容是清晰、无歧义的，在编写具体目标时要字斟句酌，最好在编写完毕后让经理或目标学员审阅一下。如果审阅的人看不明白的话，那么就需要进一步地修改。如果项目目标是可以直接观察到的行为，那么与那些无法直接观察到的行为目标相比，在描述前者时要容易得多。表 5-1 描述了评价培训目标设定的标准。

表 5-1 评价培训目标设定的标准

作业表现	一个目标通常应该指出为了胜任某项工作，受训者需要具备的能力或能够提供的产出。例如："为新产品撰写产品说明。"
环境条件	一个培训项目目标应说明某项作业发生时的重要环境条件。例如："在掌握了有关某个产品的所有工程信息的情况下，受训者能够撰写一份产品说明书。"
评价指标	如果可能的话，一个培训项目目标应指出可接受的受训者的作业水平。例如："受训者必须在产品说明中介绍该产品所有适应市场需要的商业特征，其中至少要说明它的三种用途。"

资料来源：R. F. Mager. *Preparing Instructional Objectives* [M]. 3rd ed. Atlanta: Center for Effective Performance, 1997: 21.

二、编写培训与开发项目目标的具体方法

（一）描述培训与开发项目目标

尽管不同的培训与开发项目的目标各不相同，但是，任何一个培训与开发项目目标的基本构成或格式都是大同小异的。项目目标表明了培训与开发活动的组织者对受训者参与这一活动的基本意图和期望。因此，项目目标就是要明确、具体地阐述受训者在接受培训之后，能够做什么（会什么）、在什么条件下做以及做到什么程度。换句话说，项目目标就是关于受训者在完成培训后应该表现出来的行为（行为改变），行为赖以发生的特定环境条件，以及组织可以接受的业绩标准的表述。由此可以看出，一个完整的项目目标包括三个基本的构成要项：行为（能力）表现、行为发生的环境条件以及行为（绩效）标准。表 5-2 是编写培训与开发项目目标的操作指南。

表 5-2 编写培训与开发项目目标的操作指南

1. 培训目标是文字、符号、图画或图表的组合，它指出了受训者应该从培训中取得的成果。
2. 培训目标应该从三个方面来传达培训的意图：
   第一，受训者在掌握了需要学习的东西后应该表现出什么样的行为；
   第二，受训者学会的行为应该在哪些情况下表现出来；
   第三，评价学习成果的标准是什么。
3. 在编写培训目标的时候，需要不断修改初稿，直到以下的问题都有了明确的答案：
   第一，组织希望受训者能够做什么？
   第二，组织希望他们在哪些特定的情况下表现出这些行为？
   第三，组织希望他们的作业水平达到什么标准？
4. 逐条写出组织期望受训者取得的每一个培训成果，直到充分表达了你的意图。

资料来源：R. F. Mager. *Preparing Instructional Objectives*. 3rd ed. Atlanta: Center for Effective Performance, 1997: 136.

下面介绍两个具体的实例。

（1）某企业人力资源部为了提高集团各下属分、子公司人力资源专业人员确定培训需求的能力，设计了"如何有效地确定培训需求"的培训项目，项目目标界定如下：掌握并运用常见的培训需求分析方法，对部门员工的培训需求进行分析，参照人力资源部提供的

模板，撰写并提交规范、准确的部门员工培训需求分析报告。“规范”指格式符合人力资源部的基本要求，“准确”指培训需求评估的准确率不低于90%。

（2）某集团人力资源部在完成了“企业人力资源机制建设”管理咨询项目之后，为了增加各级主管对此机制的了解，策划了“集团人力资源管理体系概况介绍”的培训活动，项目目标如下：受训者在接受培训之后，能够明确阐述企业人力资源管理体系的构成模块及相互之间的关系，能够清楚地表达自己在企业人力资源管理工作中的基本职责。

确定项目目标并将之准确表述出来是一项十分艰巨而重要的任务。培训项目能否真正对受训者的行为并进而对绩效产生影响，能够产生多大的影响，与项目目标的设置息息相关。不难想象，一个表达模糊、容易产生歧义的目标不可能有效引导受训者的行为。在设置项目目标的时候，切忌使用模糊语言，如果上述第二个实例中的项目目标被定义为“让各级主管了解企业人力资源管理体系的基本情况，知道自己在企业人力资源管理工作中的重大责任”，这种培训即使在完成之后，估计也没几个人能够真正了解人力资源管理系统究竟由哪些板块构成，自己在人力资源管理工作中究竟应该扮演什么角色、发挥什么作用，因为项目目标太笼统了，让受训者无所适从。为了使项目目标更加准确、有效，我们建议在初步拟定项目目标之后，要仔细思考如下三个问题：第一，项目目标是否已经明确传递了企业对受训者接受这一培训活动之后行为（业绩）的基本期望？第二，这一行为在什么条件下发生？第三，受训者表现出来的行为（业绩）在什么标准下是企业可以接受和认可的？遵照这三条要求进行检查、修正，就能保证项目目标表述的规范性与有效性。

（二）拟定培训与开发项目目标的注意事项

培训与开发项目直接源于培训需求，因而，培训与开发项目目标应服务于员工的培训需求，但是，它又不同于培训需求。通常情况下，企业都是按照培训需求的要点组织相应的培训与开发项目，也就是说，一个培训与开发项目通常只能承担基于某一特定的培训需求的培训工作，这就告诉我们，不要企图通过一次培训活动实现多个培训需求。在组织培训需求调查的过程中，我们常常发现，员工不仅不能正确地实施组织期望的某种行为，而且还没有掌握相应的知识与技能。因此，在拟定培训与开发项目目标时，一方面要明确指出受训者在接受培训之后所应掌握的知识与技能；另一方面，也是更关键的一点，应该指明受训者在接受培训之后，在特定的环境条件下，应该能够表现出的某种特定的行为，从而产生组织期望的业绩。

第三节　培训材料包以及测试题目的开发

在明确了培训目标后，我们就要根据目标来设计课程结构。课程结构对于培训的开展十分重要，它决定了课件全部内容框架的逻辑，影响着讲师的表达和思维，一旦结构形成，再改变就相当困难。因此，课程设计必须有正确的思路作为指引，避免因设计不当导致结构重建、推倒重来。

搭建课程结构时，要注意四点：一是紧扣主题，因为主题的方向和大小直接影响内容框架设计的复杂程度；二是联系培训对象，课程结构不是一个简单的知识内容的排列，需要考虑学员的程度，让内容跟学员的联系度更高；三是考虑模块、内容之间的逻辑顺序；最后，结构中要包含“对工作的启发”和“应用”，如果不关注“应用”，很容易把课件变成一个“照本宣科的材料”。

课程结构设计完毕以后，下一阶段的主要任务就是制作、购买或修改培训材料，准备学员材料和教师教学资料包以及测试题目等。培训材料是指能够帮助学习者达成培训目标，满足培训需求的所有资料。具体包括：

（1）课程描述；

（2）课程的具体计划；

（3）学员用书、课前阅读资料；

（4）教师教学资料包（胶片、视听材料、练习册，角色扮演、行为示范、案例研究、关键事件法等的背景资料，电脑软件等）；

（5）小组活动的设计与说明；

（6）测试题目。

本节将重点介绍课程描述、课程计划的撰写，培训方式的选择，辅助性材料以及测试题目的准备。培训材料可以通过下述途径来获得：

（1）由培训教师准备；

（2）由组织自行设计开发；

（3）从外部组织购买；

（4）从外部购买并按照组织的特定需求进行修改。

一、课程描述

课程描述主要提供培训项目的基本信息，具体包括课程名称、目标学员的基本要求、培训的主要目的、课程的主要目标、培训时间、场地安排以及培训教师的姓名等。表5-3是一个具体的课程描述的例子。

表5-3 课程描述举例

项目名称：如何进行有效的绩效考核与绩效管理

课程名称：绩效考核与绩效管理——以战略为导向的企业KPI指标体系设计

课程时间：6小时

课程目的：

1. 能够明确阐述绩效考核和绩效管理的重要作用；
2. 掌握设定绩效考核指标的基本流程；
3. 能够准确表达自己在绩效考核与绩效管理中的基本职责。

目标学员：各级管理人员

学员规模要求：16—24个人

前期准备：

受训者：整理、收集部门绩效考核与绩效管理中存在的问题

培训者：熟悉绩效考核指标设计流程，准备研讨案例

培训教室要求：座位按扇形摆放

所需资料和设备：电脑、投影仪、白板、话筒

培训教师姓名：×××

二、课程的具体计划

一份详细的课程计划主要用于设计培训的内容和活动，安排活动的前后顺序，以帮助

培训教师顺利完成本课程的教学内容，达到培训的目标。表 5-4 描述了有效的培训课程计划通常应具备的特征。

表 5-4　有效的培训课程计划应具备的特征

特　征	思考的关键问题
1. 学习目标或成果	● 本课程将要实现什么目标？ ● 采用什么标准来衡量最后学习的效果？
2. 目标学员	● 主要的受训对象应是谁？ ● 目标学员应具备哪些特征？
3. 培训教师和学员应具备的资格条件	● 为了取得更好的培训效果，学员应事先做哪些准备？ ● 学员应具备哪些条件？ ● 培训教师应具备什么样的资格和条件？
4. 时间分配	● 课程中每个单元的时间如何分配？
5. 课程纲要	● 课程中每个单元中应包括哪些具体的内容？ ● 内容前后顺序如何编排？
6. 活动安排	● 在课程的每个单元中学员和培训教师应分别扮演什么角色？
7. 辅助材料	● 在课程实施过程中应准备哪些辅助材料或设备？
8. 培训环境的布置	● 培训教室的布置和座位的摆放应该是什么样的？
9. 前期准备	● 学员是否应在参加培训前完成课前作业？ ● 培训教师应做哪些方面的准备？
10. 具体培训内容	● 每门课程的各个单元都具体包括哪些内容？
11. 效果评估	● 学习效果采用哪种评估方式（测验、角色扮演等）？
12. 培训成果的应用	● 采用哪些具体措施来确保培训成果在工作中的应用？

课程设计的指导思想是要贯彻和体现培训的项目目标，使项目目标通过一系列的课程内容能够转化为受训者的行为表现和绩效要领。因此，课程设计的第一步是要仔细研究培训的项目目标。通常情况下，为了实现某一具体的培训项目目标，需要安排几个单元的培训课程。也就是说，在这一步我们要根据项目目标，确定培训课程将分几个单元进行，并确定每一单元的授课主题。下面是一个实际示例。

某企业人力资源部基于绩效考核十分混乱的现状，策划了“绩效考核与绩效管理——以战略为导向的企业 KPI 指标体系设计”的专题培训。经过仔细研究，本次培训项目的项目目标确定为三个基本要点，即希望培训结束后企业的管理人员① 能够明确阐述绩效考核和绩效管理的重要作用；② 掌握设定绩效考核指标的基本流程，并在人力资源部门专业人员的协助下建立部门员工的绩效考核指标体系；③ 能够准确表达自己在绩效考核与绩效管理中的基本职责，并灵活运用于管理实践当中。

基于上述三个培训目标，课程设计人员将这次培训活动分为三个单元：

第一单元，绩效考核指标体系建设；

第二单元，绩效考核与绩效管理及其结果运用；

第三单元，管理人员在绩效考核与绩效管理中的基本职责。

确定了课程单元之后，下一步工作是要细化每一单元的授课内容，即确定每一单元的授课大纲，明确每一单元的主要授课内容。例如，在上述案例中，课程设计人员认为在第一单元中要详细介绍绩效考核指标体系的制定流程和方法，为此，应该明确以下几个授课要点：第一，何谓 KPI 指标体系；第二，企业为什么要基于战略来确定分层分类的 KPI 指标考核体系；第三，如何建立分层分类的 KPI 指标考核体系。

按照上述方法，可以确定每一单元的授课大纲，至此，关于这次培训活动将要讲授的内容，已有了个大致的安排，但是还没有形成一个明晰的课程计划。事实上，课程计划是培训者用来传达培训活动的基本内容和先后顺序安排的一份清单，因此，它除了要明确指出培训活动的课程名称、学习目的、包含的主题之外，还需要明确目标学员是谁，培训的时间安排，培训活动如何实施，以及其他一些细节问题。表 5-5 所示的课程计划是我们前面介绍的企业的一个实际例子。

表 5-5　XX 课程的具体计划（举例）

项目名称： 如何进行有效的绩效考核与绩效管理
课程名称： 绩效考核与绩效管理——以战略为导向的企业 KPI 指标体系设计
课程时间： 6 小时
课程目的：

1. 能够明确阐述绩效考核和绩效管理的重要作用；
2. 掌握设定绩效考核指标的基本流程；
3. 能够准确表达自己在绩效考核与绩效管理中的基本职责。

目标学员： 各级管理人员
前期准备：
受训者：整理、收集部门绩效考核与绩效管理中的问题
培训者：熟悉绩效考核指标设计流程，准备研讨案例
培训教室要求： 座位按扇形摆放
所需资料和设备： 电脑、投影仪、白板、话筒

课程内容	教师角色	学员角色	时间安排
KPI 指标设计的流程与方法介绍	宣讲	聆听	9:00—10:30
休息			10:30—10:45
研讨：如何确定 CSFs	辅导	练习	10:45—11:45
点评	讲解	聆听、修正	11:45—12:00
午餐、休息			12:00—13:00
绩效考核与绩效管理及其结果运用	宣讲	聆听	13:00—14:00
研讨：两者的区别，结果如何运用	辅导	分组讨论	14:00—14:30
休息			14:30—14:45
管理人员在绩效管理中的职责	宣讲	聆听	14:45—15:30
研讨：如何成为一名合格的绩效管理者	辅导、点评	讨论	15:30—16:00
结束	回答问题	提问	

三、小组活动的设计与说明

通常，人们能够集中精力专注在一件事情上的时间不会超过 7 分钟，这就意味着每 7 分钟我们要换一种培训方式（见表 5-6）。在培训活动的设计中，可以大量采用小组活动的方式，通过学员的讨论与交流，鼓励学员表达自己的思想和情感，强化学员对概念的理解，

鼓励人际交往和决策的制定。小组活动的方式包括案例分析、商业游戏、角色扮演、行为示范、头脑风暴、拓展训练、公文处理测验、鱼缸式练习、自我评估练习等形式。可以要求学员以小组为单位分析并讨论问题，最后找到解决问题的方案。小组活动也被称为体验式学习。

表5-6　培训方式的选择

方　式	怎么做	什么情景做
演讲	演示做什么	宣布决定/介绍程序
讲授	演示做什么 教别人怎么做 观察其他人做 辅导学员以提高能力	填写表格 操作某些仪器 技巧演示
问与答	自问自答 问，然后鼓励其他人回答 某些人提问，鼓励其他人回答 问，然后点名回答	一些简单的问题 一些没有标准答案的问题 所问情况是非常普遍的 有讨论价值的问题 需要大家更集中精力时
录像带	课前准备能够支持学习观点的录像带	看，做记录，思考，讨论，解释
案例讨论	设计与课程相关的案例 安排时间进行讨论 介绍要达成的目的 每组要演示他们的讨论结果 回顾并讨论学习要点	练习运用学习要点 经验分享 从不同的角度解决问题
角色演练 技巧练习	三个人一组 一个人观察并给出反馈 其他两个人练习，轮换角色 要求发现3—4个优点和3—4个可以改进之处	运用学习要点，特别是一些技巧 分享经验 形成习惯
问卷	设计问卷 要求学员随机地回答而不用过多思考	理解或者分析自己、状况或者他人 在某些问题或技巧上对自己进行测试
游戏	描述相关的细节 解释活动目的 回顾学习要点	控制环境 使学习观点深入浅出
小组讨论	根据讨论的观点进行分组 解释讨论的目的 控制讨论的时间 保证讨论的方向是一致的	与学习的内容相关联的问题 一些复杂的、有争论的问题 有代表性的问题 每个人都会有自己观点的问题 可以从不同角度看的问题
虚拟学习	思考学习目标 思考交流工具 保持课程聚焦	利用分组会议创建虚拟团队，使其以同步模式协同工作来搜集信息，分析关键数据，回答、讨论并解决问题
社交媒体	保证参与者与讲师之间的一种更易互动的非正式关系，将讨论延伸到课堂之外 有更多途径发现参与者的需求	花时间去发现社交媒体的作用，如QQ、微信、微博、脸书（Facebook）、推特（Twitter）等，通过提供小测验、游戏、调查、短消息来扩大你的选择
移动学习	设计简洁的学习模块 鼓励用户反馈 理想状态下应提供即时支持	可以在恰当的时间为每个参与者发送定制消息，使你与参与者快速连接，获取最新情况，且时刻保持联系状态

戴维·柯布（David Kolb）等主张体验式学习的人认为学习者只有在积极参与的情况

下，才能取得良好的学习效果。基斯（Keith）和沃尔夫（Wolfe）将这种观点总结如下："体验主义者认为有效的学习过程是一种积极的体验过程，在这个过程中参与者的技能、知识和信念都要接受挑战。为了实现这一点，需要营造一个现实的问题情境，这个情境对参与者来说既富有挑战性，又不会给他们造成心理伤害，他们可以放心地运用新的概念、技能和行为来解决面对的问题。体验式教育者承认，每个学习者在来到教学现场时，同时也带来了先前积累的一系列知识和学习方法，这些东西与当前的学习情境也许并不匹配。"

下面我们对上述这些小组活动的方法进行一一介绍，运用不同的小组活动方法能够帮助我们加强培训的效果。

（一）案例分析

帮助受训者掌握分析问题和解决问题的技能的一条途径是给他们讲故事（即案例），在故事里某个组织中的员工要么遇到了一个问题，要么必须做出某项决策。案例既可以以真人真事为基础，也可以虚构。通常在大学使用的管理、公共行政管理、法律、社会学等同类课程的教材中都有案例。现在也有越来越多的案例是以视频或其他媒介的形式提供的。

表 5-7　培训案例的来源

来　源	作　　用
名人案例	名人案例是知名企业家或者某个知名人士的众所周知的案例。这样的案例既有公众知名度又有可信度，用它来说明内容，会具有非常强大的说服力
自身案例	自身案例是培训师自己实践工作中的成功案例和经验。课程中使用这样的案例，既能让内容被学员接受，也能有效提升培训师在学员心中的形象和地位
名企案例	名企案例是世界著名企业的成功案例。这样的案例往往有市场知名度，对学员的教育价值非常大。在选择这样的案例时，一定要注意将案例描述与本企业的文化接轨，或者确保案例符合本企业的实际情况
单位案例	单位案例是本企业的实际案例。在课程中使用这样的案例，能更加有效地增强课程内容的针对性。同时，单位案例往往有告诫性价值和发扬性价值。告诫性价值是用失败的案例告诫学员以后该如何做、不能怎么做。发扬性价值是通过案例告诉学员要向某个人学习，或者告诉大家以后该如何把这件事做好

资料来源：周平，范歆蓉．培训课程开发与设计［M］．北京联合出版公司，2015.

尽管不同的案例在复杂程度和描述的详细程度上可能有所不同，但是它们必须为受训者分析问题、提出解决方案提供足够的信息。在解决问题时，通常要求受训者按以下步骤来完成理性的问题解决过程：

（1）用自己的话重新陈述重要的事实；

（2）根据事实进行推理；

（3）诊断并说明问题所在；

（4）设想几种可供选择的解决方案，说明每种方案可能的结果；

（5）确定行动方案，并给出充分的理由。

在分析案例时可以以个人或小组为单位，最后让个人向大家报告他的分析过程和解决方案。

提倡案例分析教学的人认为，这种以一定管理情景为背景的问题解决教学形式不仅为受训者提供了需要学习的概念的例证，还锻炼了他们的沟通技能，促进了理论与实践的结合。此外，案例分析为受训者讨论和分享观点，对不同的推论、问题以及行动方案提出质疑创造了机会。对问题的洞察和分析可以培养受训者的分析能力，提高他们整合新信息的能力。此外，案例分析法还有以下几个优势：

（1）参与性强，变学员被动接受为主动参与；

（2）将提高学员解决问题的能力融入知识传授中；

（3）教学方式生动具体，直观易学；

（4）可以激发学员的学习积极性；

（5）学员之间能够通过案例分析达到交流的目的。

但是，案例分析法也存在缺点，例如，可能导致群体思维；过于关注过去的事件；束缚了培训者，使其无法充分发挥教导作用；不利于培养受训者举一反三的能力；强化了受训者的消极反应；受训者之间的互动虽然从数量上来看增加了，质量却下降了。安德鲁斯（Andrews）和诺埃尔（Noel）指出，案例常常不如现实情景复杂，它无法让人产生身临其境的感受，不利于培养受训者收集和过滤信息的能力。此外，受训者可能会过于关注案例的细节，而忽视了那些他们应该掌握的更一般性的问题和概念。除此之外，案例教学法也存在以下的一些不足之处：

（1）案例准备的时间较长而且要求高；

（2）案例法需要较多的培训时间，同时对学员能力有一定的要求；

（3）对培训教师的能力要求高；

（4）无效的案例会浪费培训对象的时间和精力。

阿吉里斯（Argyris）则从另一个角度批评了案例教学法。他说，案例分析不能引导受训者对自己的假设和立场提出质疑，而且它在一定程度上还造成了受训者对指导案例分析的人的依赖，所以案例分析实际上并没有充分挖掘受训者的学习能力，不能充分利用培训给受训者带来的学习机会。阿吉里斯主张培训者应该为受训者创造这样一种环境，在这个环境中受训者可以摆脱防御式思维的束缚，大胆地对自己和他人的观点提出质疑，审视自己的言行是否一致。

为了克服案例分析的缺点，培训者应该明确地告诉受训者在分析案例的过程中对他们有哪些要求，并且告诉他们只在必要的时候才会为他们提供指导。此外，培训者必须有效地引导案例分析的讨论部分，确保受训者有机会对各自的假定和立场进行分析，从而探索出最佳的理性分析过程。案例讨论的最终目的不是要得到一个“正确”的解决方案，而是要为行动方案的设计提供一个合乎逻辑的、理由充分的分析过程。另外，为了改进案例分析教学法，人们还创造了一些案例分析的模式，比如现实案例分析，它要求受训者对其所在组织目前面临的一个实际问题进行分析。

准备采用案例分析法的培训者最好综合考虑下列因素：

（1）特定的教学目标；

（2）案例分析的目标；

（3）具体事件或案例的特点；

（4）受训者的特点；

（5）教学时间；

（6）教学情景概况（班级人数、课程水平等）；

（7）教师自身的特点和教学特点。

（二）商业游戏和模拟

与案例分析类似，商业游戏的目的也是开发或锻炼受训者解决问题、形成决策的技能。这种培训方法主要应用于商业管理决策等类型的培训课程中。据估计，有23%的组织采用了非计算机化的商业游戏或模拟，有9%的组织采用了电脑商业游戏或模拟。

创造型领导培训中心发明了一种被称为“镜子公司”的商业游戏。参与者在游戏里扮演一家虚构的镜子制造公司的决策者，需要根据一些现实的与公司有关的信息做出各种决策。培训共计三天的时间，第一天主要模拟公司的运作，第二天分析第一天的运作情况，第三天主要练习在第二天的分析中重点强调的那些决策技能。某公司在管理者技能开发培训中用镜子公司游戏来对受训者的工作能力进行诊断和反馈。从镜子公司游戏的发明者进行的研究来看，受训者在游戏中表现出的行为与现实中的经理的行为是类似的，说明这种培训至少在短期内是有效果的。

此外，MACS管理模拟训练也是采用商业模拟的方式设计的一个有代表性的培训项目。MACS管理模拟训练是由日本的神户制钢所开发出来的专门针对企业中高层管理者的培训项目。MACS的意思是Management Cycle Simulation，即模拟企业实际管理循环，提高管理者的管理技能。MACS的口号是：“不仅要‘知’，而且要‘会’”，因为“知道”并不等于“会做”。

MACS训练的培训目标是使学员在三天封闭式的培训中全面了解企业经营的运行过程：

（1）通过P（计划）D（实施）C（研讨）A（改进）循环掌握和提高管理水平和技巧；

（2）了解Q（质量）C（成本）D（交货期）S（安全）H（人际关系）在管理中的重要性；

（3）熟悉主要财务报表和企业的成本、利润结构；

（4）通过职位轮换体验本职工作以外的业务特点等。

为了达到上述的培训目标，我们来看一下该课程是如何设计的。

（1）目标学员：中高层管理者。

（2）理想的目标学员规模：24个人，确保每位参加者都能100%参与。

（3）培训需要的道具：组装汽车的塑料模块、计算器、绿色台布、闹表、图纸、白板、投影仪、电视机等。

（4）培训方式：培训时，每六名学员组成一个模拟公司，四个小组分别是四个汽车制造厂，每个组员分别担任总经理和市场、财务、技术和生产等方面的各种职位。职位说明书很清楚地描述了每个角色的职责和任务。三天的培训当中，每个人要扮演三个角色，即每天一个角色，以体验本职工作以外的其他职位。三天的培训内容包括签订合同、制订经营计划、购买材料、组织生产、市场销售和财务等。例如，第一天要按照提供的图纸去采购原料并在规定的时间内生产汽车；第二天不仅要自行生产还要自行设计；第三天要设计、生产并销售。每一个“公司”的业绩在这个过程中都会得到综合评价。

管理技能开发培训和评价中心采用的另一种模拟方法被称为“公文处理测验”，即设计一系列管理者所处的真实环境中需要处理的各种公文，要求被试者以管理者的身份模拟真实生活中的想法，在规定的时间内对各种公文材料进行处理并形成公文处理报告。

这种方法主要用来评价受训者分清事务的优先处理顺序，策划、收集相关信息并做出决策的能力。它对一个人的计划、组织、分析、判断、决策、文字表达能力进行评价和判断。

“公文处理测验”通常按以下步骤来进行：

（1）告诉受训者他们被提拔到了一个突然出现空缺的管理职位，并给他们提供这个组织相应的背景信息，包括人事情况、人际关系、组织政策和工会合同等；

（2）把前任经理文件接收筐中的资料转交给受训者，这些资料包括电话留言、工作笔记、备忘录、信件和报告；

（3）要求受训者阅览上述资料，组织信息，排出工作日程，并对有关问题进行决策；

（4）由受过训练的评分者对受训者的决策进行评估。

这种培训方法的目的是强迫受训者在有限的时间内做出决策。由于时间的限制，他们通常无法读完所有资料并一一进行处理，所以他们在做决策时必须既迅速又准确。在评价受训者的决策能力时，不仅要看其决策的质量，还要看他们能否正确地区分工作重点，能否有效地处理所有的重要资料。关于公文处理测验的研究表明，无论是单独采用这种方法还是配合使用其他技术，都可以有效改善受训者的工作效率，还可以成功预测他们的管理效能。

商业游戏和模拟的不足之处有三个方面。

第一，尽管它们可以设计很复杂的情景，但是往往缺乏真实性，游戏和模拟中提供的信息或要解决的问题在复杂程度上可能与现实情况不相符。使用模拟的方法很难表现出组织的历史、组织内部的政治、组织面对的社会压力、不同决策方案的风险和结果等。这种情景上的差异可能会影响受训者在实际工作中运用从游戏或模拟中学来的东西的能力。

第二，许多游戏和模拟只突出了商业决策过程的量化分析，对影响管理成效的人际因素的重要性强调得不够。

第三，这种培训形式虽然比较流行，但是并没有严格的评估研究证明这种方法的有效性，大家常常是以经验来判断它的好坏。然而，由于模拟的方法经常与其他一些培训技术结合使用，研究很难单独分离出它对培训成果的贡献。

（三）角色扮演

在美国，角色扮演的培训方法颇受欢迎。在采用角色扮演技术进行培训时，培训者为受训者创造一个组织情景，让两个或两个以上的受训者一起来扮演某个情景中的角色。角色扮演必须为受训者提供自我发现和学习的机会。举一个例子，可以在管理者开发培训中设计一个角色扮演的情景，在这个情景中一名经理和他的一名下属发生了冲突。为了让受训者更好地理解这个情景下的人际互动过程、练习人际交往的技能，最好让受训者将两个角色都扮演一下。角色扮演结束后，培训者和受训者一起对各个角色的表现进行评价，这种反馈可以增强角色扮演的学习效果。前面我们提到，许多组织还会对角色扮演过程进行摄影，以便为受训者提供更好的反馈，让他们有机会观察自己的行为表现。角色扮演法有如下优点：

（1）学员参与性强，学员与培训者之间的互动交流充分，可以提高学员参加培训的积极性；

（2）特定的模拟环境和主题有利于增强培训效果；

（3）通过观察其他学员的扮演行为，可以学习交流技能；

（4）通过模拟后的指导，可以及时认识到自身存在的问题并加以改正；

（5）在提高学员业务能力的同时，也提高了其反应能力和心理素质。

尽管通过角色扮演，受训者可以发现自己的优缺点，并锻炼自己的人际交往能力，但是这种方法也存在一些问题。

第一，有的受训者在表演过程中可能会怯场。所以，培训者应该用足够的时间介绍即将进行的练习的内容，详细介绍角色扮演的整个过程，最重要的是要向受训者强调参与角色扮演可以帮助他们更好地理解和运用不同的人际交往技能。

第二，有的受训者可能并不把角色扮演当成一种学习，觉得它不过是一种虚构的情景，或只不过是游戏，只是为了给大家增添乐趣。如果受训者不能认真对待这种培训的话，就会影响其学习效果。所以，培训者必须有力地管理和调控这个过程，并且要不断地向受训者强调参与的重要性。

第三，模拟环境并不能模拟现实工作环境的多变性，扮演中的问题分析也仅限于个人，不具有普遍性。

（四）行为模仿

社会学习理论认为人们的许多行为模式是通过观察他人的行为而习得的。这个理论是行为模仿的基础。员工在组织中通过观察其领导、直接上级和同事等角色榜样，学会了与工作有关或无关的各种行为。在正常情况下，角色榜样可以对个人的行为产生巨大的影响。

采用这种方法进行培训的一般步骤如下：先让受训者观看一段电影或录像，其内容是行为榜样如何正确地执行某项操作或受训者需要学习的目标行为；然后对榜样行为中的关键组成部分进行讨论；接下来通过角色扮演让受训者练习他们需要学习的行为，并对他们的表现给予反馈，强化正确的行为。行为模仿被广泛地运用于人际交往技能培训中，许多管理培训也采取了这种方法。

（五）拓展训练和冒险学习

这种类型的培训是指新团队在困难或陌生的条件下，面临身体和心理的双重挑战，在室外或室内环境中接受训练。其重点放在了个体或团队解决问题的挑战上。这个培训的目标是要求团队的参与者探讨提高团队工作的策略，建立起信任，发展支持环境，把冒险管理策略和团队决策相结合。在人员水平上，这个课程能够帮助个体获得采取主动的技能，做出决策，设定个人进步的目标。这个方法可以采取的行为有绳索课程、攀岩、从悬崖壁滑下、航行、救生筏和野外搜索等。拓展训练和冒险学习能够有效的原因主要有四个。

（1）要求许多参与者一起了解问题及这些问题和任务在工作中的实际表现。这里假定学员通过这些行为所获得的知识和技能能够迁移到实际工作情景中并提高团队的工作绩效。

（2）练习要求参与者使用认知的、行为的、物理的以及情感的资源来解决问题。这使得员工能超越理性解决问题，并更富于创造性。

（3）这些学习经历也可以提供一个让参与者讨论个体行为如何解决群体问题的机会，这可能会有助于也可能阻碍团队的有效性。

（4）最后，这种培训要求学员在学习之后，建立个体或团队的行动计划。这些行动计划能激励团队成员培养洞察力并实施新行为，以便提高团队在工作环境中的表现。

（六）头脑风暴法

头脑风暴法也被称为"研讨会法""讨论培训法"等。在典型的头脑风暴会议中，一些人围桌而坐，群体领导者以一种明确的方式向所有参与者阐明问题，明确要解决的问题，然后成员在一定的时间内"自由"提出尽可能多的方案，不允许任何批评，组织者和参加者都不能评价他人的建议和方案，并且所有的方案都被当场记录下来，留待稍后再进行讨论和分析。事后，再收集参加者的建议交给全体参加者，然后在删去重复的、明显不合理的方案，重新表达内容含糊的方案后，组织全体参加者对可行方案逐一评价，选出最优方案。

头脑风暴法的特点是培训对象在培训活动中相互启发思想、激发创造性思维，它能最大限度地发挥每个参加者的创造能力，为解决问题提供更多更佳的方案。它鼓励任何种类的方案设计思想，同时禁止对任何方案的任何批评。

头脑风暴法的关键是排除思维障碍，消除心理压力，让参加者轻松自由地各抒己见。因此，头脑风暴法有以下优点：

（1）培训过程中为企业解决了实际问题，大大提高了培训的效益；

（2）可以帮助学员解决工作中遇到的实际困难；

（3）培训中学员的参与性强；

（4）小组讨论有利于加深学员对问题理解的程度；

（5）激发了集体的智慧，达到了相互启发的目的。

但是，头脑风暴法也存在一些缺点，例如：

（1）对培训者要求高，如果不善于引导讨论，可能会使讨论漫无边际；

（2）培训者主要扮演引导的角色，讲授的机会较少；

（3）研究的问题能否得到解决受到培训对象的水平限制；

（4）主题的挑选难度大，不是所有的主题都适合讨论。

（七）行动学习

成人学习理论强调了学习者作为主动参与者在他们的学习过程中的重要性。行动学习的方法使参与者做出反应，并从经历中学习，这对提高组织的有效性非常重要。行动学习的方法强调学员通过正式的培训过程学习如何处理与工作相关的问题。培训的重点是理解并解决复杂的、真实生活中的问题。行动学习由以下六个部分组成。

（1）行动学习强调团队必须遇到一个或几个重要问题或者挑战。这些问题指的是当团队的现实情况不能满足团队目标时，问题或挑战就产生了。

（2）团队是由具备不同观点和视角的人组成的，成员来自组织中的不同部门和不同层次。

（3）团队必须找到解决问题的方法。

（4）团队必须有权采取行动和实施改进的计划。

（5）团队必须能够在解决问题的过程中始终学习，并在以后的工作中有所体现。

（6）帮助团队平衡解决问题和学习的双重任务。

行动学习的主要目标是产生新的思维和革新的策略，并解决现存问题。问题的解决可以提高人员和团队的效能，并减少挫折感。行动学习的模型也可以提高参与者对自己优劣势的认知，并能够产生一个积极互动的群体来提高团队的凝聚力。

总而言之，通过行动学习，问题得到解决的同时也进一步强化了学习。这个解决问题的过程鼓励团队成员从经历中汲取经验和教训，并把学习推广到其他新的生产情景或更一般的情景中去。根据这些经历，团队成员建立了在未来情形下解决一般问题的方法。

（八）混合式学习

虽然科技的发展给培训行业带来了巨大的冲击，但根据ATD发布的《2014年培训行业报告》，培训交付方式在过去十年内变化不大（ASTD，2014）。面授培训（Instructor Led Training，ILT）仍然是最常用的学习方法，使用率在70%左右。其中，55%发生在传统教室，9%发生在虚拟教室，5%发生在远程培训中（讲师在一个地方，参与者在另一个地方）。自主学习形式每年也在小幅增长。你也可以采用变化的形式，如将虚拟培训和传统的面对面培训相结合。混合式学习结合了两种或多种培训形式。

混合式学习是一种解决非此即彼的问题的方案。当两种方式最佳的方面结合起来时，混合式学习特别有效——也就是说，将在线培训的优点和面对面课堂学习的优点结合起来，达到最佳学习效果。例如，混合式学习可以从传统教室开始，然后是异步在线学习和自学，最后以90分钟的虚拟教室和自我评估收尾。教师指导或同伴支持可以提供额外的支持。

表5-8 在线学习的优势和劣势

优势	劣势
减少行程和行程费用 可以随时随地培训 异步形式增强了准时培训的能力 能够开发全球性的劳动力 可以有更多的时间进行反馈	要求参与者适应新的技术和学习方法 需要更多的时间和资源来开发 可能不适合所有的内容

资料来源：[美] 伊莱恩·碧柯. 培训就是答案！——中国学习与发展实操手册 [M]. 顾立民译. 中国工信出版集团，电子工业出版社，2016.

参与者和组织都可以从这种混合式学习中受益。当内容的学习可以通过阅读或自学实现时，参与者可以节约课堂上的时间，参与者也可以根据自己的日程安排在方便的时候学习。投入在面对面课堂上的时间可以用来建立关系、增加后期来自同事的反馈或提供技能练习。

四、准备辅助性材料

培训的主要目的是使学员理解所学内容，保持学员的兴趣，并且使学员能够记住所学的技术和知识。为了达成这一目标，我们必须了解什么能够帮助人们记忆。学员往往容易记住那些出现频率高的信息。下面列出了人们对不同类型的信息能够记忆的比例：

（1）20%听到的；

（2）30%看到的；

（3）50%看到并听到的；

（4）70%做过的。

因此，为了使培训真正有效，我们必须让学员能够看、听，并同时让他们参与到课程中：告诉学员他们需要知道的；尽可能多地演示给他们看；在培训过程中创造让他们能够参与的机会。接下来介绍对辅助性材料的具体要求。

（一）阅读材料

对于阅读材料的要求是：

（1）与幻灯片保持一致；

（2）提供给学员可以帮助他们做笔记的材料；

（3）参考材料——不需要做笔记，可以在培训后参考阅读。

（二）视觉材料

视觉材料包括：幻灯片、场景、图形、标语、图表、照片、图画、录像片、令人愉悦的环境等。一个好的视觉材料需要满足三个基本原则，也就是3B原则。

1. 原则一：字体足够大（Big）

（1）每个字至少要6—7毫米，这就是说要从电脑软件中选择24—28号字体。

（2）通常在白板或活动挂图（flip chart）上也要写足够大的字。可以在白板纸上用铅笔轻轻地画出线来控制你在上面所写字的大小。

2. 原则二：醒目（Bold）

（1）保证视觉材料要简单，不要包含太多的信息。每一张幻灯片不超过4个内容，并尽量安排在6行内。

（2）用尽可能少的字写出主要的标题和要点。不要写出整段话，也不要在幻灯片上写出大段的文字。每个幻灯片上最多40个字，其他可以用语言来解释。

（3）视觉材料是用来澄清你所要表达的内容，而不能使之更复杂。一定要保证所用的白板、白板纸和幻灯片有足够的空间。

（4）应该用黑色和蓝色的笔写字，绿色和红色的字在远处不容易看见，几张幻灯片后，学员有可能感到眼睛累或头痛。

（5）太多的数字会使人感到困惑和无聊。没有人对三位小数的数字感兴趣，9. 887%可以写成10%。

（6）如果学员不能在5—10秒内理解图表，那它就太复杂了，应该再简单些。

（7）在一个曲线图上不应该超过四条线，各个线可以画成不同的颜色。如果是柱状图的话，不要超过7个。通常饼图的标识要标在图形的外面。

3. 原则三：美观（Beautiful）

（1）曲线图、图表、饼图都是形象生动的表现方式，但是一定要使它们简单明了。

（2）图画和卡通画都能够增加喜剧效果，可以很好地加以利用。

（3）颜色能使幻灯片更具吸引力，也可以用彩色笔把学习重点划出来，这样也能使白板变得更生动。

（4）打印出来的幻灯片比手写的更整齐。要练习在白板上写字。

（三）听觉材料

听觉材料包括令人感兴趣的词汇、音乐、声音、幽默、重音、故事、对话等。

准备听觉材料时应注意：

（1）音调：要有变化；

（2）节奏：保持一定的节奏，但可以通过对速度的调整使之更生动；
（3）音量：要有足够的音量但不要大喊；
（4）发音：发音要清楚。

（四）感觉材料

感觉材料包括情绪，可以体验的活动——可以闻的、可以品尝的、可以触摸的，等等。

（五）培训教师的个人备注资料

每一位培训教师都应该有适合自己的准备材料，并选择适合自己的方式来使用。通常要仔细准备这些材料，它们会对培训有极大的帮助。下面的形式仅供参考：

（1）时间安排和需要注意的细节；
（2）在 PowerPoint 的幻灯片下使用注释；
（3）用清楚的表格表示出学习要点和要做的事情等；
（4）详细的手稿。

五、测试题目

测试是衡量受训者学习收获的一种有效方法。测试主要有以下几点作用：一是评价受训者所面临的问题以及困难；二是对学员进行激励；三是考察培训中的指导材料、培训内容、培训方法以及活动设计是否存在问题；四是评价学员培训后的收获与表现。

测试细则是对个人完成培训目标程度评估的具体说明，主要是：① 明确测试的用途；② 明确测试的目标和目的；③ 明确如何进行测试；④ 说明测试结果的应用。**测试题目**是用于检验学员受训后知识、技能以及绩效状况的一系列问题或评价方法。测试题目可以采用以下类型：判断对错、多项选择、短文写作、填空、配对、现场演示、口头回答、角色扮演等。

第四节　培训教师的甄选与培训

培训师资是企业培训活动的关键环节，培训师资水平的高低不仅直接影响具体培训活动的实施效果，而且可能会影响企业领导对人力资源部门和企业培训开发工作的基本看法。下面介绍优秀的培训教师需要具备的素质和技能。

一、优秀的培训教师需要具备的素质和技能

（一）素质要求

灵活性：在短时间内有能力调整方向，并知道应该做些什么。
鼓励性：具有能够感染其他人的热情。
幽默感：不让自己和气氛变得很严肃。
真实性：己所不欲，勿施于人。
成熟性：当你认为问题不需要回答的时候可以不回答。

（二）技巧

控制能力：有能力使每个人以及整个团队朝着目标努力。

创新能力：协调任务和程序之间的关系，使整个团队的效率更高。

评估能力：知道什么样的信息和反馈对于整个团队的发展是至关重要的。

转换能力：能够帮助其他人把现场的经验应用于对能力的提高上。

创造安全的环境：能够创造让人在身体上的和心理上感到安全的环境。

沟通能力：高度的敏感性和理解能力，能够转达准确的意思。

二、培训教师的甄选与培养

企业内部的培训讲师理应成为企业培训师资队伍的主体。内部讲师能够以企业欢迎的语言和熟悉的案例故事诠释培训的内容，能够总结、提炼并升华自身和周围同事有益的经验和成果，能够有效地传播和扩散企业真正需要的知识与技能，从而有效实现经验和成果的共享与复制。同时，内部讲师制度也是对某些有个人成就需求的员工进行激励的一种有效方式，为其职业生涯发展开辟了更广阔的道路。因此，企业应大力提倡和促进内部优秀员工担任培训讲师。企业人力资源部门在着力培育内部讲师队伍的时候，要特别重视选拔与培养工作。作为企业人力资源管理工作的专业职能部门，人力资源部应制定切实可行的内部讲师选拔与培养制度，需要明确内部讲师的选拔对象、选拔流程、选拔标准，并进行上岗认证、任职资格管理、培训与开发以及设计激励与约束机制等具体工作，而且每一项标准和流程都应具体、可操作。例如，在确定候选对象的时候，人力资源部应该明白，究竟什么样的员工可以成为企业内部讲师的候选人。调研结果表明，各级管理人员是企业内部讲师的天然候选人，各职类职种的业务骨干是企业内部讲师队伍的重点开发对象。因而，企业内部讲师的遴选工作可以针对这些群体展开。为了保证这些措施能够付诸实施，应该将其提炼为书面文字，以制度的形式公示于众。

以下是国内某企业关于内部讲师队伍建设的一些制度性规定：

“××学院面向集团所有员工公开、公平、公正遴选与聘任内部讲师。接受培训与培训他人是各级管理者义不容辞的责任，管理者是企业内部讲师的天然候选人，各级管理者应肩负起发现、推荐、培养内部讲师的职责；各职类职种业务骨干是企业内部师资的重点培养对象与内部师资后备队伍的主要来源。”

确定了内部讲师的候选人，经过严格、有效的遴选之后，企业初步搭建了内部培训讲师队伍，接下来，应对这些讲师进行专门的培训。从企业内部选拔出来的培训讲师，一般情况下，在业务方面都非常优秀，但是，课程设计、授课方法、课堂组织等技巧性的东西他们比较欠缺，需要接受专门的培训。人力资源部门可以邀请专门对培训师进行培训的讲师为他们传授经验，或是安排他们外出参加一些经过精心选择的、授课技巧比较好的教师组织的公开课，让他们研究、揣摩和学习其他教师的授课方法。国内有家企业在培养自己的内部讲师队伍的授课技巧的时候，采取了如下做法：他们让企业重点培养的内部讲师成为被聘请来企业授课的外部讲师的“助手”，助手（即内部讲师）不仅要为外部讲师准备企业内部的案例、素材，而且要认真学习外部讲师的授课方法，以期在短期内提高自己的授课水平。另外，他们还定期组织内部讲师队伍进行模拟授课，共同研讨教材开发、教案制作、授课技巧等问题，组成了“兼职讲师俱乐部”，定期组织相应的活动，促进彼此之间的了解与交流，共同提高。下面是该企业的一些做法：

“为促进集团内部师资队伍的快速成长，学院以及各部门的学历培训、外培计划与机会应向讲师适当倾斜。”

“为方便教学经验交流，为促进讲师授课水平的不断提升，学院实施‘讲师俱乐部’制度……”

企业人力资源部门应认真研究内部讲师的激励问题。对于内部讲师人员的激励，应该以精神激励为主，物质激励为辅，事实上，许多企业的实践也证明了这一点。我们认为，为内部讲师人员开设职业发展通道，免费提供更多的外培机会以及授予荣誉证书是比较有效的激励方式。

企业在安排内部培训讲师组织培训活动的时候，应注意处理好兼职讲师的培训工作与其自身的日常工作之间的关系。人力资源部门和内部培训讲师所在部门的主管之间沟通的有效性直接影响到内培活动能否正常开展。正如上文所述，企业内部的培训讲师通常都是企业的各级主管和各部门的业务骨干，这些人通常工作十分繁忙，所以，人力资源部在与他们进行协商的时候，经常会妥协、让步，更有甚者，人力资源部预先商定并业已安排妥当的培训活动，也可能会因为培训讲师缺阵而不得不临时宣布取消，极大地影响了人力资源部门的信誉，增加了日后的工作难度。解决这一问题的办法固然包含许多人际关系的因素，但是，其根本在于企业相关培训制度的建设（如兼职讲师的考核措施）。

对培训者进行培训（Train the Trainer，TTT），也就是说找出那些精通培训内容但缺乏培训技能的内部专家，对他们进行培训，把他们培养成优秀的培训者。对培训者进行培训的目的是让组织内部的主题专家掌握在培训项目设计和实施方面必须具备的知识和技能。许多专业团体、学院和咨询顾问都有这样的培训项目。他们提供的服务有很多种，从单一的培训技术培训（比如行为模仿）到培训项目设计这样的综合培训都有。综合培训可以教培训者如何在不同的情况下使用不同的培训方法和技术，以便取得最好的教学效果。有一些培训机构，比如美国的智睿咨询公司（Development Dimensions International，DDI），在结束对客户的培训人员进行的培训项目时，会发给受训者资格认证书，允许他们在自己的公司实施 DDI 公司的培训项目。

外部讲师的选拔也应和内部讲师一样遵循相应的选拔程序，要接受申请、试讲、TTT 培训、资格认证、评价、续聘或晋级等流程的管控。同时，为了促进外部讲师授课成果的有效转化，企业可以尝试“外部讲师助手”制度，即为每一个签约的外部讲师配备专门的内部助手（内部助手通常由企业内部的签约讲师担任），助手的主要职责是通过向外部讲师提供本企业的案例故事和实际素材，丰富外部讲师的讲课内容，强化其授课内容的针对性、适用性，就外部讲师的授课内容和授课方法提出建议，主动收集受训者的反应和评价，并及时反馈给外部讲师，从而促进外部讲师授课成果的有效转化。另外，这一方式的另一个好处是，助手可以提升自己的专业知识（尤其是理论知识）和授课水平，有利于企业内部讲师队伍的成长。

第五节　培训环境的创建

一、通过培训环境的创建提高培训的质量

培训环境主要是指有助于受训者学习的环境条件，包括学习的自然环境、实践机会、

信息反馈与接收等。培训的环境在很大程度上会影响培训的成效。表 5-9 说明了学习过程中的每一步所需要的培训环境。例如，在记忆培训的过程中，给受训者创建具有语言线索、上下文之间的语义联系、图表和模型的培训环境是必不可少的。如果培训内容未被编码或未准确编码，培训就会受到影响。

表 5-9 学习成果所需的环境

学 习 成 果	环 境 需 求
言语信息	
标识、事实和主要观点	反复练习 有意义的内容 回忆性线索
智力技能	
知道如何去做	将新旧知识联系起来
认知策略	
思考和学习过程	策略的口头描述 策略说明 提供反馈的实践 为应用战略提供机会的各种任务
态度	
个人行为选择	示范演示 适当的学习环境 可靠的信息来源 强化
运动技能	
肌肉活动	实践机会 演示 外部反馈

资料来源：R. M. Gagne & K. L. Medsker. *The Conditions of Learning* [M]. Fort Worth, TX: Harcourt-Brace Colledge Publishers, 1996.

此外，培训场地的布置也非常重要。培训场地是指实施培训的场所。一个好的培训场地应有以下特征：舒服且交通便利；安静、独立且不受干扰；为受训者提供足够大的空间使他们可自由移动，让他们能清楚地看到其他同事、培训教师以及培训中使用的范例（如录像、产品样品、图表、幻灯机）等。大多数的培训者会对培训场地进行考察，使自己熟悉培训场地的优势和不足，以便调整培训项目和场地中物品的摆放，如重新安排培训教师的位置，使录像机靠近电源插座，等等。

二、人力资源培训与开发专业人员的角色

下面我们介绍人力资源培训与开发专业人员在整个培训中承担的角色。应该说，人力资源培训与开发专业人员对于一个培训的成败有着举足轻重的作用。我们可以通过表 5-10 清楚地看到开发人员的主要角色。

表 5-10 人力资源培训与开发专业人员的主要角色

角色与内容
1. **需求的分析和诊断** 建立问卷，进行需求分析，并且对反馈进行评估，等等
2. **确立合适的培训方法** 对可供选择的准备好的课程和材料进行评估，运用计划说明书、录像带、电脑和其他结构化的技术
3. **方案的设计和开发** 设计培训方案的内容和结构，运用学习理论，建立目标，评估和选择有指导性的方法
4. **开发材料来源渠道** 准备好讲稿、幻灯片、指导手册、复印材料、学习计划和其他教学材料
5. **管理内部资源** 获得和评估内部指导者/项目培训人员，训练其他人如何培训、如何管理他们的工作
6. **管理外部资源** 联络、管理和评估外部培训教师及外部顾问
7. **个人发展规划和辅导** 对个人职业发展需求和计划进行辅导，整理和保存他们参与项目的记录，管理学费，建立培训资料库
8. **工作/业绩相关的培训** 进行在岗培训和开发时，协助管理者和其他人分析工作所需要的技能和知识，确定绩效问题
9. **指导课堂培训** 指导项目，做好项目的后勤保障，操作可视设备，授课，讨论，在反馈的基础上修订材料
10. **团队和组织开发** 运用团队建设、内部组织会议、行为模型化、角色扮演、情景模拟、讨论、案例等技术
11. **培训研究** 提出并理解关于培训的统计量和数据，并通过报告、计划、演讲以及与下属沟通，做好数据收集工作
12. **管理者和员工的关系** 建立和保持管理者和员工之间的良好关系，对他们进行指导，并推荐他们进行培训和开发
13. **管理培训和开发的过程** 准备资金，确定组织者、员工，制定正式的计划说明书，记录成本信息，管理其他人的工作，计划未来的需求，等等
14. **自我职业开发** 参加会议，跟上先进的培训与开发理念和技术以及先进的组织活动

资料来源：P. R. Pinto & J. W. Walker. What Do Training and Development Professionals Really Do? [J]. *Training and Development Journal*, 1978, 28: 58-64.

三、优秀的培训教师应具备的特征

目前国内外很多研究都提出了一些优秀培训教师应该具备的特征，如果一个培训教师能够拥有这些特征，那么他/她将能够给培训创造一个良好的环境。

下面我们介绍两个关于优秀培训教师应该具备的特征的研究成果。第一个是巴特利特（Bartlett）于 1982 年提出的，见表 5-11。另外一个研究成果是由兰德尔（Randall）于 1978 年提出的，他更强调培训教师对培训的准备工作，希望能够通过一个小手册改进培训教师的工作并且创造一个更有效的培训环境，具体见表 5-12。

表 5-11 优秀培训教师应该具备的特征

特征
1. 具有良好的组织性
2. 对培训课程有一个清晰的规划
3. 设计的课程能够最大限度地获得学习效果
4. 强调概念性的理解
5. 培训的课程应该高度的结构化，从而使受训者能够形成清晰的框架
6. 将课程的各部分内容有机地结合起来

（续表）

7. 对受训者的提问给予清晰全面的回答
8. 运用案例
9. 设定有难度的但是可以达到的目标
10. 鼓励学生发挥他们的潜能
11. 指出如何正确地运用培训材料
12. 鼓励课堂讨论
13. 有效地利用课堂时间
14. 进行测验发现受训者的优势和不足之处
15. 解释培训课程目的与受训者之间的关系
16. 准备充分
17. 鼓励学生积极地学习提供的材料
18. 将受训者视为有一定工作阅历的成人
19. 设计课程使受训者了解他们将要学习的内容
20. 在课堂的每一个阶段都引进一些新观点
21. 鼓励受训者提出问题
22. 鼓励受训者之间分享他们的知识和经验
23. 充分地利用白板和可视化设备
24. 完成课程的目标
25. 展现出充分的热情
26. 激发受训者的兴趣
27. 保持课堂的自由氛围

表 5-12 培训教师计划手册的准备事项

你是否已经：
1. 公布培训计划和活动？
2. 通知每个人培训的时间、地点、场地和其他培训安排？
3. 注意并安排好培训教室的各个细节？
4. 检查过实施每一个程序所要求的设备和道具？
   a. 座位安排
   b. 讲台
   c. 烟灰缸
   d. 饮用水
   e. 衣架
   f. 通风、供暖设备、照明等
   g. 投影仪、屏幕
   h. 黑板、挂图架等
   i. 各类颜色的粉笔、黑板擦等
   j. 纸、铅笔
5. 准备好辅助材料和工具？
   a. 图表
   b. 手册
   c. 演示材料
   d. 以往的记录条目
   e. 电影
   f. 幻灯片
6. 检查过各种设备正常运转并且熟悉运作它们？
7. 建立培训的阶段目标？
8. 细致地学习培训的计划？
   a. 确定必须重点强调的部分
   b. 考虑到参与者的反馈和组织的反应
   c. 考虑到需要采用的经验、示例和故事
9. 调动了受训者的热情？

第六节 培训项目的实施

培训项目的实施工作主要是由人力资源培训与开发人员来完成的。当准备工作进展到一定阶段的时候，培训组织者就要把这些前期工作的成果汇总起来，并付诸实践。为了使培训能够顺利进行，还有一些需要注意的问题。

一、培训场所的选择与布置

与培训设计有关的一个重要问题是如何布置培训的物理环境。对在职培训来说，这个问题尤其重要，因为只有在舒适的环境中受训者才有可能集中精力学习。如果在职培训现场有很多干扰培训的分心刺激，比如噪声和电话铃声，那么培训者就必须设法消除或尽量减少这些分心物。在职培训也经常由于各种原因被打断，尤其是当受训者是上级领导的时候，这种情况就更为常见了。培训的中断也是一种干扰，为了减少这种干扰，培训者可以在每天专门留出一段培训时间，或将培训安排在一个不会受干扰的地点来进行。此外，如果受训者是上级领导，他还可以在培训时间专门安排一个不接受培训的人来替他处理电话和各类请示。

如果培训是在教室里进行的，那么在布置环境的时候就要考虑很多因素了。首先，座位的安排就是一个重要的问题，因为它会在培训者和受训者之间形成一种空间关系。例如，如果教室里的椅子是纵向固定的，那么培训者在这种环境下的活动就会受到很大的限制，不过这种座位安排对讲座来说是很合适的，因为它有利于将受训者的注意力集中到宣讲人身上。如果教室里的椅子是可以随意挪动的，那么培训者就可以根据具体的学习目标来安排座位。按一定的角度将椅子排成排，或者排成三角形或半圆，这样在课堂讨论过程中受训者就可以看到对方，这种安排可以促进相互间的交流和反馈。一般来说，有扇形、U 形、方桌和圆形桌等座位摆放方式，目的是促进双向沟通与交流。

其次，受训者生理上的舒适程度对学习效果的影响也很大。室温过高或过低都不利于学习。待在一个闷热的房间里会让人感到疲倦；而屋子里太冷不仅会分散注意力，还会降低手指的灵活性。

再次，要减少物理分心物，比如噪声、昏暗的照明和物理障碍。关门或悬挂提示牌（“培训进行中，请保持安静”）通常能够控制那些室外活动引起的噪声。如果室内光线不好，受训者在记笔记、阅读印刷物或辨认投影图像的时候就会觉得很困难。另外，如果可能的话，培训者最好事先巡视一下培训的场地，看看有没有柱子、固定隔板之类的会妨碍培训的物理障碍。如果无法解决这些问题，最好换一个更合适的地点。

最后，培训者还需要考虑墙壁和地板的颜色及覆盖物。一般来说，铺地毯的房间会更安静一些，另外还要考虑椅子的款式，有没有反光的问题，有没有窗户（窗外的景色也是一种分心物），室内的音响效果如何，有没有必需的电源插座，等等。可能的话，投影屏幕的位置最好与书写板或活动挂图的位置错开，这样就可以同时使用投影和书写板或活动挂图。

表 5-13 说明了组织在布置培训场所时应考虑的细节问题。

表 5-13 培训场所布置应考虑的细节

噪　声	检查空调系统噪声，邻近房间和走廊及建筑物之外的噪声
色　彩	轻淡柔和的色彩
房间结构	使用近于方形的房间，过长或过窄的房间会使受训者难以看见、听见彼此和参与讨论
照　明	光源应主要采用日光灯；白炽灯应分布于房间的四周，并且在需要投影时用作弱光源
墙与地面	会议室应铺地毯，使用相同的色调，避免分散受训者注意力；只有与会议有关的资料才可以贴在墙上
会议室的椅子	椅子应有轮子、可旋转，并有靠背可支持腰部
反　光	检查并消除金属表面、电视屏幕和镜子的反光
天花板	天花板最好有 305 厘米高
电源插座	房间里每间隔 183 厘米设置一个电源插座，电源插座旁边还应放一个电话插头，培训者应能够方便地使用电源插座
音　响	检查墙面、天花板、地面和家具反射或吸音的情况，与三四个人共同调试音响，调节其清晰度和音量

二、虚拟教室的布置

除了真实的教室之外，网络培训等虚拟学习方式中的学习环境也是需要我们花费时间和精力去精心“布置”的。虽然没有真实的房间，但几乎所有关于真实教室的意见也适用于虚拟教室：找出培训的目标人群，确定时间，创造你的个人清单，上课期间保持井井有条。但是，有几点对于虚拟教室的布置是独特的：

（1）与你的制作者见面；

（2）测试音频/视频；

（3）通过你选择的方法编写和发布营销内容（QQ 空间、微博、公众号等）；

（4）跟踪注册和报名；

（5）通过电子邮件或平台分发材料；

（6）与参与者沟通，确保他们知道如何设置并测试他们的计算机或移动终端、关闭弹出窗口、收发课程电子邮件、张贴请假消息、向老师提问等，以确保他们能够专注于课程所传授的内容。

如果你的组织有一个学习管理系统（Learning Management System，LMS），大部分会议前的准备将实现自动化，节省你的时间。然而，其缺点是缺乏我们职业构建的基础——个性化和与参与者的接触机会。很多情况下，我们都需要与参与者直接接触，特别是一些技术新手。

三、项目启动

当一切与培训有关的前期工作都已准备就绪，下一步就是要正式实施培训了。培训的前期工作包括准备可行的课程计划、装备视听或电脑设备、布置培训环境。到这个时候，培训者需要完成的一项重要工作就是让培训有一个良好的开端，并且一直保持下去。如果培训是分多阶段进行的，那么初始阶段的培训将会为后面的培训奠定基调。我们在前面提到，培训者应该让受训者对培训有一个明确的预期。首先需要给他们提供一份课程大纲，说明培训的目的、学习目标、内容主题；其次要说明需要大家遵守的课堂行为规范，比如不能迟到、要积极参与讨论、相互之间要多交流等。在培训刚开始的时候就应该将课程大纲发到每个受训者手上，并加以详细的解释，如果需要的话，在后续的培训过程中还要定期加以重申和强化。

如果培训者事先不了解受训者的水平和学习动机，那么在培训刚开始的时候，除了要让受训者对培训形成一定预期，还要了解他们当前的专业水平和学习动机。一种办法是进行培训前测验或做预备练习，看看大家的起点如何。对于在职培训来说，这项工作尤为重要。在单纯地了解受训者的动机之外，最好同时能够做一些增强学习动机的工作。例如，可以问问受训者他们希望达到的目标是什么、实现这些培训目标有什么益处，对受训者关心或担心的问题表示关注，或者与受训者签署一份学习协议。

很多培训项目在刚开始的时候都会进行一些“打破坚冰”的小练习，让大家相互熟悉并建立起和谐的人际关系。至少从以下两点来看这项工作是很重要的：其一，许多培训都有这样一个“副产品”，就是让受训者有机会一起协同工作，结识其他部门的同事；其二，就像团队工作一样，参加人力资源发展培训项目的人通常也会寻求社会对他们的接纳。例如，如果班里只有一两个“少数派”（在民族、职位或性别等其他方面与别的受训者不同），他们可能会感到自己有些被孤立，而这种感觉将对他们的学习造成负面的影响。对培训者来说，善于体察受训者的社会需求并能迅速采取措施增强他们的归属感，是一种很重要的能力。

最后，培训者应竭尽所能营造一种相互尊重和开放的氛围。这样，受训者能更容易得到自己需要的帮助。要想成功地组织群体会议、完成教学任务或更好地促进学员的学习，需要多种多样的技能。培训者需要多参考一些关于培训内容的资料，积极为受训者搭建学习平台、为其培养人际交往能力创造机会。

四、培训日程安排与其他准备工作

日程安排妥当与否直接关系到培训的效果，甚至决定了培训活动能否如期举行。企业在总结培训效果的时候，很少从培训日程安排的角度去反思，认为日程安排与培训教师、培训教材、资金资源等要素相比，似乎算不上什么，无须特别关注。事实上，培训日程安排绝不是所谓的“无足轻重，何足挂齿”之事，培训工作者应该高度重视。

（一）工作时间内与工作时间外的培训日程安排

培训安排无外乎在工作时间内和在工作时间外两种。通常来说，如果一味将培训活动安排在八小时工作时间以外，员工容易产生抵触心理，导致缺勤率高，参与程度低，培训活动过于被动；而如果经常将培训活动安排在八小时工作时间以内，势必影响企业正常工作的开展，延迟了工作进度，造成企业整体运营成本的增加。作为培训活动的组织者，应该掌握的基本原则是，在保证企业正常生产与经营活动照常进行的前提下，力求降低实施培训活动的成本（尤其是受训者的机会成本），提高培训活动的有效性，因此，对于培训活动应安排在正常工作时间内还是八小时工作时间外，并无定论。另外，在安排培训日程的时候，如果将培训活动安排在正常工作时间内进行，也应注意具体的时间点。

企业培训工作者在确定并公示了培训日程后，切忌随意更改日程，因为企业里每个人的工作任务都很重，参加一次培训活动需要做许多的协调工作。另外，培训应该尽量遵守日程和时间安排，不要随意拖延。

（二）培训项目的其他准备工作

为了保证培训项目能顺利实施并取得预期的项目成果，培训组织人员还应重视与之相关的各项准备工作，如拟定并及时发布项目通告，制作培训手册，安排登记注册，完成培训档案等。项目通告是用来告知目标受众有关培训项目的各项事宜的，包括项目的目的、项目进行的时间和地点、参加项目需要具备的资格条件等。从发出项目通告到项目正式开始，要留出足够的时间，以便员工可以调整自己的工作安排，并提交相关的申请表。这一点尤其值得企业培训组织人员注意，我们见过许多企业在组织培训活动的时候，往往在培训的前一天甚至是培训的当天才发布培训通告，这样要么培训通告难以在较短的时间内传达到需要的人手中，要么即使员工接到了培训通知也难以协调手头的工作，这一现象反映了企业的培训工作缺乏系统性和整体安排。事实上，现在企业培训的组织人员可以利用的信息传递渠道十分丰富，可以通过局域网发布培训信息，可以电话通知，也可以在企业的培训专刊上登文，总之，要把具体工作做细。制作项目培训手册并不困难，关键在于在合适的时机把这些资料发放至受训者手中。许多企业在组织培训的时候，尤其是邀请外部讲师实施培训的时候，由于没有和教师协商好，往往在教师到达企业的时候才获得教师马上要进行培训的材料，因此来不及制作培训手册或培训教材，这样势必影响培训效果，如果培训的是企业以前没有接触过或比较陌生的内容尤其如是。企业无论是利用内部讲师还是从外部聘请讲师，最迟应该在培训正式开始前的2—3天将培训手册或培训教材发放给所有培训对象。培训组织者应重视学员的报名登记工作，因为许多企业将参加培训以及培训过程中的纪律行为视为员工绩效考核指标之一，这是企业进行员工个人培训档案管理的前期工作。如果企业将员工的受训情况与任职资格制度或者薪酬政策联系起来，培训管理者还应注意对报名参加培训的员工进行比较严格的资格审查。目前企业都很重视员工的职业生涯发展，因此，培训部门应该加强对员工参加各种培训开发活动情况的文档管理，最好是在企业的人力资源管理系统中构建员工培训模块，对员工参加的培训开发活动实施跟踪。员工的培训档案还是进行职务晋升、岗位异动的重要参考资料。另外，如果是送外培训，企业培训部门还应做好相应的差旅费用安排，协助受训者圆满完成培训任务。最后，就一个完整的培训项目而言，组织者还应做好整个培训项目的项目预算，项目结束之后，应撰写专门的项目实施报告。

五、培训信息管理系统的建立

目前许多企业都有属于自己的一套面向员工的教育及培训管理系统，如谷歌的GoogleEDU，也有许多公司选择与专业的培训系统开发公司合作，如京东、百度等。培训信息管理系统借助了万维网（Web）和内联网（Intranet）技术并使用了最先进的数据库管理技术，因此能够为使用者提供准确、快速、安全的信息服务，同时还具备功能强大、方便管理和易于使用的特色。员工只需使用浏览器即可完成查询和注册等全部操作，有的公司还开发出了相应的应用程序（APP），使员工随时随地都可以接受培训。这样的信息管理系统能够记录、管理并向全体员工发布培训课程信息，如课程的内容介绍、时间及地点安排和培训费用等信息，同时还能记录员工的培训记录、出勤状况、培训计划等。信息管理系统也可以记录员工在外部机构所接受的培训。利用此系统，员工还可以查询本培训机构以及外部培训机构的培训及课程信息；查询培训记录及培训计划；在线登记报名（员工主管可以在线给予批示和回复意见）。主管还可以参考相关的路径图和胜任力模型的信息制订培训计划，以利于将来的培训管理和获取相应的课程信息、培训记录及数据统计，以此协助其分析和制订下属的培训计划。

本章小结

本章详细介绍了一个完整的人力资源培训与开发项目的主要构成要素，以及怎样才能策划和设计好一个完整的人力资源培训开发项目。第一节主要介绍了培训项目设计与开发的有效模型，包括五个阶段的内容：第一阶段是确定培训目标，明确培训的预期成果；第二阶段是准备测试题目，确定检验培训成果的方法；第三阶段是制作、购买、修改所需的培训材料，以满足培训需求，达到培训目标；第四阶段是选择培训所需要借助的媒介；第五阶段是准备学员材料和教师教学资料包。根据培训与开发课程项目设计模型可以快速有效地进行课程设计，此模型应以进行需求评估为起点，以项目的有效实施为终点。要注意的是，此模型体现了培训与开发课程是一个不断循环、不断改进的过程。第二节明确了培训与开发项目目标的意义，并介绍了如何编写人力资源培训与开发项目的目标。第三节详细介绍了培训材料包与测试题目的开发。具体包括如何起草课程描述，如何撰写课程的具体计划书，小组活动方式的设计与选择，辅助材料的准备，测试题目的开发等。第四节是培训教师的甄选与培训，第五节是培训环境的创建，最后第六节是培训项目的实施，包括培训场所的选择与布置、项目的启动以及日程安排等事项。

复习思考题

1. 什么是有效的培训项目设计与开发的流程？
2. 怎样确定一个培训与开发项目目标？项目目标应该如何描述？
3. 如何撰写一份详细的课程计划表？
4. 如何准备培训材料包？
5. 企业如何选择和培养内部师资队伍？选择外部讲师应该注意什么问题？
6. 如何选择和布置培训场所？
7. 进行在线培训时，应注意哪些问题？

网上练习题

1. 登录网址 http：//www.hrloo.com/rz/14080938.html，上面介绍的是一个公司的培训计划。运用我们所学的知识，对其进行评价。

2. 登录网址 https：//www.td.org/topics/instructional-design，这是 ATD（人才发展协会）官网上关于培训课程设计的内容，并会不断更新，尝试用你所学的知识理解网站上的内容，并与你的老师和同学们分享。

应用练习题

以个人或小组为单位，选择一个培训项目，撰写其学习目标。然后对照表 5-1 和表

5-2所述的编写项目目标的原则，看看自己编写的培训目标有什么问题。

案例1

华为公司独特的“军事化”培训项目

华为公司时任总裁任正非认为：未来的战争是“班长的战争”。“班长”实际上就是基层管理者的代号，班长带领一个小团队，是一个小的协作单元的直接领导者。班长的战争即组织模式在不断地转变，未来的一线组织将会更有弹性，专家资源的利用会更高效，平台的支撑会更专业，这就对我们组织中最小协作单元团队的管理者，即“班长”，提出了更高的要求。

在此背景下，华为2014年成立了三大“战略预备队”：“项目管理资源池”“解决方案重装旅”“重大项目部”。这三大战略预备队，对应解决方案、销售和项目交付，正好构成支撑“班长的战争”的铁三角专业队伍。其中，重装旅是解决方案的战略预备队。重装旅作为华为三大战略预备队之一，隶属于干部管理部，包括人力资源业务伙伴(HRBP)、作战营、集训营和尖刀营。

重装旅到底是什么?

简单地说，“重装旅”的目的就是为华为建立解决方案人才资源池，促进公司内部各部门间解决方案人才的循环流动。通过多种场景的训战结合，培养和输出优秀的解决方案主管和专家，总结和传承相关经验，提升公司整体解决方案销售能力。

第一，重装旅拥有电子化的解决方案。例如，华为把展厅变成了全球体验中心，重装旅有很多重要的方案，都通过网络推送到了前方服务器，供客户体验，以检验方案的可行性。

第二，重装旅参与重要工程的技术交付、维护，能把全球的优秀专家统一调配起来。例如，华为资金计划部在拉丁美洲也有一个重装旅，他们把能在汇困国家收回钱的优秀人才集中起来。

第三，重装旅是作战单位，是参战单位，不是培训单位。要在循环作战过程中把干部锻炼起来。重装旅不只是两周的集中培训，还需要接受指导，然后根据小组沙盘去亲自实践，最后进行总结。

第四，重装旅采用循环赋能、循环作战、循环对干部评价的模式，完成整个公司战略的全局性人才循环，让他们直接参加作战和当地干部任免。所有作战岗位不依据个人和资历来配置，而是根据项目攻克难易程度和未来战略进行配置。

重装旅是怎么培训的?

• 入营

在入营阶段，重装旅作战营会与学员的前任主管沟通其未来的发展方向，就训战方向达成一致，完成训战场景分班，匹配作战项目。训战主要方向有两类：第一类是副代表/销售代表（SR）类型的岗位，需要向更宽的方向发展；第二类是专家型岗位，需要掌握网络设计和咨询的能力。

• 集训营（2周）

2周案例式教学集训。集训营负责2周的强化赋能，课程聚焦固定宽带（FBB）、移动宽带（MBB）、互联网数据中心（IDC）、数字化转型和敏捷网络五个场景。学员按照入营前达成的训战方向选择其中一个场景进行学习。集训采取案例式教学方式，还原真实作战场景，两周内有80%的时间围绕实战项目进行PK研讨。

集训期间，学员要分享一个亲自做的案例，每名学员参与研讨的项目将会达到40个，从全球不同的实战案例中吸取优秀的实践经验。大家将会接触“选择目标客户、识别客户痛点、分析存量网络、设计目标网络、网络迁移和商业价值分析”等完整的实战战法。同时，重装旅也准备了更具挑战、更复杂的经典案例供大家参考。

• 作战营（6个月）

6个月一线项目实战。作战营“实战赋能”阶段是6个月的实战过程。作战营组织收集一线作战项目对专家的需求，与个人训战方向进行匹配，安排其作战任务。

每人要在6个月内完成1—2个实战项目，在实战项目中，承担解决方案组长角色或解决方案专家角色。如果选择做“宽”的方向，就要弥补综合能力的短板；如果选择做“深”的方向，就要进一步强化专业能力。实战过程中，项目指挥权在一线，由一线主管和项目负责人来安排任务。

• 出营

完成训战任务后，作战营将组织出营答辩和任职资格答辩。学员对比作战任务书，对自己的作战完成情况进行陈述。重装旅针对实战结果、实战能力进行访谈，访谈对象包括一线主管和项目负责人。对于训战结果优异的个人，重装旅将会启动组织推荐，让其获得更多的发展和晋升机会。

资料来源：陈祖鑫组稿. 微信公众号：HR实名俱乐部.

案例2

思科（CISCO）中国有限公司的员工培训之道

背景：

思科系统公司（Cisco Systems, Inc.）是全球领先的互联网设备供应商。它的网络设备和应用方案将世界各地的人、计算设备以及网络联结起来，使人们能够随时随地利用各种设备传送信息。思科公司向客户提供端到端的网络方案，使客户能够建立起自己统一的信息基础设施或者与其他网络相连。思科公司是美国最成功的公司之一。从1986年生产第一台路由器以来，思科公司在其进入的每一个领域都占有第一或第二的市场份额，成为市场的领导者。1990年上市以来，思科公司的年收益已从6 900万美元上升到2001财年的222.9亿美元。思科公司在全球现有36 000多名员工。

1998年6月2日，思科系统公司总裁兼首席执行官约翰·钱伯斯（John Chambers）先生自担任这个职位以来首次访华，宣布建立思科系统（中国）网络技术有限公司，统领思科在华各项业务。思科系统公司十分重视帮助中国教育和培养网络人才，先后与国内160多所著名高校合作成立了思科网络技术学院。思科每年在国内举办数十场技术报告会和研讨会，向国内介绍当今世界最新的网络技术和产品。从1998年开始，思科大学每季度都组织针对经销商和用户的不同主题的技术培训。

在网络经济异常红火的今天，人们盛赞思科公司对于新经济蓬勃发展的巨大推动作用，其公司的市值也一度飙升至华尔街股市的榜首，有人甚至认为它将在21世纪前20年独领风骚。然而正所谓万事功到自然成，思科能够成为同行业之翘楚，是公司上下员工的精诚努力造就的。思科始终把员工培训当作公司的头等大事，即使是在它独占鳌头的现在，其领导层依然为如何开展好员工培训，让员工越跑越快而殚精竭虑。

思科系统（中国）有限公司时任总裁杜家滨在接受记者采访时说："在IT产业，最后比的就是速度，快的超过慢的。因此，在思科公司，利用互联网和内联网，学习和掌握新知识，随时随地自我更新就成为企业独特的一道风景线。""Training is up to me"这个信念已深入人心，思科系统（中国）有限公司人力资源总监关迟先生对该信念的解释是：员工要学会培训自己，明白让自己得到训练和发展是他个人的事情。他还说，员工接受公司的培训尤其是关于网络的培训，如果他自己不多下功夫，那么即使他在培训课堂坐上一整天，仍然会什么也学不到。

大力推动E-learning

公司的培训总体上分为管理培训、数字化学习（E-learning）、销售培训、常用技能培训。管理培训根据员工所处的管理等级相应地分为数级；销售培训的课程，涉及专业的销售知识；常用技能培训则教导员工如何做演示、学习法律知识、掌握会谈技巧等。关迟介绍说，E-learning在公司的培训体系中，已越来越显得重要了。思科是一家生存在网络上的公司，它拥有一个庞大的E-learning系统。通过E-learning，公司改变了对员工、渠道伙伴及客户的教育与培训方式。1999年11月，思科系统公司初步推进了E-learning课程并配备了远程实验室设备，为全面的E-learning方案打下了基础。思科系统公司最受欢迎的职业认证——思科认证网络工程师（Cisco Certified Network Associate，CCNA）的准备工作也完全在网上进行。思科系统公司宣布将在其网站上为思科交互顾问（Interactive Mentor）建立一个学习社区。公司目前正在运用E-learning进行组织效率领域的管理培训。

新员工的启蒙培训

关迟介绍说，思科对于新员工的培训甚为看重。每名新员工首先要接受一项名为"New Hire Work Station"的培训，为期30天。而且，在开始工作的90天内，新员工还要参加一个亚太区举办的企业文化培训。一位新人进入公司后，公司会告诉他前三个月要做的事情。在第一个月，他需要写一份关于其主管对其工作了解程度的报告，并对该报告做正式的认可。这样，在三个月之后公司对其工作做总结之时就有据可依。如果这名新员工有不足之处，那么他的主管应该了然于胸，若其主管到了第三个月仍然没能在这方面使新员工有所发展，他就要承担相关的责任。

开放的员工培训

思科的员工培训非常开放，不像许多公司在年初做计划，然后由主管经理签字，并于一年内执行。思科认为互联网的速度决定了从事互联网的企业不可能做出为期一年的计划，因此，在一年内公司要做三次评估，不断地重新拟定计划。

在思科公司，员工的培训时间是没有严格限定的，完全由员工自己管理其工作和培训。这就像把员工放在一个驾驶员的位置上，让他自己来做决定。公司也从不把某个员工作为重点培养对象，每个人都是潜在的经理，思科认为这体现着互联网世界里人人平等的原则。开放的培训还体现在思科认为不应到了员工离开之时才想到留人。帮助员工的部门取得成功是使个人获得成就感的首要方法，因此，当团队业绩不断上升时，就能留住人。

思科公司曾坦诚地说，尽管十多年来公司的资产增加不少，但最为可贵的是人才的增加和保留。

进入学校培养员工

思科公司有着很快的发展速度，它要求员工很快能独当一面，故对应届毕业生使用得比较少。从1999年开始，它在一些大学设立了虚拟的网络学院（Networking Academy），通过提供一些设备和开展课程，让学生熟悉互联网环境，其中还有一个关于CCNA认证的笔试，使学生对互联网有个基本的了解。公司从过了这一关的学生中挑选一些人充任见习员工。除此之外，公司还在学校开始培养一些助理工程师，这些学生很可能会在日后成为思科正式的工程师。

如今，思科公司的成功已有目共睹，然而，对于关迟来说，成功仅仅意味着过去，他依然认为在员工培训方面，公司的工作仍做得不够。在他的头脑中有这样一个想法，就是让中国区的员工与海外的人才进行既快且充分的交流，到海外培训一些员工，实现跨区调度。他说，在思科，一切都在快速地变化，所以，我们每位员工都要越跑越快。

与培训教师分享的经验资料

★　身体语言和仪表

身体语言和仪表是非常重要的，人们对你的印象中有55%取决于身体语言和仪表。沟通时，身体语言会传达出非常多的信息。在培训中，我们要非常专业，表现出自信，诚实，友好的态度。

★　目光接触

- 和学员之间一定要有目光接触。
- 使自己的目光接触到整个团队。
- 不要忘记那些坐在旁边和与其他人距离比较远的人。
- 目光是随意的，不能紧盯住某一人。
- 接触时间为2—3秒。
- 如果学员看起来困惑，把问题再解释一次。
- 如果学员看起来有些烦躁，换一种渠道，使声音生动些，也可以短暂地休息。
- 如果学员在一些问题上很专注，让他们参与，问问题或做一些活动。

★　笑容

如果感到紧张，微笑就会变得很难，但微笑真的能够帮助我们与学员建立友好关系。

- 如果讨论的话题很严肃，就不要笑。
- 在培训中比较轻松的时候，微笑是很好的。
- 我们笑的时候，别人也会对我们笑。

★　姿势

- 站直站稳，不要太僵硬。
- 平衡重心。
- 不能左右摇晃。
- 不要双手叉腰，那样看起来很有侵略性。

- 不能双手交叉在胸前，那样有戒备嫌疑。

★ 手势的运用

如果我们不能很好地控制和运用我们的手势，手势可能会分散学员的注意力。

- 不要像鸟那样过多地挥舞我们的手臂。
- 不要摆弄笔，首饰，或头发。
- 自然的手势会使我们的培训生动有趣。
- 手势要充分，让人们能够看得到，否则，看起来很胆怯。

★ 移动

- 不要只是站在投影仪旁边/不要只在一个地方不动。
- 不要不停地来回走。
- 自然地移动，放松而缓慢。
- 不要在投影仪前穿过。

★ 教鞭的使用

- 用距离屏幕近的手拿住教鞭。
- 在屏幕上指示，而不要在幻灯片上。
- 轻轻地指出，不要在屏幕上划，也不要敲打玻璃。
- 不用时，要收好、放下，而不要拿在手里玩。
- 可以把笔放在玻璃上，但不要挡住内容，要让大家都看得见。
- 在讲到下一点时，记住移动笔。

★ 个人仪表

- 衣着要舒服，不能太小或太紧。
- 穿舒服的鞋。
- 不要与众不同。

★ 处理问题

- 对问题持积极的态度。
- 问题能够帮助学员理解培训内容。

★ 准备

- 通常要对有可能发生的问题在培训前做些准备，容易的或困难的。
- 可以针对问题准备些备用的幻灯片。有准备会使我们看起来更有控制能力，也更加专业。

★ 提供足够的提问时间

- 留出足够的时间去思考学习要点和提问。
- 也可以允许随时打断你提出问题。

★ 回答问题的步骤

- 认真地听并用简单的文字重述。
- 征求别人的建议。
- 总结分析。
- 与提问者进行确认。

★ 回答问题的要点

- 回答每一个人。不要变成一个一对一的讨论。25%的时间目光与提问者接触，75%的时间与其他人接触。在处理疑难问题时，这种方法更有效。不要被提出疑难问题的人所牵制，要使每个学员都能够参与。
- 简短。尽量简短地回答问题。问题的讨论不要超过培训内容的范围。

★ 处理难缠的人

——倾向于控制的人：

有时有些人因为级别比别人高、经验比别人多，可能倾向于扮演一个统治者的角色。

- 直接向其他人提问。
- 提问的时候不要看着他，他就很难引起你的注意。

——愿意和旁边的人讨论的人：

这种情况在培训课程中会经常发生。

- 邀请他把讨论的内容告诉所有人。
- 停下来，微笑着看着说话者。
- 提问并走向他。
- 自然地叫出他旁边的人。
- 走到他身后，轻触他的肩膀。

——缺乏自信的人：

有些人由于缺乏经验或其他原因而不自信。

- 问一个能够让这些人自信地发表他的看法的问题。通常，一旦开始说话，紧张感就会被消除，他就会变成一个积极参与者。

★ 请记住：

- 保持冷静。遇到粗鲁的或难回答的问题，要保持自然，不要担心和害怕。
- 镇静礼貌。无论情况多么糟糕，一定要镇静有礼貌。如果你有很好的控制力，学员会支持你的。
- 不争论。如果有些人想显示他们自己的学识，他们会问一个问题然后自己回答。要有礼貌地听他说完，不要争论。如果你不同意他的观点，可以征求别人的意见。永远不能说：你错了。

思考：您认为该案例体现出培训与开发项目设计与实施的哪些原理？

第六章　传统与新兴的培训技术媒介

【学习目标】

通过本章的学习，应该重点了解和掌握以下内容：

1. 企业管理者的通用核心能力模型；
2. 组织中各种类型的培训；
3. 人工智能技术在培训中的应用；
4. 虚拟现实培训的内容；
5. 移动学习与技术如何实现培训目的；
6. 为提高组织培训的有效性，如何将各种培训技术进行组合。

【开篇范例】

百度新员工的“游戏化”培训

百度是全球最大的中文搜索引擎，每年会有大量新员工加入。培训新员工是百度学院每年的重要任务。

经过调研，90后的新员工更青睐具有情感共鸣、新奇性、个性化、冒险、自由、参与感、趣味性的培训方式。因此，百度公司打破了部门藩篱，整合HR、行政、财务、IT等部门的所有资源，选择以网页端严肃游戏的形式，即通过开发以教授知识技巧、提供专业训练和模拟为主要内容的游戏，将培训内容传递给新人。

追踪观察行为，搭建内容框架

搭建框架是开发严肃游戏过程中最难的一个环节，需要了解每一位新人在最初6个月中的每个阶段最需要什么样的知识输入。新兵项目组HR采用影子人行为观察法，在关键结点跟踪新人入职后的第一天、第一周、第一个月、第一个季度，最后梳理出了89个所需的知识点。随后，他们又采用“相互独立，完全穷尽”（Mutually Exclusive Collectively Exhaustive，MECE）的原则，保证传递的学习内容面面俱到，最终严肃游戏以员工成长时间周期为维度入手，划分为5个篇章，如表6-1所示。

表6-1　百度严肃游戏内容框架

时　期	篇　章	内　容
第一天	入职篇	常用电话本、行政支持找助理、百度移动办公APP、IT特别提醒、撰写自己的介绍信。
第一周	学习篇	目标设定、新人学习资源池、导师辅导。
第一个月	工作篇	办公利器介绍、百度常用网址、财务报销等。

（续表）

时　期	篇　章	内　　容
第一季度	关怀篇	各类员工关怀活动、社团组织、健身医疗支持介绍。
半年	成长篇	转正指南、参加新人中期回顾会。

严肃游戏的多样化主题

严肃游戏的形式敲定后，HR去百度贴吧寻找90后最喜欢的页游。在“90后页游吧”，百度HR决定仿照“冒险岛”的形式开发游戏。游戏主人公根据百度工程师的形象设计，取名为“百小度”。百小度游走在游戏地图中就仿佛进入了自己的学习地图。

入学篇之游乐场

场景寓意：百度舒适的办公环境，公司绿化面积达到50%以上。百小度由此迈出他在百度的第一步。首先，他经过一个大牌坊，上面写着IT\行政\HR服务热线及网址，对面会走来一名助理，对小度说：“有任何行政问题可以随时找我，咱们公司100名员工就配备一名助理。”接着往前走，路上会弹出各类二维码提示安装内部移动办公APP，这样员工就可以在任意地点和时间轻松办公；前方不远处还有台电视机，电视里播放着各类常用办公软件的使用方法，转了一圈后坐回工位，提示员工撰写一封入职邮件让大家认识你。信息大爆炸的第一天结束。

学习篇之海底隧道

场景寓意：海底隧道里源源不断输送着各种知识。进入学习篇之后，百小度需要面见双导师。与业务导师一对一，到ERP设定试用期工作目标；与文化导师谈如何理解公司文化，以期快速融入。踏着轻快的脚步去参加新兵训练营和职业化培训，结识新友新人路途不孤单。在此过程中，E-learning线上学习链接及学习咨询邮箱一并附上。

工作篇之阳光海滩

场景寓意：公司给最自由的空间——在百度没有上下班打卡制度，员工们可以穿着舒适的拖鞋、T恤来上班。“蜜月期”上手工作不再难，百小度迅速投入忘我的工作状态。你知道百度内部常用平台吗？你知道公司常用缩写吗？有创意后你知道去哪儿提交吗？你了解百度上百种产品吗？你知道财务差旅如何处理吗？员工可以跟随百小度一起到工作篇去寻找，工作所需基本信息在此可被一网打尽。

关怀篇之热带雨林

场景寓意：百度对于员工的关怀就像物资丰富的热带雨林。百度关怀太丰富，其中最值得一提的是百度最高奖100万美元。百度最高奖主要针对公司总监级别以下的对公司产生卓越贡献的基层员工，奖励对象为10个人以下的小团队，鼓励“小团队做出大事业”的互联网基本精神。而高达百万美元的股票奖励，也是迄今为止国内互联网企业中给予普通员工的最高奖励。20多个社团期待你的加入，社团介绍尽在其中——街舞社、单身社、女子社、音乐社、摄影社、滑轮社、网球社、手工社、台球社、动漫社、电影社等应有尽有，还有节假日福利，坐久了可以去健身房，生小病也不用急，百度开设健康空间可供员工直接问医。

成长篇之天宫仙境

场景寓意：百度会给你最大的平台让优秀员工脱颖而出，这也是百度人才观的主题词。百小度来到仙宫，认真参看转正指南，了解转正流程与经理确认是否完成试用期KPI；参加百度学院为新员工开设的新人中期回顾沙龙，与高管面对面亲授成功经验，资深员工出面解惑答疑。游戏的尾声是观看百度CEO李彦宏给新人讲话的视频。经过6个月的相伴，这款新人成长严肃游戏至此通关。

这款培训页游从设计到研发全部流程中只有4个人参与，经历3个月的时间全部完成。HR做内容框架的设计，手绘所有场景人物的画面，前端开发人员编写前端代码，产品经理把控整体流程的进展。百度鼓励10人以下的小团队做出一番大事情。因为百度的人才观里有一条成长机制就是“小马拉大车”，最终的结果是希望小马可以成长为更加强壮的大马，承担公司更多重任。

资料来源：根据陈媛的“培训杂志”微信公众号整理。

如果你是公司员工培训的负责人，你会把工作重点放在哪一类培训上？你是否会侧重使用某些培训方法？你会在多大程度上依赖以高科技为平台的新兴培训方法？你会通过玩游戏的方式进行培训吗？在选择参加培训课程时，你将赋予受训者多大的自主权？你会设法让高层管理者参与培训吗？如果回答是肯定的，那么你会怎样做呢？本章将重点介绍传统和新兴的培训技术媒介。

第一节　基于提升胜任力的培训与开发

一、胜任力模型与培训开发

如今许多组织都在积极寻找推动其产生高绩效的因素，研究发现，最直接的解决方法之一就是寻找和挖掘产生高绩效的能力特征，构建组织的核心能力模型，并在此基础上有针对性地选拔和培育适合组织成长和发展的优秀人才，实现胜任力与职位的匹配，为培训提供方向，为员工个人职业发展提供帮助，为员工明确能力发展通道与职业目标。

基于胜任力模型的培训与开发要根据员工个人的职业发展计划以及绩效考核结果，在与企业实现战略所需的核心能力进行比较的基础上，确定员工的胜任力差距，并据此制定相应的培训计划，设计培训项目与课程，最后通过培训效果的评估为员工胜任力的改进与提升提供反馈与指导。尤其需要强调的是，对于基于胜任力的培训开发系统而言，除了考虑用于员工知识、技能培训的方法外，关于潜能的培训与开发还要遵循胜任力与行为之间的驱动关系，通过总结、提炼企业内部成功与失败的案例，最终支持员工胜任力的不断提升与绩效的改进。

基于胜任力模型的培训与开发系统强调：选拔培训与开发对象的标准包括潜力，而不仅仅是工作绩效；要根据员工的能力和特点进行培训与开发，更要重视价值观、角色定位等隐性能力的培训与开发；要有一体化的能力解决方案，而不是无计划、随机的培训与开发；培训的内容要面向未来，而不仅仅是满足目前的需要。

胜任能力模型的确定需要同公司的核心价值观相一致。例如，英特尔公司确定了他们公司中的每个员工必须具有的6项核心价值观，即：① 有冒险意识、愿意挑战现状；② 通过建立挑战性的目标和持续学习提高质量；③ 有纪律、正确地制定计划，作出承诺，并与商业行为结合起来；④ 通过满足顾客的期望和提供新的、有竞争性的产品为顾客服务；

⑤ 明确责任，强调以结果为导向；⑥ 强调团队合作和彼此之间的尊重。英特尔公司要求员工努力去获得、表现以及提高这些能力。

二、企业管理者的通用核心能力模型

通过对我国国内企业的跟踪研究，我们发现优秀的企业管理者一般都具备以下四个方面的通用核心能力：思考能力、有效领导能力、自我管理能力和社会交往能力。在每一项核心能力中又包括诸多具体的能力要素。

第一是思考能力。思考能力是与问题的解决、资源管理中的规划等有关的行为。实际上就是能够敏锐地发现有利于组织绩效提升的有意义、有新意的变革及其征兆，同时能够提出实现这一变革的设想、战略和切实可行的计划，也就是要有战略思维。在思考能力中包括资源管理能力、解决问题以及决策的能力。

第二是有效领导能力。有效领导能力是指与领导团队、开发团队成员有关的行为。有效的领导能力包括建立信任、团队领导以及关注工作的质量与秩序等。

第三是自我管理能力。自我管理能力是指了解自己的能力和偏好，并且有效地加以利用。自我管理能力包括灵活性、主动性以及坚韧性等。

第四是社会交往能力。社会交往能力是指与和他人沟通交流的有效性有关的行为。具体体现为影响力、倾听、理解和反馈、组织意识以及关系的战略运用能力。

具体而言，上述四大能力维度包括以下能力要素。

（一）思考能力

思考能力包括资源管理能力以及问题解决和决策能力。

（1）资源管理能力。资源管理能力是指通过管理一系列资源，使资源利用最优化，确保现有资源的效率和效用，能够最大限度地利用现有资源。这方面能力越强，则管理的资源的总量和复杂性程度也相应增加。

（2）问题解决和决策能力。问题解决能力是指通过系统地分析背景信息，将问题分解，找到解决问题的最有效途径。当这种能力不断提高时，着重点就从简单的分解任务转变为识别复杂的因果联系和得出结论性判断。

决策能力是及时做出决策的一种能力。最高境界表现为即使在压力极大、风险很高、形势并不明朗的情况下，也能够做出决策。一个善于应对危机的管理者能够及时介入这种迅速恶化、高度复杂且压力极大的形势，审时度势，迅速做出缓解甚至巧用危机的决策。但是，决策能力并不限于快速决策的能力，有时耐心等待、暂缓决策反而更合适。当形势变化迅速，缺乏足够全面的信息从而不能准确地看清形势及各种待选方案可能产生的后果，这时就应该暂缓决策，以听取更多的建议。决策能力强的人善于选择合适的时机，并当机立断。

（二）有效领导能力

有效领导能力包括以下三个方面的素质要素。

（1）建立信任。建立信任是指能够试图帮助下属形成独立工作的能力。勇于和下属共同担当责任，从而给他们更大的权力单独采取行动。当领导者提高这种能力时，就可以相应增加授权的程度。

（2）团队领导。团队领导是指设立一个目标，激发他人朝这一目标去努力。通过建立一个有效的团队，确保团队成员理解团队中的角色，了解有关任务信息，并促进团队成员间的相互配合，进行内外部沟通和交流，从而达成组织的目标。

当领导者想提高这方面的能力时，要强调建立组织愿景。鼓励、激发和指引其他人完成目标，持续地发展和保持合作的工作关系；在组织和客户群中要鼓励合作并且为其创造便利条件；培养承诺、团队精神、荣誉感和相互信任的氛围。

(3) 关注秩序和质量。关注秩序和质量是指关注工作中的细节，保证输出高质量的工作成果；对工作进行监督和检查，通过建立标准减少不确定性。当领导者提高这种能力时，他的工作中心应从自我的工作监督变为对其他人的监督，并且建立一套系统以保证秩序和质量。

(三) 自我管理能力

自我管理能力包括以下三个方面的素质要素。

(1) 灵活性。灵活性是指能够灵活地接受和适应变化，能够在不同的环境中有效地工作，并且在不同的环境中采用不同的方法。尤其是面对变化的环境或者预料不到的阻碍时，要相应地采用不同的行为和工作方法，迅速调整自己以适应新的形势。

(2) 主动性。主动性是指能够认识问题并积极地采取行动解决或预防它。将组织的需要放在首位，并且在问题发生时或者之前就采取行动进行解决。当领导者提高这种能力时，他的行动就会从被动的反应转变为主动地做出反应。这常常表现在超越工作的基本要求，抓住机遇，为将来做好准备。

(3) 对困境的反应。作为对绩效的管理和改进的契机，对困境的反应是指能够观察到问题，从错误中学习并且改进绩效。当领导者提高这种能力时，就会从被动的学习转变为积极地征求意见和寻求反馈；还包括有效地处理压力，集中精力工作，并且保持乐观和坚韧的精神，能够从逆境、挫折中迅速恢复过来，有效地处理个人生活和工作的关系。

(四) 社会交往能力

社会交往能力包括以下四个方面的素质要素。

(1) 影响力。影响力是指能够影响他人或者说服他人接受自己的观点并且采取相应的行动，使用大量的技巧与他人交流，试图影响他们采取行动。优秀的管理者会运用良好的社会影响，树立自己的职位权威及个人权威。在实施这种影响的过程当中，他们会根据具体的听众调整说话的内容和风格，使对方更易于理解并接受。当提高这种能力时，领导者说服他人的能力就会变得更加专业化。

(2) 倾听、理解和反馈。倾听、理解和反馈是指积极、准确地倾听并作出合理、准确的反应。当这种能力不断提高时，理解问题的深度和作出反应的灵敏程度都会增强。

(3) 组织意识。组织意识是指对组织内部实际的结构、文化和运行环境有准确的判断，对组织中权力关系和主要力量有清楚的认识，并且利用这种认识做出决定等。当领导者提高这种能力时，就会更全面地了解组织和它所处的环境。

(4) 对关系的战略运用。对关系的战略运用是指试图建立和保持那些能够帮助组织目标实现的关系，包括建立内部和外部的网络，来发展和传递组织的战略目标。当领导者提高这种能力时，这种关系网以及运用关系的能力都会得到提升。

上述核心能力模型囊括了作为企业优秀的管理者要取得高绩效所必须具备的一系列能力要素。研究核心能力模型的主要目的就是找出能够使管理者出色完成工作或取得较好工作业绩所需要的核心能力，从而为领导者的培育和评价提供有效的指导。

第二节　组织中培训的类别

为了提高组织中各类人员的胜任力，组织会采取不同类别的培训项目，主要包括新员工入职培训、业务技能培训、管理技能培训以及工作指导培训等。

一、新员工入职培训

新员工入职培训是一个有计划、系统地向新员工介绍他们的工作职责、组织期望、政策、组织流程以及组织文化的方法。新员工入职培训的目的包括：向新员工介绍本组织和各岗位的有关信息；培训必要的安全和工作技能；讨论员工必须具有的工作态度；让员工理解组织规范和流程；澄清在工作组织中管理者和员工的角色。

新员工入职培训主要传达给新员工关于组织的信息以及组织对他们的要求。培训的结果是使新员工有比较高的动机成为工作中有能力的人。如果入职培训不是很有效，则会使新员工变得迷惑或焦虑，使他们不能明晰自己的职责，不了解自己的工作如何才能与组织相适应。培训的内容主要是要求新进员工在半天或一天的时间中填写各种表格，提供给他们关于公司的大量信息，参观一些设施，了解团队成员以及自己的直接主管等。

值得注意的是，有一些组织之所以会在新员工入职培训这个环节上花费大量的时间和资金，不仅是因为担心离职所带来的高成本，更重要的是意识到组织需要更好地将自己的价值观和规则传授给员工。这就说明有效的岗前培训必须是一个同组织发展战略结合起来的有计划的过程，而不是仅仅由人力资源部门进行的行政性工作。此外，新员工入职培训提供了一个让组织向他们传达组织期望的机会，如果最初的培训项目能够清楚地向新员工提供在新职位中所必要的信息，那么他进入新组织后面临的现实与期望值之间的落差可以被降低到最小。

二、业务技能培训

除了对新员工进行入职培训外，组织中更多的培训是与本职工作相关的业务技能培训。下面我们将介绍其中几种培训类型：基础技能/文字能力培训、销售培训、客户关系培训以及团队建设培训等。

（一）基础技能/文字能力培训

基础技能是使员工顺利地完成工作并且能够学习培训项目内容所需要的技能。基础技能主要包括阅读、写作等文字能力和认知能力。例如，培训教师在讲课的时候所作的一个假设就是学员具有掌握教材和其他课程材料（如幻灯片、视音频或文章内容）的基本阅读水平。如果缺乏必要的阅读水平，则很可能在这门课的培训中学不到任何东西。

随着组织的不断发展、全球竞争的日益激烈，绝大多数职务的要求越来越高。例如，自动化工厂、自动化办公室、数控机床等，要求员工具有数学、阅读和计算机方面的知识和技能。试想，如果办公室职员不具备使用文字处理软件和电子邮件系统的能力，那么，他们中的大多数人又怎么能有效地开展工作呢？

（二）销售培训

企业能否生存、能否占领市场并在激烈的市场竞争中立于不败之地的关键因素之一在于营销工作做得怎样。但是，不同的企业规模往往需要不同的销售培训，跨国公司更加关注国际市场的运作，而国内的中小企业则更加关注国内市场的运作。这就要求销售培训要因时、因地、因人而不断调整。销售培训主要包括以下内容：现代市场营销与销售，销售的基本概念和理论，销售与社会、企业和个人的关系，销售产品或服务所属行业的专业知识，顾客类型及心理把握，销售人员的仪表和礼仪技巧，销售谈判艺术等。每一个企业都要根据自身的情况选择适合自己发展的销售培训。

（三）客户关系培训

当前，企业之间的竞争正逐步从生产竞争转向市场竞争和客户竞争，企业管理的重心也随之从传统的生产、物流、财务等内部管理转向全面的客户关系管理。客户关系管理源于以客户为中心的管理思想，是一种旨在改善企业与客户之间关系的新型管理模式。客户关系管理将切实改变企业的经营理念和手段，使原本各自为战的销售人员、市场推广人员、电话服务人员、售后维修人员开始真正地协调合作，成为一支以客户为中心的强大团队。

与客户之间良好的合作关系是保证相互之间业务正常进行的决定性因素，也是企业在竞争激烈的市场中立于不败之地的根本所在。因此，提升客户关系培训可以有效增进企业与客户之间的友谊，更好地合作和发展。它能够帮助企业的员工了解怎样才能与客户建立朋友般的关系，以及如何才能在竞争中合作。通过客户关系的培训，能够使企业员工提升个人魅力，更易与客户建立非工作式的关系，搭建沟通的桥梁，营造沟通的环境，并且能够和客户之间消除隔阂、拉近感情等。

（四）团队建设培训

团队是由一定数量的人组成的，并且这些人“具有互补的技能，对共同的目标、目的和方法具有共同的承诺，能够互相依赖”[①]。团队成员必须清楚地定义各自的角色和职责，并能够互相依赖来完成共同的目标。

团队建设培训是用来提高团队或群体绩效的培训方法，旨在提高受训者的技能和团队的有效性。团队建设培训让受训者共享各种观点和经历，建立群体统一性，了解人际关系的力量，并审视自身及同事的优缺点。团队建设培训注重于团队技能的提高以保证进行有效的团队合作。它有助于提高工作小组或团队绩效，建立新的团队或促进不同团队之间的联系，且所有培训都包括对团队功能的感受、知觉、信念的检验与讨论，并制订计划，以便培训中所学内容能够应用于团队绩效上。

团队建设培训是利用咨询顾问、面谈以及团队建设会议来改进企业管理者的工作绩效，让他们学会运用一系列技术去改进部门的工作。团队建设培训的一般过程为：最初，在召集小组会之前，由咨询顾问与小组领导及每位成员进行面谈，了解他们的问题所在和他们对该小组职能的看法，以及阻碍该小组更好地工作的障碍。有时，可以用员工满意度调查来收集所需的基本背景数据。接下来，专家顾问通常会按主题对面谈得到的数据进行分类，并在小组会开始时向整个小组介绍这些主题。然后，由整个小组根据重要性对主题进行排序，将最重要的主题作为会议的议程。在会上，小组成员一起讨论问题、分析问题产生的原因，并深入探讨解决问题的对策。

---

① 乔恩·R. 卡曾巴赫，道拉格斯·K. 史密斯. 团队的智慧——创建绩优组织［M］. 侯玲，译. 北京经济科学出版社，1999.

三、管理技能培训

管理技能培训主要用于开发领导能力，增强管理人员对他人的敏感性，激发下属的工作士气，提高下属的人力资本付出和改善工作绩效，减少部门之间的冲突。如今，“有力的领导”往往被看作组织成长、变革和再生最重要的因素之一。因此，企业为了自身战略发展，提高其在市场上的核心竞争力，就会通过各种诊断性评估、360°反馈、课堂培训和情境模拟来发展和提高中高层经理的核心领导能力。目前，国际上比较流行的管理技能培训与开发技术主要有领导者匹配培训、人际关系沟通培训、敏感性训练、时间管理培训等。

四、工作指导培训

工作指导培训是指培训者在受训者的日常工作中对他们进行培训所采用的一系列指导程序。一般来说，在职培训的内容比较简单。表 6-2 列出了工作指导培训的四个步骤，即教学准备、任务演示、练习和后续跟踪。教学准备的工作非常重要，因为企业有必要让受训者对培训过程有一个预期。准备工作包括为受训者提供培训手册，分发一些培训资料或其他可供参考的工作辅助资料。在进行任务演示时，一定要让受训者明白每一个操作细节，并且能够独立进行重复的操作。进行一定的练习的目的是确保受训者能够掌握特定的技能。最后，还要进行后续跟踪，以确保受训者不断地取得进步。

表 6-2 工作指导培训

第 1 步：教学准备
□ 让受训者放松心情 □ 了解受训者目前掌握的知识和技能 □ 调动受训者的学习积极性 □ 明确培训的任务与目标
第 2 步：任务演示
□ 叙述具体的操作程序 □ 行为示范 □ 对问题加以解释 □ 演示
第 3 步：练习
□ 让受训者进行实际操作 □ 让受训者解释操作步骤 □ 对受训者的操作结果进行反馈 □ 强化正确的行为
第 4 步：后续跟踪
□ 让受训者独立执行工作任务 □ 鼓励提出所遇到的问题 □ 定期检查任务的完成情况

资料来源：K. N. Wexley & G. P. Latham. Developing and Training Human Resources in Organizations［M］. Glenview, IL: Scott, Foresman, 1991: 109.

在第四个阶段，培训者在适当的时候也可以采用一些辅导技术。例如，康明斯发动机公司（Cummins）在一项他们称为“放手去做”的培训项目中，先向受训者介绍基本的工作原理，然后针对工作中需要改进的地方进行具体的培训。其改进工作的过程分以下五个步骤：

（1）观察受训者的实际工作过程，发现其中存在的问题；

（2）用“头脑风暴法”让大家提出改进办法；

（3）对每一个改进办法进行分析；

（4）具体实施某项改进措施；

（5）对结果进行分析，并做出相应的调整。

在整个过程中培训者对受训者进行引导，帮助他们发现潜在的问题，自己寻找解决方案。培训者为受训者的行为提供反馈，并强化学习的结果。工作指导培训的成败取决于培训者是否能够依据实际的培训情况调整自己的培训风格。培训者（尤其当他们是受训者的同事或上级时）应该在培训开始前，对受训者的培训需求进行分析。如果培训内容对受训者来说难度太大或太小，培训者都应该调整培训所用的资料或培训技术以满足受训者的需要。

第三节　传统的培训手段

传统的培训手段已经成为员工发展的必要组成部分，包括使新招聘的员工熟悉组织，保证个体在技术上有能力完成他们的工作，培训新的一线主管完成他们的管理任务，以及使某些个体有潜力竞争未来组织中的领导地位。这些培训的重点在于提高员工在组织中工作的有效性。传统的培训手段主要有以下几种典型的方式：学徒培训、讲座、讨论、以经历为中心的学习以及视听多媒体等。

一、学徒培训

学徒培训主要是指师傅带徒弟，一般在需要手工艺的工作上使用该种培训，如木匠、理发师、机械师和印刷工等。学徒培训一个主要优点是可让学习者在学习的同时获得收入，因为一般学徒培训会持续数年。在培训中，这些学徒身份的员工收入低于负责指导他们的师傅，学习者的工资会随技能水平的提高而自动增长，且培训期依据所需技艺的不同而有所变化。

许多组织会采取学徒培训的方式来提高职业工人预备队伍的技能，使员工在某个类型的技能行业中获得资格证书。表 6-3 是某公司通过创新性和深入系统的学徒培训来培养技能工的例子。

表 6-3　某公司的学徒培训

某公司是由通用汽车和丰田汽车公司组成的合资企业，这个企业对机械维护师采用学徒培训的方式进行了重点培训。机械维护师的职责是维护所有的机械设备，也包括诸如制造机器人等特殊项目。受训者需要花费大约 5 年的时间学习 5 种类型的行业技能。学习项目包括大约 20%的讲授和 80%的演练，另外还有在职培训作为辅助。合格的受训者可以获得相应的资格证书。 在参加项目之前，参加者都需要接受测验，包括基本技能和他们的个人手艺。基本技能方面的缺陷可以通过课堂学习得到弥补。课程每天有 2 小时；在最紧张的培训阶段，每周有 4 天的课程。每个课程中的实验室分成 10—15 个项目，受训者必须都能够满意地完成。每个项目有三个步骤：对过程的描述，把材料进行列表，对最终产品的质量和数量进行研究。项目的复杂程度和难度可以从对小部件的故障诊断到制造需要进行焊接的部件。受训者必须能够以 80 分以上的水平通过，并能够重复操作。培训在生产车间会继续进行，由熟悉某个领域的技师在任务的执行过程中帮助他们的同事。 经过交叉培训后，这些机械维护师的生产效率得到了很大的提高。

资料来源：Office of Technology Assessment，U. S. Congress. Worker Training：Computer in the New International Economy，1990，OTA－ITE－457［R］. Washington，DC：U. S. Government Printing Office.

二、讲座

讲座指的是由专家以口头讲解的形式向目标群体传递信息的过程。讲座是最常用的培训技术之一。它之所以这么流行，原因之一是这种方法可以在相对较短的时间内将事实性的信息有效传递给大量的听众。如果能在讲座过程中配合使用一些视觉资料，比如幻灯片、图表、阅读材料等，那么这种方法可以有效地让听众理解理论、概念、程序和其他陈述性资料。

不过，讲座式的培训方法也存在缺点，即它的沟通具有单向性。事实上，讲座的形式体现了组织传统的权威主义架构，而这种权威主义会引发消极的行为，比如被动学习和厌倦，不利于培训成果的转化和因材施教。此外，即便是演讲者表现得很出色，听众也非常专心，讲座也只能让他们了解一些概念性的知识，而对改变他们的态度和行为所起的作用有限。要想使讲座收到良好的学习效果，听众必须要有很强的学习动机。

与此相关的另一个问题是，在讲座的过程中受训者之间交流思想的机会也很少。没有相互之间的交流，受训者可能就无法从一个对他们来说都有意义的角度去理解讲座传递的信息。而且，有许多人都表示自己不喜欢讲座这种培训方法。不过，近来的研究结果表明讲座的效果并不像人们批评得那么差。比如说，一项分析发现，不论单独使用讲座的方法，还是将讲座与其他培训方法（比如讨论和角色扮演）相结合，都能促进学习。此外，在一项技能培训中发现，采用角色扮演和讲座这两种方法取得的学习效果是不相上下的。

到目前为止，有两点结论是清楚的。第一，可以肯定地说，生动有趣的讲座比枯燥乏味的讲座更能促进学习。因此，培训者应该想方设法让讲座变得更有意思。一些有经验的培训者说，30 岁以下的年轻员工如果认为讲座没意思或讲座的内容与自己关系不大，是最有可能抵制这种培训形式的。第二，用其他培训方法（比如讨论、放视频或角色扮演）来辅助讲座，有一定的好处，尤其是在讲座的内容很抽象或讲座讲解的是一些程序性知识的时候。同时采用几种方法可以增强双向沟通，受训者可以更好地理解讲座的内容。

三、讨论

讨论涉及培训者和受训者，以及受训者之间的双向沟通过程。在培训过程中通常需要受训者的积极参与，而讨论则为受训者提供了获得反馈、澄清疑问、交流思想的机会。由于有了双向互动的过程，采用讨论的方法可以克服单纯的讲座带来的问题。讨论的组织者必须遵循这样一个原则：“不要替讨论的人做他们自己应该做的事情。”讨论的效果取决于培训者以提问的方式来引导讨论的能力。一般采用的提问方式有以下三种。

（1）直接提问：得到的是直接的回答，受训者的反应被限定在较窄的问题范围内。

（2）回馈式提问：用来重复某人说过的话，以便确认接收的信息是否与原意相符。

（3）开放式提问：用来加深受训者对某个问题的理解。

组织讨论并不等于对参加讨论的人提问，它不像单纯提问那样简单。培训者一方面要及时强化受训者的反应，另一方面要确保每个人都有机会表达自己的观点，避免出现少数人主导讨论的情况发生。在大课上组织讨论是一件颇有难度的事。因为在人数较多的情况下，每个人都能参与讨论的机会就减少了；此外，有的人可能羞于在众人面前发言，因此不太愿意参加讨论。在这个时候，如果能将一个大班级分成几个小组，在小组之间进行沟通，可能大家讨论得会热烈一些。

讨论式的培训方法也存在一定的缺点。第一，它需要一个善于组织讨论的人，而这种能力不是每个人都能很快学会的。要掌握这种本领，通常需要经过大量的练习和实践，并且在讨论开始前还要做充分的准备工作。第二，如果希望讨论能够有一定的深度和意义，需要有充分的讨论时间。第三，参加讨论的受训者之间还需要有一个共同的讨论焦点，否则不同的人可能说的是风马牛不相及的东西，无法使思想产生碰撞，讨论只能停留在表面上。在讨论之前先让大家阅读相关的资料，可以在一定程度上克服这个问题。

总的来说，大多数培训者和受训者都认为一个好的讨论要比传统的讲座更有趣、课堂气氛更活跃。不过，要使讨论更有成效，需要充足的时间和必要的资源，以及受训者的积极参与。

四、以经历为中心的学习

以经历为中心的学习强调工作行为的重要性，认为工作能够引发持续性的学习和进步，以及工作本身的挑战能刺激人们学习。从这个角度来看，在工作任务的分配中应该提供以经历为中心的学习机会来发展关键胜任能力。譬如，对一名领导者的管理能力影响最大的因素是他们自己直接的工作经历加上高级领导的指导和辅助。以经历为中心的培训大体上有以下两种形式。

（一）工作的委派和挑战

朗敦（London，1989）提出了两种类型的学习情境，即增量的和突破性的。增量的学习情境需要花费一定时间来确定角色的期望，以及为自我决策的时间和步骤提供方便。突破性的学习情境是把个体安排在较困难的岗位上，在基本没有准备的情形下开始工作，这种情形要求为了取得成功需要发展新的技能。突破性的学习要求个体投入一定的时间和精力，同时学习潜力巨大，但是也有较高的失败风险。突破性的学习情境具备以下特点时对学习的提高会起更大的作用：必须承担更大的责任，关注别人的问题，对团队工作确立新的方向，处理来自外部的利益群体的压力。表6-4提供了这些工作挑战的例子。

这种培训方式强调领导者需要：① 合理利用他们工作中的机会；② 把工作分工变成有计划发展过程的一部分。

表6-4　突破性学习情境的组成

经历工作的转变	
不熟悉的责任	你必须能够担当新的或不同于你目前所担负的责任
产生变化	
新方向	你负责在公司中开展新的工作或是做出战略调整
遗留的问题	接受工作任务前，必须接受前任的遗留问题
员工的问题	你的员工缺乏经验，不称职或抵抗变化
承担高层管理的责任	
权利	上司的压力，由于工作的透明度和决策的责任，使你的工作成果备受关注
范围和等级	工作范围广，须对多种功能、群体、产品和服务负责

（续表）

管理界限	
外来的压力	你同组织外重要的人保持联系，比如客户、政府部门等
没有权威的影响	要完成你的工作，你需要对同事、高级管理者施加影响，但你对这些人又缺乏直接的权威
处理多样性	
跨文化工作	你必须同不同文化和不同国家的人一起工作
工作团队的多样性	你负责的团队包括不同种族和信仰、不同技能背景的人

资料来源：C. McCauley. *The Job Challenge Profile: Participant Workbook* [M]. Jossey-Bass Inc., 1999.

（二）工作指导

员工可以通过向同事或者指导者学习来获得技能的提高，这些指导者和没有经验的员工一起工作，给他们提供指导和帮助。这些指导者在组织中属于领导地位比较高的人，但不是受训者的直接上司。指导过程的目的是以集中、有效的方式提高技能，并减少在学习过程中产生的尝试错误。有研究指出，在美国大约20%的规模小于500人的公司有正式的指导程序。这些组织使用这种程序的目的多种多样，主要有新管理者的社会化、为潜力高的领导做好发展准备、为少数民族和妇女提供领导职位的发展以及高级执行者的持续性发展。

一般来说，指导者对被指导者有以下三个方面的作用。

(1) 营造一个支持性的环境，使被指导者可以在一个轻松的环境中讨论与工作相关的问题，并使其在面对困难时能得到指导者的帮助而不会丧失信心。

(2) 指导者会向被指导提供反馈，说明怎样学习或在工作中提高他们的绩效。

(3) 指导者给予被指导者更具有挑战性的工作，提高他们同高级主管之间的接触机会，因此能帮助被指导者为将来的工作安排做好准备。

有研究表明，指导是提高学习和工作绩效的有效方法。这种指导关系与晋升和薪酬有关系；而且指导关系能加快被指导者的社会化进程等。一般情况下，自然发生的指导关系比正式安排的指导带给被指导者的好处更大，而且，将那些偏爱指导并具备指导技能的人安排在指导工作中，带给公司和个人的收益更多。但是，令人遗憾的是，目前国内针对领导力发展的特定指导方法还有待于进一步深入研究。

五、视听多媒体

不论是讲座还是讨论，在讲解动态的、复杂的事件时都有一定的局限性。视听教学法的优势就在于可以利用各种媒介来展示培训材料的内容。视听媒介可以把其他沟通方式无法描绘的细节生动地展现出来，从而将复杂抽象的事件栩栩如生地还原在受训者面前。我们将从三个方面来介绍这部分内容——静态媒介、动态媒介和电讯媒介。

（一）静态媒介

静态媒介展示的通常是一些静止的文字和图像材料，如印刷品、幻灯片和悬挂投影仪。印刷品包括一些分发的材料、图册、指南、参考书目和教材等。受训者可以保留这些资料，以便在培训前后和培训过程中随时查阅。幻灯片在使用上与印刷品有类似的地方，只不过它需要借助电脑或透镜将图像投影到一个大屏幕上，这样大家可以将幻灯片上的内容作为讨论的主题。在放映幻灯片的同时还可以播放视音频，以使内容的展示立体化。在用这样一套设备进行培训时对培训者的能力要求并不高，只要知道如何操纵电脑和幻灯投影仪即可。悬挂投影仪是用来将印刷品或其他图像投影到屏幕上的。投影仪比幻灯片在使用上更灵活，因为培训者可以随时写东西，再由投影仪投射到屏幕上，这样屏幕就像一块黑板一样，可随意书写。表 6-5 对如何使用电脑幻灯片和投影仪来加强演示的效果给出了一些指导意见。

表 6-5　幻灯片和悬挂投影仪使用指南

准备工作
● 一张幻灯片只演示一个主要的思想或概念。 ● 使用简短的关键词或短语（比如说每行不超过 6 个单词，每张幻灯片不超过 6 行）。 ● 文字和图表要足够大、足够清晰，要保证坐在教室后面的人也能看清楚。 ● 幻灯片设计得好吗？ ● 幻灯片的内容有趣吗？可以考虑在其中使用各种色调、不同的字体和图表。 ● 幻灯片是否适合用来讲解课程的主题？ ● 在你的报告中，幻灯片是另外附加的吗？ ● 在制作和使用幻灯片时，是否恰当地利用了当前的一些技术手段？ ● 如果使用的是 PowerPoint 或其他类似的软件，是否有必要在报告中增加或减少一些额外的内容（比如视频、音乐、剪贴画、特殊的图表等）？ ● 检查一下视听设备和电脑是否已经安装完毕，测试一下设备的运行是否正常。
正式报告
● 简明扼要地介绍报告的主要内容。 ● 眼睛注视观众，不要一直盯着屏幕。 ● 确保室内的照明和座位安排能够使所有的观众既能看见报告者，又能看见屏幕。 ● 在强调某些信息时要指着屏幕上的相关内容，但是不要用鼠标去指点电脑幻灯片上的内容，不要直接去指点投影仪上的幻灯片。 ● 避免逐字逐句地朗读幻灯片上的内容。 ● 控制内容演示的速度，比如说即使你可以看到整张幻灯片，也最好在你准备讨论相关内容时再把它们展示给观众看。 ● 在口头强调某个重要的观点时，遮蔽投影仪或使屏幕暂时呈现空白画面。 ● 为了增强效果，可以使用两个投影仪——一个电脑投影仪，一个幻灯片投影仪。 ● 在鼓励观众的参与时，可以临时在空白书写板、幻灯片或活动挂图上写东西。

资料来源：J. Kupsch & P. R. Graves. *How to Create High Impact Business Presentations* [M]. NTC Business Books, 1993.

（二）动态媒介

动态媒介指的是那些可以动态呈现系列事件的技术和媒介，如录音带、CD、录像带和光盘。放映录像带、录音带是常用的培训手段之一。西南航空公司制作了一部 9 分钟的音乐电视，通过这部片子向员工讲解了工作流程和公司的整体运作，同时向员工传达了团队精神和公司特有的以享受乐趣为导向的文化。

在对受训者进行行为模仿的培训时，也可以充分利用录像的视觉效果。当受训者在进行角色扮演练习的时候，将他们的一举一动拍摄下来，事后再让他们观看这段录像，以便让他们对自己在角色扮演中的行为进行回顾和反思。比如，我们可以在销售培训中穿插放映这样的录像带，让受训者看看自己在课堂销售练习中的实际行为表现。培训者还可以用这种方法强化受训者的正确行为。不过，这种方法也有一些问题，那就是受训者在摄像机前可能会怯场，甚至产生对练习过程的抵触情绪。如果出现这种情况，培训者必须想办法缓解受训者的焦虑，让他们放心大胆地完成角色扮演的练习。

（三）电信媒介

随着个人电脑的普及，自 20 世纪 90 年代中期以来，组织对计算机会议的使用率已大幅增加。21 世纪初，人们普遍认为像电影、电视和网络会议这样的视听培训方法比讲座等方法更有成效，越来越多的企业会采用这一技术。表 6-6 总结了不同视听培训媒介的优缺点。

表 6-6　对各种视听培训媒介的评价

培训媒介		内容	展示与参与	受众和日程安排	成本
电视教学	优点	内容完全一致，可以确保培训的一致性	由教师和其他专家一起来讲授课程；配有图像和图表，以及内涵丰富的信息	对受众没有任何限制；可以广泛地传播给分布在各地的员工	
	缺点		展示过程是静态的，受训者处于消极接收信息的状态；缺乏互动	收看的时间是有限制的	制作成本和播放占用的时间可能会使培训成本大幅上升
录像带 与电视传播的特点大致相同，不同的地方在于：	优点	可以随意选择回放的内容	可以暂停、回放	只要有电视和 VCD 机，随时可以使用	由于可重复使用，可通过邮递的方式发送到需要的地方，所以成本较低
	缺点				制作成本随质量高低而不同，可能低，也可能高
培训者指导的图像教学 除了与视频教学相同的特点外，还有以下特点：	优点	受训者和培训者可以一起回顾某些问题，尤其适用于那些语言能力差的学生	受训者之间可以有互动，便于大家进行讨论	适用于受训者的水平参差不齐的情况，可灵活安排教学时间	
	缺点		需要专人进行指导，需要会面的场地，受训者人数不能太多，对单个学员来说效果不是很好		
电视会议	优点	可使用对时间敏感的培训内容，也可以用于多种议题	既可用于讲座，也可用于小组讨论，可展示图表等。通过电话，大家可以进行一些沟通	可以覆盖大面积的受众	
	缺点		互动效果取决于受训者的人数和时间条件，比较消极和被动	信息传送时间固定	受训者人数越少，成本越高；对设备有要求：如果使用了卫星，那么需要确定接收装置
视听会议	优点	对学习如何解决问题、掌握问题解决技能很有帮助	参与者可以一边讲话，一边通过演示屏进行展示。可以共享复杂的图表	可以覆盖广大地区，采用长途电话进行数据传输	
	缺点		最好每次只有少数人参加	受时间条件限制	设备成本高昂：受训者的电话和电脑必须相互连接

（续表）

培训媒介		内　容	展示与参与	受众和日程安排	成　本
计算机会议	优点	广泛适用于各种议题，可以在解决问题和进行讨论时使用	通过个人电脑和电话线，可以做到完全互动；会有大量的沟通	可以为分布在不同地区的人服务，可跨越国界。有充足的时间进行思考、作反应，没有时间限制	
	缺点		没有声音或图像接触	有的人对计算机和单独工作有心理障碍，反应可能会过于迟滞	

资料来源：N. P. Eurich. *The learning industry: Education for adult works* [M]. Lawrenceville, NJ: Princeton University Press, 1990: 40.

虽然视听培训的方法有很多，但是适用的场合是不同的，因此，人力资源开发人员必须根据特定人力资源开发项目的具体情况选择最佳的培训方法。对此，有以下五点基本建议。

（1）根据完成每一个教学目标的要求、操作或标准，分析所需的教学媒介应具有的特点。

（2）从受训者的特点来判断，哪些教学媒介是比较适合的，哪些是不可取的。

（3）从学习环境来判断，哪些教学媒介是比较适合的，哪些是不可取的。

（4）有没有什么实际的问题决定了选择哪种教学媒介是可行的。

（5）考虑可能影响教学媒介选择的经济因素或组织因素。

以上五点建议既考虑了与学习有关的问题，又考虑了一些实际操作的问题。此外，在选择视听培训方法时还须考虑另外一些因素。

（1）有多少时间可以用来策划和测试教学方案？

（2）在设计或实施培训时有哪些设备可用，或在两个过程中都可以使用的设备有哪些？

（3）组织内部的教学设计者精通哪些教学媒介的使用？他们是否对某些教学媒介了解得更多？

（4）组织愿意在教学设计和开发上投入多少资金？

六、其他的培训方法

除了上面的培训方法之外，下面几种方法是通过参加者的自身努力、自我实践便能够完成的，组织只起到鼓励、支持和引导的作用。

（一）参加函授、业余进修

参加函授也就是通过鼓励员工自主到高校进行各种专业技能方面的学习，从而提高自己素质的一种途径。

这种培训中的花费一般不需要组织支付，而是由员工自己负责。但有的企业为了引导员工积极进取的精神，通常采取为取得毕业证书的学员担负一定数额的学费的做法。

（二）开展读书活动

企业定期或不定期为员工开办读书活动，可以让员工在活动中积极进行业务知识、工作中存在难题等方面的讨论，从而提高员工的素质水平。开展读书活动在提高员工知识水平的同时，还有利于加强员工之间的交流合作。但成功的读书活动要有一个比较好的活动组织者，否则活动容易流于形式。另外，读书活动中相关的材料准备要符合员工的工作需要。

（三）参观访问

组织员工到成功的企业或本企业内的成功部门参观访问，通过员工身临其境地观看、接触，从而获取成功的范例。

第四节 新兴的培训媒介

培训媒介主要是指传递培训内容的方法和模式。当选择培训媒介时应考虑以下几个方面的因素：培训目标的种类、测试项目的类型、时间因素、经费以及参与人员的层次素质要求等。大数据、移动通信、虚拟现实、可穿戴技术、人工智能技术等正对学习与发展行业产生着根本的影响。移动学习、微学习、社会化学习成为传统式学习的必要补充。另外，新技术也在影响和改变培训工作本身，各类学习管理系统，需求分析工具，课程开发工具，电子化注册、签到、测评工具等的应用，提高了培训工作的管理水平和效率，推进了行业的信息化建设。当今主要的培训媒介包括课堂培训、电子通信、计算机辅助培训、网络培训、人工智能、虚拟现实、移动技术与学习、全球虚拟课堂培训等。

图 6-1 是选择与使用媒介时的简单模型，即对使用何种媒介及如何使用它们作出决策。之所以选择培训媒介很重要，是因为媒介的选择影响到：设计、实施与评估培训的成本，参与者对培训主题的掌握程度，以及设计、实施与评估培训所需花费的时间。

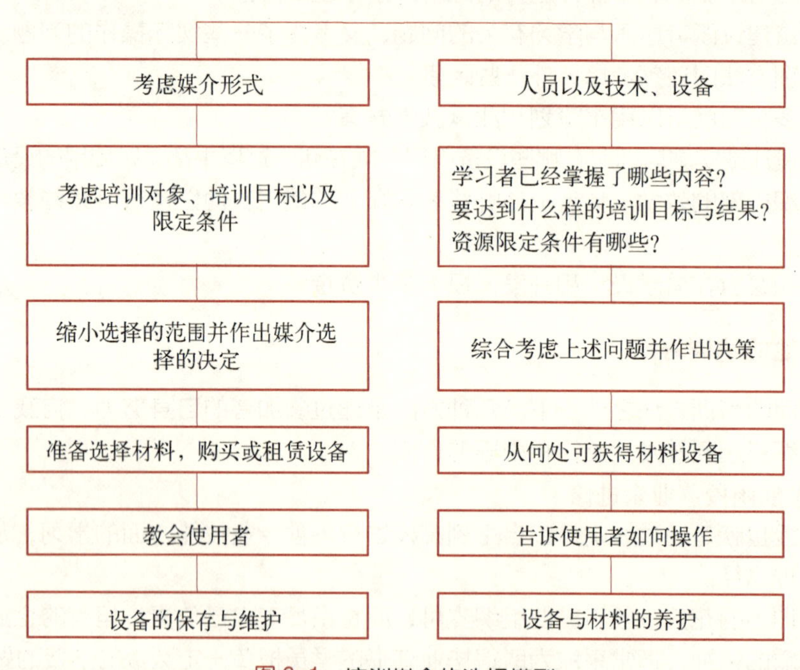

图 6-1 培训媒介的选择模型

在传统的培训手段中我们介绍了课堂培训，下面本节将重点介绍几种新兴的培训媒介。

一、电子通信技术

卫星、微波传送、有线电视和光纤网络的诞生，使我们有可能借助电子通信技术将培训内容发送到世界各地。

（1）电视教学。可以让不同地点的人们同时参加某个培训，以看电视的方式完成整个课程的教学。比如现在高等院校开设了越来越多的远程教学课程，人们可以通过有线电视和卫星传送的教学课程完成学士和硕士学位的学习。美国许多大学的远程教育网络为IBM、通用电气、惠普等公司的工程师和计算机研发人员提供的互动式继续教育课程，也是借助卫星来传送的。

（2）远程会议。借助先进的电信技术，可以让身处不同地区的人们同时参与一个会议。这种技术被称为“远程会议”或“网络会议”，像IBM、AT&T、达美乐比萨等组织都使用了这种技术。高等院校的学生以及企业客户都从这种技术中受益匪浅。远程会议技术不仅使组织大大节约了培训的人力成本、差旅费和设备成本，还使远离总部的员工也能方便地接受培训。据美国《培训》杂志（*Training*，2015）的调查数据显示，23%的美国企业采用了远程会议技术。

最近有一项研究比较了传统课堂培训和远程会议的平均成本。结果发现，远程会议在课程设计和材料准备上需要投入更高的成本，相比之下，传统课堂培训在培训者的人力、差旅费和培训实施上投入的成本更多。不过，两者的效率是类似的。2017 年《中国培训行业研究报告》显示，传统课堂培训，如企业内部讲师培训、外派上公开课、商学院高管培训的平均支出为 208.5 万元；远程会议，如课程开发与设计系统、知识管理系统、视频会议系统、翻译及本地化服务等内容的平均支出为 103.9 万元，极大地节约了成本，但需要进行进一步研究的问题是：远程会议如何提高培训者和受训者之间的互动性？

二、计算机辅助式的培训

与其他的培训方法和技术相比，计算机辅助教学有几大优势。第一是计算机辅助培训可以按受训者的反应来呈现不同难度的学习材料，直到受训者完全掌握了需要学习的内容为止。计算机辅助教学的第二个优势是它可自定进度，也就是说它允许受训者自己掌握教学的进度，以树立他们对学习的信心。第三个优势是计算机辅助教学需要的后勤工作很简单，受训者可以通过内部的资料散发系统（比如人力资源开发部门）得到相关的资料，或者从中央电脑或因特网上直接下载，这样即使员工身在远离总部的地方也可以很方便地接受培训。最后，计算机辅助教学还提供了一个教学管理和报告系统，这个系统可自动“跟踪受训者的学习进度，对终端机、培训者和教室等教学资源进行合理配置和使用”。

（一）计算机辅助教学

计算机辅助教学的形式是多种多样的，有电子版业务手册、反复练习法、借助光盘来演示培训项目等。计算机辅助教学软件覆盖的内容很广，简单的有基本的阅读、打字技能，复杂的有高度技术性的科研、工程和设备维护等学习主题。与其广泛的教学主题相比，计算机辅助教学软件的成本是比较低廉的。有的计算机辅助教学程序是整合在商业软件程序中的，比如微软的文字处理软件包附带的向导程序；有的是以零售的形式单独提供的，其中不乏畅销的软件。有的组织根据自身的特殊情况，自行设计了教学软件；有的组织则在现有软件的基础上加以部分修改，以满足其独特的需要。比如说，美国人力公司的技能软件程序最初是由其自主开发的，后来它的一些客户也拿来用，这些客户包括施乐公司和米勒酿造公司等。多媒体程序与传统的计算机辅助教学程序相比，又有了新的改进，它可以提供更吸引人的视听效果。借助多媒体平台可以让课程变得更加生动逼真，使学习过程更有乐趣。计算机辅助教学的效果可以从组织生产率和利润上的变化来进行评价。莱茵哈特（Forest Reinhardt）发现，在施乐公司对销售代表进行了一项4小时的有关某个软件产品销售的计算机辅助培训后，实际的销售收入激增了460万美元。另一种测量计算机辅助教学效果的途径是比较这种方法与其他培训技术相比在成本上的优势。纽约的一家金融机构在采用计算机辅助教学之后，省去了员工排队等待接受培训的时间，从而节约了此期间公司付给他们的薪酬开支。这笔收入足可以抵消计算机辅助教学程序的开发成本。安达信咨询公司过去要用6个星期的时间来完成对员工的基本业务操作培训，而且需要安排专门的教师，改用计算机辅助教学后，大大节约了培训的设施、差旅和人工费，节约了培训期间付给受训者的薪酬费用。研究还发现，当学习的内容相同时，与传统的教学方法相比，采用计算机辅助教学的受训者可以用更少的时间取得同样的学习成绩。

每个组织的具体培训需求不同，除了直接购买教学软件以外，组织还可以自己花时间来进行课程设计和开发制作。

有的人担心计算机辅助教学缺乏培训者和受训者之间的人际互动，从而认为依赖计算机辅助教学会使受训者人际交往能力的发展受到限制。计算机辅助教学并不总是最恰当的培训方法，比如像角色扮演之类的其他方法可能更适合用来培养人际交往技能。另外，计算机辅助教学也不宜用于主动性较差的受训者，因为对他们来说如果没有培训者的协助，是很难完成培训计划的。

（二）智能化计算机辅助培训

与单纯的计算机辅助培训相比，智能化计算机辅助培训能够更灵活地对受训者的学习表现给出定性的评估。一般来说，计算机辅助培训允许受训者根据自己的情况从几个难度水平中进行选择，比如初级、中级、高级等；而智能化计算机辅助培训则可以通过受训者的反应模式和所犯的错误，自动判断受训者的水平。该系统的目标是为受训者提供一个电子助教，它可以耐心地给每个受训者提出学习建议，鼓励他们对学到的东西多加练习，用实验的方式不断激发受训者的好奇心。这样，培训者就可以将更多的时间和精力用于更需要创造性的工作上，或者用这些时间来帮助受训者克服那些智能化计算机辅助培训无法处理的细微问题或高难度的问题。卡内基·梅隆大学（Carnegie Mellon University）的研究人员设计的“LISP计算机语言家庭教师”、海军使用的“汽船”程序都属于智能化计算机辅助培训项目，后者可以让学员学习如何操纵和修理舰船上复杂的蒸汽引擎系统。那些针对特定领域的知识和经验设计的专家系统也是一种智能化计算机辅助培训程序。人工智能研究的进展使计算机拥有了某些近似人类的思维能力，智能化计算机辅助培训程序正是在这个基础上发展起来的。通过人工智能的研究，智能化计算机辅助培训项目会成为一种常用的培训和教育项目。

三、网络培训

（一）以因特网为平台的培训

因特网是人类有史以来发展最迅猛的科技成果。因特网一出现，人类就将其应用于培训中，早期通过因特网进行的培训可以分成五个独立的层次（见表6-7）。

表 6-7 早期因特网培训的五种层次

1. 一般性的沟通和交流	培训者和受训者可以借助因特网进行交流。培训者可以在网上发布课程通告、布置作业、回答问题，受训者则可以在网上向培训者提问。所有类型的合作学习都可以通过因特网来实现，比如小组讨论、论坛，同一个项目组的受训者之间还可以在网上聊天。
2. 在线资料检索	借助超文本标识语言（HTML）和万维网的通用程序语言，培训者可以创造一个网上图书馆。这样，受训者就能很方便地获取所有的培训辅助资料，包括产品说明书、安全手册和技术文档等。
3. 培训需求分析、培训管理和测验	培训者可以在网上进行培训需求分析（比如人员分析）、管理在线培训报名的情况、对受训者进行前测和后测、给测验打分、进行评估、记录成绩。测验结果可以迅速、有效地传回给受训者。
4. 以计算机为平台的培训项目的传播	借助文件传输协议（一种通过因特网传送电子文档的方法），经过授权的员工可以随时从网上下载以计算机为平台的培训项目。
5. 多媒体信息的传播	新型程序语言的诞生，使实时、互动的多媒体信息交流成为可能。现在受训者可以接受伴随声音、画面的互动培训。

资料来源：K. Kruse. Five Levels of Internet-based Training [J]. *Training and Development*, 1997, 51 (2): 60-61.

TCP/IP 网络传输协议使安装了不同操作系统的个人电脑可以互通信息、传输并下载数据。目前的高科技可以通过多种手段保护数据的安全和个人隐私。这些措施包括防火墙、加密技术和密码设置。有了加密技术，个人可以通过解码机制发送信息，这种机制会自动对发送途中的数据进行加密，当数据到达目的地后再自动解密。

（二）基于内部网的培训

内部网是组织内部的电脑网络，它利用因特网和万维网、工具软件以及传输协议来搜寻、管理、创造、传递信息。基于内部网的培训是以公司的内部网为平台来开展的。通过内部网，人力资源开发人员可以实现与受训者的信息沟通，进行培训需求分析，完成其他培训行政管理工作，传递课程资料和其他培训文档，随时随地对全体员工进行测验，而不论该员工是否身在本国。对大型跨国组织而言，基于内部网的培训是一种强有力的培训实施手段。

基于内部网的培训几乎具备了所有计算机辅助教学的特点，另外，它还能允许使用者迅速进行交流。随着当前实时多媒体技术的发展，基于内部网的培训已经实现了伴随声音、图像和 3 - D 效果的全面互动，将来会成为一种可以与光盘类媒介相媲美的主要的高科技培训手段。在 1995 年的时候安永会计师事务所的计算机辅助培训内容由 100 多张光盘组成，现在他们用内部网来传播和更新计算机辅助培训的内容。

通过网络传送培训内容有以下一些优点：

（1）信息存储在一个地点，根据接收端的培训需求，通过公司的内部网或因特网，来传送培训的内容；

（2）网络培训可轻松地更新内容，并提高目标群体对培训的接受程度；

（3）大大降低了培训的差旅费用；

（4）接受和实施培训的及时性较高；

（5）受训者在接受培训信息的基础上，还能拓展性地学习相关知识；

（6）便于在培训项目中的信息和想法的共享；

（7）详细记录培训表现以便于日后的培训管理。

在研究了关于网络培训的设计有效性后，研究者们确定了设计内容、建立学习环境、如何在培训后持续应用学习成果以及使用网络技术方面有效的策略。例如，建立学习环境的一个方面是在网络学习中给学习者提供指导。这些指导可能包括提供什么材料、如何高效学习以及如何将网络培训运用到工作中去等。但是如果要求学习者自己做出学习什么的决定时，他们往往不能很好地判断出自身的弱点所在，并且不知道什么时候能掌握材料。因此，如果在自我导引的培训中使用网络培训这种方法，最好为受训者提供较好的指导。

当前人们把许多以高科技为平台的培训形式都称为“e-learning”，即电子学习，而它们中的大多数都使用了因特网或内部网的技术和系统。

以内部网为平台的培训也有很多不足。

（1）由于它经常采用的是多媒体的形式，而音像文件占用的空间是很大的，所以网络的传输能力是一个主要的问题。不过，随着科技的迅速发展、带宽不断增加、压缩文件的能力越来越强，这个问题将会得以解决。

（2）以内部网为平台的培训使用了多种相互之间可能不兼容的浏览器软件界面，而不同界面下可选择的媒介类型和超文本标识语言形式是不同的。此外，用来创制培训内容的不同授权程序包也经常是不兼容的。不过，现在出现了像微软 IE 这样的标准化浏览软件，可处理多种传输语言格式和多媒体。随着这类软件的推广，上述的这些问题也正在得到解决。例如，微软公司推出了一款使用可拓展标识语言（XML）的“学习资源互换工具包”，它是一种普遍兼容的程序工具，其威力在于允许使用者自由地检索、使用因特网上的信息，而不受授权程序包的限制。上面提到的都是在技术上存在的问题。

（3）从实际培训的操作来看，有人认为在线学习实际上把培训时间延长到了员工的非工作时间段。也就是说，所谓的“随时随地”的学习实际上就意味着受训者必须完全依靠自己来完成培训，而且通常得不到任何补偿。另外，有很多受训者都觉得难以完成自定进度的培训。

四、人工智能

目前，人工智能在企业培训中的应用也开始被提上日程，成为未来培训领域的一个发展方向。人工智能领域的发展，将为培训行业提供更多高度智能化的场景，体现在以下三个方面。第一，利用人工智能技术，不仅可以对考试中的客观题进行标准评价，也可以对主观开放式问题进行机器学习，形成一套评价体系。第二，基于 NLP（神经语言程序学）技术的语言识别体系，可以对音频、视频进行更复杂的理解和评价，这样一来，评估员工技能时便可不是仅仅依靠考试来检测知识掌握情况。第三，针对用户学习信号的深度学习，推荐精准的学习路径，让学员看到时间投入和绩效改变的强相关关系。

美国学习中心时间动态组织（Temporal Dynamics of Learning Center，TDLC）以及斯坦福大学 AAA 实验室（Awesomely Adaptive and Advanced Learning and Behavior Lab）推出为企业高级员工职业培训的机器人 RSP。该机器人可通过手机摄像头实现部分硬件功能，以解决学员缺乏时间或培训活动设计不足以及内容展示不适当等问题。该机器人已经开始用于医疗、救灾等领域的培训中，主要体现出三方面的学伴角色：一是通过摄像头获取信号，不仅能识别学员的表情和活动，还能够通过情感计算判断学员的情绪状态并与之对话；二是可视化表征培训内容，如手术操作、救险策略等，同时根据学员的反应调整内容的顺序及展示方式；三是与学员交换角色，充当“学生”。学员通过概念图等方式向 RSP“教授”培训内容，RSP 能通过学员的“教”来判断学员的学习情况，并提出有针对性的问题，从而要求学员重构“教学内容和方法”，即帮助学员重构学习内容和知识结构。一些企业开始利用人工智能帮助学生完成注册、培训、保留、跟进和评估等一系列程序，还有的公司利用聊天机器人进行新员工培训，有效地提升了培训效率。

人工智能设备将不断地应用于企业学习方面。

首先，员工所需要掌握的外显知识（指概念、原理、程序、事件场景等）和技能将会逐步“人工智能化”。人工智能的学习软件能够储存所有员工在岗期间需要学习的知识、技能、工作标准，并时刻自动化地检查、提醒员工及时学习和更新，还可以跟踪员工所有的学习过程，留下宝贵的学习记录。

其次，讲师的角色将由原来的知识传授者转变为“人工智能教育工具的设计者”，并更多地扮演引导者的角色，主要组织和教授员工如何进行人际交往与创新性问题解决。换句话说，在一个工作越来越多被计算机代替的世界里，员工最需要的不是事实或数据，也不是解决问题的简单规划，而是“洞察力和创新力”。因此，未来企业学习的重点将转移到培养员工人际沟通、社交、管理情商及创新性问题解决等能力上。

最后，培训的方式将会多元化，基于人工智能软件的讲师引导将成为常态，而高度仿真和虚拟现实将会成为培训的主流。借助于这些工具，员工将置身于仿真的工作场景中，强化内隐知识的获得。无论是对于企业老板还是企业大学管理者，面对人工智能的未来发展，都需要从企业的硬件准备、讲师的能力培养、外显知识的人工智能化、培训方式的选择以及培训内容的关注点等方面，为迎接人工智能时代的到来做出相应的改变。

五、虚拟现实培训

虚拟现实培训是使受训者能够看到他们在工作中可能遇到的任何情景，在这个模拟的环境中受训者能够接触、观看以及进行操作演练。这种培训目前受到了极大的关注，是因为它能够高度地激励人、吸引人，是一个有效的培训工具。

虚拟培训的优点在于它的仿真性、超时空性、自主性、安全性。学员在虚拟的环境中操作的设备和真实的设备功能一样，操作方法也一样，理想的虚拟环境甚至让学员无法辨出真假；虚拟环境具有超时空的特点，它能够将过去世界、现在世界、未来世界、微观世界、宏观世界等拥有的物体有机地集合到一起；在培训中，学员能够自主地选择或组合虚拟培训场地或设施，而且学员可以在重复中不断增强自己的训练效果；更重要的是这种虚拟环境使他们脱离了现实环境培训中的风险。

例如，一个单独的虚拟现实培训系统能够模拟许多不同类型的环境，在较短的时间中模拟学习事件。此外，虚拟现实培训能够提供一个具有不同细节的环境，并能控制时间。因此，与其他以计算机为基础的培训相比，更为灵活。研究者预言，虚拟现实这种培训方式未来将会从技术技能领域的培训扩展到人际关系领域的培训。虚拟现实培训不仅在军队、建筑、医药、工程上得到广泛应用，而且也正应用于企业的培训中，并出现了一些成熟的基于虚拟现实技术的培训产品，比如滑雪训练、汽车修理、消防演习、高空作业训练等。

2016 年 10 月，脸谱网（Facebook）召开了虚拟现实的开发者大会，Facebook 的虚拟现实基于自身的 Oculus 平台，展示了一系列通过虚拟现实而实现的人类未来科技与生活结合的酷炫创新场景，包括沟通、游戏、社交等。另一边，谷歌（Google）2016 年推出升级版的 VR 眼镜——Daydream View，推动虚拟现实在培训中的应用。

对于企业培训来说，通过 VR 拍摄设备就可以录制特定工作场景的全景视频，形成支持 VR 设备观看的培训内容。这样对于需要动手实操的复杂工作场景，特别是短期内不能被机械臂所替代的工作场景，就更需要先进的培训模式以提升工作水准；对于危险或者试错成本高的工作场景，VR 内容也可以帮助企业节约在岗培训的预算，提升学习速度，降低综合学习成本。UMU 公司在 2017 年推出虚拟现实领域的一站式解决方案，可以帮助企业以低成本的投资来拍摄全量虚拟现实教学视频，学员只需把自己的手机插入基于谷歌纸板盒（Google Cardboard）模式的头显，就可以体验沉浸式的学习过程。初步的结果认为，与传统的培训方法相比，工人比较欢迎这种培训方法，并且培训成果的实际转化率将提高 30%。

六、移动学习与设备

随着近年来移动技术的不断发展，学习可以随时随地发生。据《培训》杂志发布的《2016 中国企业移动学习应用报告》显示，39. 5%的企业已实施了正式的移动学习方案，19. 4%的企业利用移动设备非正式发布学习内容，还有 32%的企业计划实施移动学习方案；在全球范围内，中国的移动学习发展处于迅速扩张阶段。

（一）移动学习

移动学习（mobile learning）是指使用移动设备（如智能手机、上网本、笔记本电脑或平板电脑）传递的培训。移动学习被看作一种在正确时间点为员工提供正确内容的途径。寻求新的方式来最大限度地提高移动设备的独特属性，来增强并延长学习的过程，最后通过使用移动设备来帮助学习者提升工作绩效。

在过去几年中，企业环境发生了巨大变化，传统的学习模式和内容显然已不能适应新时代经营和竞争的需要。相反，以移动学习、微课为代表的一系列快速、便捷的学习模式脱颖而出，成为企业的“新宠”。同时，移动学习技术本身的不断进化，以及大量移动学习平台、产品、资源和服务的涌现，在一定程度上加速了移动学习的普及。

移动学习的作用主要包括两方面。

（1）巩固正式学习。移动学习非常有利的一方面就是增加培训的影响力，移动学习可以增强正式培训的过程和增加可保留与应用内容，实现了随时随地给学习者提供培训并延长学习过程的目的。具体的实现方式有以下几种：

① 提高学习者的参与度，并促进主动学习；

② 在单次教学过程中，抓取知识重点；

③ 完成培训课程，通过移动设备为学员提供巩固加强的机会；

④ 为学员提供实践所学到的理论知识的机会；

⑤ 为学员提供游戏机会，练习学到的新技能；

⑥ 建立讨论区或组织研讨会，让学员有更多机会交流学习与实践的成果。

（2）提供绩效支持。随着工作复杂度的上升，员工需要记住的内容越来越多，移动设备能为这些内容提供很好的帮助。学员可以提供他采集的数据给其他人审核，提出反馈意见，批准并采取进一步行动。实际操作支持能为员工提供工具来获得这一类信息，以帮助员工迅速提高操作复杂工序的能力；可以发送很多实际操作给员工，比如工作辅导、教练技术和指导，以帮助他们解决工作领域里面的问题。移动学习的另一个优点就是，当员工在工作中遇到困难时，导师或者专家的指导和帮助可以直接被获取。

邱昭良（2015）从嵌入化程度（与业务流程的整合度）以及结构化程度（是正式设计与实施，还是自发或非正式），提出了移动学习的四种应用策略：自学、培训交付与辅助、社会化学习、绩效支持（见图 6-2）。

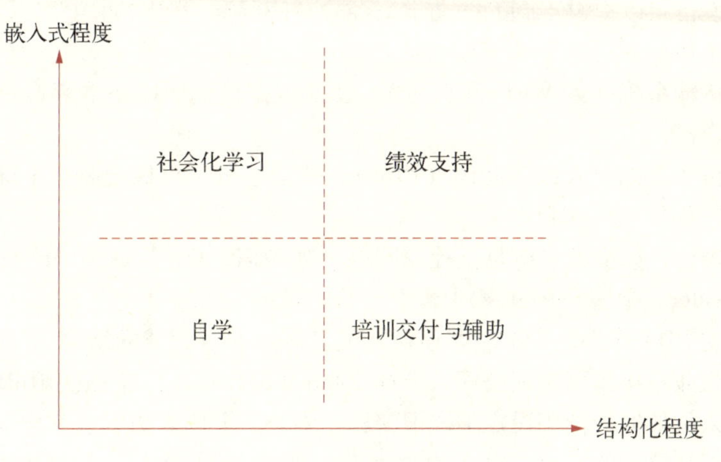

图 6-2　移动学习的四种应用策略

实践证明，自学、培训交付与辅助、社会化学习都已经得到了广泛应用。例如：每个人都可以通过手机 APP 学习线上课程，观看直播分享，并通过社交媒体软件与他人交流；在面授培训或行动学习项目中，也可以利用移动学习，将孤立事件式的活动转变为持续数周的混合式学习项目——通过培训前的预习内容推送、需求调研、测验，培训过程中的考试、问答、小组互动，培训后的调查、复习、工具与方法支持、技能展示等，推动学习转化。对于一些流动率高、分散或工作机动性高的一线员工（如销售外勤、服务代表等），也可通过移动学习对其提供即学即用的培训与业务支持。

潜力学习公司（Upside Learning）整理了应用移动学习的九种方式，如图 6-3 所示。

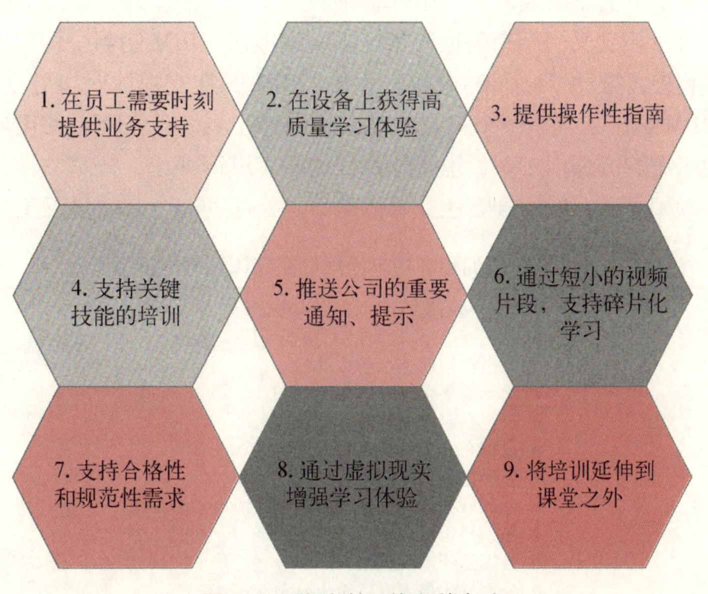

图 6-3　移动学习的九种方式

不过，绩效支持作为与业务、工作结合最紧密、结构化程度最强的应用，将是充分发挥移动学习威力的“新蓝海”，最有价值和潜力，但至今在国内尚未被开发。

（二）移动学习设备

各种移动设备可以提供不同的移动学习经验，使得学习随时随地发生，目前提供移动学习体验的技术包括：

（1）无线传输系统（如 Wi-Fi 和蓝牙），使得数据传输可以不依靠设备间或设备与互联网间的物理连接；

（2）移动设备，如个人数字助理（PDA）、智能手机、平板电脑、全球定位系统设备（GPS）和射频识别设备（RFID）；

（3）社交媒体，如播客、维基、社交网络（如微信、Facebook 和 My Space 等）、微分享网站（如 Twitter、微博）和共享媒体（如 YouTube）。

有些公司将 PDA 作为培训的主要设备，或者作为面对面或网络培训项目的后续补充。安全产品生产企业泰科国际有限公司（Tyco International Ltd.）正在使用 PDA 提供短期课程，指导销售人员如何计划和设定防盗报警器，弥补了销售人员因经常出差很少有时间参加传统培训或网络培训的不足。PDA 也被用于电子绩效支持系统，为技术人员提供工作辅导，以及工作任务的流程指导。

很多公司正在使用平板电脑和智能手机进行培训。相较于图文信息或者纯文字信息，语音和视频形式的内容由于生动形象、色彩丰富和容易获取而广受欢迎。应用程序（APPs）是专门为智能手机和平板电脑设计的程序，主要用来支持培训，管理培训的节奏和顺序，并帮助雇员保持培训记录。美国眼科协会（American Ophthalmological Society，AOS）正将应用程序用于其医学教育课程的补充培训，由网络提供课程培训，学习技巧和技术通过移动端的应用程序提供。可口可乐公司使用电子设备上的多人游戏培养高管团队解决问题的能力。

社交媒体科技在移动学习领域有着巨大的潜力，是培训中的热点话题，因为社交媒体不仅把人们连接起来，而且允许人们对内容进行大众化或自主管理。目前，很多公司都在使用社交网络工具来帮助员工非正式地学习和分享知识。美国情报、外交和军事组织使用“情报百科”来获取、分享和交叉引用有关世界各地情况的报告。IBM 使用公司内部社交媒体将其全球的雇员联系起来，推动了公司的全球一体化。IBM 的社交媒体对身处全球 75 个国家或地区的 40 万名 IBM 员工来说是一个强大的生产和协作工具。员工可以使用该工具，通过全世界的同事找到所需的资源和知识，也可以对公司播客进行评论，分享文件，以及阅读和回顾工作报告、视频和播客。如何判断社交媒体是不是公司的一个有效学习工具？表 6-8 给出

表 6-8 在培训和学习中使用社交媒体须考虑的因素

- 社交网络是否已经在公司中使用？
- 社交网络是否适应公司的学习策略？
- 雇员在地理上是否分散？
- 学习策略是否支持在职学习？
- 是否有必要培养协作精神？
- 是否有大量员工是千禧一代或 X 一代？
- 雇员是否乐意使用社交网络？
- 公司业务是否需要大量的团队协作？
- 知识是否需要快速分享？
- 公司是否重视创新？
- 公司文化是否支持做出分散决策？

了解答这个疑问必须考虑的问题。这些问题的答案中“是”的个数越多，说明社交媒体越有可能应用于公司的培训中。

七、全球虚拟课堂

在日益全球化的商业环境中，越来越多的组织通过使用虚拟课堂来让个人和团队一起进行培训学习。不管成员是来自不同国家分公司的全球销售团队，还是在不同时区上班的经理人，都能够通过同一个虚拟课堂把他们连接在一起并向他们提供培训。虚拟课堂培训是一种通过互联网在虚拟环境里进行的培训。跟所有引导师（Facilitator）和学员都集中在同一个物理空间里的面对面培训不同的是，虚拟课堂里的引导师和学员通过电脑实时连接到网络教室。

（一）全球虚拟课堂团队所需技能

全球虚拟课堂给习惯于面对面培训的引导师带来了一系列的挑战。比如，在全球虚拟课堂中，引导师必须克服自己对肢体语言的依赖，因为无法看到学员，而学员也看不到引导师。同时，引导师也会发现，促进虚拟环境培训的有效实施需要一些额外技术，而要使这些技术更好地发挥效果，需要其他人（也就是制作人）的帮助。表6-9为我们展示了全球虚拟课堂中两个关键角色——引导师和制作人——所需要的技能。

表6-9　引导师与制作人所需技能

角　色	技　　能
引导师	文化技能：有经验的引导师使用的“国际”英语不是带具体国家色彩的方言
	沟通技能：虚拟课堂的引导师可放慢讲话速度来帮助不同母语的学员
	多重任务处理技能：引导师要能够同时密切关注屏幕中各个模块的活动
	技术技能：全球虚拟课堂的引导师应能熟练使用虚拟课堂技巧
制作人	成人学习技巧理解：制作人也应掌握关键的成人学习技巧以提供全方位的支持
	快速打字技能：制作人要能够将聊天区的内容快速转给引导师回答
	多重任务处理技能：制作人要保证课堂上所有要素得到有效协调
	技术技能：制作人应掌握虚拟课堂工具的专业知识，并知道所有工具如何运作

（二）虚拟课堂功能的调整使用

让学员参与学习是虚拟课堂成功的关键，因此，精心设计的、每隔几分钟就能提供足够互动性的练习就显得尤其重要。教室课堂引导师所设计的练习用于虚拟课堂时必须要做相应调整——可以根据虚拟课堂工具中所有可用的功能来进行调整，如表6-10所示。

表6-10　从面对面到虚拟课堂：练习调整

面对面培训中的做法	虚拟课堂的相应调整
口头测试	投票
小组活动	分组讨论区进行的小组活动
举手	即时反馈
在活动挂图或白板上书写	电子白板发布
开放式提问	聊天

跨国学员可以通过聊天来支持口头评论，方法是引导师一边讲制作人一边在对话框中输入关键信息、概括内容和重点；投票可以使学员参与进来，并帮助母语非培训语言的学员克服使用该语言带来的羞怯感；利用及时反馈工具来弥补眼神交流的缺失，通过学员在及时反馈里面的选择，可以判断是否应继续下一环节；通过视频文本的发布，以便母语非培训语言的学员可以通过文本内容跟上课堂节奏；利用分组讨论区来作为个人练习的补充，可以给培训环节增加多样性。

全球化趋势加上有效实施培训的需求不断增加，意味着培训部门需要合格的人员来开发能够以全球虚拟课堂模式实施的课程。若要进行全球虚拟课堂培训，除了调整培训内容和练习，还要预留足够的时间来排练，让自己熟悉适应虚拟培训的环境氛围。在准备过程中的指引可参见表6-11。

表6-11 行动指引

主 题	行 动
培训团队	确定引导师具有全球虚拟培训技巧以及拥有制作人搭档
后勤	选择适合不同时区学员的日期和时间
环境	确定学员是否可以用到必要的设备，与IT人员核实一下带宽限制
语言	选择语言；如果培训语言是英语，使用国际英语并调整你的语速
文化考虑	确定学员对引导师的期望，提供多样化的练习来满足多样化的学员需求
演示幻灯片	使用文化方面适合的图像和简化文本
练习与互动性	按照虚拟课堂的实施要求对练习做出调整；每隔几分钟安排一次互动
翻译	邀请目标国家的当地语言使用者来审核
虚拟课堂功能	针对跨国学员特点对虚拟课堂功能使用方式进行调整（如讲师边讲话边在聊天对话框中输入关键信息）
排练	与来自目标国家的人进行排练

出色的引导师会调整自己的培训风格、语言及内容来满足跨国学员的独特需求，同时有效利用虚拟课堂的所有互动功能。通过考虑跨国学员的看法并根据他们的看法进行调整，学员会感受到参与感，从而最大限度地提高学习转化能力（不论他们来自哪里，拥有什么样的文化背景），并吸引他们对此类培训产生渴望。

第五节 培训技术的选择

培训媒介的选择直接影响到培训的效果。长期以来，课堂讲授法一直是企业培训的主要形式，但随着全球互联网的发展及推进，学习向自主性、自由性、宽广性、碎片化发展，培训将与新的学习技术、平台结合，颠覆传统的培训模式。如移动学习的出现，人工智能（AI）、虚拟现实（VR）的兴起，都极大增强了培训的体验性和培训效果。ATD 2017中国峰会提到，2015年，传统的教室培训占整体培训的51%，在一些信息和高科技企业中，有不到40%的培训是通过教室培训方式进行的。新的培训技术越来越受企业的欢迎，《中国培训行业研究报告2016-2017》显示，在互联网时代，移动学习（25.1%）和微课开发（24.6%）受到了企业培训者的极大关注，新学习技术（20.6%）、游戏化学习（18.3%）也受到了广泛关注。

既然有这么多的培训方法和手段可供选择，那么我们究竟应该选哪种呢？在考虑这个问题的时候，培训者应该同时参考培训目标、可利用的资源和受训者的特点及其专业水平。尽管目前的趋势倾向于利用高科技手段进行培训，但是这一类的方法并不见得适用于所有的培训情景。培训技术的选择是保证培训实现理想目标的根本保证，每一种培训技术都有其长处和短处，选择一个好的培训技术媒介的重要原则就是要与培训中学员的学习类型相适应。

一、学习类型

根据不同的标准，学习可以分为很多类型，但是不同的学习类型应该采取不同的学习方法。

（一）按所要达到的学习目标分

按所要达到的学习目标划分，学习可以分为以下三种。

1. 记忆类

记忆类培训更多地关注对信息的获取，知道“是什么”，即现在情况怎么样。

2. 理解类

理解类培训不仅要知道“是什么”，而且还要知道“为什么”，更加强调对某一现象或理论存在的原因的探讨，以便使学习者增强应变能力和适应能力。

3. 行为类

行为培训是更高层次的培训，即同时要知道“是什么”“为什么”以及“怎么样才能这样”，强调培训对象的实际动手操作能力。

（二）按学习的内容划分

按学习的内容来划分，学习又可以分为以下五种。

1. 知识类

知识培训要求培训对象会运用知识进行脑力活动，比如根据市场数据分析企业的营销策略。

2. 技能类

技能培训实际上是锻炼培训对象肌肉或精神的运动，比如眼手协调动作技能、驾驶技能、点钞技能、沟通和交流技能等。

3. 思维类

思维培训是改变大脑思维习惯的一种培训，强调从新角度分析问题。

4. 观念类

观念培训是使培训者持有的与外界不相适应的观念得到改变，使他们能够及时适应社会环境的急剧变化。

5. 心理类

心理培训的目的在于开发人的潜能，强调对培训对象进行心理上的调整。

二、培训技术选择的原则

在选择有效的培训技术时，需要注意以下几个原则：

(1) 培训技术与一定的培训内容相适应；
(2) 选择时考虑到培训对象的自身特点；
(3) 培训技术要与培训对象机构文化相适应；
(4) 选择的前提是企业具备相应的培训资源；
(5) 培训者本人的水平及掌握方法的熟练程度；
(6) 培训后的评估。

将部分培训技术媒介和学习类型相结合，可以得到如表 6-12 所示的选择对比表。

表 6-12　培训技术媒介与学习类型的选择对比表

培训技术媒介	培训内容					培训目的		
	知识	技能	思维	观念	心理	记忆	理解	行为
课堂教学	★					★	★	
讲　座	★					★	★	
个别指导		★						★
角色扮演		★						★
案例研究	★	★	★			★	★	★
头脑风暴			★				★	
模拟训练		★						★
网上培训	★	★		★		★	★	★
虚拟现实培训		★			★			

本章首先讨论了基于提升胜任力的培训与开发，胜任力和胜任力模型的定义，以及企业管理者的通用核心能力模型。为了提高员工以及管理者的胜任能力，组织可以采取不同类别的培训，包括新员工入职培训、业务技能培训、管理技能培训以及工作指导培训等。

本章第三节重点介绍了传统的培训手段，传统的培训手段主要有以下几种典型的方式：学徒培训、讲座、讨论、以经历为中心的学习以及视听多媒体等。而随着信息技术的发展，应运而生了大量的新的培训媒介。培训媒介主要指传递培训内容的方法和模式，如电子通信、计算机辅助培训、网络培训、人工智能、虚拟现实、移动学习、全球虚拟课堂等。在第四节中介绍了选择与使用媒介时的简单模型，即对使用何种媒介及如何使用它们作出决策。之所以选择合适的培训媒介很重要，是因为媒介的选择影响到：设计、实施与评估培训的成本，参与者对培训主题的掌握程度，以及设计、实施与评估培训所需花费的时间。随后，详细地讨论了各种培训媒介的优缺点，以及它们的适用范围和选择媒介时应考虑的因素。

复习思考题

1. 传统的培训手段有哪些？

2. 请列举几个现代新兴的培训媒介。

3. 各种不同培训媒介的特点和适用范围是什么?

4. 各种培训媒介有哪些应用形式?

5. 针对不同的培训内容，培训媒介技术如何组合能更好地提高培训的效果?

6. 通过电话或面谈方式采访某一个跨国公司的培训经理，请他（她）介绍一下该公司所采用的培训技术媒介。

网上练习题

1. 请在因特网上搜索一个运用互联网培训的案例，通过对文章的阅读，请你谈谈这种新型的培训技术的优缺点。

2. 登录网站 http：//www. tmreview. com/，通过这个网站你可以浏览到不少多媒体业务培训课程，从中我们可以发现，各种先进的技术都已经用于或将被用于培训的技术中。

案例 1

“剧本表演”在三星的企业文化培训中的运用

在过去的 60 多年中，三星积累了不计其数的价值观念。正是这些宝贵的价值观指引着三星人的创业历程。他们用自己的努力，化精神为物质，化思想为行动，把三星从一个不知名的地方性小公司发展为如今在世界市场中占有重要地位、发挥重大作用的跨国企业集团。在这个意义上我们说，三星事业的成功，也是企业文化的成功。三星有自己的核心理念和价值观，要求全体员工必须认真学习它们，掌握其精神实质，并将其内化为自己的思想和习惯。如果每个员工都做到这一点，三星事业的航母就能内生出无穷的推动力，并朝着正确的方向不断前进。

企业在对新员工进行入职培训时，有一个内容一般是必不可少的，那就是企业文化培训。企业文化培训是帮助新员工了解企业历史、了解企业精神的重要途径。现在很多组织都意识到文化培训的重要性，但采取什么方式传递企业好的精神和理念是大家都在探讨的问题。因为，企业文化的内容通常比较枯燥，许多企业在进行培训的时候，培训方式无非是讲师讲授、录像观看等等，培训效果常常不尽如人意。

三星中国企业文化培训项目的课程设计充分体现了成人培训的特点和课程设计理念。三星中国企业文化培训共计 7 天的时间，将 7 天的培训分成了 12 个模块。第一天上午模块的主题是我们将成为三星的主人，包括新员工的入社仪式，学员代表宣读“我们的决心”，新员工培训课程介绍，新学员通过 Icebreaking 活动彼此认识，并对三星的组织构架有大概的了解等；下午是一个拓展训练，包括新体操、学习三星之歌；晚上是小组互助活动，学习三星历史。第二天上午的主题是三星的历史与现状，首先播放“挑战开拓的历史”的录像片，然后组织各小组就三星发展历史进行抢答对抗赛；下午是关于“企业观”的培训，解读员工、企业、社会的关系，进行小组研讨；晚上是运用录像片进行韩国文化介绍。第三天、第四天的主题是三星的理念与精神，除了讲授三星的理念与精神的核心内容外，还采取了小组研讨和案例研究，以及产品制作的活动，让员工通过产品制作的形式比如制作动画、幻灯片来加深对三星的理念和精神的理解。并且运用剧本表演，让员工切实感觉到组织成功的艰辛以及形成的理念和精神。第五天上午是商务礼仪培训，包括具体的业务礼节、待客礼貌的角色扮演；下午是行动准则；晚上学习三星人用语。“三星人用语”总结了100多条三星内部中可以自己通用的语言，并将之传递，也是非常有特点的。第六天是参观工厂和法人企业，与三星老员工交流座谈。最后一天是结业仪式，由员工制定自己今后的行动计划，并宣誓。

在三星的企业文化培训中，最富有特色的新的尝试就是运用了剧本表演的形式。所谓剧本表演，是培训部门事先搜集素材，提炼三星的发展历史中能够体现其核心价值观的片段，将这些历史片段编写成主题鲜明、有情节、有人物、有对话的生动的小故事，即所谓“剧本”。这些剧本是在总结了三星成功之路的基础上编写而成的。使学员通过剧本表演的方式熟悉、了解和体会三星的核心价值观。

在进行新员工培训时，首先利用两天的时间，对员工进行三星企业文化核心内容的常规培训，即：进行公司历史、核心价值观等内容的介绍。讲师还会通过举行抢答竞赛活动，帮助学员加深对企业文化核心内容的记忆。通过前两天的培训，新员工对三星企业文化的内容基本上已经有了比较概括地了解。这时，讲师向学员提供编写好的小故事（剧本），不同的小组得到不同的剧本，利用半天到一天的时间对剧本内容、表演方式等进行研究，并根据小组内的成员特点分配角色，甚至还可以根据剧情，利用现有的材料制作简单的道具。讲师在小组排练过程中则可根据需要进行指导，尤其是帮助小组把握剧本主题，理解剧本想要表达的内容。如果条件允许，公司还会请几位专业的话剧演员，对学员的表演进行指导。包括台词对话、导演灯光、场地布景，让员工切实感觉到组织成功的艰辛以及形成的理念和精神。

经过半天到一天的排练，各小组进行正式的剧本表演，在每个小组进行表演时，讲师和其他小组要对其进行评分，评价内容包括：内容理解、主题表现、表演技巧等。表演结束后，各小组进行互评，并评选出在剧本表演中表现突出的小组或个人，进行颁奖。

《三星成功之路》剧本表演说明

1. 将学员分为两个小组，以小组为单位进行排演。

2. 开始培训的第一天就将剧本案例分发给大家，请大家利用晚上的时间编写对话台词，进行演出创作，并进行排演。

3. 教师将发给每个小组4个案例，请大家自行在其中决定使用其中的一个或四个案例。

4. 必要时安排导演进行现场辅导。

5. 每个小组表演时间为1个小时。

6. 在一个小组表演时，另外一个小组作为观察员进行观察记录，即FISH－BOWL（鱼缸式）练习。

7. 表演结束后，将评出最佳团体及个人表演奖，并颁发奖品。

对FISH－BOWL（鱼缸式）练习的说明

1. 当第一小组根据剧本进行表演时，第二小组将坐在他们周围进行观察。也就是说我们将以一种我们称之为“鱼缸式”的形式就座。

2. A组坐成一圈，B组再在A组以外坐成一圈。

3. 即坐在外圈的人观察内圈的人（鱼缸里面的鱼）的表现情况。

4. 请学员根据《学员用书》中的观察记录表，观察学员剧本表演的内容。

5. 第二场演出，则由B组表演，A组进行观察，并填写观察记录表。

采用剧本表演的方式进行企业文化培训后，学员表现出了对企业文化培训的极高的热情和参与度，经过调查，学员在培训后，与纯粹采用讲课方式进行培训相比，对三星企业文化的认同度、自豪感和归属感等，都有比较明显的提升。2002年上半年三星公司曾做过效果评估（见图6-4）。采用现有讲课式对新员工进行经营哲学和新经营方面的培训，学员的满意度为80%，学员反应评分3.97分（满分为5分）；而采用剧本表演的方式进行企业文化的培训，学员的满意度为97%，反应评分4.67分。

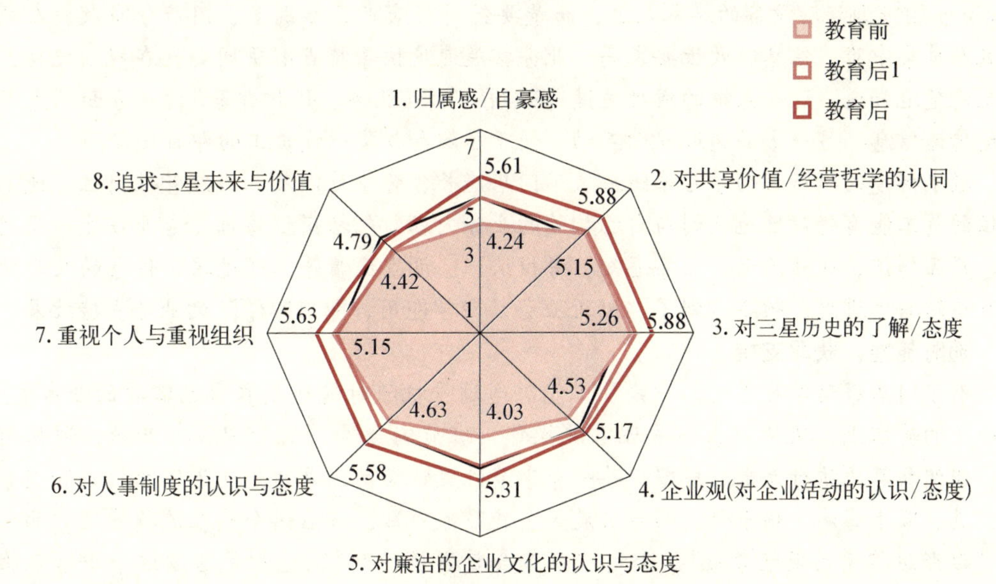

图6-4　培训后的效果——学员态度的转变

（资料来源：整理自三星中国总部培训部提供的资料。）

案例2

顺丰公司移动学习技术的应用

移动学习通过移动设备来增强并延长学习过程，实现了随时随地给学习者提供培训，并提升工作绩效的目标。如今，在国内的许多行业的发展中，知识更新迅速，共同面临着“培训人员多”“培训速度要快”“效果要好”“花费要少”的问题。因此，不能走传统培训的老路，需要运用移动技术，发展“短平快”的培训方式，不仅要开发快、传播快，更要开发之后放到共享平台上，供员工学习。

顺丰公司的员工培训也是运用移动学习技术的一个很好的例子。顺丰现已成为中国的第一大民营物流公司，至今共拥有6 000多个营业网点，年营业额超过200亿元。顺丰一直不断探索属于自己的O2O发展模式，对于顺丰内部而言，任何战略规划及发展模式的提出，首先带来的是对人员的严格要求。

选择快速部署、灵活调整的平台

在依托线上电商平台与线下社区门店相互配合的战略布局下，如果按照传统的模式构建管理系统，企业需要具备强大的IT能力，并且投入巨资购置软硬件设备、设施。这种方式难以实现快速部署、灵活调整、即时扩展，对顺丰门店的快速拓展模式来说很不现实。经多方考察后，顺丰在不到一个月的时间内，完成了从调研、选型、部署到启用绩效支持系统的过程：基于“软件即服务”（SaaS）模式，利用移动技术，搭建移动绩效支持平台（Mobile Performance Support System）。

贴近业务，即学即用，即用即学

在顺丰看来，移动学习绝对不是只把手机看作课程交付的载体，或者将传统e-Learning翻版到移动设备的屏幕之上，而是要针对门店产品类别多、门店分布散、人数众多且人员集中难、信息时效性要求高、业务拓展速度快等特点解决问题。在规划之初，顺丰就清楚地知道，这一系统的成功关键是必须“贴近业务、优化体验”，一方面从上而下快速传递信息，另一方面通过双向互动，便于了解和收集一线员工的即时反馈。

顺丰搭建的门店移动学习系统覆盖了门店店长、营业员以及三线经营性岗位，使不同岗位的员工能有针对性地收到与自己相关的业务内容，包括岗位培训、专业技能、通用素质、产品知识、促销活动、业务通知、考核认证、调查反馈等。通过培训信息的及时传递以及追踪培训进度，顺丰达到了“贴近业务，即学即用，即用即学”的业务支持效果。

随时随地，获取支持

有了门店移动学习系统，一线员工能够通过手机随时随地获取自己需要的业务支持。在小小的屏幕上，从学习业务管理系统操作、班前例会等门店管理技巧开始，到如何准备、组织和落地执行大米、螃蟹、茶叶等季节性促销活动，再到如何为顾客推介和宣导顺丰优选、顺丰海淘、顺手付、顺丰次晨等全新服务项目，一应俱全；在流程管理方面，小到“新版运单填写规范考核”，大到“顾客会员发展计划”，也都是通过这个平台来推送和落地执行的。遇到不会做的事情或者不明白的问题，员工们都会马上登录平台问同事、问专家，确保自己能快速及时地获得帮助和支持。

结合各方需求，共同配合落地

实际上，这一系统的引进并非由顺丰企业大学或技术部门主导，也不单单是业务群的人资部门决定的，而是结合了运营部、产品部等业务部门的需求，由各大区、地区、城市和门店一起配合落地才得以实现。在两年多的平台使用期间，门店移动学习系统完成了90%以上的一线培训、业务支持、考核及执行落地的追踪，强大的系统后台功能也使原本烦琐的培训管理和追踪工作简化了很多，有力地支持了顺丰的新业务拓展。

资料来源：佚名. 顺丰助力O2O发展的移动宝盒培训［J］. 培训，2017（8）：46-47。

思考：

1. 顺丰是如何利用移动学习技术进行员工培训的？
2. 顺丰如何利用移动学习技术支撑其O2O模式的发展？

第七章　组织社会化过程及新员工入职培训

【学习目标】

通过本章的学习，应该重点了解和掌握以下内容：

1. 组织社会化的基本概念及内容；
2. 社会化过程的阶段模型；
3. 现实工作预览；
4. 社交网络的基本概念与结构；
5. 社交网络如何促进组织社会化；
6. 新员工入职培训的需求分析以及项目设计。

【开篇范例】

“入模子”——联想公司的新员工培训

联想集团对于新员工坚持20多年采用“入模子”文化培训方式，意即企业像一个模子，有独特的企业管理和文化要求，所有加入联想的员工，都要进到模子里熟悉联想的企业文化，系统地接受联想的历史、文化、制度、礼仪等方面的训练，以促进员工价值观以及行为方式的统一。“入模子”已成为“联想人”的必修课和培训中的精品工程。

一、入模子培训

联想员工的“入模子”培训分成两个层次进行：① 联想一般职工的“入模子”。比如新员工进入联想的第一步，必须要参加“入模子”培训；另外新员工“入模子”的成绩都要记入档案作为考核的重要依据。② 联想管理人员和骨干的“入模子”。联想的各级干部也都有自己的“模子”，新提拔的经理、总经理也必须参加相应的培训班。联想对于一般职工也有“入模子”的基本要求，即按照联想所要求的行为规范做事，主要指执行以岗位责任制为核心的一系列规章制度，包括财务制度、库房制度、部门接口制度、人事制度等。执行制度是对一个联想人的最基本要求。“入模子”培训的目的是把联想的理想、目标、制定制度的指导思想，一点点融入联想人的血液中。

二、配合战略做改良

2010年起，联想开始实施多元化战略。为此，联想管理学院（以下简称“学院”）对“入模子”做了进一步改良和创新。在控股公司层面，“入模子”继续成为新员工加入联想的必修课，让受训员工快速了解联想文化的核心内容。另一方面，针对新成立和新并购的企业，“入模子”用“文化+战略”的方式，让“入模子”的功能从新员工培训拓展到新企业融入，从而助力多元化战略经营。

不同于一般的拓展训练或新员工培训，“入模子”并非简单的内容灌输，而是用体验的方式，让参与者能够真切感受到企业文化的可信性和实用性。在具体做法上，“入模子”呈现出三大特点，带有明显的强导入性。

1. 采用小组制

“入模子”项目为期3天，全程采用封闭式管理。受训对象既包含总部的新员工，也包括控股旗下各个成员公司分管企业文化建设的负责人，以及人力资源部具体做文化建设的人员。学院对参加人数严加控制，成员公司的参与者最多五六人，少则一两人，从而保证每期总人数在50—60人。所有参与者会被分成5—6个小组，每组10人左右。在3天的培训中，所有任务都以小组的形式进行，不计个人成绩，这在无形之中增加了成员间团队协作的要求。学院对培训时长和人数进行了严格把控，以便保证培训效果。

2. 加大体验性教学的比重

学院不采用填鸭式的灌输，而是将理论知识与实践相结合，令受训者不仅掌握价值观、方法论，还通过完成团队任务并全程进行竞赛的方式，让他们学以致用。具体而言，三门核心课程——《联想的历史》《联想的文化》和《联想的管理》的讲授时间只占“入模子”的约1/3，余下时间用于让老员工和高管与受训人员进行面对面交流，及各种团队任务竞赛。学院将联想的价值观（企业利益第一、求实、进取和以人为本）、方法论（目的性极强、分阶段实施和复盘），以及管理三要素（建班子、定战略和带队伍）的学习与运用全部融入每个任务中，让学员在完成任务的过程中用管理三要素自建团队、制定目标，通过复盘团队任务的执行结果，自己感悟核心价值观、方法论以及联想管理理念所起的作用。

在培训过程中，所有学员会被打乱排组，每个小组选出3人担任干部，负责本组的各项活动和执行。学院对小组在3天里参加的每一项活动打分，但并不计个人成绩，以便让团队成员形成团队利益第一的意识。在此基础上，小组成员会在晨间举行拓展竞赛，以及每天晚上进行“复盘会”。小组干部会带着成员对当天的团队表现进行分析和反思。复盘的重要意义在于，这不仅是巩固培训内容的重要方法，也是联想希望员工掌握的一种日常行为方式。

3. 用考核强化记忆

在培训的3大类内容中，除新老员工进行交流之外，对于文化课和拓展训练项目都要进行考核打分。文化课以知识竞赛的方式考核，题目均来自3门文化课上讲授的内容。在培训行将结束时，各小组还要综合本小组的讨论和复盘会的情况，向全体人员做总结汇报，由评委打分，结果纳入团队竞赛总成绩。也许很多人一开始并没把培训放在心上，但当完全融入后，他们会为了团队的荣誉感而通宵达旦地商讨策略。

三、时代在变，“入模子”要不要改?

控股公司层面的“入模子”项目已取得良好的成果。然而，并非每个员工都愿意接受这种方式，尤其是追求个性的年轻员工，生长在互联网时代，接收信息的方式更碎片化、形象化，往往容易把这种培训看成“洗脑”，这同样也是学院面临的挑战。2015年，学院在举行的“薪火汇”活动中组织了一场辩论赛，在联想集团内部带来了一场关于“入模子”要不要改的头脑风暴，虽然“不需要改”的团队获胜，但也为以后“入模子”的改革奠定了基础。实际上，“入模子”包含两个核心——选择和塑造。模子是一个双向选择，联想把模子摆在这里，告诉员工联想的做法和经验，员工可以选择接受，也可以选择离开。但这种塑造也是双向的——联想的模子是可以改的，新进来的员工也在塑造联想。不过，改模子的前提是先入模子。

资源来源：哈佛商业评论．2015 年中国企业人力资源管理最佳实践白皮书［M］．浙版数媒，2015.

开篇范例介绍了联想集团是如何进行新员工入职培训的。中国企业已经意识到培训对于提高生产率、改善质量以及强化竞争力所起到的重要作用，并且几乎所有企业都有新员工入职培训计划，但究竟新员工入职培训在企业发展战略中扮演何种角色，该如何设计、实施这种基本培训，在实施这种培训过程中需要注意哪些问题、运用哪些相关理论，可以采用哪些培训方法等是需要深入探讨的问题。本章将着重介绍在企业中发挥重要作用的基本培训——新员工的入职培训。

第一节　组织社会化的基本概念、内容和结果

任何一个人在进入新环境后都难免会感到紧张，那么对于刚加入组织的新员工来说更是如此。为了使新员工能够迅速进入工作状态，胜任新工作，新员工从录用时起就要接受系统的职前培训，以使他们熟悉和适应新的工作环境，并使新员工在正式进入岗位之前顺利接受企业的文化、价值观、历史、行为标准、规范和未来发展趋势等，了解企业对他们的要求和期望，解决新员工在企业内的一些基本问题。我们把这个过程称为**组织社会化过程**。

一、组织社会化的基本概念

在系统地介绍组织社会化概念之前，我们先简要介绍组织角色、角色沟通和角色定位、角色期望、群体规范等一系列基本的概念。

（一）组织角色

角色就是人们期望个人在特定的环境中所采取的举止和行动。在任何一个社会的不同岗位上，都需要各种不同的人物，以完成社会成员所期望的行为。一个人的角色反映了他在社会系统中的地位以及相应的权利、义务和责任。为了能够与他人进行交往，人们需要某种预期他人行为的方法。角色正是在社会系统中起到这一作用。角色和位置是相匹配的，有位置就有角色，有角色亦有位置。无论个人所占位置的性质如何，角色永远与其位置相联系。

综上所述，**组织角色**是指为了实现组织目标，更好地满足组织的需要，组织中的员工应该表现出的行为。例如，当我们在商场购物时，我们期望售货员做出的行为——向我们介绍产品的功能，提供我们需要的信息。当新员工进入新团队中，他们必须知道，他们的角色要求他们完成哪些工作才能满足组织对他的期望。

埃德加·施恩（Edgar Schein）认为组织角色由三个维度决定，分别是：

（1）社会维度（圈外人—试用期的人员—正式人员）。

（2）任务维度（销售—工程—车间操作）。

（3）层级维度（生产一线员工—主管—中层管理者—高层管理者）。

任何一个新员工都需要满足组织角色的社会维度、任务维度、层级维度这三个方面的要求。例如：一位新晋升到人力资源总监职务的管理者，只有在知道他所需要完成的任务、管辖的下属、一起合作的职能部门时，才能有效地完成任务，并得到其他人的认可，才能真正成为组织中的一员。当一个人无法完成角色时，就会出现不相容现象。这通常是因为他要么缺乏能力，要么无法按要求的方式完成任务或者价值观和信念受到质疑。

（二）角色沟通和角色定位

角色沟通是指在理想的员工社会化过程中，角色之间得到的良好沟通，新进入者获得组织中的其他人的认可和帮助，从而对自己即将要承担的角色有个全面的理解。在组织中，经理、主管和员工本人可能对角色有不同的理解，要求角色表现出来的行为存在差异，因此，组织中的内部成员应该不停地对角色所应表现出来的行为、达到的绩效进行沟通。但遗憾的是，组织中的不同角色之间总是缺乏良好的沟通，因此增加了组织不必要的成本。人们可能把职位说明书看作对组织角色的描述，但是，职位说明书经常是对员工的日常性工作、职责进行描述，许多组织中微妙的关系无法通过职位说明书直接表现出来，所以不能简单地用职位说明书来代替组织中的角色沟通这个环节。

角色定位对组织社会化来说也是非常重要的。个人有时不能完全与他所要从事的工作相匹配，而角色定位过程就是使得员工对自己的角色有清晰的了解。角色定位包含两方面的内容。一方面是固定性的定位，即完全能够按照既定的工作方法进行工作；另一方面是创新性的定位，即对既定的工作方法结合自身的能力和优势进行一定程度的创新。后一种角色定位有利于提高员工个人和组织的效率。但是这种创新性的定位对组织和个人来说都是一种挑战。当员工无法顺利进行角色定位和角色沟通时，员工对角色的性质或角色所处位置不明确，就会产生角色的不确定和角色模糊（见表 7-1）。

表 7-1　角色不确定和角色模糊产生的原因

1. 对如何做才能取得成功和什么是有效的业绩缺乏了解，导致对目标和目的不确定
2. 对工作、人员、职责的广度、深度和宽度以及执行任务的质量不确定
3. 不能确定个人所期望/预期/要求承担的任务的性质，包括责任、权利和义务等
4. 对于期望的不确定，包括从一开始由于误解而产生的期望，对个人角色设定的没有按预期实现的期望，和对别人的期望
5. 对于团队内部、团队之间和整个组织关系的不确定
6. 对于前途、发展、提升和晋级的不确定
7. 对于稳定性、连续性和信心的不确定

当角色模糊、角色不确定、工作负荷太重或太轻产生的问题变得不可调和时，压力和紧张就变得很明显。如果不加以抑制，压力和紧张还将不可避免地导致员工表现欠佳，员工士气以及工作关系的恶化。这时，他们倾向于在别的方面寻找机会让自己退出当前的形势，他们不是使自己的目标与组织的目标协调一致，而是牺牲组织的目标来追逐自己的目标。

（三）角色期望

在实际工作中，期望是普遍存在的。当一个人占有了组织中的一个位置，其他员工对占有这个位置的人抱有期望，这种期望就是**角色期望**。角色期望首先是要他人提出符合自己身份的希望，同时本人对这种希望又心领神会。角色期望是形成组织结构与角色行为之间的桥梁，它意味着个人所处的组织对他所期望的一系列行为，这些行为是被群体规范化了的行为，表现为希望他这样做而不是那样做。因此，角色期望在许多情况下都是明确的。期望是实现角色的有效手段，同时我们也要注意到，角色期望不是一份行为的清单，而是复杂的，它是认知、情感、态度的总和，并在个体实现组织社会化的过程中完成。

（四）群体规范

群体规范是在组织内的非正式团体中形成的用于控制组织内行为的非书面的行为准则，主要是用来约束团队成员的行为。因此在介绍了组织中的个人的角色沟通、角色定位等概念后，还要进一步了解组织中的个人必须遵守的行为准则，它使得复杂的组织结构的秩序得以维持，从而保证组织的良性协调运转。群体规范是人们在组织生活中创造并逐渐发展起来的，对员工个人的本能与随意的行为具有遏制作用，同时也控制和调整、干预组织生活，成为某一特定组织环境中某种稳定的、反映群体关系的文化维持模式。

群体规范说明了内部人员所同意的行为准则，也就是适合的行为规则。新员工若想被组织内部成员接受，必须遵守群体规范。了解一个组织的规范并不容易，它不仅仅是非正式和不成文的，还有各种各样的形式，并且在同一个组织中的不同团队间群体规范也不同。新员工在了解了群体规范后能更顺利地完成组织社会化过程。

二、组织社会化的内容

组织社会化是组织向新员工灌输与实现组织目标联系在一起的技能和文化的过程。实际上，它是一个既定团体中的成员向新进入者传递一整套系统的行为规范。正在经历组织社会化的人员在认知和情感上都将发生变化。一方面，他们接受并试图理解由组织中的同事、上级、下属、顾客传递给他们的组织文化；另一方面，他们会在不同程度上同意并且在情感上接受这些信息。

组织社会化是一个连续的过程。这一过程既包括正式方式，比如对新员工在军营中进行军事训练或企业上岗前培训，也包括非正式方式，比如辅导员的榜样作用。所有这些方法有助于重塑员工的态度、思维方式和行为。组织社会化对员工个人和组织都有重要作用。从组织的角度来看，组织的社会化就像是给每个员工都贴上组织的标记，就像开篇范例中提到的联想集团的“入模子”教育。从员工的角度看，这是一个学习规则以便在企业中生存和成功的必要过程。在这个过程中，新员工为了成为被组织接受的成员必须学习组织的规章制度并学习各种行为、思考方式。

1986 年，费希尔（C. D. Fisher）将组织社会化学习的过程分为以下五项内容。

（1）基础性学习。这包括发现学习重要性、学习什么以及向谁学习。

（2）有关组织的学习。这包括对组织目标、价值观、文化和政策的学习。

（3）如何完成工作的学习，学习在工作团体中如何发挥作用。这包括对团队规范、角色和友谊的学习。

（4）学习如何开展工作。这包括对必要的技能和知识的学习。

（5）个人学习。从自己的工作经验和组织中其他人的经验中学习，包括确认身份、调整预期、设计自我形象和增加学习动力。

弗德曼（Daniel C. Feldman）也曾于1981年提出了类似的观点，他认为社会化包括相互联系的三种学习过程，每一个过程强调学习不同的内容，包括获得一套合适的角色行为，开发工作的技能和潜力，适应工作团队的规范和价值观等。

在综合前人研究成果的基础上，研究人员提出了组织社会化的六大维度：绩效管理、政治同盟、语言理解、人际关系、组织目标和文化认同，并开发了一个有34个项目的问卷来测量这六个维度。这些研究人员对其进行了测量并证明了这六个维度的类型，他们还进行了一个纵向研究，表明在工程师和经理这一类群体中，每一个维度都与职业效率有关。从以上所有人的研究中可以看到，新员工在学习不同的内容时会碰到不同的问题，应该采用不同的机制和方式来帮助新员工完成组织社会化。

三、组织社会化的结果

员工的社会化过程结束后最终会形成一系列成果。成功的社会化则意味着新员工接受了组织文化，了解群体规范，并且为其他员工所接受，从而员工个人和组织都将产生高绩效行为。而不成功的社会化则可能会使新员工的积极性受挫，员工对组织不满，甚至产生跳槽现象，这无疑对组织和个人来说都是巨大的损失。表7-2列出了成功与失败的社会化结果。

表7-2 成功与失败的社会化结果

成功的社会化	不成功的社会化
● 角色清晰	● 角色不清
● 角色超越	● 角色冲突
● 较好的工作绩效	● 积极性受挫
● 较好的人际关系	● 无法认同组织文化
● 积极参与工作	● 对组织不满
● 得到组织成员的认可	● 对职务不满
● 认同组织	● 满腹牢骚
● 自信	● 过分服从
● 对职务的满足	● 流动

有研究表明，早期的组织社会化经历会对社会化结果产生长久且深远的影响。随着时间的变化，社会化的影响会不断加深或者减弱。来自主管或者同事的信息对新员工有很大的价值，并且会对社会化的结果产生影响。

但是需要强调的是，社会化也需要为个人留出足够的空间、言论和行动的自由，使他们能够在特定的情况下表现自己，太多的约束会导致个人的挫折感。而另一个极端——对这些标准缺乏明确的了解，又会导致目标分散，让个人处于一种真空状态，这种情况和过分的约束一样有害，让人感到紧张和不知所措。在个人开始工作后，他们就会面临并且承受各种各样的压力和影响。对组织来说，问题在于如何在这个认识基础上，创造出能让个人接受，又能保证高产出、高效率的工作环境。

对于那些新来到组织中并曾在其他组织工作的有经验的成熟雇员，这个问题尤其突出。在这种情况下，这些雇员已经对高标准、最佳工作方式和优化的工作方法形成了自己的看法。这样就需要在新工作开始之时进行有效的重新定位，设置有效的归纳和定位程序。但是，很多组织及其管理者往往忽视了这一点，他们认为这是在浪费时间，或者他们没有认识到这其实是一种获得高度负责和有效的雇员的高回报投资。

社会化的过程同样适用于工作组织及其团队、部门和其他各级部门以及职能团体。有效的社会化能够在价值观、信仰、态度、规定和所要求的行为方式上产生高度一致和服从。有研究表明，那些和上级以及同事成功进行了社会化的员工更有可能获得较高的工作满意度。尽管研究无法表明新员工的社会化到底会如何影响员工对工作或职位的满意度，但是员工和上级进行沟通的频率确实可以帮助预测员工的工作满意度。

员工在为组织付出的同时，都有一个愿望，这种愿望反映了员工三方面的需要：维持生活、发展自我和承担社会责任。企业在尽力满足员工需要的同时也希望员工忠于组织、努力工作。对企业的忠诚来源于员工与企业在情感和理智上不可分割的联系。忠诚意味着员工对企业目标和发展方向的认同，对企业成员的热爱以及对其他外在诱惑的拒绝。对企业忠诚的认识，有两种较为流行的观点：一是行为说，二是态度说。

行为说主要关心员工是怎样认同某种特定行为，是哪些情景性的因素使其行为难以改变，并影响与行为一致的态度的形成。萨兰西克（G. Salancik，1977）指出了对组织忠诚的四条行为标准[①]：① 行为的清晰性，这些行为是否明确、可见；② 行为的持久性，这些行为是持久的还是短暂的；③ 行为的自愿性，这些行为是发自内心的还是由于外界诱惑或其他外在压力被迫而为之；④ 行为的公开性，别人是否知道该行为以及谁知道该行为。

态度说主要关心员工怎样培养出对组织价值观的坚定信念，怎样产生出为组织的利益而努力的意愿，以及如何培养员工形成想留在企业而不愿离开的意愿等。现在大部分研究都是从态度这个角度来进行阐述的。从态度的角度来看，员工对企业的忠诚有几种表现形式，每一种形式都体现了个人与企业关系的不同含义。1990 年，艾伦和梅耶（N. Allen & J. Meyer）对以往的各种组织忠诚量表进行了一次综合性研究，认为员工对企业的忠诚通常以三种形式体现出来：态度忠诚、理性忠诚和责任忠诚。该项成果在很多研究中得到验证，引起了越来越多研究者的注意。

态度忠诚代表了员工对企业怀有深厚的感情，有为企业献身的精神，为自己是企业中的一员而感到自豪，并且为企业的利益而努力工作。它包括对企业价值观的认同，为了组织的利益自愿作出贡献和牺牲等。员工对组织所表现的忠诚，主要是由于对组织有深厚的感情，而非物质利益。有关研究结果表明，具有态度忠诚的员工比缺乏态度忠诚的员工会更加努力地工作。[②]

理性忠诚是建立在经济原则基础上的，具有浓厚的交易色彩。它是指员工因为害怕高昂的离职成本而只好留在企业中工作。例如，已有的位置和多年投入所换来的福利待遇，如企业的股票期权、养老金计划以及其他福利政策等成了将员工维系住的“金手铐”。员

① 刘小平. 组织承诺研究综述［J］. 心理学动态. 1999，7（4）.

② J. Meyer & N. Allen. *Commitment in the Workplace*［M］. Thousand Oaks，CA：SAGE Publications，1997：25.

工经过理性的思考，认为自己无法承受这种成本的损失，便只好决定留在本企业。只具有理性忠诚而缺乏态度忠诚的员工通常不会进行全部的人力资本付出，因为这些人之所以留在企业中不是感情归属，而是害怕失去太多的既得利益。

责任忠诚是指一种强烈的责任感驱使自己与企业紧密联系在一起。或许是由于企业已经为自己承担了进修深造的费用，抑或是企业在艰难时刻对自己委以重任，又或者自己是某工作团队中的一员，每一成员都承担着确保团队成功的重要使命等，不管出于什么原因，具有责任忠诚的员工都会一如既往地按照自己认为是正确的方式行事，他们会受到强烈的工作动机的驱使，而且会为企业目标而献身。责任忠诚虽说比态度忠诚具有更高的严肃性，但对员工献身精神和高度参与意识的影响是相同的。

如果形象地描述一下这三者的关系，态度忠诚是指“我想要归属于我们的企业”，理性忠诚是指“如果我跳槽损失太大了”，责任忠诚则指“我认为我有义务为企业效力”。以上三种类型的员工忠诚不一定是独立存在的，任何员工都可以具备其中一种或两种、三种忠诚。比如，我非常热爱我的企业，感觉对企业负有一定的责任，同时我也要确保股票期权的收益。企业忠诚是员工进行人力资本付出的最重要的一个条件。研究者发现，如果员工缺少对企业的认同感和忠诚，会导致人员的流动；而组织社会化过程则是促使员工忠诚的非常关键的环节和手段。

第二节　社会化过程的阶段理论

社会化过程的阶段模型表明在新员工刚开始工作的时候，他不仅把大量精力放在搜集如何学习工作任务和该任务在组织中的作用等相关信息方面，还会搜集关于人力资源管理制度以及劳工关系方面的信息，例如企业的承诺，奖励制度，以及这些奖励将以何种方式表现出来，是晋升机会、带薪休假还是培训机会等。新员工对于这些劳工关系的主观理解形成了他们的心理契约。

一、社会化过程的阶段模型

社会化过程的阶段模型一般是依据心理学的研究结果划分的，主要包括新员工在组织中的角色确立和角色转换、新员工和组织相互接受以及致力于组织工作这几个方面。具体而言，主要有五种阶段模型，分别是：弗德曼（Daniel Feldman，1976）三阶段模型，布切南（B. Buchanan，1974）三阶段早期职业模型，波特、劳勒和哈德曼（Lyman Porter，Edward Lawler，Richard Hackman，1975）三阶段模型，施恩（Edgar Schein，1978）三阶段模型和沃纳斯（John Wanous，1980）四阶段模型。我们在表 7-3 中对这五种阶段模型进行了比较分析。

下面我们将详细介绍管理心理学家弗德曼提出的社会化三阶段模型。他认为一个员工从“局外人”成为组织“内部人”需要经历以下三个阶段。

（一）预期社会化阶段

这个阶段始于个体真正加入组织之前。预期的社会化信息来自各个方面，例如招聘广告、个人经验等。所有正式的、非正式的，或者正确的、错误的信息都会使个体对组织的情况有所预期。在这个阶段，新员工往往期待着不切实际的工作条件、工资收入和晋升，

表 7-3　五种社会化过程的阶段模型

弗德曼三阶段模型（1976）	布切南三阶段早期职业模型（1974）	波特、劳勒和哈德曼三阶段模型（1975）	施恩三阶段模型（1978）	沃纳斯四阶段模型（1980）
第一阶段——预期社会化："到达"。 1. 设定现实的预期； 2. 新员工检查组织现实与自己预期的匹配程度。 第二阶段——磨合："闯入"。 1. 开始工作； 2. 建立个人关系； 3. 角色澄清； 4. 个人与组织绩效考评相一致。 第三阶段——调整和变化："安顿"。 1. 个人工作之外的生活兴趣利益与组织要求吻合的程度； 2. 解决工作场所的冲突。	第一阶段——第1年：基础培训和初始社会化。 1. 为新来员工澄清角色； 2. 与同事建立团结合作的关系； 3. 澄清同事关系与组织其他各部门之间的关系； 4. 确认或证明不确定的预期； 5. 确认组织利益和外部利益的一致和冲突。 第二阶段——绩效：工作的第2—4年。 1. 按照规范完成组织工作； 2. 通过组织强化个人形象； 3. 解决冲突； 4. 自我尊重感。 第三阶段——组织依赖：第5年以及以后接下来的所有年份。由于个人经验而产生的多样性。	第一阶段——报到之前新员工的预期。 行为的奖励与惩罚。 第二阶段——对预期的确认和证明。不确定行为的奖励和惩罚。 第三阶段——改变和树立新员工的自我形象。 1. 形成新的关系； 2. 适应新的价值观； 3. 采取新行为。	第一阶段——探索准确信息。 1. 互相设定要求； 2. 双方创立的虚假预期； 3. 在不准确信息基础上选择工作。 第二阶段——社会化并接受组织现实。 1. 迎接遇到的阻力； 2. 组织要求和个人需求的一致； 3. 组织对新来员工绩效的评估； 4. 应对太多的模糊或太多的固定化方式。 第三阶段——互相接受。 1. 组织接受新员工的要求； 2. 新员工接受组织的要求； 3. 致力于组织工作。	第一阶段——进入和接受组织现实。 1. 确认预期或证明不确定的预期； 2. 个人价值观与组织要求的冲突； 3. 发现要奖励的行为。 第二阶段——实现角色澄清，开始执行工作任务。 1. 界定人际角色； 2. 对付变革的阻力； 3. 个人和组织对绩效评估的一致； 4. 对付固定化和模糊化方式。 第三阶段——将自己放到组织背景之中学习。 1. 行为与组织要求相一致； 2. 解决外部和工作兴趣的冲突； 3. 工作挑战性导致工作投入； 4. 新的人际关系，新的价值观和已改变的个人形象。 第四阶段——发现成功社会化的路标。 1. 产生对公司的依赖和投入； 2. 高满意度； 3. 产生互相接受感； 4. 工作投入和内在的驱动力。

资料来源：J. P. Wanous, A. E. Reichers & S. D. Malik. Organizational Socialization and Group Development: Toward an Integrative Perspective［J］. *Academy of Management Review*, 1984, 9（4）: 670-683.

这种不切实际的期望往往会导致员工在发现实际情况与预期不符时的不安定心态甚至"跳槽"。因此，管理者应该给员工真实的工作预览，告诉他们企业的真实情况，包括正反两方面信息，可以通过开展示会、发布企业信息等手段进行。

另外，从组织的角度来讲，甄选过程也是保证组织所聘员工与组织文化相适应的重要环节。事实上，一个人在甄选过程中是否恰当地表现自己的能力决定了他能否进入组织。因此，成功与否取决于应聘者能否准确地预测组织中那些负责甄选的考官的期望和偏好。

（二）磨合阶段

第二个阶段一般是从员工决定正式加入组织开始。一般是始于员工与组织签订劳动合同或者员工仅接受一个聘用邀请。在这个阶段，新员工开始了解组织，发现现实和期望并不一定相吻合，为此感到吃惊和不安，有学者称之为"现实震惊"。即使是那些自以为对组织了解很多的员工，第一天上班以后也会觉得困惑。他们常常会觉得，自己平时一些关于友谊、目标、能力等方面的看法似乎都变得不是那么确切了。在磨合阶段，新员工面对一种严峻的挑战，即能否妥善解决工作和外部利益的多种冲突，界定自身的角色，熟悉工作环境，了解所要完成的任务。如果这个阶段拖得太长，员工有可能离职去寻找新的工作。

（三）调整和变化阶段

在员工明确了目标和任务，掌握了工作技能，解决了角色冲突后，他就开始进入组织社会化的第三阶段——员工开始改变自己，接受组织文化，独立完成上级分配的各项任务，并逐渐融入组织。当然，如果员工拒绝进入第三阶段，他不是离职，就是成为组织里的一名孤独者。图 7-1 清晰简明地表明了组织社会化的三个阶段。从图中我们还可以看到，组织社会化的过程是双向的，在组织影响新员工的同时，新员工也对组织中的原有成员产生影响。

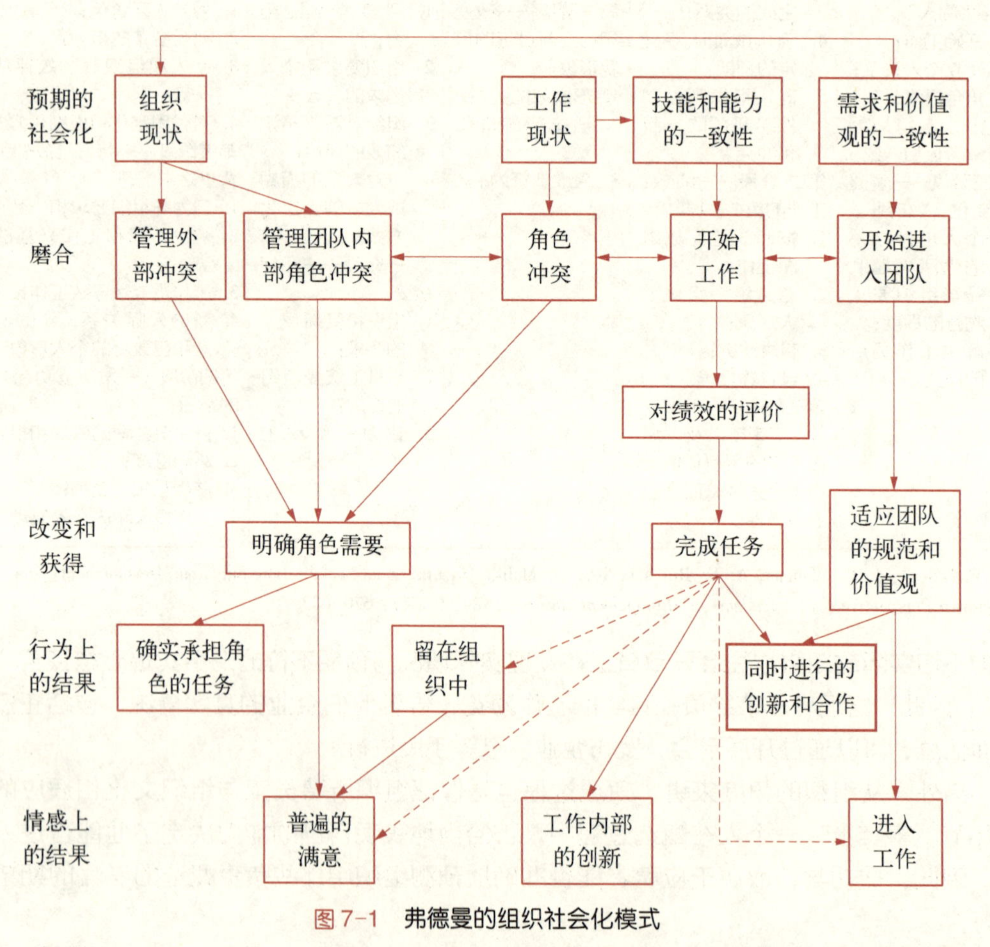

图 7-1 弗德曼的组织社会化模式

资料来源：D. C. Feldman. The Multiple Socialization of Organization Members [J]. *Academy of Management Review*, 1981, 6 (2): 309-318.

但是需要注意，社会化阶段模型只是分析社会化过程的一种方式，它只是提供了一种对典型的社会化过程进行描述的框架。该研究本身还存在许多缺陷，例如对社会化率和个人是否会采取积极的行动来参与这个社会化过程等，都没有清晰的阐述，并且阶段模型并不是分析社会化过程的唯一方式。

二、现实工作预览

（一）现实工作预览的定义

现实工作预览是指在员工正式进入组织工作之前，提供给他们的与工作相关的所有方面的确切的、真实的描述，通常是在雇佣阶段或新员工的社会化或入职培训阶段进行，它可以以多种不同的方式开展，例如，员工手册、录像带或者工作示范，具体如表7-4所示。一般情况下，现实工作预览花费较少，并且成本较低，只需较少的努力就能得到较大的回报，所以很多组织把现实工作预览作为聘用程序的一部分。

表7-4 现实工作预览的方式

1. 工作描述 2. 公司小册子 3. 会见中的口头交流 4. 与未来的合作者交谈 5. 用视频资料演示典型一天的工作 6. 用录音设备录下与问题客户的交流过程 7. 自动化的工作热线 8. 模拟现实的工作条件 9. 用一天时间观察一位现有雇员的工作

现实的期望可以帮助新的雇员在被聘用后适应并胜任新的工作。由于没有完全理想的工作，所有的雇员都不得不接受工作不如意的事实。如果一个新的雇员在聘用前被告知工作的不如意方面，他们觉得被误导或不满意的可能性会减少。如果应聘者在开始工作前已经了解到公司的真实情况，他们初进入组织时受到打击的可能性会减少。这样一来，他们工作的满意度会更高，个人的责任感会更强，而且招聘成本也可能会更低。

对于组织，现实工作预览除了可以降低成本外，还提供了向应聘者推销公司和职位的机会。拥有较高才干的应聘者挑选的不仅仅是一份诱人的薪水，还包括组织的声誉、发展潜力、进修的机会和效益。当组织提供的信息包含正反两方面时，则既获得了信誉，又赢得了应聘者的信任。如果已经透露了一些不是很重要的材料，应聘者会更有可能相信这些信息。实施现实工作预览的结果是，应聘者会更加努力来从事这项工作。现实工作预览应该包括的信息如表7-5所示。

表7-5 现实工作预览应该包括的信息

1. 对一天典型的工作内容的描述 2. 组织的愿景和价值观 3. 在工作中，员工可能感到有困难的部分 4. 在工作中，可能为员工带来利益的机会 5. 深造和职业发展的机会 6. 实际薪酬和福利 7. 特殊福利或要求：旅游、定期身体检查、工作轮换、加班、消费者投诉 8. 组织可能会进行的改组或临时解雇 9. 职业生涯发展道路

（二）现实工作预览的运用

现实工作预览可以很容易地归入一个新发展的或已建立的培训程序中。从确定某一胜任能力的工作分析方法中，可以收集到现实工作预览中需要的信息——正面和负面的信息。可以会见几名正处于该职位的人或用调查问卷来确定该职位的最令人满意，或最不令人满意的方面；也可以会见管理人员或用调查问卷来确定这工作或公司在过去人员流动方面的信息。要注意到，收集人们对该工作的感觉与收集事实材料一样重要。一旦收集了该工作的现实信息，那么就要开始选择在何时以及以何种方式将这些信息传递给应聘者。

现实工作预览应该在做出提供职位的决定以前尽可能早的开始。有研究表明，如果在招聘的早期阶段就应用现实工作预览，公司用于招聘的经费就会降低。特别是对于那些本已经通过招聘，但被聘用后发现这项工作并不如他所想象得好的应聘者而言，现实工作预览可以减少他们的应聘成本，这一比例通常为10%—15%。

迄今为止的研究并没有对何时进行现实工作预览得出明确的结论，因为在很多研究中现实工作预览是在招聘过程的后期进行的，例如在应聘者进入组织或得到接收函之后。尽管这些研究表明现实工作预览在降低期望和流动率方面是有效的，却没有得出何时进行现实工作预览效果最佳的结论。至于用何种方式对外传递现实工作预览的信息，这取决于职位的特性、预算和所要达到的目的。现实工作预览可以利用公司的小册子、职位广告、招聘文件、参观、工作模拟以及应聘者的实际工作体验等方式实现。

对现实工作预览效果的研究结果表明使用现实工作预览对改进员工绩效的作用是很复杂的。因为现实工作预览可能在某些情况下很有效，但在另一些情况下效果又不是很理想。研究人员已经发现有许多种因素影响现实工作预览的效果，例如使用现实工作预览的时间、进行现实工作预览的手段，以及员工早期的工作经验等。

第三节 社交网络理论

一、社交网络的基本概念、类型与结构

（一）社交网络的基本概念

组织通过社会化过程向新员工发送了无数的信息和规范性信号，但在现实中，新员工仅仅获得了成为组织成员的一小部分知识。因此，新员工会积极主动地获取更多与工作相关的信息、知识和反馈，以帮助他们顺利适应工作。新员工主动获取信息的一种方式是与经验丰富的组织成员建立联系，这些联系提供了获得隐性知识的机会。新员工建立的社会关系可以概念化为个人或以自我为中心的社交网络，可以提供与工作相关的信息、资源和支持。

尼尔森（Nelson，1989）指出，社交网络可定义为将几个人连接起来的一系列关系，并将常规的信息交换模式联系成网络。蒂希（Tichy，1979）将社交网络定义为“在一组确定的人之间的一组特定联系，并将这些联系作为一个整体特征的附加属性用于解释有关人员的社会行为”。这种方法将组织视为由各种关系连接起来的系统，即一对成员彼此之间有直接联系，其他成员与网络中的角色有多重联系。莫里森（Morrison，2002）、方（Fang，2010）、迪宁（Deneen，2015）提出，社交网络可以根据组织中可能存在的社交网络的类型来进一步定义，包括咨询网络、信息网络、友谊网络、支持网络和发展网络。这些构成新员工与内部人员关系的社交网络，进一步被配置成一个以影响新员工学习和调整的网络规模、范围、地位、强度和频率为特征的网络结构。规模是新员工与组织内部人员接触的人数；范围是不同的工作单位/组之间的联系；地位被定义为联系人的职员/等级级

别；强度是新员工和接触者之间的密切关系；频率是指新员工和联系人交换信息的频率。

（二）社交网络的类型

新员工的社交网络由个人与他人建立的一系列关系组成，对新员工组织社会化提供不可或缺的特定类型的信息和支持，并且提供这种支持的网络可以大致分为两类：工具网络与表达网络。工具网络提供任务信息和建议，解释如何执行自己的工作，并协助新员工学习自己的角色、组织期望，以及组织目标、规范、结构和政治等信息；表达网络提供友谊和社会支持。

在这两大类中，学者们总结出以下几种特定的网络类型：① 咨询网络。咨询网络提供与工作有关的信息，并就如何执行特定任务、与工作有关的决策和如何解决问题提供建议。② 组织信息网络。组织信息网络提供关于组织目标、规范、历史、结构、政策和政治的知识。③ 友谊网络。友谊网络由提供支持、归属感和认同感的个人组成。④ 社会支持网络。社会支持网络包括与新员工一起讨论敏感问题或新员工在危机中可以依靠的组织成员。⑤ 发展网络。发展网络是由对职业发展很重要的个人或开发人员组成的，他们积极推动员工职业发展，并为新人提供与职业相关的心理辅导，帮助他们熟练工作，提高他们在组织内的知名度，帮助他们感受归属感，并协助他们塑造组织成员的身份。

（三）社交网络的结构

当新员工更多地了解他们的工作和组织，定义他们的角色，确定关键的组织内部人员时，新员工的网络结构很可能在社会化过程中保持动态。网络结构通常是指社交网络中人们如何相互连接，作为个体的社会化进程，他们可能有不同的关系需求。例如，一个人可能会在早期的角色进入阶段从同事那里寻求更多的社会支持，而他可能想在以后发展他的任务能力，由此产生的新兴需求还可能影响组织内新员工社交网络的结构和组成。

那么在新员工的社交网络中，常见的结构模式是什么？其实每一种类型的网络都具有典型的自我网络结构，随着时间的推移，特定结构的流行也会发生变化。迪尼・哈特梅克和朴贤熙（Deneen M. Hatmaker and Hyun Hee Park，2014）提到有七种基本的以自我为中心的网络，图 7-2 提供了所有七种的代表性例子。在这些网络中，具有明确核心-外围结构的网络为“星型网络”，核心由彼此连接的个人和其他成员组成，变化的外围连接核心而不是彼此连接；“中心网络”是指个人与网络中的每个成员相连，但成员不与自我以外的任何人连接的网络；当网络中包含一个连接良好的枢纽，它在自我的网络中知道其他所有的知识时，则为“混合网络”，中心和混合网络较为少见，因为中心网络中，人员都集中在一个工作场所，但在实际工作环境中，项目的协作是必需的，而大多数的组织成员并不知道其他所有的知识；“大型完整”和“小型完整”网络是指所有可能的线路都存在的网络，也就是说，每个角色都连接到所有其他网络角色，或者从网络角度而言，所有节点彼此相连；“小团体网络”是指仅包含三个或四个节点的完整网络。

迪尼・哈特梅克和朴贤熙（2014）的调查显示，网络结构和员工在不同时期担任的角色相关。例如，员工中会有一些核心顾问，然而还有一些顾问，他们知道一部分知识，但不是核心顾问，那么外围可能包含有专业知识的人，可以在一个或多个核心顾问的帮助下进行调用，这时社交网络呈现出非常普遍的星型结构。如果在经历大量高级管理人员的退休或离职，导致大量专业知识流失时，可能会有更少的个人拥有专门知识传递给新来的人，那么，在组织层次结构中，一些更高级别的网络会在后续退出。

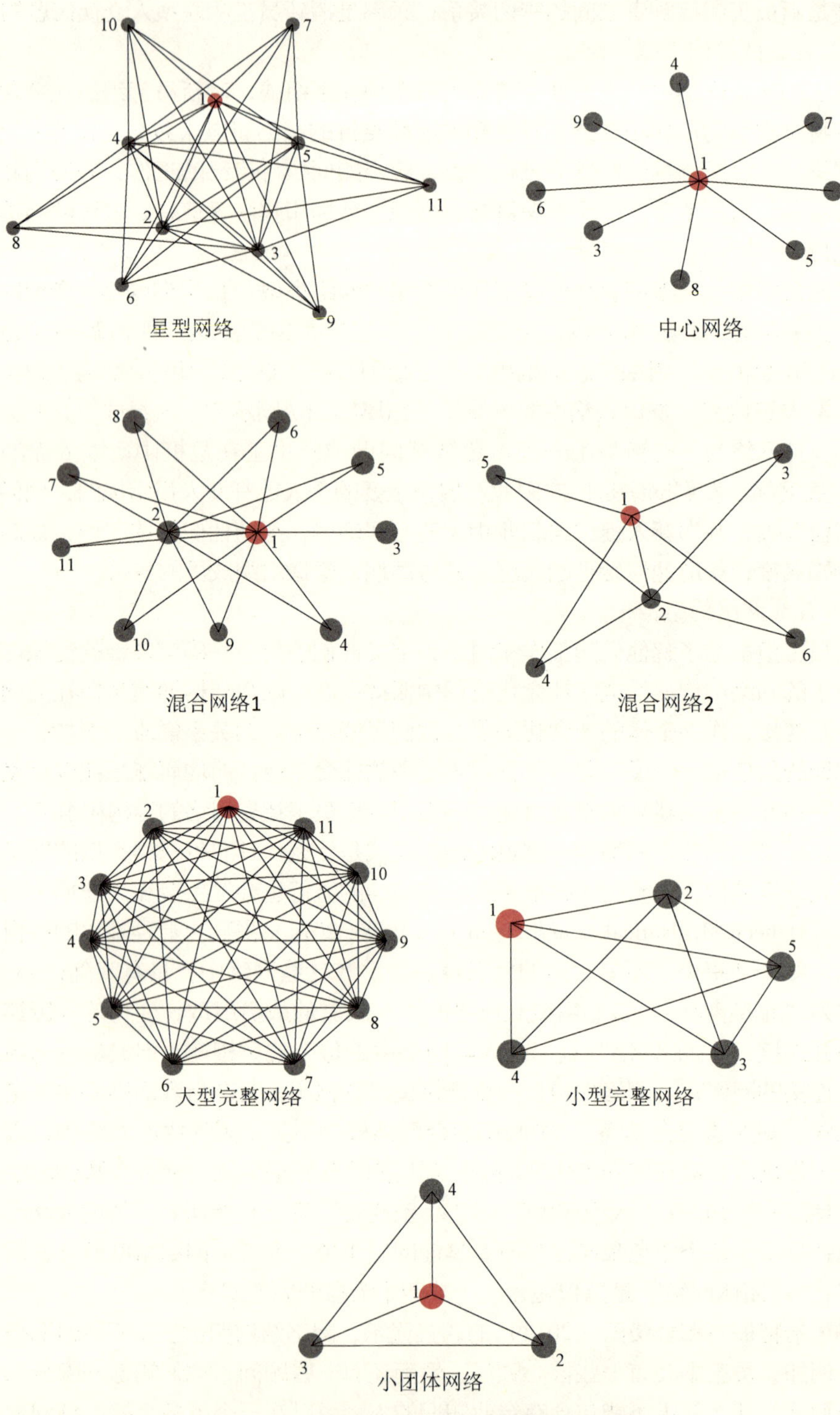

图 7-2　七种以自我为中心的网络结构模型

资料来源：D. M. Hatmaker & H. H. Park. Who Are All These People? Longitudinal Changes in New Employee Social Networks Within a State Agency [J]. *American Review of Public Administration*, 2014, 44 (6): 718-739.

在信息网络中发展大型和小型“完整网络”可能是新员工早期努力了解其所在工作领域每个人的结果。在最初的几个月里，新员工并没有把重点放在几个关键的人员身上，而是试图与尽可能多的人进行互动，因为新员工需要时间来确定关键“信息经纪人”是谁。随着时间的流逝，网络中的变化越来越少，大型完整网络变得不那么流行，会逐渐被小型完整网络和小团体网络所取代。

一般来说，网络形式朝向小型完整网络发展可能受到组织因素和个人因素的影响。随着新来者轮流通过不同的项目并与不同的团队合作，他们可能会更能区分谁加入或从他们的网络中删除，从而形成更小、更紧密的连接网络。新员工与同事的联系会因越来越了解更多的人而变得更加宽广，并且随着他们更熟悉彼此而变得更深入。有时友谊网络会是例外，但所有网络都建立在与相对高级人员的联系上。

二、社交网络的作用与重要性

新员工和组织内部人员之间的社会互动和关系通过社交网络的形成，为社会化过程提供了多种资源，并有助于新员工的角色转换。许多社会化学者认为，新员工如何学会扮演他们的角色在很多方面与新员工和组织中更有经验的成员之间的社会交流和互动有关，而社交网络关系在新员工如何学习他们的角色和相关表现方面发挥着关键作用。与经验丰富的组织成员的联系提供了多种与工作相关的任务和组织信息，社交网络能够有效帮助新员工适应他们的工作，并在工作中塑造新员工的职业身份。社交网络的研究者认为，一个人在工作中的角色与一个人的社会环境有正式的垂直关系，像领导者-成员关系，并没有抓住人们在工作场所进行交流的内容和方式，主管人员只能提供有限的时间资源来支持员工的角色学习，因此，工作场所的社交网络关系往往是获取与角色相关的知识和工作建议的重要渠道。

此外，社交网络提出了具体的网络特征，这可能有助于新员工角色的学习和表现。研究发现，信息网络的大小、密度、范围和地位等结构特征对社会化的影响是强烈且持续的。一个拥有大量稀疏网络的个体可能更成功地获得组织知识。相比之下，一个拥有“强大”关系的小型、密集网络的人更能获得高水平的任务掌握和角色清晰。友谊网络可以促进新员工的社会整合和组织承诺，友谊网络更强的个人可能会感觉更能融入组织中。同时，新员工的网络密度越低，他的工作表现就越高，在向新组织过渡期间，稀疏网络可能给新员工带来学习利益。具体而言，在进入组织之后，稀疏网络可能会增加新员工快速获得关于“如何在这里完成工作”的信息和反馈的可能性，这些信息和反馈可能会提高他的工作表现。

最后，以强大关系为特征的社交网络为新员工提供了更多的社会支持，反过来，新员工通过增加对组织的贡献意愿而“回报”这种支持。新员工作为团体成员的表现可能会对他们之间的工作关系如何发展产生重要影响，因为这种社会参与可能会增强人们后来喜好和信任的发展。所以一个组织最好注意新员工的工作场所网络的结构和关系特征。一方面，新员工可能会从工作任务中受益，这使他们能够与不同的工作小组和工作场所的不同层次发展关系。另一方面，新员工与其他成员进行社交和分享活动的机会也很重要。这些共同的活动为新员工和组织内部人员提供了一种社会交流，这种互动可使他们能够更好地了解彼此，并随着时间的推移发展出更强大的关系。正如前面提到的，在网络上有更强联系的新员工往往会在他们的工作团队中投入更多的精力。

第四节 新员工入职培训

一、新员工社会化的需求分析

前面介绍了社会化过程所涉及的关键概念，社会化的内容、过程和结果，那么为了成功地完成组织社会化过程，员工需要些什么呢？研究发现，新员工在进入企业之初将面临如下三个典型问题：

一是能否被群体接纳。每个人都会有这样的感受——在进入一个新环境之后，能否被这个小群体接受？这对每位新进入者来说，都是一个不小的心理负担。只有在这个疑虑烟消云散之后，新员工才能以一种愉快的心情来充分地展现他的才智，做好自己的本职工作。

二是组织当初的承诺是否会兑现。有不少企业为了吸引优秀人才，在招聘时许以较高的承诺，而一旦员工进入公司后，便发现虚假的事实。与员工的工作准则、企业的历史及目标相比，员工更加关心自己的工资、福利、假期、发展前景等。只有自己的切身利益得到保障之后，他们才可能从心理上接受企业的文化，融入公司的群体中，否则他们会表现为消极怠工，即使是积极的，他们也是在准备工作经验，一旦时机成熟就跳槽。

三是工作环境怎样。这里所说的工作环境的概念是广义概念，既包括工作的条件、地点，也包括公司的人际关系、工作风格等。新的环境是吸引新员工，还是排斥新员工？同事们是否会主动与新员工交往并向他们提供必要的工作常识、经验，并进行指导？新员工有没有完成工作必需的工作设备或条件？上述问题直接关系到新员工对企业的评价和印象。

如果上述问题都得到了完善的解决，那么新员工会尽自己的努力去适应组织的期望，而这样的态度和绩效会在工作中不断地被奖励从而强化。组织应该让组织中的原有成员来帮助新员工解决上述问题。与新员工相比，他们已经适应了工作角色、群体规范和各种规章制度；他们知道在所处的环境中可以期待些什么，而新员工的期望与组织中的实际情况可能存在差距；当意外发生时，组织中的原有员工具有更加准确解决问题的知识和能力，新员工则往往束手无策。当新员工变得不适应时，就会导致焦虑并产生与原有员工不同的行为和理念。因此，新员工需要关于期望、角色、规范和文化的准确信息，同时也需要获得他人关于培养个人素质和能力的经验，具备了这些素质和能力后才能有效地完成工作。

因此组织在对新员工进行社会化过程中，要特别关注新员工社会化培训的设计和执行，加强组织中的原有员工对新员工的影响作用。当新员工倾向于通过对他人进行观察获得信息，并由此检验在组织的规章制度中什么是有效的，什么是无效的，那么组织应该采取的相应措施是：

（1）帮助新员工降低获取信息的风险；

（2）对主管和同事进行培训，让他们学会如何帮助新员工获取信息的方法；

（3）进行角色定向培训活动，其中包括信息搜寻培训活动和对参与其中的新员工提供帮助。

培训过程的第一个环节通常是由一个正式的员工入职培训计划开始的。员工入职培训计划是使新员工熟悉组织、工作和团队的正式程序，它的目的是使新员工“同步化”，让新员工对他们即将从事的工作和他们在组织中的位置有个正确的认识。

令人遗憾的是，在一些组织中没有正式的新员工入职培训计划，即使有也只有临时性的活动。执行一个良好的入职培训计划能够降低员工进入组织的磨合成本。组织把越多的时间和努力放在帮助新员工感到受欢迎方面，新员工越有可能认同组织并且成为组织中有价值的成员。

二、新员工入职培训项目的设计

新员工培训是企业内部最为常见的培训项目，一名新员工在正式上岗之前，经常要经过长达半年甚至一年的时间来参加培训，企业在新员工培训方面投入的资源也是非常巨大的，而这也正说明了新员工培训的重要意义。

新员工培训体现在课堂讲授方面相对于其他的培训项目要少一些，主要集中在企业概况认识、企业文化、企业管理制度、工作岗位职能等方面，更多的时间是参与到企业各个相关部门进行实习，以便对企业有全面深入的了解，因此在考虑培训新员工的课程安排时要尽可能把握这一原则。表 7-6 列出了新员工培训过程中经常涉及的内容。

表 7-6 常规新员工培训课程

课程内容	培训对象		
	高级	中级	基层
企业过去、现在和将来	Y	Y	Y
企业文化（哲学、理念、精神等）	Y	Y	Y
企业管理制度	Y	Y	Y
企业员工行为规范	N	Y	Y
岗位职责与工作要领	N	N	Y
团队精神训练	N	N	Y
企业环境参观感知	N	N	Y
部门工作实习	N	N	Y
岗位述职	N	Y	Y

说来具体，新员工培训的具体内容按培训的前后顺序可以界定为以下两个方面。

（一）企业层次的培训

企业层次的培训包括新员工进入角色培训和企业文化培训两个层次。

（1）新员工进入角色培训主要是新员工对公司概况、工作条件、人员关系、工作环境、工作内容、规章制度、职位说明及职业必备知识有所了解而进行的培训。其直接目的是建立新员工对企业的认同感，以尽快地融入企业组织，完成角色进入。大约需一周的时间，可由人力资源部门和新员工直接主管部门通过简单的口头介绍或发放工作手册的形式来完成。

（2）企业文化培训是指在新员工完成“角色进入”的基础上，为使其进一步了解企业的经营目标、管理哲学、公司理念、价值观等方面的内容而进行的培训。其直接目的是使新员工感受和理解企业的文化底蕴，形成一种与企业文化相一致的心理定式，使其对企业产生相应的归属感，一般需要三个月左右。其内容大致可以分为三个层次：企业文化精神层次的培训、企业文化组织制度层次的培训和企业文化物质层次的培训。

① 企业文化精神层次的培训：培训内容包括企业历史和优良传统、企业的目标和宗旨、企业的哲学和精神、企业的作风和理念等，要让员工知道组织提倡什么、反对什么、应以什么样的精神风貌投入工作、应以什么样的态度待人接物，以及怎样看待个人在企业的荣辱得失，即要让员工知道在本企业做一名合格和优秀员工的具体标准是什么。

② 企业文化组织制度层次的培训：培训内容主要是学习一系列的规章制度，包括考勤制度、职称评定制度、岗位责任制度、请假制度、晋升制度、人员进出制度、技术和业务等各种管理制度、企业财务制度等，即在新员工了解本企业优秀员工的标准后，要进一步让其知道努力奋斗的制度途径是什么，该去怎么做。

③ 企业文化物质层次的培训：培训内容主要是要让新员工了解企业的就业规则、申诉程序、劳动合同及纠纷的处理方法、劳资协议、薪酬及晋升制度、安全、卫生、福利措施和社会保障待遇等。目的是在新员工向优秀员工努力学习的过程中，为其提供退出机制、企业物质激励机制和福利保障制度的支持。

（二）部门层次的培训

在新员工顺利完成企业层次的培训后，还必须及时对他们进行上岗前的培训。部门层次的培训包括业务技术能力培训和岗位培训两部分。

（1）业务技术能力培训：针对各个岗位应具备的基本知识、工作程序、工作要求和操作要领进行培训，使新员工较快进入角色。同时还要对其进行工作安全培训，对工作中可能发生的各种意外事故予以详细说明，要让其掌握各种事故的处理原则和步骤。在培训结束之后还要进行理论测试，以检查新员工对安全条例的掌握程度。

（2）岗位培训：之前的培训多是侧重于理论方面，这一阶段的培训则是实际工作培训。首先要在工作上建立辅导关系，由新员工的直接领导或者同事成为师傅，让新员工从部门先进工作者那里学习工作技巧、办事方法、工作作风、业务内容等。其次要尽量通过正式或非正式的方法将新员工的工作绩效反馈给本人，从而有助于其改进工作方法，降低紧张情绪。最后，通过各种集体活动或者建立团队来培养新员工的团队意识。

三、入职培训中常面临的问题

一项入职培训计划会给新员工留下深刻而持久的印象，并且会对员工工作的成功和失败产生不同影响。因此，在设计入职培训计划时，应该把重点放在培训计划目标、培训的内容以及组织和执行的方法上。成功的入职培训计划强调个人对信息的需求、理解和归属感。

（一）使用培训清单

为了不遗漏某些对员工来说非常重要的培训项目，许多组织建议那些负责进行新员工入职培训的管理者使用培训清单。除此以外，使用培训清单还可以让管理者更加积极地关注新员工。表 7-7 列出了培训清单的基本内容。

表 7-7　新员工培训内容清单

1. 公司概况 ☐ 欢迎致辞 ☐ 公司的创业史、成长历程、发展趋势、目标、优势和存在的问题 ☐ 企业文化 ☐ 传统习惯、规范和标准 ☐ 机构的职能 ☐ 产品/服务和主要的用户情况 ☐ 产品生产和对用户提供服务的方式、步骤 ☐ 公司各项活动的范围 ☐ 组织结构，与子公司的关系 ☐ 组织指挥系统，主要经理人员的情况 ☐ 各团体之间的关系、期望和活动 2. 主要制度和政策介绍 ☐ 略 3. 薪酬 ☐ 工资率和工资范围 ☐ 节假日补贴 ☐ 轮班制 ☐ 薪水发放方式 ☐ 购买内部产品的特权 ☐ 折扣 ☐ 工资预支 ☐ 从银行贷款 ☐ 工作费用报销 ☐ 纳税方法 4. 额外福利 ☐ 保险 ☐ 福利 ☐ 加班补贴 ☐ 残疾 ☐ 赔偿 ☐ 节假日（如国庆节、春节） ☐ 休假：病假，家人生病、丧亡，怀孕，临时事件，紧急事务，长期休假 ☐ 退休计划 ☐ 在职培训机会 ☐ 咨询服务 ☐ 自助餐厅 ☐ 娱乐和社会活动 ☐ 公司其他服务	5. 职业安全与卫生 ☐ 填写紧急情况卡 ☐ 健康和临床急救 ☐ 锻炼和娱乐中心 ☐ 安全预防 ☐ 事故报告 ☐ 火灾预防和控制 ☐ 意外事故处理程序和报告 ☐ 职业安全与卫生条例 ☐ 体检 6. 雇员权利和义务 ☐ 雇佣条件和环境 ☐ 分配、重新分配和晋升 ☐ 见习期和上岗后的在职表现 ☐ 病假和迟到报告制度 ☐ 雇员的权利和义务 ☐ 管理者的权利 ☐ 合同政策与条款 ☐ 业绩的监督和评估 ☐ 纪律和申诉 ☐ 合同终止（辞职、临时解雇、解雇、退休） ☐ 人事纪录的内容和检查 ☐ 沟通：上级和下级沟通渠道、建议系统，在公告栏公示信息，交流新想法 ☐ 卫生处理和情节 ☐ 安全设备、徽章和制服的配置 ☐ 携带物品进出门手续 7. 硬件设施 ☐ 设备的参观 ☐ 饮食服务和自助餐厅 ☐ 饮食的限制区域 ☐ 雇员的入口 ☐ 区域限制 ☐ 停车场 ☐ 急救 ☐ 休息室

（二）辨别重要事项

那些设计入职培训计划的人不应该期望新员工马上能够熟悉组织的所有细节。新员工确实需要了解很多东西，但是其中大部分可以在随后的工作时间中学习。入职培训应该关注那些需要立即了解的东西。例如，新员工首先应该对工作、安全条例和其他重要事情有个清晰的了解。最关键的应该是要让新员工感觉到他们是受欢迎的，并且是组织所需要的人才。

（三）建立入职培训资料包制度

在入职培训中，新员工通常会收到一大堆需要在空闲时间阅读的材料。这些材料可能会包括组织结构图、员工手册的复印件、合同的复印件、假期安排表、雇员福利表等内容。由于人们通常会把这些材料中的一部分内容，如任期、解雇原因、雇员可能会获得的收益，看作由企业制定的具有法律效力的文件，所以最好由组织的法律部门事先过目，并做出解释：这些内容并不是雇佣合同的一部分。

（四）减少员工的压力

在安排入职培训计划时必须考虑到新员工在他参加工作最初的一段日子里的紧张感。出现这种情况非常自然，但是如果员工太紧张了，那么培训成本、培训周期甚至生产成本都会提高。在入职培训计划早期，应该采取以下措施来降低新员工的紧张程度：

（1）让新员工相信他们有成功的机会；

（2）鼓励新员工提问和寻求帮助；

（3）告诉新员工不要在意一些员工散布的消极言论；

（4）鼓励新员工了解他们的直接领导。

（五）避免入职培训信息量过大

实施一个包含表7-7所示内容的入职培训计划通常需要一个月左右的时间，但是几乎所有的企业都希望在几天内完成员工入职培训计划。以至于新员工在入职培训时掌握不住重点，出现信息的混乱。因此，不要把培训当作装满窍门和秘诀的锦囊妙袋，一次不要灌输太多。

四、实施入职培训

从某一个角度分析，任何新员工培训的内容都是围绕着“做人”与“做事”这两个方面进行的。“做人”是指员工认同企业文化，接受企业理念，热爱自己的工作，建立良好的人际关系等。“做事”则是指业务能力，即对职务所要求的专业知识和技能的掌握。因此，所有的培训可以从三个层面实施：理念层面、制度及人际关系层面、技术层面。

（一）理念层面

一个企业之所以能成功就是企业所有的人都朝着一个目标努力的结果。企业向市场出售产品和服务，向自己的员工则是给予报酬和提供个人梦想的实现机会。有时，“个人梦想的实现”比“报酬”更具有吸引力。在这一层面的培训通常是由企业的总经理在新员工上班的第一天，通过介绍公司的基本背景、成长过程、产品、战略目标、面临的挑战、价值观等内容来进行，并且希望新员工能够从宏观角度来衡量自己的价值、为企业做的贡献、将来奋斗的方向，以及自己在公司中所处的位置。

这类培训的最佳实施者是总经理等公司高层管理者。

（二）制度及人际关系层面

成熟的企业都是高度制度化的组织。新员工培训的第二步，应该是就规章制度及人文环境要求对员工进行封闭式内训。培训的内容应包括公司的保障制度、政策、安全法规、工作时间、薪酬和考核制度等激励机制和压力机制，同时要介绍公司制定这些制度的原因；培训时，公司也应当听取员工的反馈意见，从而完善企业的规章制度。除此以外，还要向员工介绍基本的人际关系环境。培训时，培训者应当对新员工表示热烈欢迎，同时，培训人员应尽量在这一阶段记住每一位受训者的名字，并尽快介绍他们给其他员工认识，帮助他们熟悉企业的组织结构。

此类培训的最佳实施者是人力资源部工作人员。

（三）技能层面

这是由每位新员工即将进入的部门分别进行的培训，包括工作标准、操作要求、质量保证、上下游流程关系等。建立行为标杆的培训方法在这一层面的培训上效果较好。

此类培训的最佳实施者是部门主管及资深员工。

从表 7-8 中我们可以看出，不同培训应该采用不同的培训者。

表 7-8　培训师与人力资源部经理在入职培训中的关系

培 训 内 容	培 训 师	人力资源经理
设计入职培训内容	培训师应该帮助设计	人力资源经理向培训师咨询
向新员工介绍组织和历史，人事政策，工作条件和规章制度。完成书面工作		由人力资源经理实施
向新员工介绍任务和工作期望	由培训师实施	
向新员工介绍工作团队和新的工作环境	由培训师实施	
鼓励其他员工帮助新员工	由培训师实施	

资料来源：John M. Ivancevich. *Human Resource Management* [M]. McGraw-Hill，1998：413.

以上我们所描述的都是大中型企业的培训计划的实施，但是在小型企业中培训经理可以完成所有的入职培训工作。在国外一些成立了工会的企业中，工会也要参与培训计划。在一些更加有效的入职培训计划中，人力资源部门经理同样要对培训经理进行培训。

五、入职培训的效果

管理者必须在第一天培训结束后随时和他们的新员工保持联系，并且通常要持续到新员工开始工作的第一周才结束。当新员工入职培训清单上的所有培训项目都结束后，管理者和员工双方签字，并且将培训成绩放入员工的个人档案中。当新员工开始工作一个月和一年后，人力资源部门应该进行跟踪调查，从而知道入职培训的效果如何。新员工在入职培训结束后应该获得的成果如表 7-9 所示。

表 7-9　新员工入职培训成果

1. 掌握企业的基本情况 2. 提高对企业文化的理解和认同 3. 全面了解企业管理制度 4. 知晓企业员工的行为规范 5. 知晓自己本职工作的岗位职责和工作考核标准 6. 掌握本职工作的基本工作方法 7. 熟悉各相关工作部门的业务 8. 熟悉本职岗位领导 9. 熟悉本职岗位的下属人员 10. 建立与本职岗位工作相关部门人员的关系 11. 提高团队意识

由于组织面对的是一个日益变化的环境，组织的计划、政策和程序必须随着这些变化

发生改变。除非现有雇员能跟上这些最新的变化，否则他们将会很困窘地发现自己不知道应该做些什么，而这正是新员工入职培训要解决的问题。当人们主要关注新员工的需要时，有一点同样很重要——所有员工必须不断接受培训以适应新的环境。因此，在新员工的入职培训结束后，还要不断地进行跟踪训练，主要有两种：弥补性训练和反馈性训练。只有这样，员工的发展才能跟上组织的发展，组织的各种战略、策略、计划才能得到有效的贯彻实施。

除此以外，对于新员工入职培训成果必须进行评估，这有利于组织总结经验，更好地展开下一次入职培训计划。对培训成果进行评估时必须掌握好评估时间和评估方法。具体说来，评估时间一般在培训结束后的3—6个月后进行。时间太早，培训的成果还没有完全表现出来；但是时间太长，员工的工作绩效又有可能不是入职培训计划创造的。评估方法可以采用领导观察法、深度访谈法、问卷调查法或者小组讨论等方法。

一种确保入职培训计划的适当实施的方法是设计一个反馈系统来控制整个培训计划，或者采用目标管理法。管理者可以使用表格来收集受训者对培训的反馈信息。新员工可能会接到这样的通知："尽可能地填好这张表格，然后把它交给你的上级，他将对你所交的表格进行确认，并且向你提供你可能需要的附加信息。"这种工作信息表格是由雇员和领导一起设计的，设计的目的不是测试员工掌握的知识而是帮助组织改进新员工入职培训计划。

需要强调的一点是，入职培训和人力资源开发是不同的。两者都是试图为员工提供信息、技能，从而使其理解组织及其目标的过程，但前者的重点是引导员工朝着正确方向发展，而后者则是为了让员工能够持续为组织做出积极贡献。对新员工进行岗前培训是企业开发人力资源、激发新员工活力的一个重要途径和措施。通过入职培训计划，可以使新员工尽快熟悉企业的内外部环境，了解企业的生产、技术、质量、市场和管理等方面的情况及各岗位的基本操作要求、工作程序，以便使他们更快地进入角色，同时也有助于新员工了解企业创业过程、优良传统，企业文化和组织未来发展目标，树立起主人翁意识和增强责任感、使命感，为了今后更加热爱企业和将要从事的工作打好基础。

本章小结

本章首先介绍了什么是社会化，以及社会化中关于组织角色、角色规范、角色沟通以及群体规范等的一些基本概念。在这些概念的基础上，本章论述了社会化过程的阶段模型。这包括弗德曼三阶段模型，布切南三阶段早期职业模型，波特、劳勒和哈德曼的三阶段模型，施恩的三阶段模型和沃纳斯的四阶段模型。

本章第三节主要介绍了社交网络理论，包括社交网络的类型、结构、社交网络的作用与重要性。第四节主要阐述了新员工入职培训、新员工社会化的需求分析、新员工入职培训项目的设计，以及如何实施入职培训。

复习思考题

1. 解释员工社会化过程中的基本概念：组织角色、角色定位、角色期望和群体规范。

2. 运用弗德曼的组织社会化三阶段模型，描述员工在进入组织后是怎样进行社会化的。

3. 什么是现实工作预览，如何运用现实工作预览？

4. 社交网络是如何在新员工入职中形成并发挥作用的？

5. 简述新员工入职培训的内容，以及在入职培训中企业应该注意的事项。

网上练习题

1. 导师指导研究有限公司是众多开发导师辅导计划的公司之一，请访问他们的网站 www. mentor-U. com/。该网站上展示了各种不同类型的导师辅导计划的信息，其中包括新员工的定向、职业开发以及高级经营管理人员和领导者的开发计划，请在浏览网站之后回答下列问题：

（1）请比较为新员工岗前培训而设计的导师辅导计划与为高级经营管理人员开发而设计的导师辅导计划之间的异同。

（2）公司可以从为职业开发而设计的导师辅导计划中获得何种利益？

2. 社交网络平台的登录与体验。欧洲信息社会指出，社交网络提供了很多可能性，它们代表了创造不同内容和发明新艺术形式的空间，给整个社会提供了表达创造力的可能性。比较著名的有 Facebook——社交网站，在所有以服务于大学生为主要业务的网站中，拥有最多的用户；Linkedin——全球最大职业社交网站，致力于向全球职场人提供沟通平台；YouTube——全球最大的视频分享网站，针对特定内容的平台和门户；Ecademy——为全球商人提供专业人脉的网络平台，提供在线网络工具以及全球市场信息资源。有兴趣的同学可以登录体验。

案例

某公司新员工培训计划引发的思考

刚走出校园的大学生就像一张白纸，企业如何在这张白纸上画图？××公司的负责培训工作的李刚参照公司原有的培训体系，为公司新招的13位大学生编制了一份培训计划，但是，计划编制出来后经过大家的商议和讨论发现还有几个问题需要解决……

［背景］

××公司是某著名跨国公司于20世纪90年代初在我国沿海某城市投资上亿美元建立起来的独资的半导体组装和测试工厂。全公司有12部门，主要分为制造部门（组装三个部门，检测部门和新近设立的内存生产部门）、一般管理部门（人事、材料、会计、电算）和间接部门（生产管理、质量保证和动力）。员工近1 000人，其中外国管理人员12人，部门经理12人，主管13人。主导产品为SOP、IP、QFP、TR等中等技术水平的半导体芯片。

公司每年定期或者不定期地从大学或社会上招聘新员工，除了零散人员以外，上规模的招聘一般在10—35人之间（包括不同学历、工作经验等）。在公司内部有独立的培训学校，有专门的人员负责培训工作。为能够提高公司人员的层次水平和素质，使得公司的人才积累和储备能适应不断发展的公司规模和要求，这次公司从东北几所高校中招入了13名非本地籍贯的大学生，他们来自不同的学校，不同的专业（有学电子的，有学机械的，有学管理的，有学计算机的等），公司准备给予他们一个半月的培训，以期望能达到设想的目标：

(1) 对公司组织和经营形象的了解，培养团队精神；

(2) 建立起职业人的基本姿态；

(3) 对半导体生产中各环节的常识性了解；

(4) 帮助新入员工顺利融入公司文化；

(5) 帮助新入员工顺利地踏入和接纳社会；

(6) 熟悉企业内部管理环境，为以后的职业发展奠定良好的基础；

(7) 要使新员工对公司所处的行业特点、行业地位有一个清楚的认识，使理论更接近于实际。

[培训计划]

一、内容

新入员工的教育分成两部分：基本入门教育和 OJT（On the Job Training，职能培训）。前者又包括职员的一般职业精神教育、本公司的企业文化、半导体的生产流程、企业内部的管理介绍（各部分大致内容见表 7-10），这部分主要由教官、部门经理、主管来教育，总共时间为四周（各部分教育内容比例如图 7-3 所示，每周课程示例如表 7-11 所示），基本入门教育之后进行部门的分配。后者主要是生产线上的实习，授课与实地讲解相结合，以达到最好效果，时间分配为两周。一周为 6 天半，每周六进行培训效果评估。每日时间安排如表 7-12 所示。

表 7-10 基本入门教育各部分包括内容

部　分	内　容
一般职业精神教育	冰释游戏（旨在促使学员间更快了解）、职业礼节教育、科学的思维方法训练、演讲（我的人生）、thank you note（感谢条）、变化从我做起（录像）、团队精神的培养、交流能力训练、环保观念培养、做亲切 report、标准化概念教育、如何写报告、正确的职业观教育、职业规划等
企业文化教育	我们之歌、体操、挑战改革史（录像）、企业文化（录像）、企业宗旨、体育活动、韩国文化（录像）、盲人引导犬（游戏，旨在培养学员的爱心）、地雷阵游戏（组织协调训练）；组织开发训练——MAT（忍耐力训练）、报恩之信（培养知恩之情）、工作的乐趣等
半导体的生产流程教育	半导体概述、半导体专业用语（中英文）、组装工程概要、检测工程概要、公司产品介绍、任务与技术等
企业内部的管理介绍	防静电、清洁度生活、安全保安规则、遵守公司基础、清洁工作、ISO9000 系列质量体系教育、全面质量管理介绍、质量控制方案运用、6δ 质量控制介绍、公司人事制度、企业内部集成化制造自动与执行系统介绍、集团全球统一方针和执行过程参考介绍、生产期间管理、统计过程控制、品质经营游戏（强调成本与质量概念）、模拟经营游戏（目的如上）等

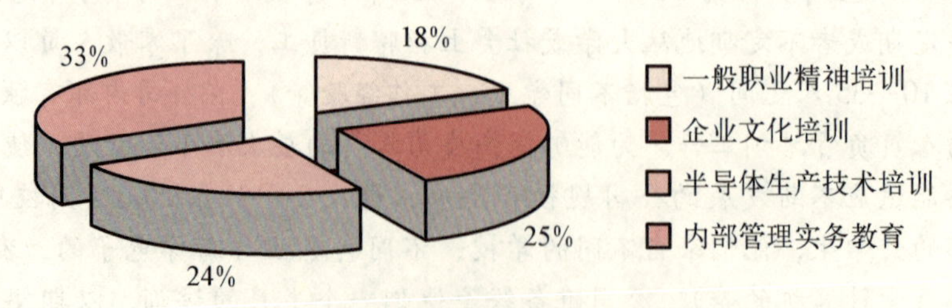

图 7-3 入门教育内容时间分配百分比

表 7-11　一周课程安排示例

	周一	周二	周三	周四	周五	周六
8:00—8:30	教育准备					
8:30—12:00	组立概要（讲师） 变化从我做起（录像）	组立概要（讲师） 环境安全（讲师）	检查概要（讲师） 职业礼节（教导员）	6δ（讲师） 公司人事制度（讲师）	生产期间管理（讲师） TQC 全面质量管理（讲师）	集团全球统一方针和执行过程参考介绍 体育活动（教导员）
12:00—13:00	午餐休息					
13:00—17:00	公司主题歌（教导员）	检查概要（讲师） 清洁度生活（讲师）	遵守公司基础（教导员） ISO9000（讲师）	REPORT（录像） 厂内参观（教导员）	内部清洁准则（讲师） 标准化概念（讲师）	
17:00—17:30	教育整理					

表 7-12　每日教育时间安排

各项内容	入门教育	OJT 教育
晨练	6:00	—
早餐	6:00—7:00	6:00—7:00
每天报到时间	7:45 之前	7:45 之前
上午课程时间	8:30—12:00	8:30—11:30
午餐	12:00—13:00	11:30—12:30
下午课程时间	13:00—17:00	12:30—17:00
写受训心得	17:00—17:30	17:00—17:30

二、参与人员

负责人：有一个培训校长，负责计划的编写，各个阶段任务的确定、分配以及定期的效果评价。再配一个教导员，负责日常的一部分的课程教育。

讲师安排：一是教导员。二是各部门的经理以及主管，一般都是在各个工程、部门经验丰富，业务熟练的课长、主管，他们一般已经在公司工作 4—5 年了，而且生活的阅历很丰富。在 OJT 教育中，一般是在工程现场很有经验的职长和维修工，年龄和新员工相仿，又易于交流。三是从本地高校外聘的讲师讲正确职业观。

三、培训方法

（1）讲演法。它的最大优点是经济，它有一种别的方法所没有的感染力，而且人们从很小的时候就接受这种教育方式，比较习惯。在培训中，一旦学员来到教室，就会在很大程度上提高他们的学习积极性。在讲演法中，讲师的能力很重要，因为利用这种方法很有可能引起沉闷的气氛。讲师如果能利用生动的语言或者利用录像、图表、投影、幻灯片来表达讲课内容，让学生参与课堂，把单向沟通扩展为双向沟通，效果就不一样。讲演法的特异性相当强，它有利于传授一般的知识。

（2）角色扮演法。角色扮演过程中可以按照事先计划好的程序进行，有特定的问题和场合，需要提高一些特定的技能，强调某些观念，而另一种自发性角色扮演可以让学员在学习过程中学会发现新的行为模式，减少在人际交往中的拘束和过强的自我意识。通过角色扮演可以向学员提供各种机会，让他们用充分的实践和尝试达到学习的目的。在活动中有机会观察到其他的学员的表现，可以向他们学习，模仿他们的行为、举止以及处理问题的方式等。在培训时教官还会在这之后总结，并且亲自示范。

(3) 工作教练法。在准备阶段中教员要与学员建立好合作的关系，帮助学员消除紧张情绪，提高学员的学习兴趣；在演示阶段，教员可以把工作的操作步骤向学员解释清楚；在试行操作阶段，教员可以请学员先用语言描述一下整个过程，请他们提出问题，由教员解答，鼓励学员自己动手操作一遍，并注意可能出现的误操作，防止出现事故和人身伤害；随访阶段的主要原则是放手让学员操作达到自动化的程度，学员由被动学习转变为主动学习，及时表扬和肯定有助于学员的强化。现在这种方法不断系统化，不仅适用于操作工的培训，也适用于那些工作结构性差的工作。

(4) 视听辅助设备法。在培训中可以使用各种视听辅助设备，从粉笔、黑板到电视。在某些情况下，这些辅助设备与其他的方法结合可以提高教学效果；在另一些情况下，这些设备本身就是沟通教员和学员的媒介。

(5) 会议法。会议在很大程度上有积极的教育作用。它要求与会者把事实、意见、信息充分摆出来，全面地讨论，不但自己总结，还要为别人总结，最后得出群体的意见和结论。也许与会者刚开始很难摆脱以往的习惯，这就需要会议领导者因势利导，逐渐打开局面。

四、教材

所有教材均为公司的内部教材，各个章节是由各个部门的经理或者是主管编写，而且尽量安排讲他们自己编写的课程。

五、效果评价方法

培训中，将不定时地有考试或者评价，以检验学员的掌握程度和培训效果。更重要的是追踪性评估，即对学员走上工作岗位以后的表现进行反馈，从中提炼出来对评价培训效果有帮助的内容，每天早上进行对前一天课程内容的检验，每周六进行一周培训效果评估，形式主要是笔试。讲师在总结课程时加上对学员个人的评价。学员对讲师进行评价，具体从讲课中的备课、学员反馈、出勤、提供的教学意见等方面来评估。

［存在问题］

计划编制出来后经过大家的商议和讨论发现还有几个问题需要解决。

1. 如何在培训最初了解新员工的期望？

2. 如何在培训过程中处理好新员工的共性和个性的关系？

3. 由于这次13名新员工是非本地籍贯的，对于本地的风俗、习惯很不了解，有很多不适应的地方，甚至导致了抵触的情绪，如何通过培训来帮助他们顺利实现这个转变？

4. 在本次的培训过程中有两名是朝鲜族的新员工，由于公司是韩国的独资企业，招入本民族的新员工，一方面是在日常交流时比较容易沟通，另一方面在出国培训时可以充当翻译。但是，这在其他新员工的心中会产生负面效应，影响他们的培训积极性，甚至在日后的工作过程中造成不必要的冲突，特别是当朝鲜族学员在培训中的表现不尽如人意时。如果发生这样的情况，应该通过怎样的引导跨过文化的鸿沟，很好地解决这一问题？

5. 在培训效果评价时，关于半导体技术等的刚性知识，我们可以通过卷面测试等方式了解学员通过培训掌握的程度，但是关于文化的适应、管理等柔性方面的知识应如何去了解、评价？如何进行系统的反馈评价？有些讲师由于个人的喜好或者工作情况的变动，在授课时往往不能及时到位，发生调课等迫不得已的事情，甚至有时就打发一个一般职员前来授课，使得授课没有应有的效果，也对新员工对公司的印象有了不必要的影响，更严重的后果是使进度遭到破坏，使得整个培训计划不能顺利进行。那么，如何很好地控制计划的执行过程？

6. OJT 教育的内容处于比较尴尬的境地，因为在公司新员工培训中 OJT 教育面向的对象是所有的新员工，这包括分配到生产线上的技术人员，也包括日后在支援部门工作的一般管理人员，而显然，事实上 OJT 主要针对的是工程技术与设备管理方面的人员，而其他的新员工日后的工作与某些部门上是有联系的（如材料课负责购买业务的职员要熟悉各工程的原材料，以及他们的编码含义、设备配件的组成、消耗、生产地、易耗品分类等），但是大部分内容深入也没有多大的作用。在公司也不可能从教育一开始就把职工的部门无谓转换作为一项工作的任务，所以这就浪费了一部分人员的精力和时间，甚至可以这么说，在工程各部门的技术人员也不必费那么多时间去学另一课的技术、工艺与设备方面的知识。OJT 教育的出发点是对的，如何通过调节使得培训达到理想的效果？

7. 在选择培训方法时，我们都知道每种方法都有不同效果，如角色扮演法，它一般适用于涉及人际关系、群体决策、管理技能、访谈等方面的培训。那么，如何确定培训的方式和内容搭配得最合适，使得效果最好？

8. 在教材问题上，由于讲师自己编写教材，并且自己授课，再则学员都是新员工，出现了问题很难发现。如何处理教材这一问题？

9. 公司的新员工培训中第一次出现被培训者全部都是刚毕业的大学生的情况，但这次培训计划的很多内容还是仿造历次培训计划内容的，而以前大多数的新员工都具备工作经历，和刚走出校门的学生在很多方面都是不同的。如何根据培训目标以及新员工的具体情况调整培训的各项课程内容、日常时间的安排，使得针对性更强，预期可能的效果更强？

10. 如何对整个培训项目进行客观、正确地评估？

资料来源：第一届中国企业人力资源管理案例竞赛的参赛案例，中人网提供，http：//www.chinahrd.net/blog/19/711175/18709.html.

第八章　培训与开发项目评估

【学习目标】

通过本章的学习，应该重点了解和掌握以下内容：

1. 人力资源培训效果评估的内涵及意义；
2. 人力资源培训效果评估的发展阶段及目标；
3. 经典的柯式四级评估模型、全新的柯式评估模型、菲利普斯的五级投资回报率模型以及 CIRO、CIPP 评估模型；
4. 培训效果评估中的信息收集方法；
5. 培训效果评估中常采用的研究设计方法；
6. 培训效果评估的财务模式。

【开篇范例】

培训的费用构成

任何一个企业要进行培训，首先需要了解的问题是：培训的费用构成是什么？培训的收益又包含什么？在选择培训课程时，一项 800 美元的课程和一项 1 200 美元的课程到底有什么区别呢？这是困扰许多企业的问题。下面我们以一家美国高科技产业公司为例来解答这个问题。

公司为一个销售人员的一天支付多少开销？

首先，我们分析一个职业销售人员一年的真正开销：平均薪水加上该领域的福利，一个销售人员的收入大约是 190 000 美元。这包括直接薪水、保险、股票、税金和其他州级、政府级的费用。除此之外，还有间接开销包括：汽车、保险、房屋、其他供应品、必需品、商务旅行以及娱乐。再加上公司招聘费用、培训、岗位调整的开销。这几项合计起来，一年还有 40 000 美元的开销。

与销售人员相关的还有一大块费用是技术支持部门的巨大开销。我们所共事的大多数公司都有技术支持部门（设计、系统工程、技术咨询等），因为他们的客户有很少或没有这方面的支持。这些部门的支出在许多情况下只是销售成本的一部分。大多数的客户同意一年用于支付一个工程师的费用超过 200 000 美元。假设其开销的四分之一列支于对销售人员的支持，则为 50 000 美元。根据这一分析，在这个市场中，雇佣、培训、支持、维系一个销售人员的总开销为 280 000 美元。当然，这个数字是很保守的，因为我们有许多客户的这一个数字介于 350 000—400 000 美元之间。如果按美国公司一年工作日 225 天计算，则每天一个销售人员的开销大约为 1 350 美元。

计算三天培训的间接费用

由此我们可以计算出，假设一项三天的培训课程外加一天的路途时间，该销售人员的直接开销是 5 400 美元。

直接的旅行开销是每张机票 400—1 600 美元，平均一天的就餐费为 75 美元。三晚的平均住宿费用加上税金是 400 美元。每天每人的会议开销是 35 美元。其他费用（出租车、小费、电话）为 25 美元一天。所以每人旅行和住宿的花费总和是 1 600 美元。

把这些加到直接开销中去，每人参加一项三天培训的开销是 7 000 美元。

这些费用还不包括培训本身的开销，数字看起来就已经很高了。

800 美元和 1 200 美元培训课程的区别是什么？

公司培训部的组织人员开销每天约 1 600 美元，同受训人员基本一致。培训部领导一天的费用在 1 500—2 500 美元，三天培训总开销是 7 600 美元。把这些费用平均到 18 个人的小班上是每人开销 422 美元。把这一费用加在 7 000 美元基础上可得 7 422 美元。

关于分析 800 美元和 1 200 美元培训课程的区别问题时，仅仅在上面的基础上加上本身的开销，则分别得到 8 222 美元和 8 622 美元。

如何比较培训投资的回报

比较培训投资的回报是培训投资非常重要的一个环节。在专业机构所做的两项研究中，我们发现销售领域的培训可以产生以下五种影响。

（1）完成的销售是在没有接受培训时不可能做到的。

（2）即时结束某项销售，从而减少公司损失。

（3）扩大销售规模，从而扩大公司的收益。

（4）赢得销售边际利润，增加公司收入。

（5）确定放弃该商业“机会”较有利。

所有这些情况都受个人经验的影响。有些是很容易解决的，像提高边际利润。有些几乎是不可能做到的，像放弃销售。咨询机构认识到培训课程可以对每个参与者的公司产生不同的影响。

在对部分培训客户研究中表明，通过销售培训，销售额达到 350 万美元，客户创造了 700 000 多美元的利润，而平均每位参与者的开销是 8 622 美元，投资回报是非常明显的。在这当中，800 美元和 1 200 美元培训课程的区别不是最关键的，最根本的问题是培训的投资回报问题。

培训参与者应该考虑的是：投资回报的结果是如何计算出来的？上文给出的分析方法将有助于企业对此进行界定。集团公司和销售主管，以及培训主管需要关注每个人参加培训的开销，更重要的是，他们应该能预期到实在的价值，在考虑培训参与者投资回报的基础上仔细评估培训的投资和回报。

资料来源：《总裁》2002 年第 3 期，作者范礼仕。

培训作为人力资源开发的主要手段，是企业能力提升的基础，是员工接受“再教育”的主要形式。但是，在大多数企业中，培训一直处于无足轻重的地位，往往是“说起来重要，干起来次要，忙起来不要”。为什么会出现这种情况？主要原因就在于培训作为一种新形式的人力资本投资，它的投资成果即培训效果很难通过直观手段检测出来，从而容易在人们头脑中形成一种误解，使人们对培训后的效果产生怀疑，进而形成连锁反应，使企业更加不注重员工的培训。本章的主要内容就是对培训效果评估的内涵、意义、手段、方法等内容进行介绍，从而强化企业进行培训的有效性和积极性。

第一节 人力资源培训效果评估的内涵

人力资源开发项目的主要目的是确保组织中的成员拥有满足当前和未来工作需要的技术或能力。组织之所以需要对人力资源开发项目进行认真、系统的评估，则是希望通过系统地搜集有关人力资源开发项目的描述性和评判性信息，在判断该项目的价值以及持续改进各种培训活动时，作出更明智的决策。

组织对其所开展的人力资源开发项目进行评估的意义主要体现在以下四个方面。

（1）通过评估可以让管理者以及组织内部的其他成员相信人力资源开发工作是有价值的。如果人力资源开发专业人员不能用确凿的证据来证明他们对组织所做的贡献，那么在将来编制预算时，培训经费就可能被削减。

（2）通过评估可以判断某人力资源开发项目是否实现了预期目标，及时发现人力资源开发项目的优缺点，必要时进行调整。

（3）计算人力资源开发项目的成本-收益率，为管理者的决策提供数据支持。

（4）区分出从某开发项目中收获最大或最小的学员，从而有针对性地确定未来的受训人选，并为将来项目的市场推广积累有利资料。

总之，评估是人力资源开发流程中的关键组成部分。只有通过评估，大家才能了解某个人力资源开发项目是否达到了预期目标，并通过项目的改进来提高员工个人以及组织的整体绩效。

有许多学者曾对人力资源培训效果评估的概念进行过阐述，表 8-1 总结了几位有代表性的学者对培训效果评估内涵的不同看法。

表 8-1 培训效果评估的内涵

学者	时间	内涵
泰勒（Tyler）	1953	将学员的表现与行为目标相比较的过程，即评价受训者改变的情况
凯利（Kelly）	1958	可以判断一个人工作贡献的价值、工作的品质和数量、未来发展的趋势以及为达到目标所需要的帮助
斯达夫彼姆（Stufflebeam）	1966	对教育培训方案的确定、获取以及提供资料，作为决策参考的过程，最重要的目的在于改善现状
海布林（Hamblin）	1974	指对教育方案评估资料收集的过程，并分析归纳影响培训的各种因素，反馈给有关部门人员
斯德（Snyder）	1980	对组织而言，培训方案评估是一组程序，经过系统化设计，收集有关方案，改变组织的过程和判断资料，使评估的结果可以获得组织在方案实行前、中、后所有相关的行为资料
戈尔茨坦（Goldstein）	1986	培训效果评估是针对特定的培训计划，系统地搜集资料，并给予适当评价，作为甄选、采用或修改教育培训计划等决策判断的基础

（续表）

学　者	时间	内　　涵
克里格尔（Kraiger）	1987	培训效果评估可以确定培训是否值得，指出需要改进的地方，审核目标达成的情况，决定培训是否继续存在，找出更好的训练方法并建立未来的培训指导方针
菲利普斯（Phillips）	1991	培训效果评估是一种系统性的过程，用以决定培训方案的意义及价值，并对该培训方案的未来使用情况作出决策

综合表 8-1 中各位学者的见解，我们认为**培训效果评估**是指系统地搜集有关人力资源开发项目的描述性和评判性信息的过程，通过运用不同测量工具来评价培训目标的达成度，以此判断培训的有效性并为未来举办类似的培训活动提供参考。其目的是为选择、购买、评价和调整各种培训项目提供科学的决策依据。

第二节　培训效果评估的发展阶段及其目标

一、培训效果评估的发展阶段

根据戈尔茨坦的研究综述，培训效果评估的发展历程大致分为以下四个阶段。

第一阶段：培训评估关注的是培训者和受训者对培训的反应，而这样的反应往往带有随意性。从刚才我们提到的调查结果来看，许多组织的评估仍然停留在这个水平。

第二阶段：在培训评估中使用了一些实验研究方法。但是由于现实条件的限制（比如时间、资源的限制，以及无法随机选取被试或设置不接受培训的控制组），使评估在运用这些方法时遇到了很大的困难，从而使评估工作受挫。

第三阶段：创造性地将研究方法与现实条件结合起来，使培训项目评估的操作性和可行性大大增加。

第四阶段：认识到整个培训和人力资源开发流程都会对组织产生影响，所以评估的重点从单纯的事后评估转向了对整个人力资源开发流程的评估。

由于培训效果评估在企业人力资源开发中的特殊地位，我们需要运用严格、缜密的方法进行培训效果评估的设计，并采用多角度、多方面的数据进行有效分析，从而获得有助于决策的数据。

二、培训效果评估的目标

评估是一个用来确定某个活动是否有价值和意义的系统过程，同时它也是一个对企业人力资源开发活动进行优化的过程。在企业人力资源管理系统中，培训效果评估是一个非常重要，但总让人难以入手的工作。对组织而言，项目评估有多种用途，但在进行评估之前，我们需要首先明确评估的目标是什么。

（一）布朗德伯格（Branderburg）的研究（1982）

- 分析培训活动成本；
- 改进培训发展方案；
- 给学员、培训方案设计者和管理者提供反馈；
- 了解员工的技术水平与效率；

- 发现组织未来领导者；
- 为绩效评估提供有效信息；
- 为员工安排适当的工作，为培训机构建立地位与声誉。

（二）菲利普斯（Phillips）的研究（1983）

- 判断某项目是否实现了它的目标；
- 找出人力资源开发项目的优缺点，如果需要的话，进行一定的调整；
- 计算人力资源开发项目的成本-收益率；
- 选择谁将参加将来的培训；
- 需要衡量各种测验、案例和练习是否清楚有效；
- 区分出从某项目中收获最大或最小的受训者；
- 强化受训者所学到的主要内容；
- 为将来项目的市场推广积累有利的资料；
- 判断项目是否能够满足特殊需求；
- 协助管理者作出决策并建立数据库。

（三）斯威尔克塞克和卡迈克尔（Swierczek & Carmichael）的研究（1985）

- 改进培训方案；
- 给学员、方案设计者和管理者提供反馈意见；
- 评价员工技术水平。

（四）克里格尔（Kraiger）的研究（1987）

- 判断教育培训方案的价值；
- 证明教育培训效用的存在；
- 审核教育培训项目达成的情况；
- 帮助教育培训获得更多的利益；
- 指出教育培训需要改进的地方；
- 建立教育培训未来的指导方针；
- 高层管理者的要求；
- 有助于培训方案体系的推销；
- 让受训者了解自己的成就；
- 让受训者感受自己的重要性；
- 判断教育培训人员的成效。

（五）布什内尔（Bushnell）的研究（1990）

- 测量成本与结果是否平衡；
- 改进培训方案；
- 学员知识与技能的掌握程度。

（六）特索罗（Tesoro）的研究（1991）

- 保证培训能够达到既定目标；
- 了解学员对培训教师、培训环境、设备等因素的反应；
- 发现培训方案最为出色的地方；
- 判断学员是否将学到的技能知识运用到工作中；

- 检查教材的效度；
- 确认问题，寻找可能解决问题的方案；
- 判断方案的价值；
- 向组织发布培训的效益；
- 做出有关的培训方案规划；
- 改善培训方案的内容和结构。

从上面的不同观点可以看出，进行培训评估的目的在于培训结果是否达到了组织的预期目标，了解员工对教育培训方面的满意度、学习情况和在工作中的运用成效，进一步了解公司的投资回报率、获利率，并凭借评估的结果对教育培训实施给予相应的修正和改善。评估是人力资源开发流程中的关键组成部分。只有通过评估，大家才能了解某个人力资源开发项目是否达到目标。

综合国内外专家学者对培训效果评估功能的研究，本书将培训效果评估的目的分为以下几点：

（1）培训的成本效益分析；

（2）向培训的设计者、管理者和参与者提供反馈；

（3）改进培训方案；

（4）判断学员在实际工作中对培训中涉及的技能知识的运用情况；

（5）评价培训人员的成效与强化评估机构的地位。

第三节　培训效果评估的模型

组织可以从多个角度来评价人力资源开发项目，首先必须确定从哪些角度来评估人力资源开发项目。迄今为止，国外学者提出了 10 种有关人力资源开发项目的评估框架体系。对于评估工作而言，评估什么是我们需要关注的焦点，它取决于人力资源开发培训项目的种类、组织本身和评估的目标。获得的评估数据可以分为不同的层次和级别，不同的层次和级别需要运用不同的评估方式，我们须根据不同的需要建立不同的评估模型。

表 8-2 列出了一些经典的人力资源开发评估模型。尽管在不同的模型和框架之间具有许多的相似之处，但它们还是存在显著的差异。

表 8-2　人力资源开发评估模型/框架

模型/框架	培训评估指标
1. 柯布的培训评估模型（Kolb，1956）	知识与态度、受益及运用程度、绩效纪录和主管评语、生产效率、工作满意度和士气
2. 柯克帕特里克的培训效果评估模型（Kirkpatrick，1967，1987，1994）	四个层次：学员反应、学习成果、工作行为、经营业绩
3. CIPP 评估模型（D. Stufflebeam，1967）	四个层次：情境、投入、过程、产品
4. CIRO 评估模型（P. Warr，M. Bird & N. Rackham，1970）	情境、投入、反应、产出
5. 布林克霍夫的六阶段培训评估模型（Brinkerhoff，1987）	六个阶段：目标设定、项目策划、项目实施、及时的产出、中间产出或结果、产生的影响和价值

（续表）

模型/框架	培训评估指标
6. 布什内尔的系统模型（Bushnell，1990）	四个活动集合：输入、过程、输出、结果
7. 克里格尔、福特和萨拉斯的评估分类框架（K. Kraiger，J. K. Ford & E. Salas，1993）	学习结果的分类框架：将学习结果分为认知、技能和情感三类，提出了测量每一类结果的指标
8. 考夫曼和凯勒的五级评估模型（Roger Kaufman & John Keller，1994）	五个层次：反应、获取、应用、组织产出、社会贡献
9. 霍尔顿模型（Holton，1996）	五类变量以及它们之间的关系：次级影响、动机要素、环境要素、结果、能力要素
10. 菲利普斯的培训评估模型（Phillips，1996）	五个层次：反应和行动改进计划、学习、学习成果在工作中的应用、经营业绩、投资回报

资料来源：Randy L. Desimone & Jon M. Werner. *Human Resource Development* [M]. Harcourt College Publishers，2002：231.

一、柯克帕特里克的培训效果评估模型

柯克帕特里克的培训效果评估模型是培训评估领域最有影响力的、被全球培训职业经理人广泛采用的模型。柯克帕特里克提出，可以从四个方面来评估培训的效果，它们是：学员反应、学习成果、工作行为和经营业绩。这个概念化的模型非常有利于确定需要收集数据的种类。

（一）学员反应

第一层次评估学员反应，是指参与培训者的意见反馈。受训者作为培训的参与者，在培训中和培训后会形成一些感受、态度及意见，他们的这些反应可以作为评价培训效果的依据。受训者对培训的反应涉及培训的各个方面，如培训目标是否合理、培训内容是否实用、培训方式是否合适、教学方法是否有效、培训教师是否具备相应的学识水平等。这个层次关注的是受训者对项目及其有效性的知觉。如果受训者对培训项目的评价是积极的，那么说服员工参加以后的培训就比较容易了。如果受训者不喜欢这个培训项目，或者认为自己并没有学到什么东西（即使他们实际上有收获），那么他们可能就不太愿意将学到的知识或技能运用于工作中，也可能会使得其他人不再想去参加培训。用这个指标来评估人力资源开发项目的局限在于，它只能反映受训者对培训的满意度，不能证明培训是否实现了预期的学习目标。

在对学员反应进行评估时，需要注意如表 8-3 所示的几个方面。

表 8-3　对学员反应的评估

- 确定你需要调查什么；
- 设计一份能够量化学员反应的表格；
- 鼓励学员提交书面的意见或建议；
- 及时得到学员 100%的意见反馈；
- 得到真诚回答；
- 确定大家认可的评估标准；
- 根据标准衡量培训反应并采取恰当的行动；
- 切实地沟通反馈。

通常对于学员反应方面的信息收集形式有：问卷、课后的会谈或电话跟踪、课中和课后的讨论会。企业通常采用《学员意见反馈表》的形式来收集这方面的信息，并用统计软件进行数据处理和分析。收集信息的时间可以分为：每一部分内容结束时、每天结束时、每一课程结束时或几周之后。由于受训员工对培训的反应受主观因素的影响，不同受训人

员对同一问题的评价会存在差异，所以可根据大多数受训员工的反应来对培训效果进行评价。收集的信息可以帮助改进培训课程，或者做总结和报告。

（二）学习成果

第二层次评估学习成果是指培训之后的测试。它是用来衡量学员对原理、事实、技术和技能的掌握程度，即受训者是否掌握了人力资源开发目标中要求他们学会的东西。这是一个非常重要的指标，许多组织都希望有效的人力资源开发项目应该满足这个指标。培训是一种学习知识和技能的活动，受训员工在培训中所获得的知识水平、所掌握技能的程度等，可以反映出培训的效果。要了解受训员工的学习成果，通常采用测试的方法，包括笔试、技能培训和工作模拟等，或采用角色扮演等形式请学员将所学习的内容表演出来。收集的时间为事前或事后的考试，培训中或追踪效果的考试。该层次有利于评估所获得的知识和技能能否成功地应用在工作中，其结果可以用来改进培训课程。

相对于培训反应的评估来说，学习的评估要更复杂一些，需要投入更多的时间。在对学习成果进行评估时，需要注意如表 8-4 所示的几个方面。

表 8-4　对学习成果的评估

- 如果可行，采用控制组进行对照；
- 评价培训前后的知识、技能、态度，例如，利用纸笔测验评价知识和态度，用实际操作评价技能掌握情况；
- 通过绩效测评衡量学员学习的技能；
- 达到 100%的回应率（让学员全部参加测试）；
- 运用评价结果以采取恰当的行动。

（三）工作行为

第三层次评估工作行为是员工接受培训后行为的改变，即受训者是否在实际的工作中运用了从培训中学到的东西。也就是为了确定从培训项目中所学到的技能和知识在多大程度上转化为实际工作行为的改进。组织培训的目的是提高员工的工作绩效，因此受训员工在培训中获得的知识和技能能否应用于实际工作，能否有效地实现学习成果与实际应用之间的转化，是评价培训效果的重要效度标准。

在测量这个指标时，需要对受训者的在职表现进行观察，并参考受训者的自评、受训者同事的评价或者组织的相关记录。对受训员工工作行为的评估应该在其回到工作岗位 3—6 个月后进行，评估的工作行为变量包括工作态度、工作行为的规范性、操作技能的熟练性、解决问题的能力等。在评估中，要对受训员工的工作行为是否发生变化作出判断，然后分析这种变化是否由培训导致，以及受训员工工作行为变化的程度等。

在对工作行为进行评估时，需要注意如表 8-5 所示的几个方面。

表 8-5　对工作行为的评估

- 如果可行，采用控制组作对照；
- 容许发生行为改变的足够时间；
- 如果可能，在培训项目前后都要进行评估；
- 调查或访问受训者、受训者主管、受训者下属、其他经常观察受训者工作行为的人员；
- 选取 100 名受训者或适当的样本数；
- 重复进行评价；
- 考虑评价成本和潜在收益。

信息的收集可以采用问卷，与员工、同事或经理会谈等形式。信息收集的时间为培训前或培训后的几个月的技能测试，以及对照组的对比测试。在以下情形下，特别需要考虑该层次的评估：培训与业绩或业务的目标是相关联的；要保证学习的技能能够被应用于工作中；工作的能力能够表现出培训的结果；培训费用很高，对组织的价值很大。

（四）经营业绩

第四层次评估经营业绩是企业培训的投资回报率（ROI），即培训或人力资源开发工作是否改善了组织的绩效，这涉及对组织绩效改进的监控。经过培训以后，组织的运作效率是否提高了，盈利是否增多了，服务水平是否上升了？对大多数经理来说，他们的工作至少要达到这个标准。另外，这个层次的指标也是最难评估的，因为除了员工的绩效还有许多因素会影响组织的绩效。通常在测量这个指标时需要搜集和分析经济和运营方面的数据。

在对经营业绩进行评估时，需要注意如表 8-6 所示的几个方面。

表 8-6　对经营业绩的评估

● 如果可行，采用控制组作对照； ● 容许达成结果的足够时间； ● 如果可行，评价培训前后的情况； ● 重复进行评价； ● 考虑评价成本和潜在收益； ● 在无法提供培训结果的证据时，应该对培训取得的实际状况表示满意。

信息的收集可以采取问卷、分析操作的结果、投入-产出分析等形式。收集的时间为事前和事后的测试（对照组的对照测试）。在以下情形下，特别需要考虑对该层次的评估：培训与业绩或业务目标是相关联的；你的客户非常重视这一项目；追踪第三级的评估结果；由于其他业务的原因，已经开始追踪培训项目运作的结果；培训费用很高，对组织的价值很大。

随着企业对培训效果评估的日益重视，柯氏评估模型已成为企业培训效果评估的主要标准。例如，杜克能源公司（Duke Energy）就采用了类似的四水准评估，其架构为反应、学习、工作转化和业务结果；美国国防军需大学（DAU）也使用相似的四个级别评估培训效果，其架构为反应评估、学习评估、行为改变评估、业务结果评估；美联银行（Wachovia Bank）也发展了一套相似的四水准评估模式，其架构为参训人员反应、学员掌握的学习内容、发生的行为转变、培训对组织的影响。

但遗憾的是，在长期的人力资源开发评估研究中经常发现大多数的组织并没有同时在这四个层次上去搜集信息。比如，《中国培训》杂志发布的《中国培训行业研究报告2016—2017》显示，在对企业评估方式的调研中，用问卷调研、面谈方式进行评估的比例为 91.5%，研究者将其归为柯式一级评估范畴；对于柯式二级评估，即针对培训内容开展考试、演示、角色扮演等考核方式进行评估的占比为 60.2%；而进行柯式三级评估（行为的变化）、四级评估（业绩评估）的占比分别为 30.7%和 25.6%。这些调查结果给我们提出了一个严峻的课题，即组织不仅应重视对人力资源开发项目的评估，更应注重将柯式评估模型的第三级评估（行为改变）和第四级评估（业务结果）以及菲利普斯评估模型的第五级评估（投资回报率，即 ROI）转化落地。

罗杰・考夫曼（Roger Kaufman）对柯克帕特里克的模型进行改进后提出了自己的五级评估模型，它将第一级别的定义加以扩展，除了反应之外还增加了可能性。可能性是指针对培训成功所必需的各种资源的可靠性、可使用性问题。同时还增加了第五级对社会效益的评估，这是考察社会和客户的反应，以及利润结果。这使得评估超越了单个组织的范畴，其目的是了解改进业绩的培训项目给社会带来的价值。

二、柯式新评估模型

2009 年，唐·柯克帕特里克之子吉姆·柯克帕特里克（Jim Kirkpatrick）对最初四层次评估模型进行了更新与完善，提出了柯式新评估模型（见图 8-1）。柯式新评估模型的第一级和第二级评估被称为“有效培训”，这两个层级评估的是培训项目的质量和能被应用到工作中的知识和技能的掌握程度，一、二级包含的指标主要用于内部对培训项目设计、开发和实施的有效性进行评估。第三级和第四级评估针对的是培训效果，包括在职表现和后续业务结果的出现以及培训对组织有益的价值呈现。柯氏新评估模型还引入了一个新的机制——监督和调整，此部分覆盖了所有三级评估和部分四级评估的流程和活动，其目的在于针对第三级和第四级评估过程中的各环节以及相应的评估方法和活动进行适当的监督和调整，这个部分也代表加强培训给企业带来更大价值的机会区域。

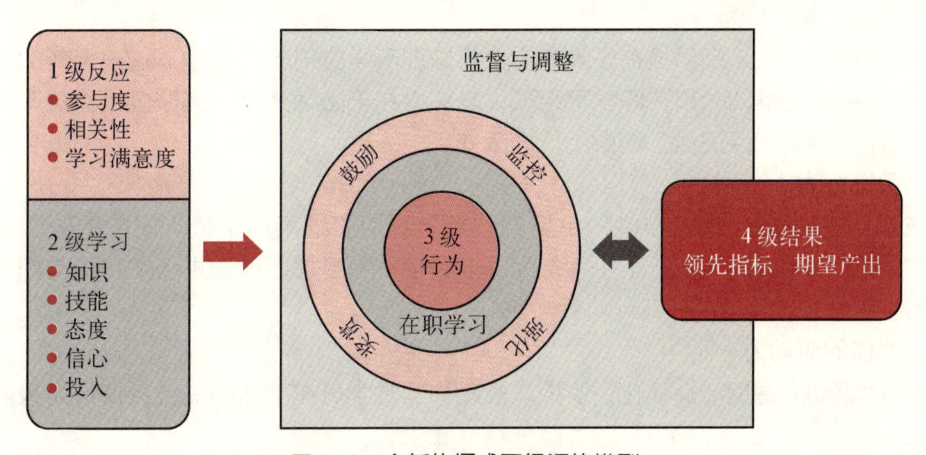

图 8-1　全新的柯式四级评估模型

资料来源：[美] 伊莱恩·碧柯. 顾立民，杨震，赵弘，等，译. ATD 学习发展指南（第 2 版）[M]. 电子工业出版社，2016.

（一）第一级：反应

第一级评估的最初定义仅是评估学员对培训的满意度，老柯克帕特里克博士把它称为培训的客户满意度评估，即参训学员对培训喜欢程度的反应。柯式新评估模型第一级反应评估的定义包括两个新的维度：参与度和相关性。这两个维度能确保培训是为了学员和围绕着学员，而不是讲师。

1. 参与度

参与度指参训学员积极参与并促进培训项目实施的程度，它直接关系到学员所获得学习内容的多少。个人责任和项目兴趣均是评估参与度的因素。个人责任与学员在培训中的出勤率和专注度相关，项目兴趣更多是考察学员的注意力。

2. 相关性

相关性是参训学员在工作岗位中应用培训所学的可能性。相关性对于最终培训价值来说非常重要，因为如果学员在日常工作中根本没运用到培训所学，即使最好的培训也是资源的浪费。

（二）第二级：学习

第二级学习评估的最初定义是通过参与培训，学员获得了多少应当获得的知识、技能和态度。柯式新评估模型在这一层级中新增了两个维度：信心和投入。这两个维度帮助去除学习和行动的隔膜，并在为获得了所需知识和技能但没能运用到工作中的学员重复提供培训时防止循环浪费。

1. 信心

信心是指学员认为自己能在多大程度上将培训所学到的知识应用到工作中，即“我认为我能在工作中这么做”。在培训中表现出信心能让学员离期望的在职绩效更近，也能主动地让在职应用的潜在障碍浮现，从而提前消除它们。

2. 投入

投入是指学员在多大程度上打算把培训所学到的知识和技能应用到工作中，即“我打算在工作中这么做”。投入源于学员的动机，学员要接受这样一种认识：即使已经很好地掌握了相关知识和技能，也要坚持每天在工作中实际应用才行。

（三）第三级：行为

第三级行为评估是指学员在多大程度上将培训所学应用到工作中。这一全新的评估由关键行为、必需的驱动力和在职学习组成，其核心在于必须建立一套鼓励、监督、强化和奖励的机制，驱动和保证员工能做出行为改变。

1. 关键行为

关键行为是指如果在工作中稳定呈现，则会对期望结果产生最大影响的一些具体行动。员工在工作中或许能进行上千种行为，而关键行为是那些能促进组织目标实现的最重要的行为。

2. 必需的驱动力

必需的驱动力是指能够强化、监控、鼓励和奖赏学员在工作中进行关键行为改变的流程和系统。

3. 在职学习

个人需要保持提升自己工作绩效的知识和技能，通过创造这样一种文化，组织能够授权并鼓励员工更具责任感。在职学习为员工和雇主提供了一个达成卓越绩效的责任共担机会。

（四）第四级：结果

第四级结果评估指的是由培训及后续强化措施所带来的期望的业务结果实现情况。业务结果是广泛和长期的，由个人和部门大量的努力成果构成，并受环境因素影响，而且不是一时半会就能展现出来的。

领先指标帮助消除个人主动性和努力与组织成效之间的隔阂。它们是短期的观察值和衡量标准，能够帮助显示关键行为是否如常展现，并对期望的结果产生积极影响。常见的领先指标包括客户满意度、员工敬业度、销售量、成本控制、质量、市场份额，等等。虽然领先指标是重要的衡量标准，但它们必须与高层级结果指标保持平衡。比如，如果一个客户满意度极好的公司无法保持盈利能力、遵守法规以及让员工开心，它就有可能随时倒闭。

概括而言，柯式新评估模型相较于传统柯式四级评估模型有如下三方面的新诠释。

第一，四个评估层级均增加了新内涵。一级评估增加参与度和相关性两个方面的内涵，即学员积极参与培训和贡献学习经验的程度以及培训内容与学员实际工作的相关性，体现以学员为中心、学员成为培训主角等现代培训发展趋势的要求；二级评估增加学员信心和学员投入，代表学员有信心并承诺要将培训所获运用于自己的实际工作中；三级评估增加驱动过程和系统，它们通过监督、强化、鼓励和奖励等措施促使学员产生影响其绩效的关键行为；四级评估增加领先指标，通过短时间观察和测试表明学员的关键行为正在对期望结果产生积极影响。

第二，四个评估层级间体现了相互关联性。在全新柯式四级模型中，一级评估和二级评估之间关系紧密。这说明一级反应评估和二级学习评估对学员来说不是割裂开的，而是同步发生的。二级评估和三级评估之间没有必然联系，即好的培训并不代表好的结果，学有所获并不意味着必然能得到运用，这两级评估之间存有很大的跨度。三级评估和四级评估之间相互关联，因为关键行为会对结果产生影响，反之亦然，但这两级评估之间存在时滞。为加强三级与四级评估之间的关联和相互影响，须建立监督和调整机制。

第三，把评估“前置”到需求分析的最前端。目前，国外培训评估的一个新趋势是将评估的思维和方法嵌入培训项目的设计过程中，采用“以终为始”的方式设计和规划培训项目，同时将评估后置到培训后的各个学以致用环节。吉姆·柯克帕特里克把评估层级展示顺序调整为从四级评估到一级评估（结果—行为—学习—反应），就体现了培训评估的基本原则——以终为始。培训师必须从期望的结果（第四级）开始着手，然后确定获得期望行为（第三级）所必需的态度、知识和技能（第二级），最终挑战是实施的培训能够让学员不仅学到该学的东西，还能对该培训项目产生喜好反应（第一级）。值得注意的是：结果要体现在组织层级并能以可量化的标准定义，这样所有人都能看到最终目标。“以始为终”的好处是：培训需求相关方可以看到培训给组织绩效带来的变化；培训机构由此可以展示培训的有效性和培训价值。

三、CIRO 和 CIPP 评估模型

（一）CIRO 评估模型

另外一种与柯克帕特里克的评估模式不同的四水准评估架构，是由伯德等人（M. Bird *et al.*）于1970年开发出的一套称为CIRO的模型，这套方法最初在欧洲被广泛采用，与柯克帕特里克模型中使用的“评估”一词相比，这个评估模型的范围更加广泛。该模型描述的四种基本评估级别的首字母为CIRO，从而形成了该模型的名称。此架构如下。

（1）情景评估（Context Evaluation）：主要是依据目前的环境背景以决定培训需求及目标。在这一水准中必须建立三种目标：短期目标、中期目标以及最终目标。

（2）输入评估（Input Evaluation）：主要是搜集有关培训资源方面的资料并据此决定人力资源开发的投入。

（3）反应评估（Reaction Evaluation）：主要是取得受训学员对方案的反应资料以便改进人力资源开发方案。

（4）输出评估（Outcome Evaluation）：主要是取得人力资源开发结果的资料，以便和前面的三个目标做比较并作为下次方案实施的参考。

（二）CIPP 评估模型

同样的，与CIRO模式相类似的架构是美国学者斯达夫彼姆（D. Stufflebeam，1967）在对泰勒行为目标模式反思的基础上提出的CIPP模型，它的架构如下。

（1）背景评估（Context Evaluation）：主要是确定培训需求、机会与目标。

（2）投入评估（Input Evaluation）：决定资源使用的方式以及培训方案设计与规划的策略。

（3）过程评估（Process Evaluation）：主要是培训方案的监督、控制与回馈。

（4）产出评估（Product Evaluation）：衡量培训目标达到的程度。

CIPP 模型被广泛采用，其受欢迎的程度不亚于柯克帕特里克的培训效果评估模型。为了顺应时势与应付实际需要，IBM 教育小组在 20 世纪 90 年代结束前将公司的教育体系作了巨大的改变，在教育训练的评估上采用所谓投入—过程—产出（Input-Process-Output，IPO）的培训评估模式，这个模式最大的效用在于能帮助决策者在众多方案中选出能取得最大成效的方案。

四、菲利普斯的五级投资回报模型

五级投资回报模型是在柯克帕特里克模型的基础上增加了一个第五个层次的评估。

（一）第一级评估是反应和既定的活动

它所评估的是学员的满意程度，同时还有一个关于学员计划如何应用所学知识的清单，几乎所有的组织都实施一级评估，即通过课堂反馈（如课堂气氛、受训者回答问题的活跃程度等）、抽查受训者的课堂笔记和同受训者交谈等途径了解受训者对培训活动的反应，以确定其对培训内容是否感兴趣、培训方式是否合适、培训中传授的知识与技能在工作中是否有用等，这样便于培训人员在某些方面及时做出改进。此外，在培训项目结束后常常以问卷调查作为评估学员满意度的方式，这个级别虽然重要，但是良好的意见反馈并不能确保学员学到了新技能和知识，受训人员积极的反应仍不能说明培训已经取得了成功。

（二）第二级评估是学习

测试受训者是否真正学到知识也是一种评估办法。在一个培训项目开始之前应对受训人员进行知识和技能考核，并且这些知识和技能还应在培训后按同样的标准再次测试，通过比较培训前后受训员的考核成绩，就可确定其进步程度。有条件的企业，还可以在某一控制组测试员工相对应的知识与技能水平，以此和参加培训的人员相对照，确认进步是否是因为培训而取得，而不是如工作的变换、薪酬的增加这些激励因素导致的。控制组应该由没有接受当前的培训但与受训人员在经历、过去的培训及工作水平等一些方面相当的员工组成。尽管测试可以使培训人员了解到受训人员对所学内容的掌握程度，但对这些内容在今后工作中的应用情况，培训人员仍不得而知。具体可以利用测试、技能实践、角色扮演、情景模拟、小组评估等方法。

（三）第三级评估是在工作中的运用

此级评估的重点是学员应用培训知识后对组织产生的影响。这一级对评估培训内容的运用是否成功至关重要，但这仍然无法保证培训会对组织产生积极的影响。考察方法主要有关键事件分析法，即对工作中的关键事件进行分析，以便了解其中出现了多少“新的行为模式”；实地观察，即实地观察受训者的行为，了解他们在多大程度上将培训中学到的知识和技能应用到了实践中。为了实现迁移最大化，管理人员和培训人员可以采取以下两种措施。

（1）情境模拟。项目培训中的情境可模拟实际工作中的情境，尽可能做到同受训员工实际工作中的情境相接近，这样可以更快、更好地促进学习成果向实际工作中迁移。

（2）营造适合迁移的环境。在某些情况下，经过培训的行为没能付诸实施是因为受训员工的同事们仍在固守原有的方法和惯例，为了防止这类问题的出现，管理人员应该确保工作环境是支持、强化和激励受训员工运用新技术和新知识的。

（四）第四级评估是业务结果

此级评估标准包括产量、质量、成本、时间和客户满意度。对培训结果的评估主要是测量培训的效益性，即衡量培训成本是否合算、利润是否大于成本。对培训效益的评估可采用成本收益评估法。培训的效益包括培训工作给企业带来的经济效益和培训的社会效益。培训的社会效益是显而易见的，却难以量化。培训给企业带来的经济效益可以用节约的成本和提高的产出增量来量化。评估培训收益时，还应评估培训给企业带来的间接收益。培训的成本包括培训人员和受训员的薪酬、培训部门的管理费和一般管理费等。

培训项目的收益都能转化为经济价值，困难在于这一过程中的成本，以及转化方法的可靠性。在计算经济价值的基础上，我们要进一步探究培训项目的无形价值。无形价值属于第四级的业务影响指标，我们通常选择不进行货币转化。这并不是说无形价值不如投资回报率重要，相反，对于一些培训和发展项目来说，无形价值同样非常重要，可以更完整地描述培训项目成功与否。无形价值包括以下几种：

（1）工作满意度的提升；

（2）组织认同感的提升；

（3）团队合作改进；

（4）客户服务改进；

（5）投诉下降；

（6）冲突减少。

（五）第五级评估是投资回报率

此级评估是指将培训结果的货币价值以及培训项目的成本用百分比的形式表示。评估的重点是培训项目所带来的货币利润与其他成本进行比较。只有第五级评估结束之后整个评估过程才算完成。投资回报率的计算公式为：

$$\text{投资回报率（ROI）} = \text{培训课程净效益} / \text{培训课程成本} \times 100\%$$

其中，培训课程净效益为培训项目效益减去培训项目成本。虽然目前还没有普遍的认可标准，但有许多企业对培训项目的投资回报率设立了最低要求或最低预期资本回收率，该比例通常高于其他类型投资所要求的百分比。

对培训管理人员来说，接下来的挑战是沿着影响链条收集各种数据来证明培训项目的价值。因此，菲利普斯构建了计算投资回报率的流程模型，如图 8-2 所示，该模型从目标开始，到数据呈现为止，在假定已经通过适当的分析方法确定了需求的基础上，展示了如何收集这五级评价结果的数据，以及投资回报率的计算方法。

（1）评估规划。投资回报率方法的第一阶段是评估规划。这一阶段包含几个步骤：理解评估的目的、计划数据收集和分析、列出项目的详细提纲。

（2）数据收集。数据收集是投资回报率方法的核心。既要收集硬数据（包括产出、质量、成本、时间等），也要收集软数据（包括工作满意度和客户满意度等）。数据收集工作最重要的一点是在时间和成本允许的范围内，为每个项目选择最合适的数据收集方法。

（3）数据分析。包括五个具体步骤：① 区分项目的独立影响；② 将数据转化为货币数值；③ 计算项目成本；④ 计算投资回报率；⑤ 确定无形价值。

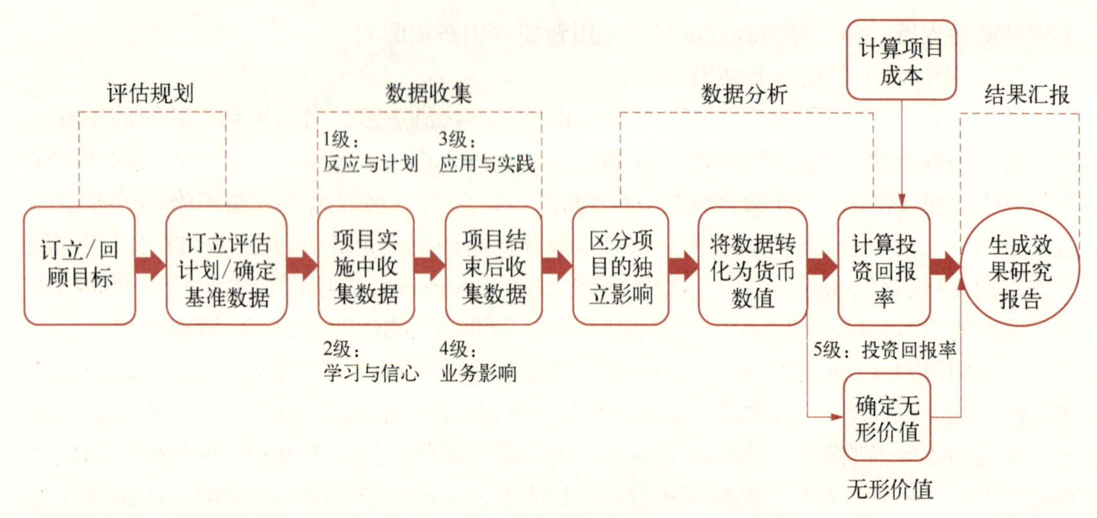

图 8-2 投资回报率评估模型

资料来源：[美] 伊莱恩·碧柯. 顾立民、杨震、赵弘，等，译. ATD 学习发展指南（第 2 版）[M]. 电子工业出版社，2016.

(4) 结果汇报。最后一步是采用恰当的方式汇报结果。这一步很关键，却常常被忽略，缺乏计划性。这一步工作需要在效果研究和其他简报中呈现适用的信息，其核心是用不同的技巧向不同的目标听众传递信息。精心规划与不同听众的沟通方法，对于确保信息有效传递和推动后续行动来说非常关键。

五、其他模型和框架

罗伯特·布林克霍夫（Robert O. Brinkerhoff, 1987）将培训评估模型拓展成了六个阶段。

(1) 目标设定：培训需求是什么？

(2) 项目策划：怎样做才能满足培训需求？

(3) 项目实施：项目运作得好吗？

(4) 即时的结果：受训者学到东西了吗？

(5) 中间产出或使用结果：受训者是否在工作中运用了他们所学的东西？

(6) 影响和价值：培训是否对组织的运作做出了有价值的贡献？

在布林克霍夫的模型里，评估是由相互连接的几个步骤构成的一个圆环，前一个步骤的工作为下一步的工作提出了需要解决的问题。

布什内尔（D. S. Bushnell, 1990）的模型也是以系统的观点来看待人力资源开发的职能，即把人力资源开发看成一种投入—过程—产出—结果的过程。它包括四个阶段。

(1) 投入：对培训有哪些投入？这里的投入包括绩效指标，比如受训者的资质和培训者的能力。

(2) 过程：指人力资源开发项目的策划、设计、开发和实施。

(3) 产出：指受训者的反应、获得的知识或技能以及工作能力的提高。

(4) 结果：指培训对组织的影响，包括培训对利润、生产率和消费者满意度的影响。

布什内尔认为，在这四个阶段之间以及在过程阶段的四项工作之间，可以而且应该进行评估，这样可确保项目是精心设计的，是能够实现培训目标的。

为了将有关学习成果及其影响因素的研究和理论囊括到培训评估模型中来，以便扩展现有的模型，研究者至少做出了两个方面的努力。为了改变培训评估模型缺乏理论基础的现状，克里格尔、福特和萨拉斯（K. Kraiger, J. K. Ford & E. Salas, 1993）综合了多个领域的研究成果和理论，朝着建立以理论为指导的评估模型迈出了第一步。注意到学习的成果可以分为三类（认知、技能和情感），他们提出了一个评估分类框架，分别对这三类学习成果进行评估（参见表8-7）。这个框架的内容非常具体，它给出了每类学习成果的测量指标。

表8-7 培训评估所用的学习结果分类框架

类 别	学 习 结 构	测 量 的 重 点	备选的培训评估方法
认知		认知结果	
言语知识	陈述性知识	储存的知识量	再认和回忆测验
		回忆的准确性	
		速度，知识的可获取性	能力测验 速度测验
知识的组织	脑海中的模型	与理想状态的相似性	自由分类
		元素的相互关系	结构分析，比如路径搜寻
		等级次序	
认知策略	自我洞察	自我觉察	探索性的口语分析
	认知技能	自我调控	自我报告 测验的准备状态
技能		基于技能的结果	
编辑	组合	操作速度	对目标行为进行观察
	程序化	操作的流畅性	动手测验
		错误率	结构化的情景访谈
		组块	
		广泛化	
		区别	
		加强	
自主性	自动加工	要求注意	次级任务操作
	调整	可利用的认知资源	干扰问题 内置的测量
情感		情感结果	
态度	针对的目标（如安全意识）	态度引导	自陈的测量
	态度的强弱	态度的强弱	
动机	动机倾向	学习取向和绩效取向	自陈的测量
		取向是否恰当	
	自我效能	知觉到的操作能力	自陈的测量
	目标设定	目标的层次	自陈的测量
		目标结构的复杂性	自由回忆
		目标承诺	自由分类

资料来源：K. Kraiger, J. K. Ford & E. Salas. Application of Cognitive, Skill-based, and Affective Theories of Learning Outcomes to New Methods of Training Evaluation [J]. *Journal of Applied Psychology*, 1993, 78 (2): 323.

霍尔顿（Elwood F. Holton，1996）模型将学习成果细分为三个方面，这三个方面类似于柯克帕特里克模型的后三个层次，即学习、个人绩效和组织绩效。该模型还囊括了影响学习成果的个人变量和环境变量。其中，个人变量包括学习动机、学习成果转化的动机、能力和工作态度等；环境变量包括组织的培训成果转化氛围、外部事件等。

学者普遍认为，未来的培训评估将成为培训价值展现的手段，也是培训与业务和战略对接的纽带。在实际的企业运作中，许多大公司都采用不同标准进行培训效果评估，表8-8罗列了几个世界著名企业及政府部门对培训效果评估指标的运用。

表8-8　世界著名企业及政府部门对培训效果评估指标的运用

著名企业及政府部门	评估标准
美联银行	1. 参训人员反应 2. 学员掌握的学习内容 3. 发生的行为改变 4. 培训对组织的影响
美国电报电话公司	1. 反应结果 2. 能力结果 3. 应用结果 4. 价值结果
帕拉克学习联盟	1. 准备 2. 学习 3. 应用 4. 测量
加拿大税务总局太平洋地区分局	1. 学员反应：相关性和满意度 2. 学习 3. 行为改变 4. 业务结果
丰田汽车销售公司	1. 学员反应 2. 学习 3. 行为改变 4. 业务结果 5. 投资回报率

资料来源：[美] 唐纳德·柯克帕特里克，詹姆斯·柯克帕特里克. 奚卫华，译. 如何做好培训评估——柯式四级评估法（第三版）[M]. 机械工业出版社，2007.

在实际的评估工作中我们应该注意考察一些具有明显特征的指标，如表8-9所示。

表8-9　培训效果评价的着眼点

评估层次	正向指标	负向指标
反应和既定活动	上课准时、课程中点头、微笑、参与度高、笑声多、精神集中、手机干扰少	打瞌睡、缺席、迟到、早退、借故不参加、无精打采、干扰多、私下讲话、抱怨不断
学习	上课后对于内容有清晰的记忆，能明确说出重点与收获，能说出主要的观念与技巧	记忆模糊，说不出所以然，观念不清晰，忘记重要内容，看教材依然说不出重点
行为	感觉课程很实用，与工作相符合，与行业或公司情况很类似，可以立即使用	与现实脱节，与现状不符，无法运用，太抽象，缺乏必要的技巧与细节，案例不切实际

（续表）

评估层次	正向指标	负向指标
业务结果	回到工作现场后，改变工作态度、行为或工作方式	依然故我，我行我素，没有任何变化
投资回报率	由于培训带来的效果或解决的问题与所付出的直接与间接成本相比，报酬大于投资	相比结果报酬小于投资，严重者适得其反

资料来源：林正大．第五层次的培训效果［J］．企业研究．2002，6X.

表 8-10 列出了影响培训效果评估方案类型的因素。

表 8-10 影响培训效果评估方案类型的因素

影响因素	该因素如何影响评估方案的类型
修改的可能性	培训项目能够修改吗？
重要性	无效的培训会对顾客服务、产品开发或员工间的关系产生影响吗？
范围	有多少员工参与培训？
培训目标	培训是为了学习、成果转化还是两者兼顾？
企业文化	对结果的解释是企业准则和期望的一部分吗？
专业技术	是否具有分析复杂研究成果的专业技术？
成本	评估是不是成本很高？
时间限定	我们何时需要评估结果信息？

资料来源：S. I. Tannenbaum & S. B. Woods. Determining a Strategy for Evaluating Training：Operating within Organizational Constraints［J］. *Human Resource Planning*，1992（15）：63-81.

第四节 培训评估所需数据的收集方法

一、培训评估所需数据的类型

（一）硬性数据与软性数据

培训评估的前提是要准确地收集与培训项目直接相关的数据。通常培训评估所需要的数据包括硬性数据和软性数据。所谓的硬性数据是指那些客观的、理性的、无争论的事实，是培训评估中非常希望掌握的数据类型。硬性数据一般具有以下特点：

（1）一般是定量化的数据；

（2）容易测量；

（3）衡量组织绩效的常用标准；

（4）比较客观；

（5）比较容易转化为货币价值；

（6）衡量管理业绩的可信度较高。

由于培训效果有时有一定的滞后性，因此硬性数据的结果需要经历一段时间后才能表现出来，因此，有时组织还必须借助于软性数据进行评估。软性数据具有以下特点：

（1）有时难以量化；

（2）相对来讲不容易测量；

（3）作为绩效测评的指标，可信度较差；

（4）在多数情况下是主观性的；

（5）不容易转化为货币价值；

（6）一般是行为导向的。

（二）硬性数据的四种主要类型

硬性数据的四种主要类型可参见表 8-11。

表 8-11 硬性数据的四种主要类型

产　出	质　量	成　本	时　间
• 生产的数量	• 废品	• 预算的变化	• 运转周期
• 制造的吨数	• 次品	• 单位成本	• 对投诉的应答时间/次数
• 装配的件数	• 退货	• 财务成本	• 设备的停工时间/次数
• 售出件数	• 出错比率	• 流动成本	• 加班时间
• 销售额	• 返工	• 固定成本	• 每日平均时间
• 窗体加工数量	• 缺货	• 营业间接成本	• 完成所需时间
• 贷款批准数量	• 产品瑕疵	• 运营成本	• 贷款的处理时间
• 存货的流动量	• 与标准的差距	• 延期成本	• 管理时间
• 探视病人的数量	• 生产故障	• 罚款	• 培训时间
• 对申请的处理数量	• 存货的调整	• 项目成本节约	• 开会时间
• 毕业的学员数量	• 工作顺利完成的比例	• 事故成本	• 修理时间
• 任务的完成数量	• 事故数量	• 规划成本	• 效率
• 订货量	• 客户投诉	• 销售费用	• 工作的中断时间
• 奖金		• 管理成本	• 对订货的回应时间
• 发货量		• 平均成本节约	• 晚报告时间
• 新建的账目数量			• 损失的时间天数

（三）软性数据的类型

软性数据通常包括以下几个方面：组织氛围、满意度、新技能、工作习惯、发展以及创造性（见表 8-12）。

表 8-12 软性数据的主要类型

组织氛围	满意度	新技能
• 不满的数量	• 赞成性反应	• 决策
• 歧视次数	• 工作满意度	• 问题的解决
• 员工的投诉	• 态度的变化	• 冲突的避免
• 工作满意度	• 对工作职责的理解	• 提供咨询的成功机会
• 组织的承诺	• 可观察到的业绩变化	• 倾听理解能力
• 员工的离职比率	• 员工的忠诚程度	• 阅读速度
	• 信心的增加	• 对新技能的运用
		• 对新技能的运用意图
		• 对新技能的运用频率
		• 新技能的重要性
工作习惯	**发展**	**创造性**
• 旷工	• 升迁的数量	• 新想法的实施
• 消极怠工	• 工资的增加数量	• 项目的成功完成
• 看病次数	• 参加的培训项目数量	• 对建议的实施量
• 违反安全规定	• 岗位轮调的请求次数	• 设定目标
• 沟通破裂的次数	• 业绩评估的打分情况	
• 过多的休息	• 工作效率的提高程度	

二、数据的收集方法

从评估的定义来看，评估过程必须要搜集相关的数据，以便为决策者提供所需的事实和评判依据。在第四章中，我们列出了一些可用于需求分析的信息来源和数据采集方法。在进行评估时也可以利用这些信息源和方法。表 8-13 是一些常用的评估数据采集方法以及他们的优缺点，包括访谈法、问卷调查法、直接观察法、测验和模拟法以及业绩档案分析法。

表 8-13 人力资源开发项目评估所用的数据采集方法

方 法	具体的过程	优 点	缺 点
1. 访谈法	和一个或多个人进行交谈，以了解他们的信念、观点和观察到的东西	• 灵活 • 可以进行解释和澄清 • 能深入了解某些信息 • 私人性质的接触	• 引发的反应在很大程度上是回应性的 • 成本很高 • 面对面的交流障碍 • 需要花费很多人力 • 需要对观察者进行培训
2. 问卷调查法	用一系列标准化的问题去了解人们的观点和观察到的东西	• 成本低 • 匿名的情况下可提高可信度 • 可以在匿名的情况下完成 • 填写问卷的人可以自己掌握速度 • 有多种答案选项	• 数据的准确性可能不高 • 如果是在工作中完成问卷填写的，那么对这个过程很难进行控制 • 不同的人填写问卷的速度不同 • 无法保证问卷回收率
3. 直接观察法	对一项任务或多项任务的完成过程进行观察和记录	• 不会给人带来威胁 • 是用于测量行为改变的极好的途径	• 可能会打扰当事人 • 可能会造成回应性的反应 • 可能不可靠 • 需要受过训练的观察者
4. 测验和模拟法	在结构化的情景下分析个人的知识水平或完成某项任务的熟练程度	• 购买成本低 • 容易记分 • 可迅速批改 • 容易施测 • 可大面积采样	• 可能会带来威胁感 • 也许与工作绩效不相关 • 对常模的依赖可能会歪曲个人的绩效 • 可能有文化带来的偏差
5. 业绩档案分析法	使用现有的信息，比如档案或报告	• 可靠 • 客观 • 与工作绩效有密切的关系	• 要花费大量的时间 • 对现实进行模拟往往很困难 • 开发成本很高

资料来源：J. J. Philips. *Handbook of Training Evaluation and Measurement Methods* [M]. Houston：Gulf，1983：92.

（一）访谈法

访谈是一种很有帮助的数据收集方法，面谈可以由人力资源开发专业人员进行，也可以由学员的主管人员进行，还可以由外部人员进行。面谈可以在轻松、民主、愉快的气氛中，迅速地得到反馈信息，能够获得问卷、业绩分析等方法无法获取的信息，信息的获取更为宽泛。此外，面谈能够发现在评估中很有用的成功故事。面谈的缺点在于耗费较多的时间与精力，访谈人数有限，意见的反映面相对较窄，个别人的意见可能有较大的局限性，还不能准确、全面地反映问题。

（二）问卷调查法

1. 问卷调查的类型及示例

为了实现评估的合理性和客观性，弥补座谈会的不足，问卷应该根据培训目标，列出岗位培训“需求评估”中的全部能力项目，测定培训前后学员在素质方面的变化和提高程度，也就是对培训对象的知识水平、能力水平和工作态度能否有效履行其工作职责及适应未来发展需要进行全面评估，通过对问卷调查结果的定性定量分析，使培训效果可以得出一个较为确切的初步结论。问卷调查的设计可以分为两类：一类是文字问卷，被调查者的具体意见可以写在上面；另一类是判断式问卷，让被调查者在各种结论上进行选择。实际操作中可以将这两类表合并设计。问卷不需要署名，将自己的意见明示出来，因此可以普遍地征求意见，揭示出一些实质性的或共同性的问题。问卷调查可以获得学员感受的主观信息，以及用于对投资回报率进行分析的可参考性文件，便于迅速填答和分析，所以问卷调查是人力资源开发评估经常采用的搜集数据方法。表 8-14 是一份问卷的示例。

在编写问卷的时候我们可以使用五种基本的问题类型，根据问卷的目的，问卷可以包括以下一种或多种类型的问题。

表 8-14　培训学员的意见反馈表

<table>
<tr><td colspan="2">这是一份快速反馈评估问卷。我们希望通过这份问卷来了解你的学习状况，了解你对培训教师以及组织者的看法，你对课程内容和培训方法的意见和建议。
请在每道题后的量表上圈出你认为最能表达你看法的数字。</td></tr>
<tr><td>1. 你认为这部分的内容有用吗？</td><td>没用　有用　非常有用
→
1　2　3　4　5</td></tr>
<tr><td>2. 你认为培训教师讲授内容的效果如何？</td><td>很差　好　非常出色
→
1　2　3　4　5</td></tr>
<tr><td>3. 你认为培训的进度如何？</td><td>太快　正好　太慢
→
1　2　3　4　5</td></tr>
<tr><td>4. 学员的参与程度如何？</td><td>过多　正好　不够
→
1　2　3　4　5</td></tr>
<tr><td colspan="2">5. 你对培训教师有什么意见？</td></tr>
<tr><td colspan="2">6. 这部分培训内容中你最喜欢什么？</td></tr>
<tr><td colspan="2">7. 你有什么意见或建议？</td></tr>
</table>

（1）开放式问题——无限制的回答。问题下方提供可填写答案的充足的空白篇幅。

（2）复选列表——一系列项目的列表。要求学员选择试用的项目。

（3）两选一问题——提供例如“同意”“不同意”二中选一的答案。

（4）多项选择——有若干个选择，要求学员选择所有他认为正确的选项。

（5）等级评定——要求学员对一系列项目进行排序评定。

2. 问卷设计的原则

问卷的设计是一个简单的逻辑过程，如果设计或措辞不当会让被调查者感到困惑不解，我们在进行问卷设计时需要注意以下原则。

(1) 用语简洁，含义清楚。

- 好的问卷条目：你的老板每隔多长时间对你的工作绩效进行反馈？
- 差的问卷条目：对你这个级别的人来说，行政管理上级会在多大程度上对你们的绩效质量进行反馈？

(2) 将问题分开来问。

- 好的问卷条目：① 组织的目标是清楚的。
  ② 我在组织中的角色是清楚的。
- 差的问卷条目：你很清楚组织的目标和你在组织中的角色。

(3) 答案之间相互独立，每个答案都有清楚的说明。

- 好的问卷条目：在过去的三个月中，你隔多长时间会收到关于你的工作绩效的反馈？

A. 一次都没有　B. 约每月一次　C. 约每周一次　D. 约每天一次

E. 一天有几次

- 差的问卷条目：在过去的三个月中，你隔多长时间会收到关于你的工作的反馈？

A. 非常少　B. 偶尔　C. 经常

(4) 限制答案的个数。

- 好的问卷条目：有多少时候你对自己的工作结果有把握？

A. 0—20%　B. 21%—40%　C. 41%—60%　D. 61%—80%

E. 81%—100%

- 差的问卷条目：有多少时候你对自己的工作结果有把握？

A. 0—20%　B. 21%—30%　C. 31%—40%　D. 41%—50%

E. 51%—60%　F. 61%—70%　G. 71%—80%　H. 81%—90%

I. 91%—100%

(5) 问题不要带有引导性。

- 好的问卷条目：通常你对自己的工作满意程度如何？

A. 一点也不满意　B. 有点满意　C. 较满意　D. 很满意

E. 非常满意

- 差的问卷条目：通常你对自己的工作满意吗？

A. 满意　B. 不满意

(6) 搜集所有重要的信息。

关心的问题不同，采用的数据搜集方法就不同。比如说，一个人力资源开发人员想了解受训者对绩效管理论坛有什么反应，比较合适的方法是进行访谈或问卷调查。如果管理层关心这个论坛是否影响了员工对公司绩效考核的兴趣，则可以用直接观察或档案分析法跟踪员工向人力资源部门询问绩效考核问题的情况。

(三) 直接观察法

直接观察评估必须深入受训者的工作现场，亲身考察或体验他们在实际管理中表现出来的业绩与水平，获得一些直观、具体而真实的信息。

在实际工作中，我们可以遵循以下指导方针改进直接观察的效果。

（1）观察者受过全面系统培训；

（2）观察活动必须系统化、整体化；

（3）观察者必须知道怎样解释和报告他们观察到的现象；

（4）最大限度减少由于观察者的出现导致对被观察者的影响；

（5）精心挑选观察员。

（四）测验和模拟法

企业可以通过测验和工作模拟的形式搜集培训效果数据，例如某卷烟厂在完成了为期一周对操作工人的“应知应会”培训后，马上进行相关内容的纸笔测验，以及进行工作场所的实际操作考核，一方面检验受训者对所学知识技能的掌握程度，作为“应知应会”培训效果的原始数据，同时应将学员的培训通过率作为对培训教师的一项考核指标。测验和模拟主要是从员工对知识技能的掌握程度入手进行培训数据搜集，主要考察的是员工工作知识与技能的提高情况。这是一个有效和实用的培训效果数据搜集手段。

（五）业绩档案分析法

每个企业都能够提供用来衡量业绩的数据资料，通过业绩数据分析我们可以获得产量、成本、质量、生产率满意度等方面的数据。这部分数据是客观、无可争议的，是计算第五级投资回报率最为关键的部分。但在一般的企业中有许多数据档案资料并不完善，例如：缺乏对客户满意度的调查，缺乏员工流动率的数据等，在这样的情况下，人力资源部门需要同相关部门合作，开发出纪录保存系统，按时提供此方面的数据资料。

表 8-15 列出了每一级别评估所适用的数据搜集方法，供人力资源开发人员选择和参考。

表 8-15　每一级评估所适用的数据搜集方法

方　法	级　别			
	1	2	3	4
表格法	✓	✓	✓	
问卷调查法	✓	✓	✓	✓
观察法		✓	✓	
访谈法	✓	✓	✓	
焦点小组法	✓	✓	✓	
测试法		✓		
实证法		✓		
模拟法		✓		
行动计划/改进计划			✓	✓
绩效合同			✓	✓
绩效监控/业绩档案分析				✓

资料来源：Jack J. Phillips & Patti P. Phillips. Derive Hard Numbers from Soft Skills：You Can Measure the Impact and ROI for Soft Skill Programs［J］. Talent Development, 2015, 69（9）.

第五节　培训效果评估中的研究设计方法

研究设计是人力资源开发评估的关键环节。它不仅决定了评估研究预期的结果，而且还决定了采集数据的方法以及解释数据的方法。了解研究设计涉及的问题以及可供选择的研究设计方法，可以帮助经理和人力资源开发人员更好地完成评估，更好地理解评估研究得到的结果。实验研究法是指研究者在控制足以影响实验结果的无关干扰变项之下，探讨自变量与因变量之间是否存在因果关系的一种研究方法。

一、培训效果评估的常用方法

人力资源开发人员可以参考以下方法更为直接地确定项目直接推动的改进结果和水平，使投资回报率的计算更准确可信。

(1) 趋势线法。用于在培训实施前预测特定结果变量的价值，培训后将预测数值与实际数据进行比较，两者的差别就代表了培训的效果。在特定条件下，使用这种方法可以精确地甄别培训的独立影响。

(2) 预测模型法。如果我们知道了输入变量和输出变量之间的数学关系，就可以使用预测模型法来甄别培训的独立影响。使用这种方法，先假设培训没有进行，由预测模型推算出输出变量的值，然后和培训后输出变量的实际值进行比较，两者的差异就可以认定为培训的独立影响。

(3) 学员预估法。由学员提供培训带来的绩效变化的预估值。使用这种方法，先告知学员培训前后公司绩效总的增加量，然后要求他们指出这里面有百分之多少是培训带来的。

(4) 主管预估法。由学员的业务主管预估培训对输出变量的影响。使用这种方法，先告知主管培训前后公司绩效总的增加量，然后要求他们指出这里面有百分之多少是培训带来的。

(5) 高管预估法。由高层管理人员预估培训的影响。使用这种方法，由高层管理人员对培训效果进行估计或作出修正。虽然这种方法不是那么精确，但在过程中引入高管的参与还是有好处的。

(6) 专家预估法。由专家对培训效果进行评估。因为这种方法取决于专家的个人经验，这就要求专家对特定类型的培训和情形非常熟悉。

(7) 他因排除法。如果可能，先确定其他影响因素及其对培训项目的影响，剩下的不能得到解释的输出结果就可以被认定为培训的独立影响。

(8) 客户参照法。有些时候，客户数据可以体现出培训在多大程度上影响他们的购买决策。尽管这种方法的应用有限，但对于客户服务和销售培训的评估非常有用。

二、培训效果评估的研究设计方法

（一）前实验设计

前实验设计缺乏科学的严谨性，不是完全的“实验”，是为了方便和从费用、人力方面考虑进行的简单研究，这种实验设计在科学测量的程度上较差。如果研究者无法获得像实验设计那样类似实验室的情境，得以完整控制自变量的随机安排时，前实验设计通常是研究者第一个考虑的设计方法。

（二）准实验设计

准实验设计，不像实验设计具有严谨的控制程序，但在从事社会科学的实验研究时，常须配合现实条件的限制，采用控制较不严谨，但施行方便的设计形式，也就是在实验中，运用完整的受试者团体，而非随机将受试者分派于不同的实验处理或情境的设计。准实验设计可以在自然的情境中进行，但是研究者必须明确知道有关研究中所不能控制的因素，并小心考虑这些因素对实验效果影响的可能性；可能性越小，实验的效果就越正确，否则就越不正确。

（三）实验设计

实验设计采取严谨的实验控制情境，遵循随机化原则，以实验组、控制组进行实验研究，并运用统计方法考验分析实验结果，验证假设，最能合乎科学研究精神。它具有以下两个特征：

（1）该设计包含两组（或两组以上）的受试者，接受实验处理的一组称为“实验组”，而未接受实验处理的一组称为“控制组”或“对照组”。

（2）实验组与控制组是以随机取样以及随机分派方式组成，所以两组受试者的特质（如智力、学业成就、家庭、社会经济地位等）相等。

三、实验信度与效度

信度是指衡量工具的准确性或精确性。信度有两方面的意义：一是稳定性，二是一致性。稳定性指的是在不同时间点重复衡量相同的事物或个人，然后比较两次衡量结果的相关程度；一致性指的是在同一个维度中，各个项目之间具有同质性或内部同构性。

效度是指我们采用的方法是否真正地测到了我们想要测的东西，也就是说，这种方法有没有击中目标。举一个例子，假设培训者决定用书面测验的方法来检查受训者是否掌握了填写差旅费申报表的程序。测验的效度取决于测验分数能否反映出员工对该程序的掌握程度。如果培训的内容是让员工了解在填写差旅费申报表时要提供哪些信息，而测验重点考查的是计算问题，那么测验分数反映的就不是员工对培训内容的掌握程度了。如果事实的确如此的话，那么这个测验只会导致错误的决策。

实验者从事一项实验研究时，必须考虑两个目的：第一个是研究结果的可靠性，第二个是能将评估结果推广到其他受训者和其他情况的程度。研究结果的可信性是内在效度，能将评估结果推而广之是外在效度。

内在效度是指实验研究者所操纵的自变量对因变量的真正影响程度，即一个实验研究能够有效地实验出所要验证的因果关系，实验的干扰越多，正确性就越差，该实验的内在效度便越低；反之若干扰项能完全控制，其正确性就越高，该实验的内在效度便越高。表8-16体现了影响内在效度的因素。

表8-16 影响内在效度的因素

影响因素	内容描述
历史	历史效果使得两次衡量间隔产生变量的变动
成熟	实验单位本身日渐成熟
测试	第一次实验对第二次实验产生影响

（续表）

影响因素	内容描述
工具	衡量工具无法同时、同地点衡量实验组与控制组
回归	选定特定样本受测产生回归效果
抽样	没有以随机方式产生样本
死亡率	实验者中途脱离
交互作用	实验组与控制组之间产生互动

外在效度是指实验结果的可推论性程度的大小，实验结果的可推论性越大，即其适用性、代表性越大，实验的外在效度则越高。简而言之，就是指实验研究结果是否可推论到研究对象以外的其他受试者，或研究情境以外的其他情境。表 8-17 体现了影响外在效度的因素。

表 8-17 影响外在效度的因素

影响因素	内容描述
对前试的反应	预试使得被实验者对实验感到敏感
对评估的反应	受训者由于要受到评估而在培训项目中更加努力
甄选与培训之间交互作用	受训者的人格特质影响培训成效，故研究结果只能类推到具有相同特性的人身上
不同方法的交互作用	受训者接受不同的研究方式，故研究结果只能类推到相同的实验情境

四、实验设计的模式

有许多不同的方案可以用来进行培训项目的评估，不同的方案设计思路不同，实施过程不同，能够避免误差的程度也存在差异。一般看来，误差越小的实验设计，所需的投入就越大。我们将实验设计方法分为：后测、前测与后测、时间序列、有对照组的后测、有对照组的前测与后测、有对照组的时间序列、所罗门四小组，共七种。

（一）后测

定义：指的是收集培训后成果的评估方案。

组数：1 组

实验过程：（R）实验组　　T　　X1

内涵：由于缺乏参照体系无法说明培训有效。

（T—表示培训，X—表示测量，R—表示随机抽样，1，2…8 表示时间序列）

（二）前测与后测

定义：指对培训前后都进行评估的方案。

组数：1 组

实验过程：实验组　　X1　　T　　X2

内涵：只要 X1 和 X2 之间存在显著不同，就说明培训有效。

（三）时间序列

定义：指在培训前后每隔一段时间检测一次培训成果的评估方案。

组数：1 组

实验过程：实验组　　X1X2　　T　　X3X4

内涵：学习者不管是否接受培训，本身可能就在改变。这种设计将时间因素列入考虑范围，在培训前后多次测量，只要发现培训前变化和培训后变化两者差异显著，该培训就有效。

（四）有对照组的后测

定义：通过将后侧附加一个对照组获得。

组数：2 组

实验过程：			
（R）实验组		T	X1
对照组			X2

内涵：有时候测验本身有缺陷，使受训者在接受第一次测验后就能应付相类似的测验。为了避免这种不良的效果，测验不在培训前进行，而只是在培训后加以测量。为了证明培训有效，必须由两组加以比较，如果接受培训的实验组比没有接受培训的对照组更好，就表明培训是有效的。

（五）有对照组的前测和后测

定义：既包括受训者也包括对照者，需要收集两个小组培训前后衡量数据的评估方案。

组数：2 组

实验过程：			
（R）实验组	X1	T	X3
（R）对照组	X2		X4

内涵：有时候改变是全面性的，接受培训的在改变，没有接受培训也在改变，所以方案设计上分成两组，都通过抽样获得。一组是对照组，一组是实验组，在培训过程中，只有实验组接受培训，对照组没有。所以如果只有实验组改变，而对照组仍然和原来一样没有改变，就表明培训是有效的。

（六）有对照组的时间序列

定义：既包括受训者也包括对照者，在培训前后每隔一段时间检测一次培训成果的评估方案。

组数：2 组

实验过程：			
（R）实验组	X1X2	T	X5X6
（R）对照组	X3X4		X7X8

内涵：这是时间因素和控制因素的综合设计。由于控制因素，所以只有两组，一组为对照组，一组为实验组。两组的产生照样是以随机抽样的方式进行，只有实验组接受培训，对照组没有。当实验组在培训前后有显著差异，而对照组没有差异时，培训的效果便可以被证明。即 X1X2 之间的差异和 X5X6 之间的差异相比有显著差异，而 X3X4 之间的差异与 X7X8 之间的差异不显著时，就表示培训是有效的。

（七）所罗门四小组

定义：综合运用了对对照组进行前后测以及对实验组进行前后测的设计方案。

组数：4 组

实验过程：			
（R）实验组	X1	T	X3
（R）实验组			X4
（R）对照组	X2	T	X5
（R）对照组			X6

所罗门四小组每组都是由抽样决定，其中两组为实验组在培训前后都接受测量，另外两组为对照组，在实验组接受培训后与实验组同时接受测量。如果实验组的成绩比对照组好，这证明培训课程很可能是有效的。如果实验两组之间的成绩相当，而对照组的成绩也不相上下，则证明培训测验没有缺陷，测验本身没有影响测验的成绩。所以所罗门四小组不仅仅考察培训效果，也能够预防测验缺陷。

一个运用所罗门四小组方案的例子如表 8-18 所示。这个方案用来比较以整体学习（IL）为基础的生产资源规划培训和传统培训效果的差异。由于公司关注的是 IL 和传统培训之间的比较，因此，对照组为接受传统培训的小组。研究表明参加 IL 小组的人要比参加传统培训小组的人略微少学一点内容，但 IL 小组的成员要比参加传统培训项目的人表现出更多的正面反应成果。

表 8-18　整体学习与传统培训研究所罗门设计

组　别	前　测	培　训	后　测
1. 实验组	是	IL	是
2. 对照组	否	传统	是
3. 实验组	是	IL	是
4. 对照组	否	传统	是

资料来源：R. D. Bretz & R. E. Thompsett. Comparing Traditional and Integrative Learning Methods in Organizational Training Programs [J]. *Journal of Applied Psychology*, 1992 (77): 941-951.

第六节　从财务角度评估人力资源开发项目

一、培训成本收益评估

所谓的培训成本收益评估，就是将发生在人力资源开发项目实施过程中的成本与该项目为组织带来的收益进行比较。投资回报分析主要有两种形式：成本-有效性分析（C/E）和成本-收益分析（C/B）。

成本-有效性分析比较的是以货币计算的培训成本和培训带来的非货币性收益，比如工作态度的改进、事故的减少、员工健康的改善等。它主要用于确定在一个给定项目中产生一组效果的成本。它的好处在于可以对可供选择的两种为实现同一目标而设计的培训方案进行比较。但成本-有效性分析没能从财务数据上来判定一个培训项目是否值得选择。同时，培训的投资收益也没有以较为清晰的货币形式表现出来，仅仅是停留在对培训效果的定性分析上，缺乏一定的科学性。而成本-收益分析主要是指用财务的方法来评估培训有效性的过程，关心的是培训带来的财务收益，包括产品质量的改善、利润的增加、浪费的减少和生产时间的缩短等。C/B 和 C/E 分析很类似，两者都注重于目标、成本及收益。区别在于 C/B 分析以货币定量形式来表达培训的收益和有效性。C/B 分析中最流行的一种形式是投资回报 ROI 分析。尽管投资回报率分析经常用于对资产的投资分析，但它同样能通过将项目收益与投资资本相联系的方式来评估培训活动中的投资回报。此时，它以比率的形式来分析投资回报，而这个比率数字显示了与培训项目相关的收益大小，代表了公司在这个培训项目上的投资比重。

ROI以数字的形式综合了所有重要的、可能的部分，并且ROI数据可以和公司其他的内外投资相比较，同时它相对易于操作，因此在投资分析中得到了广泛的应用。在运用ROI方法对培训的经济价值进行分析时，非常重要的前提是要对培训的成本和收益进行准确、有效的核算。

投资回报率的计算需要用到项目的经济收益和投入成本两项数据。项目收益除以项目成本，就得到了项目的收益成本比（Benefit Cost Ratio，BCR）：

$$收益成本比（BCR）=\frac{项目收益}{项目成本}$$

而投资回报率的计算是用项目净收益除以项目成本。项目的净收益等于项目收益减去项目成本。投资回报率的计算公式如下所示：

$$投资回报率=\frac{项目净收益}{项目成本}\times 100\%$$

总收益与总成本的比率越大，组织从培训中获得的收益就越多。如果总收益与总成本之比低于1，说明该培训项目消耗的成本高于它对组织的回报。在这种情况下，要么需要对该项目进行调整，要么将其终止。当然，有的时候组织会出于一些非经济的原因或法律原因继续进行某个培训，即使是这样，如果出现了负的投资回报率，也还是需要重新考虑这个培训项目或对其进行调整。

（一）培训成本的确定

对培训成本进行一个较为完整的分析估计可以借用由布伦尼（Bramley）在1991年提出的培训成本矩阵衡量。它从培训在不同阶段所要求的资源入手，分析整个培训过程所花费的总成本（如表8-19所示）。

表8-19 培训成本矩阵

	人员费用	场地设施费用	设备材料费用
培训前（设计）	1（a）	1（b）	1（c）
培训中（实施）	2（a）	2（b）	2（c）
培训后（评估反馈）	3（a）	3（b）	3（c）

应用该模型还可以对不同培训的成本进行比较，为随后进行的成本分析提供基础。通过培训成本矩阵，可以比较全面地对培训的总成本进行分析，并且可以在培训实施前对不同培训方式进行可行性分析，从而更加有效地开展培训。

在计算培训项目的成本时，人力资源开发人员需要考虑五种支出，分别为直接成本、间接成本、设计与开发成本、管理费用、培训课酬。

直接成本是指与培训的实施直接相关的成本。这包括课程资料开支（重印或购买）、教学辅助费用、仪器租赁费用、旅行费用、食品和餐点开支、培训者的工资和福利。这些成本直接发生在特定项目的实施过程中。如果在培训开始的前一天取消了这个培训，那么这些成本都不会发生。尽管用于课程资料重印或购买上的成本已经发生，但是因为这些资料还未使用，所以它们可以留给将来的培训。

间接成本是指发生在培训辅助工作中的成本，它与任何特定的培训项目之间不存在直接的一对一关系。即使该培训项目被临时取消，这些成本也已经无法收回。这些成本包括对培训者进行培训的成本、耗费在后勤文秘和行政工作上的成本、已发给受训者的资料成本、培训人员筹备培训时的时间投入等。在宣传推广该培训项目时发生的成本（比如邮寄成本）也是间接成本。

设计与开发成本包括所有的培训课程开发成本。通常它包括录像带的制造成本、计算机教学程序的开发成本、项目材料的设计成本以及任何必要的重新设计所带来的成本。这项成本还包括课程前期分析成本，或前期分析中与项目直接有关的成本。另外，还包括项目评估和跟踪成本。

如果项目的周期很长，通常可以分期摊销这笔成本。比如说，项目一共进行了三年，那么每年可以冲销1/3的开发成本。否则在预算上就会出现突然的膨胀，因为开发成本全部计入了第一年。

管理费用与培训项目没有直接的关系，但是对培训部门的顺利运转来说却是必不可少的。如果培训部门有自己专用的视听设备，那么就会产生设备维护费用。这类成本应该在各培训项目之间进行分摊。如果培训部门还有专用的教室，那么供暖和照明费用也是一笔一般管理费用。使用教室进行培训的时候，场地维护费用应该计入该项目的成本。

培训课酬由培训期间支付给受训者的工资和福利构成。如果培训一共持续两天，那么这两天付给受训者的工资和福利应该计入该项目的成本。通常人力资源开发人员并不知道每个受训者的薪酬待遇，但是他们可以要求负责员工薪酬管理的部门提供各级别受训者的平均工资。在估计这项成本时，只需将平均工资水平乘以受训者人数就可以了。

下面以某公司的培训成本预算表为例（见表8-20），介绍培训成本预算的几个基本构成部分。

表8-20 培训成本预算表

日期： 年 月	第一部分：受训人员费用									
课程名称	受训人员和时间				受训人员收入		差旅及食宿费用	资料及其他	受训人员费用总计	
	受训人员数量	层次和步骤	课程时数	受训人员时数	每小时工资和福利	总的收入	年度差旅及食宿费用	年度费用	受训人员费用总计	培训费用/（人·小时）
	1	2	3	4	5	6	7	8	9	10

课程名称	第二部分：培训师费用													
	中介机构讲师							非机构讲师			旅费及食宿费用		讲师费用合计	
	讲师的数量和层次	课酬/小时	管理费用/小时	课酬与管理费用/小时	每年培训时数	年度课酬以及管理费用	年度课酬与管理费用总和/（人·小时）	讲师数量	年度课酬	年度课酬/（人·小时）	年度差旅及食宿费用	年度差旅及食宿费用/（人·小时）	年度讲师费用合计	年度讲师费用/（人·小时）
	1	2	3	4	5	6	7	8	9	10	11	12	13	14

（续表）

课程名称	第三部分：培训硬件费用										
	非组织内部场地				场地改进		设备和家具			硬件费用合计	
	年度场地租借费用	用于培训的百分比	年度培训场地租借费用	培训场地租借费用/（人·小时）	每年场地改进费用	每年场地改进费用/（人·小时）	设备家具费用明细	年度设备家具总费用	年度设备家具总费用/（人·小时）	年度硬件总费用	年度硬件总费用/（人·小时）
	1	2	3	4	5	6	7	8	9	10	11

资料来源：T. E. Mirabal. Forecasting Future Training Cost [J]. *Training and Development Journal*, 1978, 32: 78-87.

（二）培训收益的确定

培训收益是指企业从培训项目中所获得的价值，具体的衡量指标包括劳动生产率的提高、产品质量的改进、产品销售量的增加、成本的降低、事故的减少、利润的增长、服务质量的提高等。通过培训对经营业绩的整体影响，进行培训的投入产出分析。

进行培训收益分析时需要和预期的培训目标以及效果结合起来考虑。通常对收益进行分析的做法主要有以下几个：一是通过以往研究和培训记录，确定培训的收益；二是在公司范围内进行小样本试验，由此来确定某一培训可能带来的收益，这在公司要推行一些大的培训项目前尤为重要；三是通过观察培训后绩效特别突出的员工，来分析培训的收益，往往和生产力的提高、事故的减少、离职率的降低等联系在一起。在分析了成本和收益后就可以通过公式计算培训的投资回报率了。

（三）培训投资收益举例

表 8-21 演示了某咨询机构运用上述模型对培训成本进行计算的过程，其分析的对象是一家生产建筑企业的培训项目。表 8-22 是他们为该企业计算的投资回报率和总收益。

表 8-21　培训成本分析示例

直接成本	
外请教师	0 美元
内部教员——12 天×125 美元	1 500. 00 美元
额外的福利——工资的 25%	375. 00 美元
旅行和出差津贴	0 美元
培训资料——56 人×60 美元/人	3 360. 00 美元
教室和视听设备租赁费——12 天×50 美元/天	600. 00 美元
食品和点心—4 美元/天×3 天×56 人	672. 00 美元
合计直接成本	6 507. 00 美元
间接成本	
培训管理	0 美元
文秘/行政工作	750. 00 美元
额外的福利——文秘/行政人员工资的 25%	187. 00 美元
邮寄、运输和电话	0 美元
培训前后所用的学习资料——4 美元×56 人	224. 00 美元
合计间接成本	1 161. 00 美元
开发成本	
购买项目的费用	3 600. 00 美元
教员培训	
注册费	1 400. 00 美元

（续表）

旅行和食宿费	975.00 美元
工资	625.00 美元
福利（工资的 25%）	156.00 美元
合计开发成本	6 756.00 美元
一般管理费用	直接、间接和开发成本总和的 10%
组织给予的一般性支持	
高层管理者花费的时间	
一般管理费用合计	1 443.00 美元
培训期间受训者领取的工资和福利	
合计	16 696.00 美元
培训成本合计	**32 564.00 美元**
花在每个受训者身上的成本	**581.50 美元**

资料来源：D. G. Robinson & J. Robinson. Training for Impact [J]. *Training and Development Journal*, 1989, 43 (8): 40.

表 8-22　培训的投资回报率计算示例

运营结果	测量方法	培训前的状况	培训后的状况	差异（+或-）	以美元计
产品质量	退货率	退货率为 2% 每天退回 1 440 张面板	退货率为 1.5% 每天退回 1 080 张面板	0.5% 360 张面板	720 美元/天 172 800 美元/年
环境维护	根据包含 20 个条目的核查表进行巡视	平均发现 10 个问题	平均发现 2 个问题	8 个问题	无法用美元进行计算
事故预防	事故数量 每个事故的直接成本	24 个事故/年 144 000 美元/年	16 个事故/年 96 000 美元/年	8 个事故/年 48 000 美元/年	48 000 美元/年
$ROI=\frac{回报}{投资}=\frac{运营结果}{培训成本}=\frac{220\ 800\ 美元}{32\ 564\ 美元}=6.8$					总节约成本 220 800 美元

资料来源：D. G. Robinson & J. Robinson. Training for Impact [J]. *Training and Development Journal*, 1989, 43 (8): 40.

二、衡量投资回报率的其他指标

除了上述常规计算方法之外，还可以用其他指标进行投资回报率的衡量。这些指标是针对其他财务衡量指标设计的，例如还本期、现金流量贴现法、内部收益率、效用分析等。

还本期是对资本开支进行评估的常用方法。采用这种方法时，某项投资所产生的年度现金收入（节余）等于该项投资所要求的最初现金支出，衡量单位一般为年月。还本期的计算公式为：

$$还本期=\frac{投资总额}{年度净节余}$$

现金流量贴现法是一种对投资机会进行评估的方法，它可以对投资所产生收入的时间赋予特定的价值。这种方法需要根据贴现率计算净现值，能够对培训项目进行排名，但是计算比较复杂，往往难以掌握。

内部收益率能够确定使现金流量的现值等于零所必需的利率。内部收益率考虑的是金钱的时间价值，而不会受项目规模的影响，可以用它对各种培训方案进行排名，也可以用它在规定了最低收益率的前提下作出接受或拒绝的决定。

效用分析是指对各种方案的损益进行分析，其主要意义在于为管理层做决策提供依据。在效用分析过程中，往往包含了影响人力资源活动的主要因素（变量）。效用大小计算的基本公式是：

效用=单位产出的绩效×产出的数量-成本

本章小结

本章我们讨论的重点在于培训效果评估。培训效果评估是系统地搜集有关人力资源开发项目的描述性和评判性信息的过程，通过运用不同测量工具来评价培训目标的达成度，以此判断培训的有效性并为今后举办类似的培训活动提供参考。培训效果评估的目的是判断项目是否实现了预期目标，证实人力资源开发项目的价值，增加项目的可信度。

本章系统介绍了一系列培训效果评估的模型与框架，第一个评估框架是唐·柯克帕特里克提出的评估方法，它由四个评估层次组成：反应、学习、行为和结果，是目前最常用的评估方法；吉姆·柯克帕特里克对最初四个层次的评估进行了更新与完善，提出了柯式新评估模型；伯德等人开发的 CIRO 模型包括情景评估、输入评估、反应评估和输出评估；类似 CIRO 模式的 CIPP 模式是斯达夫彼姆在教育领域研究成果的基础上提出的，包含情境、投入、过程、产出四个层面；菲利普斯的五级评估模式是在柯克帕特里克模型的基础上增加了一个对投资回报率的评估。此外，本章还介绍了克里格尔、霍尔顿等人的评估模型。

相关数据资料的搜集是培训与开发评估的核心工作。培训效果评估搜集数据的方法主要有访谈法、问卷调查法、直接观察法、测验和模拟法、业绩档案分析法等。

研究设计是培训开发项目评估的关键环节。它不仅决定了评估研究预期的结果，还决定了采集数据的方法以及解释数据的方法。本章详细介绍了几种研究设计的思路和方法，同时在选择研究设计时，需要在研究效度、实用性之间进行平衡。

对培训效果进行最有说服力的解释必然牵涉到如何对培训与开发项目的效果进行财务分析的问题。我们可以用成本-收益分析的方法来衡量培训成本，或通过效用分析将受训者生产率的提高转换成货币值，从而从定量的角度评价培训的成效。

复习思考题

1. 为什么说培训评估是一项非常有价值的工作呢？怎样才能促进企业进行培训效果评估？

2. 阐述培训效果评估数据来源的渠道有哪些，评价不同渠道的优缺点。

3. 阐述柯克帕特里克模型的四个评估层次。回忆你曾经参加过的一个培训或上过的一堂课，举例说明每个层次可以搜集什么样的数据，以此来证明该培训的效果。

4. 柯式新评估模型相较于传统柯式四级评估模型有什么样的新变化，对企业培训效果评估有哪些启示？

5. 菲利普斯模型在柯克帕特里克模型的基础之上又增加了什么内容？从他们提出模

型的角度出发来看待评估有什么好处。

6. 用货币价值来反映人力资源开发项目为组织带来的收益有什么优点?

7. 将实验设计的几种类型进行比较，评价他们的优缺点，说明你的理由。

8. 为什么在进行培训效果评估时要考虑信度和效度的影响?

9. 为什么培训投资回报率的计算在企业中是一个令人头疼的问题，你认为应该如何解决?

应用练习题

请向你所在大学的老师要一份学校对教师教学的评估表，仔细阅读这份教学效果评估表，并回答以下问题：

1. 这份教学效果评估表有什么优点和不足?
2. 对于修改和完善这份教学效果评估表你有什么好的建议?
3. 你认为这份评估表对于改进教师的教学有何意义，应如何充分发挥它的作用?

案例1

柯式模型在新入职经理培训项目中的实践应用

加拿大税务总局（CRA）是加拿大联邦公共服务部的一个部门，该部门在全国范围内拥有大约40 000名员工，该机构的太平洋地区分局的服务范围包括不列颠哥伦比亚省和加拿大育空地区，员工总数约为4 600人。

太平洋地区分局开发的入职培训项目的主要受众是其新任经理人员，此举旨在向他们提供培训学习的机会，使他们能够有效地展开新工作，完成新角色的转换。为了最大化满足新经理的学习需求，太平洋分局开发了一个四阶段培训模块：

阶段1：制定分局入职培训项目清单；

阶段2：制定并实施一项为期三天的分局入职培训课程；

阶段3：制定核心学习活动纲要；

阶段4：列出高级学习活动清单，进行初次设计开发。

此案例主要研究项目的评估过程，重点评估第二阶段的有效性，即分局入职培训课程的有效性。分局入职培训课程的主题是“平衡管理与领导的关系”，突出强调的是：有效的人员管理是有效的项目管理的关键。培训内容包括：价值观与伦理道德、鼓舞性领导方式、自我评价、实现公司目标、经理人实践力培训、有限管理和会议管理，以及全天管理绩效练习和向资深经理人学习等。

一、评估方法

根据柯克帕特里克的四级评估模式，太平洋地区分局开发了一项能够全面评估入职培训课程的评估策略，从学员反应、学习、行为改变和业务结果4个方面评估该项目的有效性。所用的工具包括学习反应问卷、内容分析问卷、随机的后期跟踪联系及焦点访谈小组。

（一）第一级别学员反应：相关性和满意度

此阶段主要是让参训人员评价分局入职培训课程的内容与其工作的相关度，并说明他们对培训的总体满意度。如表 8-23 所示，问卷一共有 5 个分值，最高分为 5 分，最低分为 1 分。结果表明 80%以上的参训人员认为培训涉及的内容与其工作有一定的相关性，他们对培训比较满意或非常满意的评分远远高于平均值。

表 8-23　学习者反应问卷

分局入职培训课程
2019 年 2 月 10—12 日
学习者反应问卷

你的反馈意见会帮助我们不断提高和改进培训内容和服务。

1. 职务：　　　　级别：　　　　工作地点：
2. 你在管理岗位上工作了多长时间（包括代理管理）？　　____年____月
3. 参加此次培训前是否参加了入职第一阶段培训？　　是　否
4. 你参加此次培训的原因是什么？
5. 你认为此次培训所涵盖的内容对你的工作重要吗？　　低 1 2 3 4 5 高
6. 你认为资深高级经理和人力资源代表的参与会提高你的学习效率吗？　　低 1 2 3 4 5 高
7. 从总体来说，你对此次培训的满意度是多少？　　低 1 2 3 4 5 高
8. 你有多大的把握将本次培训中学到的知识应用到实际工作中？　　低 1 2 3 4 5 高
9. 请说一说你认为这些学习案例在哪些方面特别有意义？
10. 在这三天的培训中哪些因素对你产生了最积极的作用？为什么？
11. 有没有其他什么事情会对你的学习起到促进作用？如果有，请说出来。
12. 你认为我们是否应该对研讨会的内容作出相应调整？如果是，请指出哪里需要调整。

姓名：________（可不填）　　　　谢谢！

（二）第二级别学习

对于第一天和第三天培训内容的评估，要求参训人员填写内容评估问卷，表 8-24 为第一天内容评估表的一部分，目的是了解参训人员通过培训学到了哪些知识。学习内容问卷调查评估结果显示，绝大多数的参训人员认为他们参加入职第二阶段的管理培训后，充实了自己的知识，对自己的工作有很大的帮助。例如，83%的参训人员感觉自己现在能够更加有效地管理会议；82%的参训人员表明他们对领导的道德观及价值观有了更好的理解；79%的参训人员认为他们现在能够更加有效地管理时间。此外，许多参训人员对模拟培训的价值也给予了评价，从根本上肯定了资深管理人员参与培训的积极作用。

表 8-24　第一天内容评估表范例

课程名称：平衡管理和领导的关系

目标

- 考察 CCRA 经理对领导的期望是多少。
- 说明要使组织取得成功，CCRA 经理为什么必须平衡管理和领导的关系。

参加培训课程后，现在你是否能更好地理解为什么要平衡管理和领导之间的关系？请解释说明。

2019 年 2 月 18 日　　　　姓名：________

第二天的模拟管理实务评估以叙述报告的形式单独进行。参训人员需要汇报从他人的实践经历中学到了哪些知识，从而把具体的事务转化成有用的观点。参训人员还要将从专家那里学到的专题内容，如员工关系、替代性纠纷解决方案，以及专家现场帮助学员解决的一些特定场景下出现的问题，进行汇报和说明。参训人员认为与人力资源专家探讨过的

问题非常有帮助，并认识到如果在今后的工作中遇到问题，要求助于人力资源专家。此外，参训人员还认为5P、评估调查工具、SMART目标模型等工具非常有用，对于理解人们的价值观、利益和动机非常重要，并且能够在实际工作中发挥应有作用。其他一些训练，如洞察力训练、目标训练等都被看作非常有潜力和有用的方法，可以帮助参训人员辨识小的团队目标与公司总体目标之间的关系。

（三）第三级别行为改变

为了评估学习如何转换为行为，由参训人员组成两个座谈小组。通过座谈会，让参训人员回答他们在入职培训中学到的内容有哪些已经能够应用在实际工作。表8-25列出了座谈会的问题目录。

表8-25 座谈会问题一览表

1. 你认为入职培训中学到的哪些内容与你的工作有联系？
2. 通过入职培训，你已经把哪些培训中学到的知识内容应用到实际工作中了？
3. 通过培训知识的实践应用，你认为对以下工作内容产生了怎样的影响？
   - 士气
   - 团队协作
   - 人员的离职率
   - 产量
4. 在学习应用过程中，你是否觉得有困难？如果有，是哪些困难？
5. 自从参加入职培训后，你是否已经确定了更深层次的学习需求？
6. 为了满足今后的学习需求，你需要什么帮助？

第三级别的调查结果因人而异。但总体来说，参训人员普遍认为通过入职培训第二阶段内容的学习，他们认识到花时间去了解员工非常重要，不再像以前那样过分强调满足总部需求或满足自己工作领域中需求的重要性，也提出了未来工作的设想。他们还指出，通过参加培训，团队沟通意识有了显著提高，他们已经能够利用在培训中所掌握的工具来激励团队成员参与问题讨论，并提出不同的解决方案，解决团队可能面临的问题。

值得一提的是，调查结果显示了参训人员如何把他们在培训中学到的知识转化成实际的工作经验，具体表现为如表8-26所示的几个方面。

表8-26 培训所学知识转化为实际工作经验的方法

方　　法	具 体 做 法
欣赏式探询	● 不断发掘处理问题的新方法 ● 更注重思考
优先管理	● 学会了如何拒绝别人 ● 回击电子邮件的恐吓 ● 学会区分紧急事务和重要事务 ● 工作有条理 ● 更多地利用团队成员
会议管理	● 鼓励更多的人参与 ● 对自己在会议中承担的角色进行轮换 ● 与相关组织联合办公 ● 做好会议组织工作
绩效管理	● 在职业管理方面更有效 ● 使用5P工具，发动员工参与有意义、有效的信息反馈讨论 ● 获得绩效处理过程中需要的信息资料

（续表）

方　　法	具 体 做 法
模拟过程	● 发挥自己的潜质 ● 以期望别人对待自己的方式对待别人
教练、指导	● 调查分析抱怨背后的问题

（四）第四级别业务结果

为进一步了解经过入职第二阶段的培训后，参训人员的业务结果到底产生怎样的改变，焦点小组的参训人员从士气、团队工作、人员离职情况、产量四个方面来衡量培训所学对业务结果产生的影响。

根据调查评估意见显示，多数人认为通过培训，他们的行为（如不干预的管理方式等）发生了改变，实现了更好的人员管理，最终导致团队士气得到了提高。调查发现有两个相关性较强的团队以前存在隔阂，但是现在已经开始研究讨论如何消除这一隔阂并加强协作。此外，在调查中没有发现人员离职的现象。

二、评估结果的沟通

入职培训项目评估的全部内容经过整理汇编后，全部提交给 CRA 太平洋分局的高级管理部门，并分发给那些参与设计开发该项目的股东，同时提交给加拿大税务总局培训和学习董事会。

资料来源：Donald L. Kirkpatrick & James D. Kirkpatric. 如何做好培训评估：柯式四级评估法［M］. 2007.

思考：通过本章的学习，您认为除了座谈会外，还有哪些方法可以用来评估员工培训后的行为转变？

案例 2

基于前测与后测的绩效改进项目评估

丰田大学可以算得上是一个非同一般的学习型组织，它拥有超前的思想，能够直截了当地追踪组织绩效，对组织绩效做出恰当评估。丰田大学信奉这样一个宗旨：利用终身学习制，持续不断地提高丰田业务合作伙伴和经销商的绩效表现，全面强化销售工作，提高客户对公司的满意度。丰田大学的最终目标是实现丰田汽车销售公司（TMS）的愿景：成为美国最成功、最受人尊敬的汽车公司。

经销商教育发展学院（College of Dealer Education and Development，CDED）是在丰田大学内部运营的一个服务部门，学院面向 1 400 家丰田、凌志和塞恩品牌的汽车经销商和 10 万余名经销人员提供支持和帮助。丰田大学运用的授课方式涵盖了传统的培训师主导下的课堂教学、会议、讲座和会谈，以及网上虚拟课堂、计算机辅助培训和有正式文件记录的正规岗位培训等。无论采取什么样的授课方式，丰田大学起决定性作用的、创新性的学习原则可以概况为：告诉我，演示给我看，让我试着做一下，然后对我进行测试。

美国一家有名的汽车经销商提出，它需要对自己的服务和财务绩效进行改进。为此，负责经销商管理的总裁认为，这反映出整个经销团队中都存在类似的需求，都需要在下列服务和财务标准方面做出改进：

- 维修服务单总数统计
- 人员服务的销售收入状况
- 平均一份维修单实现的销售收入
- 维修项目总数统计
- 平均一份维修服务单需要进行的维修项目数量
- 技术工时收入
- 预计每小时平均劳动量
- 车辆服务调查得分情况

一、培训前的分析

在培训开始前3个月，测量与评估部对每个经销服务部门进行了相关调查，以便制定分析所用的基本衡量标准。此外，测量与评估团队的人员还进行了一系列现场观察调查和访谈调查，对学习氛围、现有的管理实践和工作流程进行了研究。其中包括培训前对经销组织中客户关系经理和服务经理进行电话访谈以及对经销团队中的服务经理助理和团队领导人员的电话访谈。正是基于这种事先分析，测量与评估部制定了一套绩效改进方案，准备为所有28个经销商所属的经销团队中的服务经理和服务经理助理提供一项综合性的、为期5周的、由领导带队参加的浸入式培训项目，培训涉及沟通的力量、服务经理助理在服务流程中的作用、工作日程管理、咨询服务销售等内容。

二、评估方法

（一）第一级别学员反应评估

在进行第一级别的调查时，每门课程结束后，培训师都让学员完成封闭式问题和开放式问题的回答。所有的参训人员都需要就他们的信心，学习体验（如课程内容的难易程度、与工作的相关程度，练习作业，知识的通俗易学程度和培训资料的使用等）和对培训场所、饮食的满意程度提出意见。调查使用的是一种标准化的表格，这样就可以对调查问卷进行快速扫描处理和统计。学员需要利用6分制的李柯特评分标准，对每个问题给出得分，并按得分情况对各类问题进行排序。学员反映的开放性问题会综合成为一份报告，对这份报告进行分析，可以找出项目改进的机会和可能。表8-27列出了第一级学员反应的总计得分情况，从整体上看，参训人员对培训涉及的各个课程做出了积极肯定的反应。

表8-27 评估结果

课程内容	参训人员反应情况示例
服务经理助理在服务流程中的作用	整体满意度得分=4.75/5.0
做好咨询服务的销售	95%的参训人员非常赞同或同意向其他人员建议学习该课程
对业务流程的管理	96%的参训人员非常赞同或同意向其他人员建议学习该课程

（二）第二级别学习评估

为了对每个学员的学习目标实现能力进行衡量，每门课程结束时，在培训师的主持下，会进行一次对所学知识的评估测试。这些测试并不是本着“通过”或“不通过”的目的设计的，相反，这些测试是作为学习过程的一个内在组成部分设计的。培训师会解决每个问题，以消除不必要的担忧和顾虑。此外，在每门课程结束时，参训人员还需要制定出自己的行动方案。据评估结果显示，参训人员整体上在学习方面表现出色。例如，在咨询服务销售课程的测试中，有30%的参训人员获得了满分，其他多数人员仅答错了一两道问题。

（三）第三级别行为改变和第四级别业务结果评估

培训结束后，为了对所学知识的转化和影响进行评估，测量与评估部还进行了相应的访谈调查和现场观察调查，具体包括：

- 在培训结束30天后，对经理人员进行电话跟踪访谈，以确定服务经理助理在个人行动方案中制定的行动，是否转化到了具体工作中。
- 在培训结束后3—4月后，对每个服务经理助理进行电话跟踪访谈，让他根据自己行动方案中列出的行动事项，谈一谈自己的培训所学在实际工作中的转化情况。
- 培训结束6个月后，对经销团队中的服务经理助理进行工作现场跟踪观察，同时，还对经销团队中的服务经理助理、团队领导和收银人员进行访谈调查，对企业在财务/数据指标方面的成功表现情况进行对比分析。

表8-28呈现了对培训前后结果的对比分析。

表8-28 培训前后结果分析

评估项目	维修服务总数（单）	人员服务销售收入（美元）	每份维修单平均实现的销售收入（美元）	维修项目总数（个）	平均每份维修单需要进行的维修项目（个）	投入的技术工时（小时）	人员服务实现的销售（美元）	预计平均劳动量（美元/小时）
培训前3个月绩效状况	33 125	3 540 876	110.25	64 061	2.11	66 311.84	3 540 876	76.84
培训后3个月绩效状况	35 650	4 189 042	119.29	69 850	2.11	71 890.05	4 189 044	83.62
整体改进3个月的绩效状况	2 525	648 167	35.14	5 789	0.00	5 578.21	648 167	6.77

除了每份维修服务单平均需要进行的维修项目整体出现了0.03的轻微下滑外，接受调查的所有服务经理助理在各个业务领域均得到了相应的改进和提高。接受项目研究的4家经销商，在人员服务销售方面增长了19%，在每份维修单平均实现的服务销售方面增长了4%，在投入的技术工时方面增长了10%，在每小时有效劳动量方面增长了11%。这些能够影响业务的相关指标显示出服务部门的业务活动有了改进，同时服务经理助理和团队领导也感到团队整体的绩效表现得到改善。

（四）第五级别投资回报率

如表8-29所示，该项目的整体投资回报率为551.15%，即使考虑到其他一些可能会对经销商绩效改进起到影响的外部因素，对投资回报率进行调整即对半处理后，该项目的整体投资回报率仍高达275.57%。

表8-29 投资回报率

经销商数量	4家
经理数量	7

（续表）

<table>
<tr><td colspan="2">课时数</td><td>5</td></tr>
<tr><td colspan="2">经理参加的课时总数</td><td>35</td></tr>
<tr><td colspan="2">服务经理助理数量</td><td>20</td></tr>
<tr><td colspan="2">课时数</td><td>4</td></tr>
<tr><td colspan="2">服务经理助理参加的课时总数</td><td>80</td></tr>
<tr><td colspan="2">课时累计</td><td>115</td></tr>
<tr><td colspan="2">每课时费用</td><td>175.00 美元</td></tr>
<tr><td colspan="2">每天成本</td><td>1 000 美元</td></tr>
<tr><td colspan="2">人均伙食成本</td><td>25.00 美元</td></tr>
<tr><td colspan="2">成本累计</td><td>138 000 美元</td></tr>
<tr><td>培训前后人员服务销售方面的改进</td><td>投资回报率</td><td>重新计算后得到的投资回报率</td></tr>
<tr><td>689 639 美元</td><td>551.15%</td><td>275.57%</td></tr>
</table>

三、评估报告

本项调查研究的结果，通过各种各样的媒介，包括现场会议、电话会议和电子邮件进行了充分沟通。第一级别汇总结果向大学管理人员、大纲设计人员、培训引导师和股东进行了汇报，以便明确培训发展态势，找到进一步工作改进的机会。第二级别学习评价结果作为学习过程的一个部分，及时像学生进行了反馈，然后在学院内进行了跟踪报道，以便学院能够持续不断地对该项目的确立和实施进行改进。第三、四、五级别的结果向负责经销商管理的总裁进行了汇报，并通过每周新闻和电子邮件在丰田教育部门中进行了沟通，通过经销商杂志与全国的经销商进行了分享。

资料来源：Donald L. Kirkpatrick & James D. Kirkpatric. 如何做好培训评估：柯式四级评估法［M］. 2007.

思考：

1. 您认为丰田的绩效改进项目评估有何特色？
2. 在柯克帕特里克模型的基础上增加对投资回报率的评估的好处有哪些？

第九章　培训成果转化

【学习目标】

通过本章的学习，应该重点了解和掌握以下内容：

1. 培训成果转化的概念；
2. 培训成果转化理论中的同因素理论、激励推广理论以及认知转化理论；
3. 福克森的培训成果转化模型以及鲍德温和福特的培训成果转化过程模型；
4. 受训者特征、培训项目设计以及工作环境等因素对培训成果转化的影响；
5. 组织中存在的阻碍培训成果转化的主要因素；
6. 确保培训成果转化的具体方法；
7. 管理者在促使培训成果转化过程中所发挥的作用。

【开篇范例】

培训效果重在转化

一家房地产企业开展了连续2天的“MTP管理技能培训”。培训管理者意识到，评价一个培训好坏的主要指标是看学员在课程结束之后有多少的“行为转变”，而不仅仅是看培训师讲得好不好。因此，培训结束后，培训管理者设计了一系列的“培训后转化方案”，包括培训后总结会议、培训后行动计划、培训后案例分享会等。本以为这样的方式能够有效地推动培训后的知识运用与效果转化，让培训效果“显现”出来，结果却遭遇了各种阻碍：大多数参训员工纷纷反映不会运用，不知道怎么去运用，没有办法运用。在培训管理者苦口婆心的劝导之下，有些部门的参训学员按要求提交了所谓的“训后知识运用案例”，但都不是真实案例，而是为了完成任务现编现造的案例。培训管理者为此大伤脑筋。

针对上述案例，我们可以发现，培训效果没有体现出来，是由多方面的因素造成的。仅仅通过一系列的训后总结分享环节，培训转化效果依然得不到提升，员工对于如何在工作中运用培训所学仍感到十分迷茫。寻找并解决组织中存在的影响培训效果的问题成为重中之重。

为了明确组织在培训效果转化方面的障碍，并找到解决这些障碍的最佳方法，以项目管理为中心的国际学习提供者ESI International于2011年3月进行了一次调查。3 000多名政府和商业培训管理人员评估了学习应用和转移的三个关键阶段：培训前策略、培训后强化以及用于激励员工的奖励措施。60%的受访人表示没有系统地为学员做好将培训所学转移或应用到工作中的准备。当被问到用什么具体的奖励激励学员时，近60%的人表示“更多的责任的可能性”，其次是对他们绩效评估的影响。只有20%的人表示有经济奖励或其他激励措施。63%的受访者表示培训计划得到了经理的正式认可，而只有23%的经理在培训前和培训后进行了更正式的讨论。为了激励学员应用所学知识，大多数受访者(75.1%)表示，他们确保培训支持组织的目标，其次是57.3%的受访者确保学员有必要的时间、工具和资本来将所学应用到工作中。总的来说，这项研究突出了在职学习应用中的几个薄弱环节，包括经理支持、学员准备、激励措施以及正式的总体设计和测量过程。

大量的研究证明，如果培训不能适应工作的需要，或者没有有效地应用于工作之中，那么通过培训获得的知识、技能、行为和态度则往往难以创造很大的价值。培训转化难是一个老生常谈的问题，为什么员工培训之后不知如何应用？为什么培训转化效果不佳？如何帮助员工将培训所学应用到工作中？管理者在其中应该发挥什么样的职能？在本章中，我们就要重点探讨影响培训成果转化的因素以及促进培训成果转化的方法。

第一节　培训成果转化理论

一、什么是培训成果转化

企业培训的目的之一在于促使受训者持续而有效地将所学的知识和技能运用于工作当中。由于培训成果的学习、长时间的维持以及在工作中的应用不单纯是培训活动能够解决的，所以企业必须创造有利的组织氛围，确保培训成果的应用，并防止受训者回到已经习惯的行为方式上。

有许多学者曾经对培训成果转化有过论述。鲍德温和福特（Baldwin & Ford，1988）认为培训成果转化是将在培训过程中获得的技能推广到实际的工作环境中，并且始终保持这种获得的技能的过程。斯温尼（Swinney，1989）将培训成果转化定义为一种课堂效果与期望现实环境中发生的绩效两者之间的有机联系。纽斯姆（Newstrom，1992）指出培训成果转化是指受训者将培训中所学的知识、技能、行为方式和认知策略有效且持续地运用于工作当中。泰勒（Taylor，1997）将工作场所的培训成果转化定义为受训者将参加培训获得的知识、技能有效地运用到工作当中。此外，布罗德（Broad，1997）对培训成果转化的定义是：受训者持续并有效地将培训活动中获得的知识和技能应用到个人、组织或社团的任务中，这些任务是在他的职责范围之内的。虽然这些定义在字面上有些差别，但归根到底培训成果转化强调的是以下两方面的内容。

（1）我们期望受训者在什么样的情形和什么样的行为中运用他们在培训活动中所获得的知识、技能等？也就是说，培训者要确定三个方面的问题：我们期望受训者在培训之后改变的行为，培训成果转化发生的频率和情景，受训者在面对变化的工作情景时能够应用所学内容的程度。

（2）我们期望受训者学习到的知识、技能和态度能在工作中保持多久以及在工作中哪些因素能够加强知识和技巧的发展？即行为维持和在转化环境当中新行为保持的问题。

综上所述，所谓的**培训成果转化**，就是指受训者持续而有效地将其在培训中获得的知识、技能、行为和态度运用于工作当中，从而使培训项目发挥其最大价值的过程。当人力资源开发成为企业人力资源管理的核心环节时，培训如何转化成业绩就成了关键问题。当个人的知识、技能、行为和态度的转变与组织需求紧密联系在一起时，培训成果转化就成为核心问题。因此，企业要想通过培训提高员工和组织的整体业绩，就必须了解如何实现企业中的培训成果转化。

很多学者认为，培训成果转化失败的原因之一就是培训项目设计很少考虑到学习成果的转化。也就是说，认知学习很可能会发生，但受训者没有在实际工作中运用培训内容的机会，或者培训过程中并没有教会受训者如何将所学内容运用于实际工作中。因此，我们有必要了解影响培训项目设计（学习环境）的培训成果转化理论，它们是同因素理论、激励推广理论和认知转化理论。通过对这三种理论的了解和运用，可以提高组织培训成果转化的能力。表 9-1 表明了这三种理论的主要内容和适用条件。

表 9-1　培训成果转化理论

理　论	强 调 重 点	适 用 条 件
同因素理论	培训环境与工作环境完全相同	工作环境的特点可预测且稳定 例子：设备使用培训
激励推广理论	一般原则运用于多种不同的工作环境	工作环境不可预测且变化剧烈 例子：人际关系技能的培训
认知转化理论	有意义的材料和编码策略可增强培训内容的存储和回忆	各种类型的培训内容和环境

资料来源：[美] 雷蒙德 · A. 诺伊. 徐芳，译. 雇员培训与开发 [M]. 中国人民大学出版社，2007：92.

二、同因素理论

同因素理论是由桑代克（Thorndike）和伍德沃斯（Woodworth）提出来的。该理论认为，培训成果转化取决于培训任务、材料、设备和其他学习环境与工作环境的相似性。如果培训内容和实际工作内容完全一致，那么受训者在培训过程中只是简单的训练工作任务，并且会有较好的培训成果转化效果。应用同因素理论比较有代表性的例子是培训飞行员使用的模拟器。飞行员的培训是在一个类似于喷气式飞机的驾驶舱的模拟器中进行的，它与真正的飞机在各个方面（例如，仪表、照明、仪器）基本相同。也就是说，培训环境和工作环境完全吻合，这样很有利于培训成果在实际工作中的应用。

学习环境与工作环境的相似性有两个衡量尺度：物理环境逼真与心理逼真。**物理环境逼真**是指培训中的各项条件，如设备、任务、环境等与实际工作的一致程度。如果在训练中，建造一个与现实完全接近的航空飞机驾驶舱模拟装置及控制系统，就可以实现高度的物理环境逼真。**心理逼真**是指受训者对培训中的各项任务与实际工作中的各项任务予以同等重视的程度。在培训中对各项任务予以时间限制，且该时间与实际工作中的时间限制相近，这将有助于提高心理逼真程度。有一些证据表明，事实上在培训成果转化中，心理逼真比物理环境逼真所起的作用要更大一些。

同因素理论特别适用于模拟培训，如案例研究、商务游戏、角色扮演等。然而，如果想增强逼真程度，往往需要增大任务的复杂性和培训的成本。因此，组织要在权衡后做出决策。一般来说，组织在培训中应用同因素理论最普遍的情况是设备应用或操作程序方面的培训。

按照同因素理论设计培训项目时应该注意以下关键环节：

（1）培训中应该告诉学员基本的概念；

（2）在培训过程中应明确具体的操作流程；

（3）明确在何时、以何种方式将培训内容运用于工作中；

（4）学员应该能够说明培训中所执行的操作与实际工作是否存在差别，如果存在细微的差别，今后应如何注意；

（5）在培训过程中鼓励学习的内容超出所应用的范围；

（6）将培训内容限定在受训者能够掌握的范围内；

（7）鼓励学员将培训所学的技术、知识等应用于实际的工作当中。

此外还应该关注一个重要问题——培训中的知识、技能以及具体的动作、行为方式与实际工作之间的内在联系，即培训中强调的行为或技能是有益于还是会影响工作绩效。因此在培训项目设计时一定要考虑到培训内容的必要性，不能给受训者带来误导。

同因素理论的关注点在于培训环境和实际工作环境的相似性，但它没有告诉我们当工作环境与培训环境不同时，该如何进行培训成果的转化，尤其是对于人际关系技能的培训。例如，个人在面对冲突时的行为是很难预测的。因此，受训者必须要学习解决冲突的一般原则，以便在不同环境下能够变通使用，而不仅仅是告诉其解决问题的具体方法和答案。因此在培训成果转化中还有一个激励推广理论。

三、激励推广理论

激励推广理论认为促进培训成果转化的方法是在培训项目设计中重点强调那些最重要的特征和一般原则，同时明确这些一般原则的适用范围。当工作环境（设备、问题、任务）与培训环境有所差异时，受训者具备在工作环境中应用学习成果的能力。因此只要培训内容集中在解决问题的一般原则上，受训者就可以在转化过程中依据一般原则来解决问题。

在设计管理技能培训项目时，激励推广理论得到了最广泛的应用。有许多管理技能开发项目属于行为模拟培训，它是建立在社会学习理论基础上的。设计行为模拟培训的步骤之一是要明确成功处理某一状况所需的关键行为。示范者须演示这些关键行为并为受训者提供练习机会。在行为模拟培训中，关键行为可用于处理多种情况。实际上，行为模拟培训的练习就是要求受训者能在各种与模拟情形不完全一致的情况下表现出这些行为。激励推广理论指出，只要可以针对工作时的一般原则进行培训，培训环境的设计就可以和工作环境不相似。

在应用激励推广理论设计培训项目时应该注意以下关键环节：

（1）努力让受训者理解他们所接受的培训技能和行为的基本概念、一般性原则以及假设条件；

（2）鼓励学员将培训中所强调的要点与其实际的工作经验结合起来，学员之间共享在不同环境和情境中这些原则得以应用的成功经验；

（3）鼓励学员设想在不同的环境下如何使用新技能；

（4）鼓励受训者接受培训时和培训结束后将所学技能应用于与培训环境不同的工作环境中时，强调这些一般性原则可能会有更大的推广价值，在与培训环境不完全相似的情况下也可以应用。

四、认知转化理论

认知转化理论是以信息加工模型作为理论基础的，信息的存储和恢复是这一学习模型的关键因素。认知转化理论强调，培训成果能否成功转化取决于受训者“回忆”所学技能的能力。因此，培训教师可通过向受训者提供有意义的材料和编码策略，来增加受训者将实际工作中的问题与所学技能相结合的机会，从而提高培训成果转化的成功率。如管理学中的SMART原则以及SWOT分析模型等，之所以流传很广而且很容易让学员掌握，其中的原因就是采用了编码策略。SMART原则指的是管理者在给下属下达工作目标时应符合以下原则，其中S代表Specific，目标要具体、明确；M代表Measurable，目标尽可能容易测量；A代表Attainable，下属经过努力是可以实现该目标的；R代表Relevant，即大目标与子目标之间应该具有相关性；T代表Time，时间限定，即要在规定的时间内实现该目标。而SWOT分析指的是组织在制定发展战略时应该进行外部环境分析和内部实力分析，S代表Strength，即组织的优势；W代表Weakness，即组织的劣势；O代表Opportunity，即组织所面对的机会；T代表Threaten，即组织所面对的威胁。有了这样的解释，就很容易增强学员对知识的存储和记忆了。

培训过程中培训教师鼓励受训者思考培训内容可能在实际工作中的应用，这也是认知转化理论在培训项目设计中的应用。许多培训项目让受训者找出工作中遇到的问题或状况，然后讨论培训内容应用的可能性。这种应用练习可以让学员在工作环境中发现适当的线索（问题、状况）时，提高回忆起培训内容并将其应用于工作的概率。这种练习还可以帮助受训者理解所学内容与实际工作之间的联系，从而在需要时最快地回忆起所学技能。

莱克（Laker）认为，培训成果转化可以分为近距离转化和远距离转化两种。**近距离转化**指可以直接将所学内容应用于与培训环境相类似的实际工作中，基本不需要太大的修订和调整；**远距离转化**指将所学技能运用于不同于最初的培训环境的工作中，需要用新的创造性方法应用所学内容。受训者进行近距离转化还是远距离转化取决于培训项目的设计和实施是依据何种理论进行的。

同因素理论特别关注近距离转化。近距离转化适用于短期技能培训，即那些能够迅速提高现有工作岗位的工作绩效的技能。因为技能培训通常是针对个人现有岗位特殊行为或程序进行培训，所以进行技能培训时最需要进行近距离转化。

以下一些建议能够增加近距离转化的可能性：

（1）培训内容和培训方案越接近工作实际，近距离转化就越成功。

（2）培训内容越强调在实际工作中运用的时机以及应用的方法，近距离转化就越成功。

（3）越鼓励对工作任务进行较高频率的学习，近距离转化就越成功。

（4）越强调执行任务的程序性，近距离转化就越成功。

（5）培训的运用越集中于那些受训者准备好的领域，近距离转化就越成功。

与同因素理论相反，激励推广理论则强调远距离转化，强调培训环境与工作环境的不同。如果受训者能够理解培训的原则和内容，并且有机会练习和将培训内容运用于工作，那么在面对新的挑战和陌生问题时他们更可能使用所学的技能和行为来创造性地解决问题。

以下一些建议能够增加远距离转化的效果：

（1）受训者越理解他们所学习的技巧和行为所包含的原则、概念和假设条件，远距离转化就会越成功。

（2）受训者在不同的情境中进行大量的练习，在培训过程中鼓励创新性，则远距离转化就会越成功。

（3）培训教师越鼓励受训者进行讨论，并鼓励受训者把培训成果运用到他们自己选择的情境中，远距离转化就会越成功。

（4）受训者在培训后被鼓励将培训成果运用到培训课程中没有涉及的工作情境中，远距离转化就会越成功。

学者认为，远距离转化更可能发生在管理技能开发或创造性地解决问题、沟通、授权等技能培训中，因为这种培训通常以长期目标的达成或以未来的升迁发展为导向。因此，近距离转化和远距离转化都可以看成培训应该实现的一系列的目的和目标，并且应该在培训内容和培训项目设计过程中反映出来。所以事先确定培训内容适用的工作环境非常关键。

第二节 影响培训成果转化的因素

培训成果转化的三种理论为培训项目的设计提供了依据，本节将主要探讨在组织中影响培训成果转化的因素。

组织希望通过培训来提高个人和组织的绩效。然而问题是培训能否影响员工个人的工作行为；如果可以的话，这种影响到底能够达到何种程度、持续多长时间呢？研究表明：

（1）除非不断的“唤起”人们的知识和技能，否则人们将逐渐忘记。学习和运用某一知识的时间间隔越长，人们越容易忘记；

（2）人们需要在不同的环境下使用知识和技能。实际工作环境与培训环境越相近，受训者越容易成功地实现培训成果转化。

福克森（Foxon）于1993年发表了《培训成果转化的过程方法》一文，他的模型建立在勒温（Lewin）的场论的基础上，认为个体的行为是由于各种作用在他身上的驱动力所引起的。驱动力包括正向的和反向的，正向的驱动力能够促使工作行为发生变化，而反向的驱动力会阻碍这些变化并使个体维持原状。场论给培训成果转化提供了一个很好的范例，因为该学说发现个体学习、运用和维持新知识、技能的整个系统受到的不仅仅是几个或是孤立的因素的影响，而是许多因素的影响。福克森指出阻碍因素主要包括不佳的组织氛围、缺乏应用的机会、较低的培训成果转化动机、缺少管理者的支持等；而支持因素主要有良好的组织氛围、培训内容与工作的相关性、运用新技能的动机、内在的转化策略、管理者支持等。具体模型如图9-1所示。

根据上述两个研究结论，长期记忆（即维持学习）和实际运用所学内容的能力（推广能力）都会影响培训成果转化。在此基础之上，在1988年，鲍德温（Baldwin）和福特（Ford）进一步研究了哪些因素会最终影响学习的维持和推广能力，最后构建了很有影响

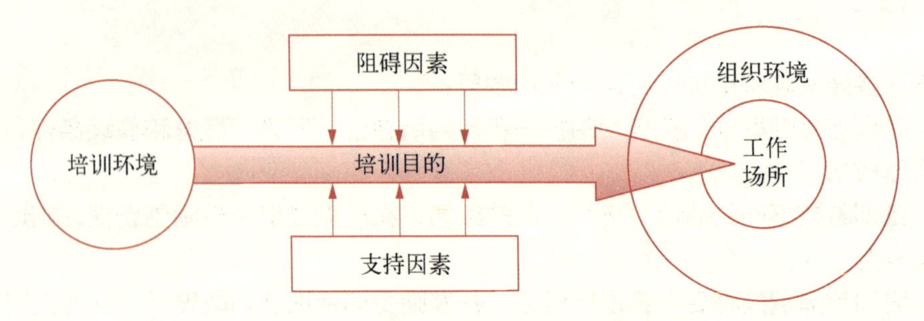

图 9-1 福克森的培训成果转化模型

的培训成果转化模型。培训成果转化模型试图用简明的方式来概括有哪些因素将影响培训成果转化的最终效果。该模型包括三个部分：一是培训投入（包括被培训者特征、培训设计和工作环境）；二是受到培训投入影响的培训产出（学习保存）；三是如何推广和维持所学内容，它既直接受到培训投入的影响，同时也以维持学习为中间变量受到培训投入的间接影响。概括来说，培训成果的转化，就是通过培训投入获得新的知识和技能，并将其在受训者的认知与行为模式中加以保存，然后在适当的工作情境中加以维持和推广的过程。图 9-2 是鲍德温和福特在 1988 年提出的培训成果转化过程模型。

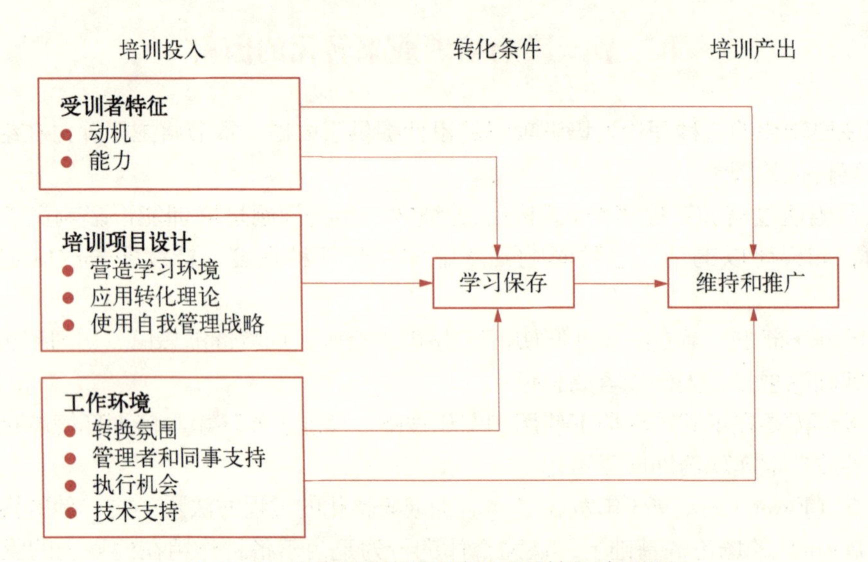

图 9-2 鲍德温和福特的培训成果转化过程模型

资料来源：T. T. Baldwin & J. K. Ford. Transfer of Training: A Review and Directions for Future Research [J]. *Personnel Psychology*, 1988 (41): 65.

一、培训投入

培训投入由三个环节构成，分别是受训者特征、培训项目设计和工作环境。下面对每个部分进行具体介绍。

（一）受训者特征

接受培训以后，受训者应尽可能将所学内容运用到实际工作当中，并且在工作过程中维持所学的新技能、新知识。因此，如果从受训者的角度分析培训成果转化问题，必须考虑两个问题：一个是受训者的学习动机，一个是受训者所具备的能力。

受训者特征是指每个受训者存在差异的特性，并且这种特性会影响个人学习的快慢以及学习内容的持久性和推广性。一些受训者的特征是稳定的，还有一些受训者表现出来的特征是会随着时间的变化而改变的。其中，有两个主要变量影响学习效果：受训者的学习动机和所具备的能力。

学习动机是指受训者学习培训内容愿望的强烈程度。各种研究表明，学习动机与受训者在培训中的知识或技能的获得、行为的改变等密切相关。受训者感知到下列内容时，他们会更有动力在培训中努力表现自我：① 努力能够带来培训中的好表现；② 培训中的好表现能够促使工作绩效提高；③ 工作中的高绩效有助于受训者获得期望的成果，并且避免不期望的结果；④ 培训中他们的良好表现会与他们的职业生涯发展有密切联系。

以往对学习情境中动机的探究，基本上都局限在学习经历的边界以内，更多地关注学习动机（或培训动机）。然而，现实中有很多员工似乎都非常渴望学习，但对于如何在工作中应用所学以帮助组织实现目标却没有真正的兴趣。此外，传统的学习动机概念，都存在于正式的或结构化的课堂学习环境中。然而，现实世界中的学习，其含义要广泛得多，它可能是与教练、导师进行一次谈话，也可能是通过各种移动设备进行学习。因此，如果我们关注的是如何通过这些多样性的学习活动来提升工作绩效，就必须拓展学习动机的概念，把员工将培训所学转化到现实工作中的意愿—转化动机纳入其中。莎伦·纳奎因（Sharon S. Naquin）和埃尔伍德·霍尔顿（Elwood F. Holton）教授将培训动机和转化动机综合起来，提出了一个更高层次的概念，他们称之为“通过学习提升工作绩效的动机”（MTIWL）。MTIWL 的定义是学习者通过学习活动习得新的知识和技能，并且应用所学改变工作方法，进而提升工作绩效的动机。这一概念的重点是要强调学习动机对改善工作绩效的最终影响，它超越了传统学习动机概念的局限性，是实现高转化度的关键要素。

研究表明，除学习动机外，受训者的能力也会对学习和工作业绩产生影响，其中人的认知能力至关重要。人的**认知能力**包括三个维度：语言理解能力、数量能力和推理能力。语言理解能力是指一个人理解和运用书面以及口头语言的能力。数量能力是指一个人解决数学问题的速度和准确度。推理能力是指一个人找到解决问题方法的能力。研究表明，认知能力对于成功完成所有任务都有影响，并且任务越复杂，认知能力对于成功完成工作任务的重要性就越高。同时，认知能力还会影响受训者在培训项目中的学习能力。许多公司发现自己的员工缺乏完成培训项目所需要的基本技能。为确保员工具备成功完成培训必需的基本技能，许多公司都建立起了一套基本技能评价与培训计划。个人认知能力包含四种类型的敏锐度——人际敏锐度、结果敏锐度、思维敏锐度和变革敏锐度，统称为**学习敏锐度**。学习敏锐度是指从经验中学习并应用到新的情境中的能力。其中，人际敏锐度是指具有自我认知，从经验中学习，并能和不同的人交往；结果敏锐度是指在困难的情况下也能达成目标，善于鼓舞团队和激发信心；思维敏锐度是指能从全新的角度看问题，从容应对复杂和模糊的局面，善于将自己的想法清晰地传递给他人；变革敏锐度包括好奇心、对新的想法和创意保持激情、勇于尝试并积极主动地提高技能。学习敏锐度的四个维度存在较高的相关性，这种相关性非常稳定，与年龄、性别、水平、职位类型等无关。简言之，不同人的学习敏锐度差别很大，具有较高学习敏锐度的人通常会取得更好的学习转化，尤其是在基于工作的学习中或者从经验中学习的情况。

组织在对员工进行培训时，必须考虑到不同受训者之间能力、背景、目标、追求的差异。如果受训者本身不具备掌握所学内容的基本技能（如认知能力、阅读能力），缺乏学习动机，不相信自己具备掌握所学内容的能力，那么学习行为与培训转化是否能够成功就很值得怀疑。

在培训开始前，管理者必须确保受训者做好接受培训的准备。这包括两方面的含义：一是受训者是否具备为了学习培训内容并且将其运用到工作之中所必须具备的一些个人特征（能力、态度、信念以及动机等）；二是工作环境是否有助于学习和成果转化而且不妨碍工作业绩。对于受训者而言，在培训开始前需要具备学习动机，充满自信，了解培训的收益或者可能结果，明确培训需要、职业兴趣以及目标，并且掌握基本技能。

管理者应当确保员工有较强的学习动机和具备一定的学习能力。为此，可以采取以下四种具体的措施。

（1）确保受训者有充分的自信。自信是指员工所具有的自己能够成功地学会培训内容的信念。培训环境很可能会对某些员工带来一种潜在威胁，这些人多是受教育经历不足的人，或者是在培训项目重点强调的特定领域中只有较少经验的人。管理者可以通过以下几个方面的努力来提高员工的自信：

① 让员工知道培训的目的是提高他们的绩效而不是找出他们在哪些方面存在问题；

② 在培训开始之前，尽可能让员工知道关于培训项目和培训目的方面的信息；

③ 向员工表明已经有一位和他们从事类似工作的同事成功完成培训。

（2）使受训者了解培训后的收益。通过与员工进行沟通，告诉他们参加培训项目可能给他们带来工作、个人以及职业方面的收益，这会有助于强化受训者的学习动机。但是管理者在与受训者进行沟通时所提供的信息必须是真实的，否则反而会对受训者的学习动机产生不利影响。

（3）使受训者意识到自己的培训需求、职业发展兴趣以及个人目标。管理者必须让受训者知道自己在技能方面存在的优劣势，了解培训计划与改善他们个人的不足之间存在的联系。如果有可能，还可以赋予员工一定的选择参加何种培训项目的权利。实际的培训安排一定要围绕使员工的学习动力最大化这一要求。

（4）保证受训者具备基本的技能水平。受训者在培训过程中的学习效果还会受到其已有的基本能力——认识能力和阅读书写能力的影响。管理人员需要开展一些文化水平测试，来判定受训者基本技能的水平高低。

企业可以使用下列表格（见表 9-2）来对受训者的基本情况进行调查并存档。

表 9-2　员工个人培训记录

编号：________

部门：　　　　　　　　　　　　　　　　　　　　　　　　　　　　记录：________

<table>
<tr><td>姓　名</td><td></td><td>工　号</td><td></td><td>入场日期</td><td></td><td>出生年月</td><td></td></tr>
<tr><td>职位部门</td><td colspan="7"></td></tr>
<tr><td rowspan="2">职称履历</td><td>日期</td><td></td><td></td><td></td><td></td></tr>
<tr><td>职称</td><td></td><td></td><td></td><td></td></tr>
</table>

（续表）

		日期	学历	专业	学 校	
学历	1					
	2					
	3					
	4					
外部培训		日期	职称/资格/证书/内容		时 数	发证机构
	1					
	2					
	3					
	4					
内部培训		日期	培训内容		时 数	评 语
	1					
	2					
	3					
	4					
备注						

备注说明：1. 为员工每个人的培训记录建立档案；
2. 可作为晋升或调整职位的评估条件。

（二）培训项目设计

培训项目设计是指对培训中所采用的培训内容、培训方法和培训媒介等做出选择。培训内容主要与培训要获得的成果相关；培训方法必须适合于不同知识结构和不同知识水平的培训类别；培训媒介则一方面使培训内容和培训方法相匹配，另一方面可以提高培训的效率和及时性。

在分析培训成果转化过程当中，除了研究受训者的特点，灵活运用各种激励理论外，还要分析培训项目设计对培训成果转化的影响，例如在选择培训手段、沟通媒介的时候，不能简单采用讲解的方式，应适当地穿插角色扮演、游戏等手段。

在培训过程中，企业组织可以有针对性地设计教学活动。比如，企业经理人员必须具备评估员工绩效的能力。为了完成这样的目标，除了采用讲解这样的教学手段，还可以采用行为模式塑造、角色扮演的手段，例如，安排观看录像、演示、纠错、再演示、点评反馈等系列教学活动，那么学习效果以及效果的转化会有很明显的进步。除此以外，在具体的教学活动中，还应该对各项活动的重要程度、活动与目标之间的关系、活动出现的先后顺序、出现的频率等问题加以考虑。在培训项目设计中，应重点考虑以下问题。

1. 营造学习环境

创造良好的培训环境是增强培训效果的前提。强化对员工的培训是一种长期性、持续性的系统工程，目的是培养能适应并推动企业可持续发展的高素质人才，因而创造有利于员工学习提高的培训环境是先导。有不少企业认为，培训员工只是为当前的生产经营服务，而培训效果又非短期能体现，不值得耗资改善培训环境。这种观点本身就是对企业自身做强做大做久缺乏信心和决心的表现。与之相反，一些著名的大企业却不惜耗费巨资来改善培训环境，比如海尔建立了专门的现代化海尔大学，为参训员工提供的各项硬件和软件环境都是一流的。有这样的培训环境，员工的学习效果自然得到提升。

在营造学习环境的过程中，运用学习原理可以有效地帮助受训人员获得其所期望习得的行为。认知心理学和教育心理学领域的有关研究结果对塑造培训环境很有帮助。20 世纪 80 年代以来，随着认知革命的兴起，机器开始承担起许多原本认为只有人类智能才能承担的任务。由于机器能够取代人做一部分事情，这样对人在认知方面和思维能力方面的要求就更高了。在将程式化、重复性的工作下放给机器以后，人在有时间压力或面临其他情况时，诊断、决策的能力必须进一步提高。认知心理学理论及其在复杂组织情境下的运用，以及如何将两者进行结合的研究日趋重要。传统的学习理论并没有提供在这些复杂情况下诊断、分析、解决问题的路径。相反，认知心理学提供了有价值的概念框架。这些框架可以帮助企业有效地界定培训情境。培训的最终目标之一是帮助受训人员获得技能，更好地做好岗位工作。因此，帮助他们掌握工作所需的认知模式以及技能成为问题的关键。目前很多研究者将研究视角转向这些领域：学习者如何组织、整合岗位所需的信息以及如何储存这些信息；什么样的培训策略可以帮助受训者提高工作绩效。

2. 应用成果转化理论

应用培训成果转化理论来设计培训项目，可以提高培训内容与工作的关联性。就像前面已经分析过的，不同的转化理论适用于不同的培训内容和培训对象。例如，对于基层员工的技能培训可以采用同因素理论，基本按照工作环境来设计培训环境；对于中层员工或管理层的管理技能开发培训则应该采用激励推广理论或者认知转化理论来设计培训环境和培训内容。

3. 采用自我管理战略

自我管理战略是指培训项目应让受训者准备好自行管理新的技能和行为方式在工作当中的应用，特别是在培训进程中。自我管理是指个人控制决策制定和行为方式的某些方面的尝试。

现代管理学之父彼得·德鲁克在 1999 年 5 月出版的《21 世纪的管理挑战》（*Management Challenges for the 21st Century*）一书中，明确提出“自我管理”，其具体内容如下。

（1）了解自身的长处、优势所在。在此基础上，首先专注于你的长处；其次不断改善你的长处，获得新的技能、新的发展；最后发现你知识上的愚昧无知，并加以克服。

（2）懂得自己的行为方式。应该了解的第一个要点是自己善于阅读还是善于倾听；第二个要点是了解自己应该如何进行学习；第三个要点是了解自己是一个与人共事者还是独来独往者，试图改变自己的个性是不大可能获得成功的，应该努力改善自己的处事方式。

（3）了解自己的价值观。你的价值观与一个组织的价值观念相冲突，那么你在这个组织中工作要么会遭受挫折，要么就是碌碌无为。

（4）了解自己的归属。了解自己的优势、自己的行为方式和价值观念，那么就会明白自己的归属，这能使一个普通人变成成绩出众的人。

（5）了解自己应该贡献什么。回答这个问题，必须处理好三个不同的要素，即形势需要什么、怎样才能对需要做的事做出最大的贡献、为了发挥影响必须做出什么样的努力。由此得出的行动方针是：做什么、在何处及如何开始做，并确定行为目标和最后期限。

（6）擅长人际处理关系。为了取得成功，你必须了解上司、同事的长处，为人处事的方式和价值观，做到"知己知彼，百战不殆"。

自我管理战略在培训中的作用体现在以下几方面：

（1）判断在工作中应用新掌握的技能可能带来的最终结果的正反两方面的作用；

（2）制定在工作中运用新技能和采取新行为的目标；

（3）确定在何种条件下可能无法达到既定目标；

（4）在工作中应用所学技能；

（5）自我监督所学技能在工作中的应用；

（6）自我强化。

研究表明，应用自我管理战略的受训者的转化行为和技能水平，要比没有使用该战略的受训者的转化行为和技能水平高。自我管理之所以重要，是因为受训者可能会在工作环境中遇到许多阻碍其进行培训成果转化的障碍。表 9-3 列举了可能的障碍。

表 9-3　工作环境中阻碍培训转化的因素

- 缺乏相应的工作机会
- 缺乏上级领导的支持
- 受训者学习的新技能是不实用的
- 受训者不满意培训后的状况
- 在将培训成果转化成绩效的过程中无法得到培训者的帮助
- 制度设计不合理或者无法得到同事的支持
- 即时工作环境的干扰（如工作压力、时间压力、权限不足、工作流程不力、设备设施不足）
- 不支持成果应用的组织文化

资料来源：C. Kontoghiorghes. A Systemic Perspective of Training Transfer [J]. *Transfer of Learning in Organizations*, edited by Käthe Schneider. Springer, 2014.

表 9-3 所示的这些阻碍因素往往会导致受训者在实际工作中出现偏差或过失，即受训者继续使用以前学过的有效性差的技能，而没有尝试使用培训项目中强调的技能，从而妨碍了培训成果转化。对于受训者而言，关键问题在于避免走老路或使用过时、无效的各种能力（如知识、技能、行为方式、策略）。此外，受训者要明白出现过失是很常见的，要做好准备去应付它们。那些没有做好心理准备的受训者可能会放弃应用新技能——尤其是那些自我效能程度低和自信心不足的受训者。

使受训者做好应付这些阻碍因素的一个方法是在培训项目结束时，向受训者提供自我管理的技术指导。表 9-4 提出了自我管理指导的例子。事例中一开始就说明了过失不代表个人能力不足，而是由他们长时间习惯性的应用以前开发的知识和技能所致。过失行为为改进提供了必要的信息，还有助于发现对培训转化产生最消极影响的情况。接下来，要明确需要转化的特定行为方式、技能或策略。然后，找到阻碍培训成果转化的因素，包括工作环境和个人特征。接着向受训者提供消除这些阻碍因素的技能或策略，包括时间管理、建立个人支持网络等，以及自行监督从而确认技能成果转化当中的成功之处。然后，为避免过失，应该具有发现可能出现过失情况的洞察力。最后一部分是关于辅导培训转化的可利用资源的，这些资源包括通过电子邮件与受训者进行沟通，并与他们的管理者进行讨论协商等。

表 9-4 自我管理模式的内容样本

1. 讨论偏差过失
   - 注意培训成果转化不佳的证据
   - 提出改进方向
2. 明确需要转化的目标技能
3. 确认导致过失的个人或环境因素
   - 自我效能水平低
   - 时间压力
   - 缺乏管理者或同事支持
4. 讨论应对技能和策略
   - 时间管理
   - 设定先决条件
   - 自我监督
   - 自我嘉奖
   - 建立个人支持网络
5. 明确何时可能发生过失现象
   - 情形
   - 对付过失的行动方案
6. 与确保培训转化的相关资源进行讨论
   - 管理者
   - 培训者
   - 其他受训者

资料来源：[美] 雷蒙德·A. 诺伊. 徐芳，译. 雇员培训与开发 [M]. 中国人民大学出版社，2007：95.

（三）工作环境

工作环境是指能够影响受训者培训成果转化的所有与工作中环境相关的因素，环境因素分为六个方面：转化氛围、学习文化、管理者支持、支持网络、执行机会、技术支持。我们分别从这六个方面进行分析。

1. 转化氛围

转化氛围是指受训者对各种各样的、能够促进或阻碍培训技能或行为方式应用的工作环境特征的感觉。这些特征包括管理者和同事的支持、应用技能的机会以及应用所学技能的结果。表 9-5 列出了有利于培训成果转化氛围的特征。研究表明，转化氛围与管理者在培训后的管理行为和人际关系行为的积极变化密切相关。

表 9-5 有利于成果转化的氛围特征

特 征	举 例
• 直接主管和同事鼓励受训者使用培训中获得的新技能和行为方式并为其设定目标	• 刚接受过培训的管理者与主管人员及其他管理者共同讨论如何将培训成果应用到工作当中
• 任务线索：受训者的工作特点会督促或提醒他应用在培训中获得的新技能和行为方式	• 刚接受过培训的管理者的工作就是依照让他（她）使用新技能的方式来设计的
• 反馈结果：直接主管支持应用培训中获得的新技能和行为方式	• 直接主管应关注那些刚刚受过培训便应用培训内容的管理者
• 不轻易惩罚：对使用从培训获得的新技能和行为方式的受训者不公开责难	• 当刚受过培训的管理者在应用培训内容出现失误时，他们没有受到惩罚

（续表）

特 征	举 例
● 外部强化：受训者会因应用从培训中获得的新技能和行为方式受到外在奖励	● 刚受过培训的管理者若成功应用了培训内容，他们的薪水会增加
● 内部强化：受训者会因应用从培训中获得的新技能和行为方式而受到内在奖励	● 直接主管和其他管理者应表扬那些刚受过培训就将培训所学应用于工作当中的管理者

资料来源：［美］雷蒙德·A. 诺伊. 刘昕，译. 人力资源管理：赢得竞争优势［M］. 中国人民大学出版社，2005：285.

2. 学习文化

组织文化对培训转化有重要影响。组织的文化和环境可以影响学习相关事件的类型和数量、员工的工作满意度以及员工将新获得的知识传递给工作场所的动机。由于组织文化对员工行为和绩效的影响，组织的文化维度（即学习文化）必须纳入培训转移模型框架和研究设计。

根据 ATD 的研究，目前全球有 31%的企业建立了自己的学习文化，构建了与公司战略相匹配的人才发展体系，搭建了培育学习文化的平台。创建并拥有稳健的学习文化，是高绩效组织的一项鲜明特征，也是提高培训转化效果的重要途径。在 71%的高绩效企业中，业务和学习战略保持了高度一致，以学习力提升创新力进而增强企业核心竞争力的企业文化，成为推动组织不断创新发展的高效引擎。建立了学习文化的组织，高度重视学习的价值和重要性，学习与业务高度契合，学习根植于组织内并成为一种生活方式，员工们会持续地追寻、分享并应用新的知识和技能，从而使组织变得更富有竞争力、灵活性、创新性和吸引力，不断提升个人和组织的绩效。此外，研究表明在优化的高绩效文化中更可能存在积极的和支持性的培训转移氛围。如今，学习文化的形成不仅仅依赖于培训和看书，移动学习和社会化学习也能够推进学习文化的建立和形成，这已成为时代变迁不可逆的趋势。

3. 管理者支持

各项研究均发现，受训者的同事和上级管理者的支持对于培训是非常关键的。**管理者支持**是指受训者的主管对参与培训的重视程度，以及对培训内容在工作中应用的重视程度。培训取得成功的关键在于：受训者的上级及同事对于受训者参加培训活动要持有一种积极的态度；受训者的上级及其同事愿意向受训者提供关于如何将培训中所学到的知识、技能以及行动运用于实际工作的信息，以及受训者将培训中所学内容运用到实际工作中的可能性较高等。

管理者能为培训活动提供不同程度的支持，如图 9-3 所示。上级管理者的支持程度越高，培训成果越有可能进行转化。管理者所能提供的最低层次的支持是允许受训者参与培训，最高层次的支持是作为一名辅导员亲自参加培训。

为了确保工作环境能够强化员工进行成果转化，管理者需要：

（1）为受训者在参与培训项目之前运用新技术或采取某些行为提供必要的材料、时间、与工作有关的信息以及其他方面的工作帮助；

（2）当受训者在工作中运用培训内容时，及时表扬；

（3）鼓励工作团队中的每一位成员在培训内容对工作有帮助的情况下，通过提供反馈和分享培训经验来共同使用新技术；

（4）为受训者在工作中应用新技能或采取新行为提供时间和机会。

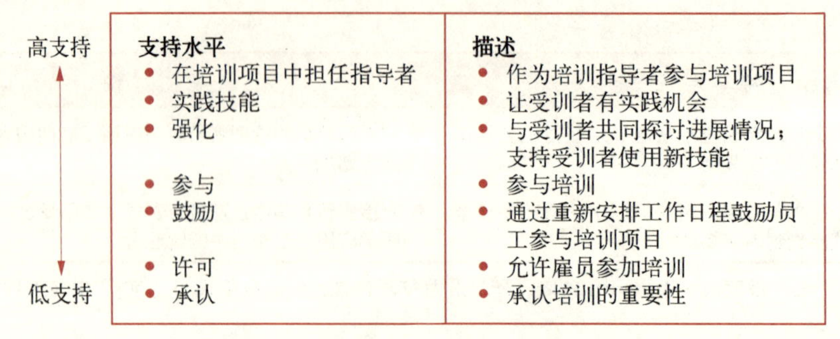

图 9-3 管理者对培训的支持水平

管理者还可以通过制定行动计划来促进培训成果转化。**行动计划**是一份用来说明受训者及其上级管理者将采取哪些措施来确保培训成果得到转化的书面文件（见表9-6）。行动计划要明确：① 受训者所要承担的具体培训项目或者在工作中可能面临的难题；② 管理者将提供哪些设备或资源向受训者提供帮助。行动计划还应该包括一张列明具体日期和时间长度的培训时间表，向受训者表明何时会与管理者会面，以及将所学技能在工作中应用的进展状况。

表 9-6 行动计划样本

培训专题：______________________________
目标：

为实现目标所进行的各项活动
额外的进修班、研讨会、专题培训课程：
____
____
____
____

自我指导（书、文章、网络指导）：
____
____
____
____

在职活动（项目、问题、工作任务、委员会工作）：
____
____
____
____

其他：
____
____
____
____

管理者支持______________________________
同事反馈______________________________
其他资源______________________________

成果检验日期：______________

为了确保培训成果转化，企业应该安排专门的时间来向受训者的管理者解释培训的目的，并且告诉他们企业期望他们能够鼓励雇员参加培训、为受训者提供实际练习的机会、强化培训内容的应用、对受训者进行追踪以评价受训者在将培训内容运用于实际工作之中所取得的进展。

4. 支持网络

通过在受训者之间建立支持网络，可以帮助受训者强化培训成果转化。**支持网络**是指有两个或两个以上的受训者自愿组成的，愿意面对面讨论所学技能在工作中应用的一个小群体。这种会面既可以是面对面，也可以通过电子邮件进行沟通。通过这种交流，受训者之间可以共享将培训内容运用到实际工作所取得的成功经验。他们还可以讨论如何争取在运用培训中所学技能时必需的资源，或者如何抵制会对培训成果转化产生影响的不良环境的干扰。

例如有一个时间管理项目的培训，培训项目在设计中要求，所有学员在接受培训后都要找一个自己的同事作为合作伙伴每周定期会面，相互交流是否按照时间管理培训的内容行动，一个月后该受训者的上司也会了解自己的下属通过时间管理的培训是否在行为上有所改变；三个月后老师再次召集大家回到课堂上，考察行为改变效果，解答在应用培训内容上遇到的问题，并对没有改变的继续进行培训。

企业还可以使用内部宣传手册来指导受训者进行培训成果转化。这种内部宣传手册可以刊登对那些成功应用新技能的受训者进行访谈的记录，然后再将它发放给所有受训者。管理者还可以为每位受训者安排一名辅导员——原来参加过同样培训并且工作经验更丰富的员工。该辅导员可以是受训者的同事，他能够指导受训者进行培训成果转化，例如，寻找将所学技能应用于实际工作中的机会。

5. 执行机会

执行机会是指受训者运用所学能力的机会，即受训者得到的或自己努力寻找到的运用在培训中所学到的新知识、新技能以及新行为的机会。执行机会会受到工作环境和受训者动机两个方面的影响。受训者应用在培训中所学技能的途径之一是被安排从事需要运用所学技能的工作。受训者的上级管理者通常在安排这种工作时起着关键作用。执行机会还会受到受训者是否愿意承担个人责任的影响，即是否愿意积极寻找允许他们应用新技能的工作任务。

执行机会包括应用的广度、活动程度和任务类型这几个要素。应用的广度是指可用于工作当中的培训内容的数量，活动程度是指在工作中应用培训内容的次数或频率，任务类型则是指在工作中执行培训内容的难度或重要性。与那些在工作中很少有机会使用在培训中所学内容的受训者相比，那些有较多机会应用所学内容的受训者比其他人能够更为长久地保持所学内容。

企业可以通过询问以下几个问题来衡量受训者的应用机会：

（1）受训者是否执行过某种任务；

（2）受训者执行过多少次这种任务；

（3）受训者执行较为困难又富有挑战性任务的情况如何。

那些回答说应用机会较少的人应当成为参加“复习课程”（即专门为受训者练习以及复习培训内容而设计的课程）的首要候选人。此外，受训者应用机会很少的原因还可能是工作环境干扰了新技能的应用，或者是培训内容对于受训者的工作来说并不十分重要，这就需要回到培训需求分析阶段。

6. 技术支持

培训成果转化的技术支持系统主要包括电子操作支持系统与计算机辅助教学系统。**电子操作支持系统**是一种可以按照要求提供技能培训、信息资料和专家建议的计算机应用软件系统。电子操作支持系统可以被用来促进受训者的培训成果转化，即当受训者力图在工作中运用培训所学技能时，只要他们需要就可以随时通过这一支持系统获得所需要的电子信息。培训者还可以监督受训者使用电子操作支持系统的情况，这可使培训者了解受训者在培训转化过程中遇到的难题。这些难题可能与培训项目设计有关，如缺乏对培训过程和程序的理解，也可能与工作环境有关，如受训者没有找到也找不到完成培训成果转化所需的资源和设备。

计算机辅助教学是随着公司内部局域网络系统的迅猛发展和普及而逐渐在我国企业中开始流行的教学方式。计算机辅助教学可以帮助员工实现“自我学习”。案例分析和模拟作为计算机辅助教学的一部分可以促进受训者积极参与培训，其中的自我检验可以巩固提高学习的有效性；计算机辅助教学的基本特性和功能是不同的媒介组合在一起从而可以使不同的人所喜爱的不同的学习方式在学习中得到照顾和体现，甚至可以照顾到不同的人使用“左脑”或者“右脑”的偏好。所有这些都可使学习效果事半功倍。在培训成果转化时，受训者同样可以求助于该系统，从中寻找所需的电子信息。

二、培训产出

培训成果转化的条件是学习与保存。知识和技能是个体通过某种形式的他人直接指导、观察或自我指导等信息认知过程所得到的成果。学习的效果常常通过纸笔测验或计算机测验来进行评价，评价的内容是其对知识的回忆、应用或对技能的使用。培训的产出是维持与推广。

（一）维持

学习成果的**维持**是指在从培训结束后到将培训内容应用于工作的这段时间里，受训者对相关知识和技能的牢记程度，即长时间持续应用新获得能力的过程。学习的维持主要受到两方面因素的影响。一是学习环境和工作环境的相似性，情境的相似性和认知的相似性越高，学习成果的转化就越容易。在学习环境和工作场所之间较低的相似性则会降低学习成果转化的能力。二是培训和将培训的知识和技能应用于工作之间的时间间隔，时间间隔越长，学习成果的维持水平也就越低。

（二）推广

推广是指受训者在遇到与学习环境类似但又不完全一致的问题和情境时，将所学技能，如语言知识、动作技能等进行调整应用于工作的能力。一般来讲，认知和情境的相似性越高，学习成果的维持水平也就越高。但另一方面，认知和情境的相似性太高却会降低将学习成果推广的能力。

第三节　确保培训成果转化的方法

在掌握了培训成果转化模型和理论的基础上，组织就要建立并推行有利于培训成果转化的方法，而其前提条件就是找到可能阻碍培训成果转化的环境因素。

一、寻找组织自身存在的可能阻碍培训成果转化的因素

企业在培训方面的高投入，能否给企业带来更高的投资回报率，不仅取决于员工的个人意识，还取决于员工所处的工作环境是否有利于培训成果转化。如果员工的培训成果不能转化，员工会有“无用武之地”的感觉，因此产生离职的想法，培训就变成了“为他人做嫁衣”。

在企业培训过程中，相关的环境因素如企业的组织结构、领导风格、组织文化和氛围对培训结果的推广与保持也有很大的影响。具体来说，组织鼓励技术管理创新的程度，管理层是否愿意在培训上投资，管理层沟通氛围是否开放、民主等都会影响受训者回到岗上的工作绩效。

目前大多数人力资源开发人员都意识到了改进学习转化的必要性，但对学习转化的干预都集中在培训设计和培训结束后的环节，也很少有人清楚问题到底出在哪里。有效的转化推动者会在培训前诊断转化的问题，识别出转化的障碍、促进因素和解决方案，帮助管理者解决可预见的问题，从而推动学习转化。如果管理者想要成为有效的转化推动者，他们必须能够识别出提升学习转化的关键要素。从这个角度来说，可以将有效的转化推动者比作足球比赛前为球队做准备工作的教练，他们会检查一系列与团队相关的因素，来确保赢得比赛的所有关键因素在比赛前都已经全部就绪。学习转化亦是如此，如果管理者在学员回到工作场所之前，运用他们的领导和管理能力、决策影响力来诊断转化系统并促进其改变时，培训就有可能获得最大的回报。

二、确保培训成果转化的具体方法

一旦确定了受训者存在的绩效问题是与培训相关的，则有必要确定培训过程中学习的新知识是否成功转化。在分析完是什么因素导致培训成果无法顺利转化后，企业可以采取何种措施来促进培训成果转化呢？

（一）明确关键人员在培训成果转化中的作用

在培训开始前、培训过程中以及培训结束后应该分析关键人员（管理者、培训者、受训者和受训者的同事）应该做的工作，建立促进培训成果转化的工作环境，克服阻碍培训成果转化的因素。表 9-7 是关键人员可以用来促进培训成果转化的方法。

表 9-7 关键人员促进培训成果转化的方法

关键人员	培训开始前	培训过程中	培训结束后
管理者/主管	● 了解是什么问题导致不良绩效 ● 向培训者强调组织目标并且为受训者建立培训目标 ● 参与制定和/或评价培训计划 ● 参与培训需求评估，选择受训者并制定培训成果转化计划 ● 建立支持机制	● 观察或参与培训 ● 获得受训者的进展报告 ● 鼓励受训者 ● 如果可能，重新分配受训者的工作量 ● 尽可能避免中断受训者的培训 ● 制定培训结束后的行动计划	● 和培训者、受训者的同事一起编写受训者的培训报告 ● 维持支持机制 ● 监控培训计划的进展 ● 成为辅导员或行为榜样 ● 为受训者提供应用新技能的机会 ● 评估受训者的工作业绩 ● 经常进行正面强化，让学员把工作过程中的错误当成学习机会

（续表）

关键人员	培训开始前	培训过程中	培训结束后
培训者	依据系统的教育计划和学习理论设计培训项目，包括： ● 收集组织和环境的信息并在设计培训项目时充分考虑这些因素 ● 和管理者/主管和受训者讨论培训需要达到的目标或成果 ● 评定受训者现有的技能/知识水平	● 提供相应练习机会和恰当的工作帮助 ● 对受训者提供反馈 ● 制订培训结束后的行动计划 ● 帮助受训者制订完整且现实的行动计划 ● 对培训过程和培训成果进行评估	● 对培训进行评估并且进行后续跟踪 ● 与管理者和受训者保持合作关系 ● 回顾和修正培训计划 ● 与管理者和受训者分享评估结果
受训者	● 积极参与培训计划或培训需求评估 ● 完成所要求的任务或培训开始前必需的学习任务 ● 承诺完成学习任务 ● 开始建立支持培训的关系网络	● 自我管理自己的学习任务 ● 对培训者和管理者的反馈意见做出建设性的改进 ● 为培训成果转化制定实际行动方案：确定障碍，获得必需的或额外的自我发展机会 ● 与“密友”分享培训心得	● 应用新技能和实施培训成果转化方案 ● 使用工作援助 ● 与同事分享资源和学习成果 ● 告诉管理者培训经验和现在的工作业绩 ● 与其他受训者和培训者保持联系以获得支持 ● 回顾评估结果并制定未来的自我发展计划
受训者的同事	● 要求受训者掌握关键的学习成果从而与团队成员共享 ● 参与讨论培训需求分析	● 与受训者保持联系并鼓励他们 ● 帮助减轻受训者的工作量	● 赞同并支持受训者实现培训成果转化 ● 如果可能，从受训者那里学习新技能

（二）通过激励强化受训者的学习动机

（1）通过目标设定理论来促进培训转化。目标设置理论认为，具体明确的、需要经过努力才能达到的目标比模糊的目标更能调动人的积极性。在培训过程中，如果目标具体、有挑战性，培训内容和学员的能力、经历相关，并能根据学员的任务完成情况提供反馈，那么培训效果就能得到保证。还有一点值得注意，管理者必须要区分学习目标与转化目标，在培训早期帮助学员设定学习目标，在培训结束之后或快要完成时再设立转化目标，激活受训学员“学以致用、学以致变”的动机，使学员在培训之后可以自动自发地向着指定的目的地进发。此外，经理、主管、员工要共同参与目标制定，让学员明白运用培训所学之后，有哪些需要输出的成果。一旦目标确定，经理和主管就要履行他们对目标的承诺，支持下属努力达成目标。

（2）使用强化理论来鼓励学习转化。在强化理论中，强化指的是对一种行为的肯定或否定的后果（报酬或惩罚）。奖励表达了组织对于学习转化的认可，能够激发转化行为，带来良好的转化结果，有效的激励机制是确保学员持续进行学习转化的关键因素。薪酬、奖金和一些基于绩效的激励机制可以发挥较大作用，非正式的公开表彰，如口头表扬，也可以显著地影响员工的转化行为。当员工的转化成果被忽视或者没有得到激励时，容易导致员工“旧病复发”。因此，管理者必须善于捕捉员工的“转化行为”，灵活地运用激励和强化手段：当下属运用所学内容产生积极效果时，给予表扬以及适当的物质奖励；当他们在应用培训内容出现失误时，也不轻易惩罚和公开责难。

（3）运用期望理论来激励培训转化。弗鲁姆提出的期望理论认为个体的行为动力和人的预期密切相关。在企业组织中，如果员工对从付出努力到取得成绩、取得成绩到获得奖励，以及奖励的效用和价值这三个环节的预期是积极的，那么他们就会得到有效的激励。相反，如果他们对上述三个环节，或对其中任何一个环节的预期是消极的，那么他们的学习积极性就会受挫。在营造培训环境的过程中，培训师可以向受训人员重点说明培训以后能够得到的好处，帮助受训人建立起努力→成绩，成绩→奖励之间的依存关系，那么受训者的学习动机会变得强烈。

（4）将教学活动与学习目标和成果相联系。教育心理学认为：保存学习内容的关键是将教学过程中的具体事件和学习过程、学习成果进行有机的结合，赋予学习过程中的每项活动以意义。教学活动的完成旨在获取以下几种类型的教学成果：智力型技能，如程序性知识、语言知识；认知能力，即受训者在了解上述两类知识以后，具备知道自己应该在何种情况下运用以及如何运用这些信息的能力；操作技能，如写作、游泳、使用工具和态度转变。为了保证学习者掌握、保存这些学习结果，在培训项目的设计中，必须仔细观察学习条件，并设计出相应的教学活动。例如，如果希望受训者掌握程序性知识或具备相应的认知能力，那么在教学活动中，可以设计一些活动或项目，来吸引受训者的注意力，或者给他们提供反馈。教育心理学专家加涅（Robert M. Gagne）的研究结论表明：每个教学活动的背后都必须有明确的学习目的支持。这种目的和手段相辅相成的思想对培训内容的有效转化具有指导作用。

教育心理学的研究成果在培训过程中的使用，旨在帮助受训者获得自我管理的能力，提高他们的自我效能。受训者内在的胜任感、持续不断地开发自我培育能力和终身学习的动力是培训成果进行成功转化最有力的保证。培训是一种投资，但并非每个人都能轻易获得这种投资。事实上，组织的高层领导更愿意将培训更多地投入在核心骨干和有潜力的员工身上。因此，只有那些兢兢业业地工作、积极上进的人，才能够获得培训的机会。

（三）改进培训项目设计环节

在培训项目设计和规划时，应关注以下三个具体环节。

（1）尽量设置与工作情境相同的条件。

（2）培训教师在培训过程中要让学员掌握将培训所学知识和技能应用于实际工作中的原理和方法。

（3）让学员在培训课程结束时宣读自己的“行动计划承诺书”，即每个受训者在培训结束时做一份小结，说明哪一部分内容对自己今后的工作最有帮助，并承诺如何将这些知识应用到工作中去。为了确保行动计划的有效执行，参加者的上级应提供支持和监督。一种有效的方法是将行动计划写成合同，双方定期回顾计划的执行情况，培训人员也可参与行动计划的执行，给予一定的辅导。即使以后双方发生纠纷，也有章可循。同时将承诺书的副本交给另外一名受训者，以便互相监督履约的情况。

（4）编写行为手册。即将培训中的重点技术、知识，尤其是那些在工作中表现不明显、需要提示的要点，概括成一个业务手册分发给受训者，以便随时查找和翻阅。

（5）采取激励的政策。为了鼓励员工在工作中应用新技术和新知识，可以在企业中设立专门的奖励政策，既可以采取表扬的方式也可以采取物质奖励的方式，对该行为予以强化。另外，上级的支持和鼓励也必不可少，管理者要对受训者在应用新技术过程中出现的小过失给予容忍、谅解和帮助，并结合具体情况为其制定新的绩效目标，以激励受训者达成新的绩效目标。

（6）应用表单。应用表单是将培训中的程序、步骤和方法等内容用表单的形式提炼出来，便于受训人员在工作中的应用，如核查单、程序单。受训者可以利用它们进行自我指导，养成利用表单的习惯后，就能正确地应用所学内容。为防止受训者中途懈怠，可由其上级或培训人员定期检查或抽查。此类方法较适合技能类培训项目。企业还可以使用员工培训情况调查表和培训成果验收表（见表9-8）来掌握企业培训的基本情况。

表9-8 培训成果验收表

提出日期：________

姓　名		职　称		部　门	
培训课程		日期/时数		地　点	
讲　师					
费用合计					
提出培训内容与现有工作相关的项目及内容，并制订改进计划： 1. 项目：1—2项 2. 目标：需要清楚的目标（量化） 3. 计划做法：提出具体做法 4. 时间：可接受1—6个月的时间 5. 考核：上级主管负责追踪考核					

说明：1. 此表适用于培训结束后，受训者依培训内容结合实际工作进行改进；
2. 主管定期追踪。

（四）积极培育有利于培训成果转化的工作环境

员工在培训后返回岗位，需要一个能够促进培训成果转化的环境。但在员工的工作环境中，存在诸多阻碍员工进行培训成果转化的因素，如：部门管理者的不支持、同事的不支持以及时间紧迫、资金短缺、设备匮乏等。培训成果缺乏转化环境造成“培训没有太大实际用处”的观点产生，对培训工作又是一大阻碍。因此，应该在组织中营造有利于培训成果转化的工作环境。图9-4描述的是组织中缺乏支持性环境所带来的后果。

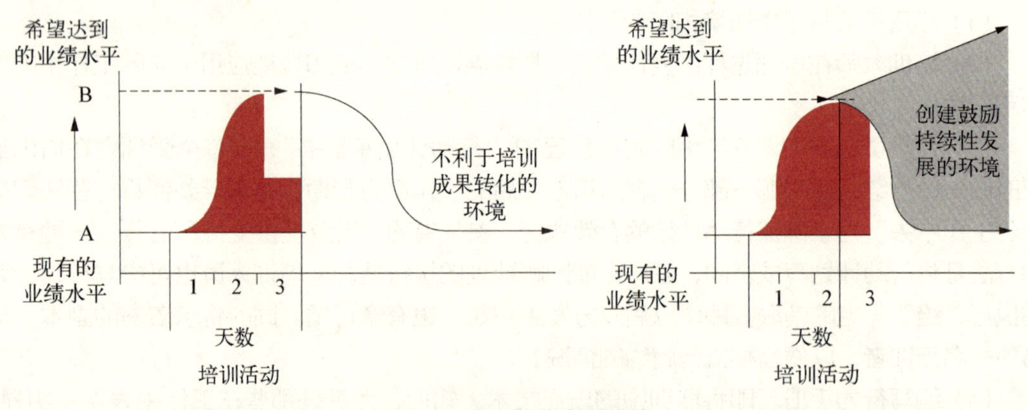

图9-4 培训后的支持环境

1. 对实践机会进行测量

员工将培训成果应用于工作的实践机会可以由管理者向他们提供，也可以由他们自己主动寻找。有实践机会的受训员工要比没有实践机会的受训员工更有可能保持住所获得的能力。对实践机会的测量主要针对已应用于工作当中的培训内容的数量、频率、难度和重要性。实践机会少说明工作环境对应用新技能有不利影响，比如，管理者没有支持培训活动或不给员工提供能够应用培训技能的工作机会，还可能说明培训内容对员工的工作并不重要，在培训项目设计与开发环节上有待改进。

2. 提高管理者支持程度

培训工作要开展下去并取得实效，取决于三个层面的态度——员工对培训的自觉参与、中层管理者对培训的积极推动和高层管理者对培训的高度支持。只要争取了这三个层面的支持，我们的培训工作才能顺利地开展下去。所以，营造积极、持久的学习氛围，需要做到以下几个关键点：根据企业的实际情况，拟订合理的培训方案，赢得高层领导的支持。在很多情况下培训者拟定的培训方案没有通过并不是领导不支持，而是拟订的方案脱离了企业实际。在培训内容各式各样、培训机构良莠不齐的现实状况下，培训者应该冷静下来仔细分析企业的实际，分析员工的工作内容，了解哪些知识是员工目前应该掌握的，哪些知识是员工将要掌握的，哪些知识是员工不必要掌握的。了解企业真正的培训需求，据此拟订出合理的培训方案，让高层领导相信培训是一种能够创造价值的投资。

如今在人力资源管理领域出现了“大 HRM”和“小 hrm”的说法。“小 hrm”，只涉及人力资源管理部门的专职人员所从事的与人力资源管理职能相关的专业工作。而所谓的“大 HRM”是指人力资源管理应该是每一个管理者必须掌握的技能。事实上，人力资源管理中的许多关键性问题绝大部分都需要由各个部门的管理者来处理，所以要确保培训成果转换，管理者的支持必不可少。管理者的支持程度越高，越有可能发生培训成果转化。那么，管理者应从哪些环节入手呢？

首先，管理者应该积极倡导和鼓励受训员工将培训中获得的新技能和行为方式应用到工作之中。尽可能帮助员工解决培训成果应用所需的各种设备和资源。当员工在应用培训内容出现失误时，不轻易惩罚和公开责难。

其次，管理者应关注那些刚刚接受过培训的员工，与他们共同讨论如何将培训成果应用到工作当中，制订具体的行动计划，并商定员工汇报阶段性进展情况的时间。

最后，采取激励和强化的手段，对那些刚受过培训就将培训内容应用于工作中的员工给予表扬和物质奖励。

3. 人力资源管理部门的督导

人力资源管理部门的督导职责主要有以下四个方面。第一，让管理者了解下属所参加的培训项目的内容，以及它与企业经营目标和经营战略的关系。把管理者应该做的促进培训转化有关事项的备忘录发给他们。第二，应鼓励受训员工将他们在工作中遇到的工作难题带到培训课程中，作为实践练习材料或将其列入行动改进计划，同时建议受训员工与管理者一道去发现和解决各种问题。第三，与管理者交流和分享在培训班上收集到的学员反馈信息，以引起管理者足够的重视，并对管理者进行培训，然后赋予他们培训自己下属的责任。第四，建议培训教师安排课后作业，让受训员工与他们的上司共同完成一份行动改进计划书。

4. 建立受训员工联系网络

无论是从学习的规律还是从转化的过程来看，重复学习都有助于受训者掌握培训中所学的知识和技能，对一些岗位要求的基本技能和关键技能则要进行“过度”学习，如紧急处理危险事件的程序等。此外，建立学习小组也有助于实现学员之间的相互帮助、相互激励、相互监督。企业可通过在受训员工之间建立联系网络来增强培训成果在工作中的应用。联系网络可以由两个或两个以上的受训员工组成，通过面对面的沟通交流或电子邮件进行沟通，使受训员工可以讨论所学技能在工作中应用的进展，并共享成功经验。他们还可讨论如何获得应用培训内容所需的资源，以及如何克服阻碍培训成果应用的不利因素。理想的状态是同一部门的同一工作组的人员参加同一培训后成立小组，并和培训师保持联系，定期复习，这样就能改变整个部门或小组的行为模式，培训人员可为小组准备一些相关的复习资料。

企业还可利用内部简讯的形式指导受训员工进行培训成果转化，在简讯中专载那些对成功应用新技能的受训员工所进行的访谈录，并向受训员工推荐一名以前参加过同样的培训项目、有经验的员工作为咨询人员，来提供与培训成果转化问题有关的建议和支持。

5. 建立一对一的辅导关系

研究表明，受训者没有应用培训内容的机会是影响培训成果转化的关键因素。一对一地由管理者进行的员工辅导能够为接受管理技能开发的管理者提供练习机会。进行员工辅导的受训者一旦在培训结束返回工作岗位之后就能实现培训成果的转化。通过员工辅导技术，受训者是在安全、隐私的环境中进行练习，并且较容易得到反馈。管理者通过一对一的员工辅导，有机会练习和掌握他们在管理技能开发培训中学习的内容并得到积极的反馈。每一位辅导员都是一周与一位或者几位受训者单独会面一次。管理者一般针对以下问题进行辅导：个人问题、项目计划、计划的执行和会对个人绩效或者他所在团队的绩效产生长期或短期影响的行为。实际上，所有的反馈都是建设性的，并且包括对员工行为进行调整的建议。

如果没有及时进行跟踪训练、反馈、对培训成果进行评估，管理技能开发很可能是最不理想的。管理者的员工辅导是一种确定培训内容成功转化为技能并在实际工作中应用的最重要的方法。已经有研究结果证明了一对一员工辅导作为一种培训成果转化措施的有效性。在没有进行一对一员工辅导的情况下，培训提高了22.4%的生产率。而在培训结束后采用一对一员工辅导的情况下，生产率的增加额几乎是前一种的四倍（88.0%）。

（五）及时跟踪调查

在受训者完成培训课程6个月后使用受训者反馈表（见表9-9）对受训者进行调查。调查受训者在这6个月时间里是否将培训内容应用于实际工作当中。企业可以建立一个自动系统来提醒管理者何时对受训者进行调查，这对所有组织来说都很重要。但是手工处理这些信息是非常烦琐的，幸好几乎所有的培训部门都已经开始使用电子数据表格软件来完成该工作。

表9-9 受训者反馈表

姓名		部门		时间	
课程		讲师		地点	
征询意见： 1. 本次培训的时间安排 □很满意 □满意 □不满意 2. 本次培训的场所 □很满意 □满意 □不满意 3. 本次培训的教材内容 □很满意 □满意 □不满意 4. 本次培训讲师表达 □很满意 □满意 □不满意 5. 服务 □很满意 □满意 □不满意 6. 本次培训对您 □很有用 □有用 □无用 7. 建议 8. 培训结束后您如何用在您的工作上					

说明：1. 培训结束后由培训部向受训者征询；
2. 作为改善培训的依据。

（六）在培训开始前、培训过程中以及培训结束的沟通

有效沟通是增强培训效果的重要手段。从培训的过程来看，培训效果不佳的重要原因之一是没有进行有效的沟通。一次成功的培训总是离不开良好的沟通，包括：培训前的沟通、培训期间的沟通、培训后的沟通。

1. 培训前沟通

目的是让受训员工知道要做什么、该做什么。训前沟通的主要对象是主管和同事。沟通的主要内容包括五个方面。

（1）培训期间要完成的任务，包括记录培训的内容，与培训讲师、其他学员沟通等。

（2）学员在哪方面存在不足，希望通过本次培训解决，或者至少提高。培训以后可以根据培训前的沟通情况进行对比，这对促进员工的培训效果是一个比较有效的方法，同时也有助于评价培训效果。

（3）为培训后的沟通做准备，即在受训之前应了解培训后要做的事情，包括汇报培训的内容、收获，受训者向培训者角色转变的准备，写培训总结等。培训后要由该员工就培训的内容给其他员工做培训，必须使用培训期间接触到的培训方法。在有些公司的培训中，此条很重要，因为培训的内容其他同事很感兴趣，很想参加此次培训，如果受训员工回来后能够很好地把培训内容传授给没有参加培训的员工，则其他员工的愿望也可以得到满足，公司就可以用较小的培训成本获得更大的培训收益。从这个意义上说，企业更应该派沟通能力和学习能力较强的员工参加培训。

（4）与企业有关的问题。例如，本企业在招聘、配置、薪酬、考核、培训等方面遇到的问题有哪些？哪些问题准备在培训期间寻找解决的办法？最好就这个问题列一个清单，在培训期间进行对照。

（5）其他不能参加培训的同事希望受训的同事能帮助他们解决的问题。

2. 培训期间的沟通

沟通的对象包括培训师、其他学员和培训机构等。沟通的主要内容是培训中没有听懂的问题和本企业存在的问题，目的是更好地掌握培训内容和本企业的问题。受训员工必须要相当了解本企业的情况，并能很好地综合这些问题，能够以最简练的语言表达出来，因为培训师的时间是有限的，不可能提供很多的时间为学员解决太多的问题，有水平的培训师更是如此。如果一个积极的受训者，培训期间没有足够的时间与讲师交流，也应留下联系方式，以便今后与讲师联系。

相对来说，与其他培训学员的沟通交流机会比与教师沟通的机会更多。每个学员都带来各自行业、企业的管理理念、方法、技能，都有不同的性格、学识、经历、背景等，对培训内容的接受程度不一，并且思考也会有不同的角度和深度。与其他学员的交流沟通不仅可以在人力资源知识、技能、方法等方面有提高，而且对于他们的表达、沟通、人际交往等方面能力的提高也是一个极好的机会。

3. 培训后的沟通

培训后的沟通最好在培训结束后一段时间进行，主要包括以下四个部分。

（1）培训会。受训员工作为培训者，给未参加培训的员工培训。培训形式包括作汇报、讲课等，形式可由培训的员工自己决定，人力资源部给予支持。之所以要在三五天后进行，是为了给这些经过培训的员工一个整理、总结、分析，并将自己转换为培训者作

准备。

（2）针对培训内容，对于如何把相关的理论方法转化为实际操作中的东西，包括制度措施、方法行为、绩效等制订一个计划。

（3）根据培训的记录和培训前后沟通的结果，整理成培训档案，作为部门的资料，既可以作为以后培训的参考资料，也可以避免因为受训者跳槽而导致培训投资流失的问题。

（4）受训者在培训后和沟通中的表现应该和考核相结合。

这样就可以达到强化、转化、消化、扩大培训效果的目的。好的沟通不一定必然有好的培训效果，但没有好的沟通必然没有好的培训效果。

（七）采用新技术、新方法和新系统

上述提到的有助于培训转化的方法，对于大部分人来说都是非常熟悉的。但是，真正实施起来的难度远远不止如此，其复杂程度、成本、时间和困难度，对人力资源开发部门来说是很大的障碍。并且一直以来，培训转化在很大程度上处于无人规划、无人管理和监控状态的一个原因是，没有找到切实可行的便利方法及跟进和支持系统来管理整个流程。新技术与新方法的产生为突破学习转化障碍带来了契机：计算机、数据库、电子邮件、广泛应用的互联网等，使同时引导和监控大批量学员的培训转化成为可能；社交网络、电视电话会议等新方法的出现使得学习转化管理系统成为可能，从而解决了培训转化的难点。社交网络的力量得到了越来越多的认可，人们也越来越希望利用社交网络来开展协作学习。是否能得到同伴支持是影响培训转化的重要因素之一，所以创建和维持一个“学习者社区”可以有力地提升培训转化的效果。通过“学习者社区”，首先，学员能够看到其他学员的反馈和最新信息，系统也鼓励学员之间不断进行交流和帮助，促进学员之间形成非正式学习氛围。对于很多学员来说，能够看到其他学员和同行分享的信息能起到立竿见影的效果，因为他们都具有相似的学习经历，也面对着相似的挑战。其次，学员可以共同分享其学以致用的具体事例，讨论此过程中遇到的意外及复杂情况，以及工作中取得了什么成果。这一方法的好处在于，可以让学员看到成功，以及成功是如何在相似的工作环境中实现的。

本章主要介绍了培训成果转化理论，影响培训成果转化的因素以及促进培训成果转化的方法。第一节主要介绍了培训成果转化的概念及理论。培训成果转化是受训者持续而有效地将其在培训中所获得的知识、技能、行为和态度运用于工作当中，从而使培训项目发挥其最大价值的过程。有三种影响培训设计（学习环境）的培训成果转化理论，它们是同因素理论、激励推广理论和认知转化理论。

第二节主要探讨有哪些因素会影响培训成果转化以及培训成果转化的过程模型。具体包括福克森的培训成果转化模型以及鲍德温和福特的培训成果转化过程模型。在最后一节中讨论了企业在培训成果转化过程中通常会存在哪些障碍，以及如何在企业中营造出有利于培训成果转化的环境，推行有利于培训成果转化的方法。

复习思考题

1. 什么是培训成果转化？

2. 什么是近距离转化和远距离转化？

3. 论述三种培训成果转化理论的主要内容及其应用条件。

4. 运用培训成果转化模型，从三个角度（受训者特征、培训项目设计、工作环境）分析某一企业的培训成果转化实例，并解释模型中的学习动机、推广、维持等概念。

5. 运用自我管理战略解决自己在学习过程中遇到的问题。

6. 分析某一企业工作环境中存在的阻碍培训成果转化的因素，并针对这些因素提出如何在企业中建立促进培训成果转化的工作环境的建议。

7. 如何激发管理者使其在培训成果转化中扮演更为积极的角色？

8. 受训者的直线管理者在促进培训成果转化过程中可以采取何种措施？在企业中如何加强培训过程的沟通？请解释什么是企业的培训文化。

网上练习题

1. 登录网址 http：//humanresources. about. com/cs/trainingtransfer/，挑选一两篇关于培训成果转化的文章，简要叙述作者提出的关于培训转化的新观点，并谈谈你的看法。

2. 培训成果的转化受到很多因素的影响，在前面的介绍中我们已经大致了解了一些，登录网址 https：//www. td. org/，可以让你更加深入地了解培训转化。

案例

SATE 培训管理模式

要改变企业培训投资效益低的状况，就必须从系统的角度重新审视企业的培训管理。SATE 系统解决方案，由“Support，领导支持机制”“Analysis，需求分析机制”“Transfer，成果转化机制”“Effectiveness，效果评估机制”四部分组成，是一种高效的培训管理模式，能有效地帮助企业改进培训课程，创造良好的培训环境，从而促进培训转化、提升培训效果。

D 公司是一家专门提供移动通信网络整体解决方案的高科技公司，多年来，其凭借领先的科技实力，取得了良好的效益，目前已是通信产业的领航人。公司高层管理者充分认识到，作为新兴高科技产业，只有迅速提高员工的素质才能在未来的通信产业立于不败之地。因此，近年来该公司与颇具知名度的 Z 培训公司合作，组织了几次大型培训。钱投了不少，可效果却都不理想，原因何在？从以下两个事例中也许能了解一二。

事例一：

小李在参加技能培训前向培训负责人反映：“新机器比我原来操作的那台复杂多了，并且在操作时总是出错。”负责人说：“也许你尚未完全掌握要领，而我们提供的这次培训就是帮助你胜任这项工作的。”然而，培训后的小李却满是疑问：“可是在培训中演练的那台机器与我的这台‘新家伙’完全不同呀！”另有技术骨干小张反映：“直属上司似乎并不支持我来参加培训，在培训期间不断布置新任务，我根本没有精力，也无法静下心来上课。”

事例二：

除了技术类的培训，公司还为中高层管理人员安排了 MBA 课程。可培训还没开始，大批老员工就声明不参加培训，他们觉得自己就这样了，没什么好培训的。于是要么推说工作忙，要么干脆请病假。另一些员工也只是本着完成任务的态度，有的甚至认为："无非是走个过场，就当放几天假，休息一下好了。"

案例剖析

问题一：纵向短路

无论培训公司多么有名，培训的投资多么庞大，如果忽视了决策层、管理层和操作层之间的联系，在培训中就会出现三个层面的纵向短路，导致"好的想法得不到贯彻"受训员工一旦发现他们所参加的培训并未真正引起管理层（直属领导）的关心和重视，他们的积极性当然会受到挫败，培训的权威性和有效性也会大打折扣。决策层本以为通过培训可以实现预定的战略发展目标，可实际却恰恰相反，甚至从此对培训工作失去信心。

问题二：良苦用心无人知

D公司制订的培训计划显然不是深入基层进行调研后得出的，而是根据企业现有岗位需求进行编制，因此才会出现学的东西用不上，培训计划既无特色又无针对性。再加上员工素质参差不齐，培训需求各异，就造成了一部分自身素质较高、有充电需求的员工因工作繁忙失去培训机会，而另一部分则因培训与需求的脱节，无法正确理解决策层的培训意图。

问题三：消化不良

管理层仅仅希望被培训后的员工能够有所改变，工作得更好，却并不关心员工如何才能运用培训所得的知识、技能来产生更好的工作绩效，认为培训是培训专家的事，殊不知培训效果是有弹性的。很多培训在当时只是给人以启发，但如果企业没有后续的效果转化措施，或在培训期间给受训者安排繁多的具体工作，员工怎能对培训中所学到的东西融会贯通？学习的自信心及激情必然大幅衰退。事例二中，员工对培训不重视或产生排斥也就成了情理之中的事。

问题四：仅仅轰轰烈烈还不够

D公司花了许多的时间、精力和金钱在培训上，却忽视了对培训效果的严格考核与评估，轻视了对培训结果的总结与反思，在一轮又一轮的培训中，相同的问题和不必要的损失不断再现。

SATE系统解决方案

由此可见，企业培训问题的产生原因并不完全在于培训公司和人力资源部，它牵涉到整个组织系统，包括：决策层（高层管理者）、管理层（各部门经理）、公司的激励制度、公司文化、公司部门结构与关系。据此，我们利用SATE来解决培训中出现的问题。

领导支持机制

成功的培训管理尤其需要企业决策层和管理层的参与和支持，否则培训工作从源头就会被卡死，因此必须建立领导支持机制。

（1）建立畅通的沟通渠道。无论是企业内部培训还是外部培训，企业的决策层必须与培训操作层（培训部门或培训公司）进行沟通，坦诚相待，使操作层明确企业的需求，将企业的真实需要编制到课程中去尽可能地防止培训内容与本企业的核心价值观发生冲突。

（2）建立起"360度评价体系"，将"培训重视程度"指标纳入其中。"360度"，顾名思义不仅上司可以评价下属，下属也可以评价上司。GE公司在考核制度中就引入了这一指标，GE 规定：一旦管理者在考核中被下属打上“不注重培训”的烙印，将对其加资晋职产生严重影响，甚至失去领导资格。当然，这种考核制度要注重一定的保密性。

需求分析机制

需求分析报告的真实性直接决定了培训内容、培训方法和培训效果考核标准设计能否科学，是培训有效的前提。便就目前来看，其准确性和科学性受到了很大的质疑，而且企业的培训需求分析大多是短期和随意的工作，无法为培训效果评估及未来培训需求的测定提供详尽的材料依据。科学的培训需求分析机制应包括以下五方面的内容：

(1) 企业的组织结构及战略目标；

(2) 企业处理业务的方式和员工的行为准则；

(3) 管理者对员工工作业绩的要求；

(4) 顾客的需求；

(5) 员工的自我评价。(这是最好的信息来源，能不能胜任工作，员工比谁都清楚。)

成果转化机制

培训的终极目标是增长企业自身的价值，使培训成果转化为员工的职业行为和企业绩效。因此，培训活动仅仅是一个开始，成果转化机制的建立才是问题的关键。

成果转化机制应由以下三个相互独立的子机制组成。

(1) 设计子机制。为了加速培训成果的转化，操作层在进行培训项目设计时应尽量注意培训活动、环境、反应与工作状态的相似性，利于受训者将所学技能顺利地转化到工作中去。一般而言，采用情景模拟、视听培训、行为模拟、角色扮演、管理游戏的培训方法。

(2) 激励子机制。分为物质激励和精神激励，我们推荐建立技能工资体系。在此工资体系中，薪资直接与员工所拥有的知识或技能挂钩，有效促进员工参加培训的积极性，提高员工将培训成果转化为工作技能的主动性。该制度要求对员工的工作技能进行阶段性评估，对评估优异的员工给予适当的加薪，避免培训成果递减的问题（技术遗忘）。形成以物质激励为主，精神激励为辅的激励体制。

(3) 反馈子机制。在员工热情的参与培训之后，培训负责部门有义务将员工的培训成绩、培训评价结果，通过书面材料、小型会议或公司局域网的方式反馈给他们，让员工了解自己的参与是否发挥了应有的作用，同时还能帮助员工进一步了解企业的培训目标和企业所期望的绩效水平。快速有效的反馈机制也使得企业高层及培训部门既能照顾到企业整体问题，又能及时了解一些重要的细节，增强培训效果。

效果评估机制

(1) 合理的评价指标体系。主张建立全面、科学的三级评价指标体系。

一级评价的对象是员工个人，该级指标主要包括：员工参加培训的态度、考试或考核的成绩等。评价的结果应与员工的晋级及浮动奖金直接挂钩。

二级评价的对象是职能部门或分公司，该级指标主要包括：各职能部门或分公司对培训的参与、支持程度及参训人员在培训中的表现及所得到的评价等。该级的评价结果与部门的业绩奖金、部门领导的业绩评价相挂钩。

三级评价的对象是整个公司，该级指标是公司整体培训效果。评价时应把定性评价与定量评价、短期评价与长期评价结合起来，同时采用联席评价会议的方式进行。该级评估结果仅作为公司下一步培训改进借鉴之用，并作为公司档案保存，而不与任何单位、部门与个人的利益挂钩。

（2）评估方式的正确选择。可供实践中采用的评估方式主要有四种：后测、前后测、后测加对照组、前后测加对照组。评估方式的选择不是任意的，应根据企业进行评估的目的进行选择。若评估目的是比较两个项目的效率或判断员工培训前后技能变化，则采用相对严谨但费用较大的前后测加对照组；若目的是测试培训成果转化后的职业行为是否达到绩效水平，则只需选择较便捷和节省费用的后测方案即可。总之，应尽量考虑到效果与效率。

资料来源：金招弟，孙谨，徐斌，袁山林. SATE 培训管理模式［J］. 中外管理. 2003（10）.

第三部分　职业开发与组织发展

Theories and Methods of Training & Development

第十章　职业开发

【学习目标】

通过本章的学习，应该重点了解和掌握以下内容：

1. 职业与职业发展的基本概念；
2. 职业生涯开发与管理的重要意义；
3. 职业生涯开发的基本思路；
4. 职业发展阶段的基本理论；
5. 个人导向与组织导向的职业生涯管理模型。

【开篇范例】

腾讯公司的职业生涯通道设计

腾讯公司职业发展体系的建立，旨在为帮助员工根据自身特点，有效规划管理职业生涯、提高专业能力和长期工作绩效，以及帮助公司有效规划人力资源、提升组织能力和满足公司发展需要，最终实现员工职业发展与公司发展双赢。

双通道的职业发展体系

腾讯职业发展系统分为员工职业发展体系与干部领导力体系。公司员工依据所从事职位，必须且只能选择对应的某一职位类作为职业发展通道；为保证管理人员从事管理工作的同时，不断提升专业水平，除总办领导以及执行副总裁以外的所有管理人员必须同时选择市场族、技术族、专业族的某一职位类作为其专业的发展通道，走双通道发展。

这意味着，在职业发展体系的支持下，员工可以同时在领导力通道以及职业发展通道上发展职业规划。各职业发展通道的设置建立在职位类基础上，目前腾讯职位体系可划分为管理族、市场族、专业族、技术族及操作族5个职位族，21个职位类；各职位类下设若干职位。

其中，市场族分为产品类、销售类、客服类、销售支持类、内容类；技术族分为软件研发类、质量管理类、设计类、技术支持类；专业族分为战略类、企管类、财务类、人力资源类、法务类、公共关系类、行政类、采购类；管理族分为领导者、高级管理者、管理者、监督者。

职业发展通道等级划分

技术族、专业族、市场族的各个职业发展通道均由低到高划分为6个等级：初做者、有经验者、骨干、专家、资深专家和权威。根据管理需要，每个级别由低到高可分为基础等、普通等和职业等三个子等级。基础等是指刚到达基本能力要求，尚需巩固；普通等是指完全达本级别各项能力要求；职业等是指本级别各能力表现成为公司或部门内标杆。

资料来源：董晨阳. 全球四大名企的职业生涯规划 [J]. 职业 2014（34）.

如今许多公司都像范例中所提到的腾讯公司一样给其员工设计了双重职业生涯发展路径，因为人力资源管理的一个基本假设就是，组织有义务最大限度利用人力资源的能力，并为每个人都提供一个不断成长以及挖掘个人最大潜力和创造职业成功的机会。这种趋势得到强化的一个信号是，许多组织越来越重视职业开发。

那么究竟什么是职业开发？职业开发的理论以及具体实践做法如何？本章将对上述内容进行重点阐述。

第一节　职业开发的概念及意义

一、职业生涯与职业发展的基本概念

关于职业生涯的定义，可谓仁者见仁，智者见智。从传统角度来看，职业生涯主要包括如下三种含义：① 职业生涯是个人在某种职业中的一系列职位的集合。如一位老师可以在大学担任助教、副教授和教授等一系列职位。② 职业生涯是个人在组织中的工作历程的再现。如一名商学院的毕业生进入一家咨询公司后，其最初的职位可能是见习咨询师，随着其工作经验的日益丰富以及工作业绩的不断提升，其职位可能会逐渐提升为咨询师、高级咨询师、资深咨询师、首席咨询师等。③ 职业生涯是指个人在职业或组织内部，所获得的进步或取得的成功，因此，获得提升是职业生涯的基本特征。

从上述定义中我们发现，传统的职业生涯的定义暗含着稳定、长期、可预测、组织驱动、纵向移动等基本特征，这些标志在现代组织中都很难找到。现时期关于职业生涯的定义包括易变性职业生涯与多元职业生涯。易变性职业生涯的主要特征是，员工个人而不是组织，掌控自己的职业生涯发展，个人可以根据其需要彻底改变职业生涯，个人在力求实现自身价值与理想的过程中所做出的选择（参加工作、接受教育和其他活动）就构成了职业生涯。易变性职业生涯观点突出和强调了终身学习以及自我开发是职业生涯发展的重中之重。多元职业生涯概念认为传统的职业生涯管理模型用线性职业生涯（在既定的职业领域中逐级提升而获得职业发展）或专家型职业生涯（在既定的专业领域中不断取得新的、更高的成就）的概念来满足个体职业发展的需要，现时代组织一般使用过渡型或螺旋型（跨越不同的职业族）的职业生涯的概念，因而能够更有效满足员工的个性化的职业发展要求。现代知名的职业生涯专家格林豪斯（Greenhaus）与施恩认为，“职业生涯是贯穿于个人整个生命周期的、与个人的工作相关的经历的集合”。

本书认为，**职业生涯**的定义应当包含如下几个方面的基本内容：其一，职业生涯是与个人的生命周期相伴而生的，它反映了个人生命周期中与工作经历相关的方面；其二，职业生涯不仅包括客观的工作，而且包括个体对这一客观工作的主观反应；其三，职业生涯反映了向前发展的基本趋势，而且强调指出所有人都有自己的职业生涯；其四，职业生涯的概念不仅要包括工作及个体对工作的主观反应，而且还应包括一些非工作因素，如个人的兴趣、爱好、技能，组织和环境对个体职业生涯的发展影响颇大。

职业开发是指确保个人职业规划与组织职业管理的目标一致性来实现个人与组织需要

的最佳结合。它包括两个基本活动：职业规划与职业管理，它们共同构成了职业开发循环的两端。**职业规划**是一项经过深思熟虑的计划，是个人为了了解和控制自身的职业生涯而实施的一项行动，它包括个人评估和了解自身的优势与劣势、组织存在的机会与限制，从而选择和确定自己的职业目标，并为了实现这些目标而进行的一系列准备工作，如接受教育、积累工作经验等。虽然个人不必独自开展这些活动，他们可以从专业的职业发展咨询师、主管等组织内部和外部人员那里得到帮助，但是，职业生涯规划的重点还是员工个人，因为他们是职业生涯规划的主角。

职业管理是指组织为了促进员工职业生涯的发展，所采用的一个督导与监控员工个人职业生涯规划和发展的持续的过程，通常与组织的职业生涯管理系统相适应。虽然职业生涯管理包括组织帮助个人设计和实施职业生涯规划的活动，但其重点在于提高满足组织预期的人力资源需求的机会，尤其是满足组织未来的高级管理人员的需求计划。在大多数组织中，职业生涯管理的主要形式就是管理人员的继承计划。

个人职业生涯规划与管理是以自我价值实现和增值为目的，自我价值的实现和增值并不局限于特定的组织内部，员工可以通过跳槽实现个人发展目标。组织职业生涯管理则是从组织的角度出发，将员工视为可开发增值的人力资本，通过协助员工在职业目标上的努力，谋求组织的持续发展。组织职业生涯管理带有一定的引导性和功利性。它帮助员工完成自我定位，克服完成工作目标中遇到的困难挫折，鼓励将个人职业生涯目标同组织发展目标紧密相连，并尽可能多地给予他们发展机会。由于职业生涯管理是由组织发起的，通常由人力资源部门负责，所以具有较强的专业性、系统性。职业生涯规划和职业生涯管理互为补充，互相强化，有效的职业生涯发展要求在两者之间取得适当的平衡，即要求组织和个人之间要有机地合作，组织可以在该闭环的任意环节上施加影响，进行干预。

二、职业开发的重要意义

职业开发对于员工个体，对于员工所在组织都有重要意义。

（一）对员工的重要意义

通过职业开发活动，员工可以认识到自身的兴趣与爱好所在，可以发现自己的优势与不足，可以更加清楚地了解组织内部存在的职业发展机会，能够更加准确地确定自己的职业发展目标，在组织的帮助和支持之下，制定具体的职业发展行动计划，从而促成其职业生涯发展目标的实现。

（二）对组织的重要意义

从公司角度来说，如果不能组织有效的员工职业生涯开发和管理活动，不仅在关键时刻难以寻觅到合适的管理者继任人选，在日常经营过程中，员工由于感觉不到组织对自身职业生涯发展的重视，士气下降，事业发展受挫，因而对组织的忠诚感会下降，尤其是在公司发生了兼并、重组或裁员之后，如果没有认真地组织有效的员工职业生涯管理与咨询活动，员工的情绪和士气受到的影响会更大，会影响到员工队伍的稳定性和作业效率。有效的职业生涯开发与管理活动不仅能够满足组织的人力资源需求计划，增强组织培训与开发经费使用的针对性，而且能够充分调动员工的工作积极性，实现组织与员工之间的双赢。如果组织不加强对员工职业生涯的开发和管理，很难留住优秀人才。事实上，许多优秀的企业一直将员工的职业生涯开发与管理工作当成企业人力资源管理的核心工作来抓，为此设置专业的职业生涯管理人员和专门的组织部门，有效的职业生涯管理体系成为企业吸引和保留优秀人才的重要措施之一。

三、思考职业开发问题的两个基本角度

思考职业开发问题应该同时考虑两个方面：一是组织所面临的外部环境条件，二是组织内部的组织与管理状况。我们在上文中已经介绍，传统的职业生涯定义认为职业生涯具有稳定、长期、可预测、组织驱动以及纵向移动等特征，这些基本特征源自当时的组织面临的内外部环境条件。职业生涯的传统定义反映出企业所处的外部市场竞争程度还不太激烈，企业在一个近似稳态的环境中开展经营活动，因此，企业内部的组织架构和业务流程在相当长的一段时期内可以保持不变，商业活动基本上可以做出预测，并购重组、兼并破产不仅不多而且少见，在这样一种平和的内外环境之下，企业可以为员工设计出稳定、长期、可预测、组织驱动以及纵向移动的职业生涯路径。事实上，许多传统企业至今仍然奉行这种观点，倡导并力行“家长式”的企业管理模式，组织与员工的心理契约反映了只要员工踏踏实实为组织工作，组织将为其提供长期、稳定、安全的职业保障，员工在进行职业选择的时候看重的是组织能否为其提供一份终身就业的机会。但是，组织面临的内外部环境已经发生了巨大的变化。过去的十年是快速变化、激烈竞争、商务全球化的十年，是组织结构扁平化的十年，是形成短期的、缺乏忠诚纽带的雇佣关系的十年。过去十年的急剧变化，使“家长式”的雇佣关系受到重大挑战。传统的雇佣关系的存在需要具备两个基本条件——外部市场环境变化不太剧烈，基本上是可预测的；组织内部结构十分稳定——在当今时代都已荡然无存，稳定、可预测已经被变化不定和高度不确定性所代替，并购重组与兼并破产随时都可能发生。由于裁员和人员外聘等组织活动，雇佣关系已经发生了变化，为了雇主和雇员共同的利益，家长式统治已经让位于交换关系，长期工作保障的承诺让位于由员工对自己未来负主要责任，传统的获取某种头衔的目标也已让位于保持雇佣能力的目标。

新型的雇佣关系给组织的职业生涯开发与管理工作带来了巨大冲击。正如国外一家公司在实施大规模裁员时所称：我们不能向你保证我们将会在此商业领域维持多长时间；我们不能向你保证我们不会被收购；我们不能向你保证这里有提升的空间；我们不能向你保证当你到达退休年龄时，你的工作将会存在；我们不能向你保证有足够的钱支付你的养老金；我们不敢期望你永恒的忠诚，我们甚至不确定我们想要它。新型雇佣关系下员工应主动承担起职业生涯发展的责任，增强自己的技能，提高自己终身就业的能力，认真研究雇主的企业和所处行业的性质，发现并把握其中的职业机会。无论是在传统行业还是在新兴行业，大力倡导并身体力行员工职业生涯发展的企业将极大地增加自己吸引优秀人才的砝码，有效的员工职业生涯发展机制是企业吸引人才的有力措施之一。

第二节　职业发展理论与模型

本节主要介绍与职业发展相关的几种理论，以及传统与现代的职业发展模型、个人导向与组织导向的职业生涯管理模型。

一、职业发展阶段理论

（一）施恩和埃里克逊的成人发展阶段理论

当代著名的职业生涯管理专家施恩教授，根据人生的不同年龄段以及不同时期人所面临的问题和承担的任务的不同，对人的生活和发展阶段作了如下划分。

第一个主要阶段——大约从少年开始至30岁前后，是离开家庭进入成人世界的时期。在这一时期，既要成家又要立业，充满了能量、理想与热情，往往非常自信，但是，所做的承诺事实上在相当程度上是暂时性的，有待以后重新进行评估。

第二个主要阶段——进入30岁的一段时间是重估的第一个主要时期。对于大多数的人来说，在这一时期，一个人要认真测试自己二十几岁时所做出的诸多承诺，重新审视自己并确定新的理想、价值观与行为取向，人生进入或稳定或发生重大改变的一个时期，工作的现实情况、婚姻家庭以及自我发展的实际状况，要求其做出慎重的抉择。之后，便进入了一个更长的“持久性承诺”时期，通常被描述为“安下心来”和“安常处顺”。

第三个主要阶段——40岁左右，多数人面临某种“中年”过渡或“危机”。此时，要做出“永久性的承诺”，并把这些承诺的结果同早年的梦想、抱负进行对比、评估，出现较大的不一致性实属正常。在这一时期，他不仅要继续做出选择，而且还要以客观、平和的心态去接受早年所做抉择产生的后果，人将变得更加开朗，更容易接受外部世界。而且，在这一阶段他将了解自己成年或未成年的子女。至关重要的一点是，他将在重新审视自己、自我接纳的基础上寻找到问题与结果、理想与现实的平衡点。紧接着是40多岁到50岁前，将第一次认识到“空巢”这一现实的问题，子女业已长大成人，另立门户，抚养儿女的义务以及父母的角色已经完成，重新确立与配偶的亲密模式，开始新的生活方式，如更多地与下属或其他人交往，并做出一生最后一次职业抉择——继续往上爬、讲求安稳或重新选择职业。

第四个主要阶段——50岁之后。当这些问题解决之后，便进入了相对稳定和自我满足的时期，这时，人变得持重、宽厚，比以往更珍惜老友关系，同时感到体力不支、身心衰弱，可能会有一种岁月如流、时不我待的感觉，不得不为日后的健康和养老做些准备。60岁至去世是人生的一个重要时期，不仅要面临主动退休或被迫离职的问题，而且要正视身体愈发衰弱、配偶或亲友去世的创伤等诸多现实，因此，保健是最主要的问题。

施恩教授基于其“全面人”的理论观点，将成人的职业发展划分为四个不同的阶段或时期，埃里克·埃里克逊（Eric Ericson）在其成人发展模型中将成人的职业发展划分为八个不同的阶段（见表10-1）。事实上，埃里克逊八阶段划分法中的后四个阶段与施恩的四个阶段有着异曲同工之妙。

表10-1 埃里克逊的成人发展模型

发展阶段（关键点）	年龄范围（年）
1. 基本的信任VS误信	婴儿期
2. 自主VS羞愧和犹豫	1—3
3. 创造VS过错	4—5

（续表）

发展阶段（关键点）	年龄范围（年）
4. 勤奋 VS 自卑	6—11
5. 身份确定 VS 角色混淆	青春期
6. 亲近行为 VS 孤立	青年
7. 养育能力 VS 停滞	中年
8. 自我完善 VS 失望	成熟

职业生涯发展的阶段观点比较实用，可以帮助个人和组织预测不同发展阶段所表现出来的带有一定普遍性的危机和挑战，从而可以制定相应的计划以解决这些问题或减小它们带来的损失。但是，这种划分方法存在两方面的缺陷：一是职业生涯发展阶段因人而异，个人的职业生涯发展各具特色；二是据以划分阶段的依据（要么是年龄，要么是生活经历，要么是两者的某种组合）还值得商榷。

（二）莱维森的成人发展时期理论

丹尼尔·莱维森（Daniel Levinson）认为成年人的生命经历存在一个隐藏的顺序，他称之为生命周期。他将人生的重要阶段（称为时期）比喻为季节，之所以使用这一比喻，是因为在以下方面这些时期的特性和一年中的季节相似：它们的性质不同；每一个季节都会发生变化；在每一个季节中都有一个同属于两个季节的过渡期；相对于其他的季节而言，没有一个季节是更好或更坏的；每一个季节都对生命有独特的贡献；在一个人的生命中有四个季节或时期。

莱维森提出的四个时期分别是未成年期、成年早期、中年期和成年后期。每一个时期都包含稳定期和过渡期，稳定期一般持续 6 年，而过渡期一般是 4 年或 5 年。两个时期之间是过渡期，又称为交叉过渡时期，大约历时 5 年，此时期标志着一个时期的结束和另外一个时期的开端（莱维森的成人发展时期理论如图 10-1 所示）。

莱维森的成人发展时期理论意义重大。他的模型建立在事实基础之上，与早期关于成人生命发展的观点（如施恩和埃里克逊的观点）相一致，但同时又超越了它们。莱维森的时期观点与他们观点最大的不同在于，他指出人们在发展过程中，在由低级阶段发展到高级阶段的过程中，存在一个过渡时期。在这一过渡时期中，个人将反思和检查过去的阶段中存在的问题，并积极寻找对策，以期在下一个更高级的阶段中解决这些问题。

二、生涯建构理论

生涯建构理论（Career Construction Theory）由塞维克斯（Savickas）提出，主要探讨的是个人如何通过一系列有意义的职业行为、工作经历来构建自身职业生涯发展过程。生涯建构理论由职业人格（vocational personality）、生涯适应力（career adaptability）和人生主题（life theme）三部分组成，回应了个体职业行为中“是什么（what）”“怎么样（how）”以及“为什么（why）”三个问题。生涯建构理论通过研究职业人格、生涯适应力和人生主题，试图使它的研究范围尽可能全面。

（一）职业人格

职业人格涉及与个体生涯相关的兴趣、价值观、需求和能力等。生涯建构理论把与生

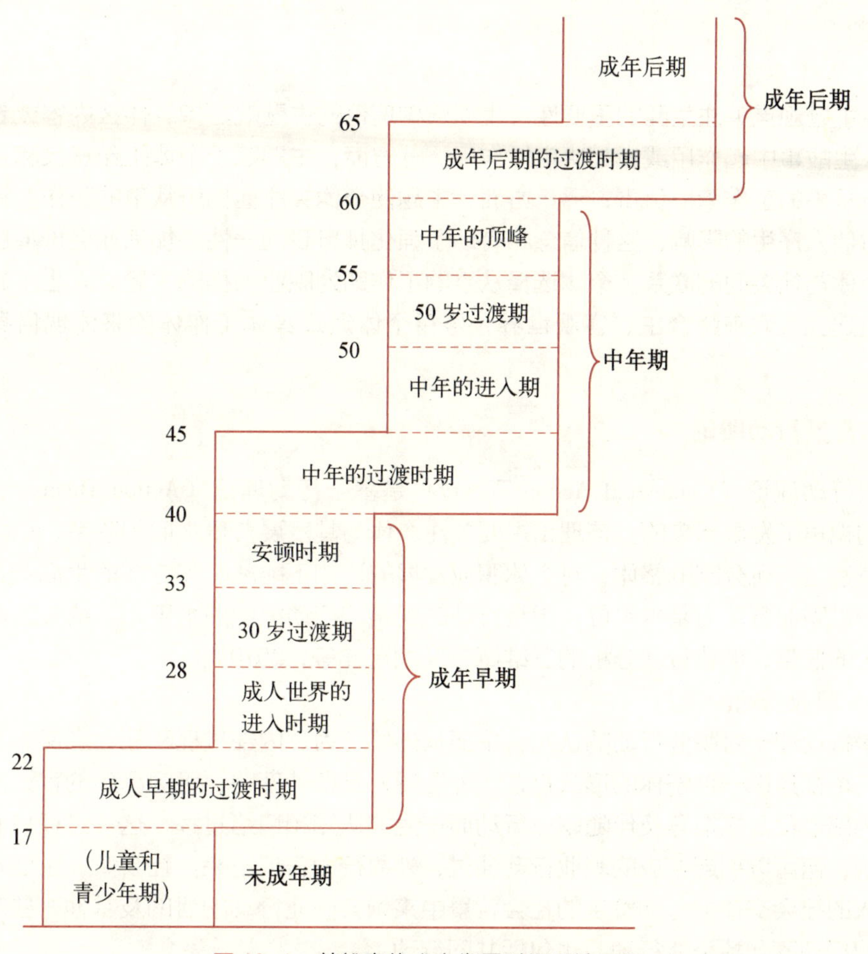

图 10-1 莱维森的成人发展时期理论图示

资料来源：D. J. Levinson, C. N. Darrow, E. B. Klein, et al. *The Seasons of a Man's Life* [M]. New York Knopf, 1978.

涯相关的兴趣及其他特质视为适应策略。适应策略是个体在适应环境的过程中，由长期使用的策略组合在一起而形成的风格。把具有相同或相似风格的人集聚在一起，则此类群体具有的共同适应风格被称为一种人格类型。因此，职业人格是一种社会建构的类别，受特定时间、地方和文化的影响，不是客观存在的实体。

（二）生涯适应力

生涯适应力分为四个维度：生涯关注（career concern）、生涯控制（career control）、生涯好奇（career curiosity）和生涯自信（career confidence）。每一个维度都有一个核心的问题需要个体做出回答，即“我有未来吗？”“谁拥有我的未来？”“未来我想要做什么？”和“我能做到吗？”。生涯关注可以帮助个体确立未来；生涯控制可以使个体拥有自我选择未来的权利；生涯好奇可以加速个体对可能自我和职业的探索；生涯自信可以促使个体建构完美的未来并克服困难。个体生涯适应力的发展贯穿于这四个维度，最终形成与其生涯规划、决策和调整有关的独特的态度、信念和能力。个体既可以运用这些特定的态度、信念和能力形成问题的应对策略，也可以运用这些策略和行为将职业自我概念和工作角色整合起来。

（三）人生主题

人生主题观点关注生涯的重要性。生涯建构理论的主题就是指，什么内容或者要素在个体的人生故事中起作用或者起决定性作用。一方面，主题赋予个体工作意义和目的，使个体对所从事的工作承担负责；另一方面，主题使个体关注他们所从事的工作对社会的贡献以及对他人产生的影响，这种信念将有助于强化其自我同一性，加强社会价值感、个体间以及个体与社会间的联系。个体选择从事的工作即为职业人格的主题。人生主题理论让我们通过建立关联来整合主、客观世界，号召个体通过具体工作体验来体现自身价值和能力。

三、背景行动理论

背景行动理论（Contextual Action Theory）是基于行动理论（Action Theory），并在建构主义的视角下发展而来的。该理论主要关注个体与其发展背景之间的联系，认为个体与其发展背景是不可分割的整体，对个体职业发展的认知不能离开其存在的生活背景。背景行动理论以职业行动为基本单位，围绕行动的视角、行动组织的水平和系统三方面来构建这一理论的框架，形成行动分析的三维概念（曲可佳等，2010）。

（一）职业行动的视角

背景行动理论对职业行动的认知，主要从外显行为、内部过程和社会意义等三个视角获取，三个视角以一种整体的形式存在。外显行为是指外部的、可观测到的言语及非言语行为。内部过程是指指导及伴随职业行动而产生的认知和情绪过程，这一过程只有个体才能感受到，但可以引起相应的职业行动通过，外显行为表现出来。社会意义主要是指从个体与他人的社会交往或行动发生的社会背景中来领会职业行动的目的及其他一些特征。此外，职业行动既包括个体行动，也包括共同行动。

（二）职业行动的组织水平

背景行动理论认为职业行动是在基本要素、功能性步骤以及行动目标这三个水平上进行组织的活动。行动要素包括构成基本行为的心理、身体以及环境资源、个体所拥有的习惯、行为、技能等。功能性步骤是指个体为实现职业目标而采取的一系列相互衔接、变化及前后顺序的活动或方法。行动目标就是职业行动期望达到的状态，代表了个体选取的职业行动过程的意义。

（三）职业行动的系统

职业行动系统是具有时间概念意义的，是职业生涯、职业项目、职业行动三者嵌套关系的组合。在一段时间内具有相同目标的不同职业行动构成职业项目。对个人具有十分重要的作用并长期存在着的职业项目构成职业生涯。职业行动、职业项目和职业生涯之间的关系不仅体现了时间概念上的关联，也关注了背景的重要意义。职业行动、职业项目和职业生涯把行动、计划和目标联结为一个过程，以便清晰地认识到职业发展过程的连续性和长期性。

四、生涯混沌理论

普莱尔和布莱特（R. G. Pryor and J. E. Bright，2003）提出了生涯混沌理论（The

Chaos Theory of Careers），认为一个人的职业生涯是一个复杂的系统，能够自我组织，但同时容易受到不可预测的变化。该理论借鉴了来自数学和物理学等自然科学领域的混沌理论的关键原则。“混沌”并不是浅显的杂乱无序，而是指确定的系统形成的非周期性行为，这是混沌系统的内在随机性所确定的。

生涯混沌理论认为，影响职业生涯发展的因素有许多（复杂性），一些是个体自己计划的、可预测的（计划性），一些是个体没有预测到的（偶然性）。未预测到的事件可能会使已有计划混乱，让事件向未知的轨迹延伸发展，并在其他因素的影响下不断地变化方向（变化性），最终形成一种复杂的动态系统。该系统蕴含的复杂性、变化性、偶然性和非线性是其区别于其他生涯理论的主要特征，主要解释如下。

（1）复杂性：复杂动态系统中有许多影响因素，这些因素不仅各自对生涯发展产生影响，彼此之间也存在相互作用，使系统整体变得非常复杂。

（2）变化性：复杂动态系统中的影响因素处在不断变化状态中，这些因素造成的生涯发展结果也是不断变化的。稳定只是相对状态，整个系统都处在不断的动态变化中。

（3）偶然性：复杂动态系统中的影响因素并不全都在计划内，也有突发的偶然事件，人们的掌控能力是有限的，无法完全预测和控制事件的发生。

（4）非线性：线性系统中，如同加法算术一样，所有综合因素的总和就可以得到整体；而在非线性系统中，所有因素的总和却可能小于或大于整体。职业生涯发展是一个复杂、非线性变化的过程，微小的差别可能会对个体的生涯发展产生巨大的影响。

此外，还有系统性（各种影响存在联系）、生成性（形成独立于之前组成成分的新的特征）。

五、传统与现代的职业生涯发展模型

（一）传统的职业生涯发展四阶段模型

长期以来，理论界一直认为职业生涯发展经历了四个阶段：探索阶段、立业阶段、（职业）维持阶段和离职阶段。每个不同的职业生涯发展阶段都有不同的开发任务、开发活动和开发关系（见表 10-2）。

表 10-2 传统的职业生涯发展模式

	职业生涯阶段			
	探索阶段	立业阶段	维持阶段	离职阶段
开发任务	了解个人兴趣、技能，使自己与工作相匹配	进步、成长、安全感，探索生活方式	继续做出成绩，更新技能	退休计划，在工作与非工作计划中找到平衡
开发活动	帮忙、学习、按指令行事	做出独立的贡献	培训、制定政策帮助他人	逐步结束工作
开发关系	学徒	同事	导师	元老
年龄	30 岁以下	30—45 岁	45—60 岁	60 岁以上
工作年限	少于 2 年	2—10 年	10 年以上	10 年以上

1. 探索阶段

在**探索阶段**，人们尝试着去寻找自己感兴趣的工作，他们会考虑自己的兴趣、价值观和工作偏好，并从自己的亲朋好友那儿收集和获取有关职业和工作的信息。在这一阶段，人们还会为了自己未来的职业做相应的准备工作，包括接受必要的教育、参加相应的培训，通常这一阶段从十四五岁持续到二十几岁，在人们开始了第一份工作之后，会继续进行探索。就大多数人来说，第一次参加工作，如果没有他人的指导和帮助，往往难以有效地完成工作任务，很难担当工作角色。因此，在很多情况下，新雇员都被看作学徒。从公司的角度来看，必须对他们进行岗前培训和必要的社会化活动，以帮助他们尽快地适应组织的工作环境。

2. 立业阶段

在**立业阶段**，人们在公司中都已经找到了自己的位置，能够做出独立的贡献，能够承担更多的责任，收入水平相对较高，力求构建一种美好的生活方式，他们希望自己被看作公司的栋梁之材和有功之臣，期望从同事、主管以及正式的绩效评估中获得对自己的评价。就处于该阶段的员工而言，组织要想办法帮助他们协调工作与非工作的角色，要号召他们积极参与到职业生涯的规划活动中来。

3. 维持阶段

在职业**维持阶段**，处于该阶段的员工，一方面希望组织和同事能够继续视自己为组织的功臣，能够继续为组织做出贡献；另一方面，他们非常迫切地希望能够有机会更新自己的技能，提高自己的水平和能力，以免被淘汰，或是尽量推迟和避免“职业高原”的到来。但是，处于这一阶段的员工，通常工作经验非常丰富，专业技能十分娴熟，对组织的规章制度和运营模式，组织对员工的期望和要求，以及组织内部的各种人际关系的看法也十分中肯，因而，他们非常适合担任组织的培训师资和新进员工的导师。就组织角度而言，最关键的问题就是要促进处于该阶段的员工的技能更新与继续获得新的工作技能。

4. 离职阶段

在**离职阶段**，雇员要准备调整其工作活动与非工作活动调动时间比例，还要注意调整退休前和退休后的心态。就大部分员工而言，到了退休年龄，都会选择退休，去从事一些自己感兴趣的娱乐或家务活动，但是，还有很大一部分到了退休年龄的老员工，他们并没有直接离开工作岗位，退休或离职对他们而言只是工作时间缩短了一些，或是重新换了各工作场所而已。我们经常可以看到或是听说，许多老员工退休之后被返聘的事情，事实上，他们中的许多人担任组织的顾问工作非常合适。随着人口老龄化现象的日益突出以及退休年龄不断推迟的事实，对于正常处于离职阶段的员工而言，组织在职业生涯开发和管理中的主要职责是妥善组织退休工作并积极开展老年人的职业生涯咨询活动，因为许多老员工又将开始新的人生旅程以及新的探索过程。另外，就这一阶段的员工而言，许多组织都存在的一个问题是准备实施提前退休计划。提前退休计划是一项非常复杂、敏感和棘手的工作，它不仅是一项正常的企业经营活动，而且可能是一项关系重大的企业内部政治化运动，因此，要高度重视和妥善处理。

虽然个人的职业生涯阶段千姿百态、各具特色，各个阶段出现的时间早晚也不尽相同，但是，传统的职业生涯发展四阶段模型仍然具有十分重大而普遍的意义。组织和个人可以基于不同阶段的基本特征以及可能出现的典型事件，施加相应的预防和管控措施，对员工的职业生涯开发活动确实能够起到未雨绸缪和事半功倍的作用。

经济全球化，人口老龄化，技术变革日新月异，新型雇佣关系的出现，工作团队的出现，组织结构扁平化趋势的日益明显，都对如何看待职业生涯有着重要影响。基于组织内外部环境的巨大变化，而且这种变化还在以加速度推进，学者们开始怀疑传统的职业生涯阶段观点在当今时代究竟还是否适用。职业发展的现代观点认为，个体（和组织）必须极具灵活性和适应性，以便在多变和不确定的环境中取胜。

（二）现代职业生涯发展模型

1. 模型之一：易变性职业生涯模型

易变性职业生涯的主要特征是，个人而不是组织掌控自己职业生涯发展，个人可以根据其需要彻底改变职业生涯，个人在力求实现自身价值与理想的过程中所做出的选择（参加培训、接受教育、寻募工作等活动）就构成了职业生涯。易变性职业生涯观点指出，任何一个工作既有高峰也有谷底，个人会经常从一个工作族转换到另一个工作族，个人的职业生涯由一系列的“探索→试验→掌握→离开”的“微小阶段”构成。因此，个人的生理年龄并不是区分职业生涯发展阶段最好的标志，而个人的职业年龄可能更加合适。易变性职业生涯观点突出和强调了终身学习以及自我开发是职业生涯发展的重中之重，其基本寓意是职业生涯管理要具有前摄性。

2. 现代职业生涯发展模型之二：多元职业生涯模型

多元职业生涯模型认为存在四种不同的职业生涯模式或职业生涯概念。这四个职业生涯概念分别是：**线性的**——提升到组织等级结构中责任更大、职权更高的职位上，个人为权利和成就期望所激励。线性的职业生涯概念被认为是传统的职业生涯观点，在许多传统企业中仍然十分常见。**专家的**——热爱一个职业，着重于在一个特定领域获得知识和技能，在传统的等级结构中很少能获得提升，更多的是从学徒到专家，受到能力和稳定性的激励。**螺旋形的**——通过在相关职业、专业和学科进行阶段性（通常是7—10年）移动而取得进步，有足够的时间以便在移动之前在特定领域内获得较高的能力水平，激励因素包括创造性和个人成长。**过渡的**——通过在毫不相关的工作或领域之间进行频繁（通常是3—5年）转换而取得进步，这是一种非传统的职业生涯发展路径，其激励因素主要包括寻求变化与独立性。

传统的职业生涯管理模型用线性或专家型职业生涯的概念来满足个体职业发展的需要，现代组织一般用过渡型或螺旋形的职业生涯概念来满足个体职业发展的需要，这就要求组织在充分考虑到战略与职业生涯文化发展需要的基础上，有效满足员工个性化的职业发展要求。多元职业生涯概念的出现顺应了组织结构扁平化变化的需要。

无论是传统的职业生涯发展阶段模型，还是现代的易变性职业生涯发展模型与多元职业发展模型，没有绝对的好与坏之分，最适应的就是最好的。就大多数传统企业而言，无论他们是在西方发达国家，还是处于发展中国家，可能传统的职业发展模型更加适用，而在一些高科技企业和专业化服务领域的企业，后者可能更加有效。正如我们在本章开头部分所说，思考职业生涯发展问题应该基于企业内外部的现实环境条件。

六、个人导向与组织导向的职业生涯管理模型

上面我们分析了如何思考职业生涯管理的基本环境问题，接下来，我们将介绍具体的职业生涯管理活动和模型。从职业生涯管理活动的实施主体来看，大体上可分为两种职业生涯管理模型：个人导向型的职业生涯管理模型和组织导向型的职业生涯管理模型。

（一）个人导向型的职业生涯管理模型

个人的职业规划和管理战略制定中的 SWOT 分析一样。在 SWOT 分析中，S 代表组织优势，W 代表组织劣势，O 代表机会，T 是组织面临的威胁。而个人在做职业发展规划的时候，首先要做个人评估，了解自身的优劣势、组织中存在的机会和限制。在这个基础上，再确定自己职业发展目标，然后开始累计工作经验和阅历，接受培训等。

著名的职业生涯管理专家格林豪斯在总结前人研究成果的基础上，提出了个人导向型的职业生涯管理模型（见图 10-2）。霍尔（Douglas Hall）指出，职业开发应该知道几个 W。首先要知道是什么，即组织中存在哪些机会、面对哪些威胁、自己追求的目标是什么；或是怎么办，比如构建有利于自己职业发展的人际关系；然后是什么时候，即为自己的规划设定一个时间表，等等。

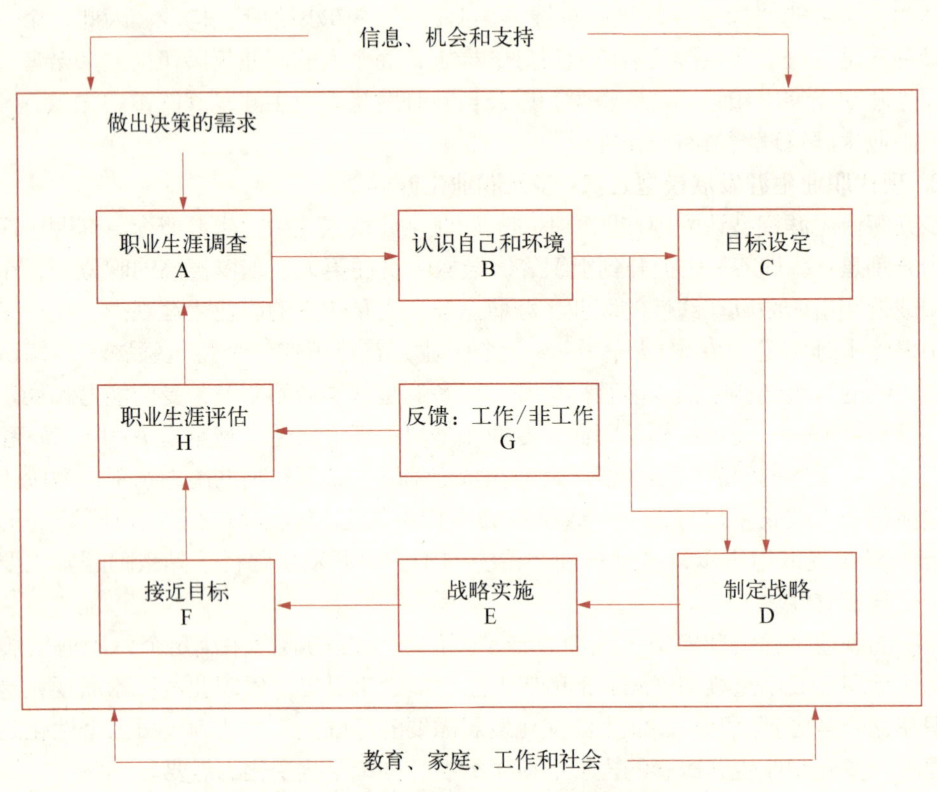

图 10-2　个人导向型的职业生涯管理模型

资料来源：H. Greenhaus, G. A. Callanan & V. M. Godshak. *Career Mangement* (*3rd ed.*)［M］. Fort Worth, TX: Dryden Press, 2000: 24.

格林豪斯认为，个人导向的职业生涯管理模型代表了理想的职业生涯管理程序，即人们应该按照此方法实施职业生涯管理，而不是对人们实际做法的描述。此模型表明，当个体对职业生涯决策需求做出回应时，有效的职业生涯管理就正式开始了。这种回应包括 8 项活动：职业生涯调查、认识自己与环境、目标设定、制定战略、实施战略、接近目标、从工作与非工作渠道获得反馈以及职业生涯评估。

活动一：职业生涯调查。主要目的是收集有关自己和环境的基本信息。

活动二：认识自己与环境。其目的是客观、全面地对自己做出评价，并明确职业发展机会。

活动三：目标设定。职业生涯目标是个体希望获得的最终结果，目标可以具体（如我希望在30岁时成为一名高级咨询师），也可以笼统（我希望成为一名优秀的咨询师），但是一定要切合实际。

活动四：制定战略。职业生涯的实施战略应该包括具体的行动内容和相应的时间安排表。

活动五：实施战略。即按照规定期限执行活动四所确定的基本活动要项。

活动六：接近目标。

活动七：从工作与非工作渠道获得反馈。

活动八：职业生涯评估。职业生涯评估既是对上一阶段职业生涯开发工作的总结，也是对下一阶段职业生涯开发工作的准备。

职业生涯管理是不断循环、持续发展的，认识到这一点非常重要。个人做出职业生涯决策的诱因来源于两个方面：个人在职业生涯发展中的质疑，以及组织内外部的环境变化。

（二）组织导向型的职业生涯管理模型

以组织为核心的职业生涯管理模型有以下三种代表性的观点。

1. 观点一：布朗斯奥的螺旋形职业生涯管理方法

布朗斯奥指出，"由于螺旋形方法将不同数量和类型的组织结构与大量不同的职业生涯机会结合起来，所以我们认为组织和工人双方都可以从此方法中获益。当使用缺乏结构化的人员配置来满足外部变革和变迁的需要时，组织将会保持有效的结构以维持核心竞争力和组织领导力。"因此，布朗斯奥认为，螺旋形的职业生涯管理方法是"将组织和个人联系起来的一种好方法"。

2. 观点二：尼科尔森的职业管理系统观点

尼科尔森（Nicholson）认为职业发展体系包含三个主要因素：① **人事系统**，包括选拔、培养和激励人力资源的活动；② **劳动力市场体系**，包括发展机会的结构；③ **管理信息系统**，此系统可以使人、观点和信息之间的转换变得非常容易。他指出"职业生涯管理必须将人力体系通过管理和信息系统与工作市场系统相连接"。

3. 观点三：斯安尼和伍纳克的团队导向的职业生涯管理系统观点

斯安尼和伍纳克（Mary Cianni and Donna Wnuck）指出，在基于团队的组织中，职业生涯开发的责任是由个人、团队和组织共同承担（或者至少应该如此）的。团队导向的职业生涯开发模型不仅有利于个人成长，同时还将促进团队的发展。斯安尼和伍纳克指出，基于团队的职业生涯管理系统应该关注以下方面的具体工作，如明确团队成员的角色定位、建立基于团队的奖酬体系、基于团队的成长与发展程度确定培训计划，促进团队内部的岗位轮换、构建基于团队的考评机制等。

上述三种组织导向的职业生涯管理观点，都将组织结构以及组织目标作为职业生涯管理的驱动力，从而也保障了职业生涯管理工作对组织战略的贡献，他们的主要区别在于观点一更适合大型组织，而后面两种观点更适合某些规模较小的高科技企业和专业服务性公司。

七、职业锚

（一）职业锚概念的产生

职业锚的概念，最初产生于美国著名的职业指导专家施恩教授的研究。美国麻省理工学院斯隆商学院（MIT Sloan School of Management）1961—1963 年的 44 名毕业生，自愿形成了一个专门小组，配合和接受施恩教授所开展的关于个人职业发展和组织职业管理的研究与调查。施恩在他们毕业半年和 1 年后分别与他们进行了面谈，在他们毕业 5 年后进行了问卷调查，并在 1973 年请他们返回麻省理工大学，就他们演变中的职业和生活接受面谈和调查。施恩在对他们的跟踪调查和对许多公司、个人及团队的调查中，逐渐形成了自己关于职业定位的看法，并提出了职业锚概念。施恩认为，“设计这个概念是为了解释——当我们在更多的生活经验的基础上发展了更深入的自我洞察时——我们生命中成长得更加稳定的部分”，以便帮助工作者更好地进行职业定位。

什么是职业锚？**职业锚**是在个人工作过程中依循着个人的需要、动机和价值观经过不断搜索，所确定的长期职业贡献区或职业定位。职业锚实际上就是人们选择和发展自己的职业时所围绕的中心。

（二）五种不同类型的职业锚

根据埃德加·施恩教授的研究成果，职业锚可以分为五种类型：创造型职业锚、管理型职业锚、技术功能型职业锚、安稳型职业锚以及自主/独立型职业锚。

1. 创造型职业锚

创造型职业锚的特征，主要表现为三点。

（1）有强烈的创新需求和欲望。发明创造是他们自我扩充的核心，也是他们工作的强大驱动力。他们具有一种执着的追求，建立或创造完全属于自己的成就。例如，创造一种以自己姓名命名的产品，或创建一家自己的公司。

（2）意志坚定，勇于冒险。创造型的人，所具有的极强烈的创造欲望使他们强烈要求标新立异、有所创造，并做好了冒险的准备。因此，他们总是力图以坚韧不拔的精神、百折不挠的行动，去实现创造。

（3）创造型职业锚同其他类型职业锚存在着一定程度的重叠。追求创造型职业锚的人要求有自主权、管理能力，能施展自己的特殊才干。但这些并不是他们的主要动机和价值观，创造才是他们的主要动机和价值观。

2. 管理型职业锚

以管理型职业为锚位的人员具有三方面的特点。

（1）追求承担一般管理性工作，且责任越大越好。他们倾向于全面管理，掌握更大权力，肩负更大责任。具体的技术、功能工作仅仅被看作通向更高、更全面管理层的必经之路；他们在一个或几个技术、功能区工作，只是为了更好地培养和展现自己的能力，获取所需的专职管理权。

（2）具有很强的升迁动机和价值观，以提升、等级和收入作为衡量成功的标准。管理锚的人权欲旺，升迁动机强，相信自己具备被提升到更高职位所需要的各种必要能力以及相关的价值倾向，追求并致力于等级的提升、所负责任与权力的加大及收入的提高。这是他们成功的标志和自我价值实现的最终目标。

(3) 具有分析能力、人际沟通能力和情感能力的强强组合。分析能力要求对环境敏感，反应迅速，能评估信息的有效性，及时发现问题、分析问题和解决问题。人际沟通能力要求能够影响、监督、领导、操纵以及控制他人，有效实现组织目标。情感能力要求能够应对情感和人际危机，具有调适力和承受力；能在风险和不确定情况下承担更大的责任，勇于承担自身决策和下属行为的后果。在这三种能力当中，情感能力可能是识别哪种人将在高水平的管理角色中取得成功的最重要的能力。追求管理型职业锚的人比其他类型职业锚的人更具有这三种能力的最佳组合，因而表现出卓越的管理才能。

3. 技术功能型职业锚

以技术功能型为职业锚的雇员具备特有的工作追求、需要、价值观和晋升方式，主要表现出四方面的特征。

(1) 强调实际技术或功能等业务工作。技术功能锚的雇员热爱自己的专业技术或职能工作，注重个人在专业技能领域的进一步发展，喜欢面对挑战和独立开展工作，希望不受资源限制地开展自己认为正确的工作，大多从事工程技术、营销、财务分析、系统分析、企业计划等工作。

(2) 拒绝一般管理工作，但愿意在其技术、功能领域管理他人。追求技术、功能型锚位的雇员，一般不愿意放弃在技术、功能领域的成就而从事一般的管理工作。但对他们施展技术才能的技术、功能方面的职能管理并不拒绝。

(3) 追求在技术、功能能力区的成长和技能不断提高。其成功更多地取决于该区域专家的肯定和认可，以及承担该能力区日益增多的富有挑战性的工作。其成长和获得成功看重的是其专业地位的提高和技术领域的扩大，以及在能力区内等级地位的提升。

(4) 对组织有很大的依赖性。他们要依赖组织提供工作岗位，获得更大的责任，展示高水平的管理能力。个人的认同感和成功感均来自其所在的组织，个人与组织的命运紧紧相连。个人在公司的职位、公司规模的大小、公司的活动领域及其未来发展等组织因素对个人来说都具有特别重要的意义。

4. 安稳型职业锚

安稳职业锚的雇员具有三方面的特征。

(1) 追求长期的职业稳定和工作的保障性。安全、稳定的职业前途是这一类职业锚雇员的驱动力和价值观。其安全取向主要有两类：一种是追求职业安全，源于组织中稳定的成员资格。安全锚的人维持以工作安全、体面的收入、有效的退休方案、可观的津贴等形式体现出的一种稳定的前途。另一种是注重情感的安全稳定，包括使家庭稳定和使自己融入团队与社区。安稳型职业锚的成功标准是：长期、有效的稳定和安全，拥有良好合理的家庭和工作情境。

(2) 对组织具有较强的依赖性。安稳型职业锚的人，一般不愿意离开一个给定的组织，愿意让雇主来决定他们从事何种职业，倾向于根据雇主对他们提出的要求行事，不越雷池半步，他们相信不论自己具有什么样的个人抱负和能力，都依赖组织来识别他们的需要和能力，相信组织会根据他们的情况做出可能的最佳安排。因而他们较其他人更容易接受组织。

(3) 个人职业生涯的开发与发展受到限制。安稳型职业锚的人对组织的依赖性强，个人缺乏职业生涯开发的驱动力和主动性，不利于自我职业生涯的发展。要求高度的感情安全，限制了他们做沿着等级维度的职业运动。如果经济危机迫使其所在组织裁员，安稳型职业锚的雇员由于在开发个人职业方面缺乏训练，加之不能自主、顺从的个性，常常使他们处于被动的境地。

5. 自主/独立型职业锚

这些毕业生中有许多人还有着强烈的技术或功能导向。然而，他们却不是到某一个企业中去追求这种职业导向，而是决定成为一位咨询专家，要么是自己独立工作，要么是作为一个相对较小的企业中的合伙人来工作。具有这种职业锚的其他一些人则成了工商管理方面的教授、自由撰稿人或小型零售公司的所有者等。

这种职业锚的特点如下。

（1）追求能够施展个人职业能力的工作环境，最大限度地摆脱组织的限制和约束。他们追求自由自在、不受约束或少受约束的工作生活环境，希望随心所欲地安排自己的工作方式、工作习惯、时间进度和生活方式。

（2）被自己决定自己命运的需要所驱使，追求在工作中享有自身的自由，有较强的职业认同感。他们希望摆脱那种因在大企业中工作而依赖别人的境况，认为工作成果与自己的努力紧密相连。自主/独立型职业锚的人在选择职业时决不放弃自身的自由，并且视自主为第一需要。

（3）与其他类型的职业锚有明显的交叉。他们可能同时是技术功能型职业锚、创造型职业锚或安稳型职业锚，如技术功能能力展示、安全稳定或管理需要、创造需要等。尽管追求的职业锚有交叉，但追求自主的需要较其他方面的需要更强烈。

第三节 职业规划与职业管理的实践

一、职业规划与管理的角色分工

（一）员工的角色与职责

在传统的家长式雇佣关系下，企业全部承包了员工的职业生涯发展问题，员工职业生涯发展的核心问题就是，企业能否为其提供一份长期、稳定的工作，员工自己很少去思考这些问题。随着传统雇佣关系的逐渐消失和新型雇佣关系的迅猛发展，为了使自己的职业生涯获得更好的发展，员工不得不认真思考自己在新的契约关系中的角色和定位。隐藏在“你是完全独立的”这一口号背后的事实真相是，员工应该清楚地认识到业已发生的巨大变革，尽快应该改变自己对于职业生涯管理的态度，从过去被动和服从的态度转变为主动和积极的态度，主动承担起职业生涯开发和发展的责任（从这个意义上来说，每个人对自己的职业生涯负有主要责任，是一条永恒的真理），尽快提高管理和开发自己的职业生涯的能力（也正是从这个意义上，我们认为职业生涯是一个终身学习的过程）。总之，新型雇佣关系下的职业生涯管理与开发，个人应该把握两个方面的问题：一是要尽快改变旧的观念（即从过去的被动和服从的态度转变为主动和积极的态度）；二是加强学习，提高职业开发技能。

著名的职业生涯发展专家霍尔教授将员工应该开发和掌握的职业生涯发展技能概括为如下六个方面。

（1）知道是什么——要了解组织中存在的机会、威胁和要求；

(2) 知道为什么——了解自己追求职业生涯的意义、动机和兴趣;
(3) 知道在哪里——了解职业生涯体系内部的进入、培训和提升的位置和边界;
(4) 知道是谁——了解该如何构建有利于自己职业生涯发展的人际关系;
(5) 知道什么时候——了解职业生涯发展的时间表和活动选择;
(6) 知道怎样做——了解和掌握有助于有效承担任务和职责的技能和智慧。

(二) 管理者的角色与职责

管理者参与被认为是员工职业生涯开发取得成功的关键。管理者在员工职业生涯开发过程中的作用主要表现在以下三个方面:一是借助于绩效评估面谈的机会,就员工下一步应该加强开发的职业技能进行沟通;二是适时为员工提供关于组织内部职业发展机会的信息;三是对员工的职业生涯发展情况做出及时的评价与反馈。我们认为,员工个人的努力是其职业生涯开发能否取得成功的决定性因素,而管理者的参与是员工职业生涯发展取得成功的关键。提高经理和管理者人员的职业生涯开发和管理的技能应该加强对他们的培训,让他们勇于承担教练员、评估者、建议者和举荐代理人的角色和责任。管理者经理作为员工职业生涯发展的教练员,要注意倾听员工职业生涯发展中存在的种种问题,帮助员工共同界定这些问题,明确和把握员工职业生涯发展需求;作为评估者,管理者应该向员工明确指出组织对员工的绩效要求和工作标准,对员工的实际表现做出评估并及时反馈;作为建议者和顾问,主管经理应该帮助员工确定现实、合理的职业生涯发展目标,并就职业生涯的发展策略与活动提出建议;作为员工职业生涯发展的举荐代理人,主管领导应该基于员工职业生涯发展的实际需要,为其推荐合适的组织内外部资源,包括职业与职业路径信息、导师人选等资源。

在现实工作中,可能还存在两方面的实际原因导致有些主管人员未能有效地参与到员工的职业生涯开发活动当中去,一方面是某些主管人员觉得自己"无能",即认为自己缺乏有效指导员工进行职业生涯开发的基本技能,如职业生涯开发的专业技能、人际沟通技能等;另一方面,还有些主管人员可能因为"不愿",即自己不想对员工的职业生涯发展问题付出太多的精力,当然,也可能是时间上的问题。所以,我们认为,为了充分调动主管人员的积极性,在开始正式的辅导之前,应该由公司的高层和人力资源部的专业人员对直线主管进行必要的培训,公司高层应该就员工职业生涯开发的重要性与各级人员的角色与职责问题进行必要的阐述和强调,人力资源部门应该为他们组织相应的专业培训课程,提高直线主管人员的专业指导技能。另外,消除主管人员消极心态的一个十分重要的工作是预先妥善地完成对他们自身的职业生涯规划与发展,解除他们的后顾之忧。事实上,在大多数企业,主管人员的职业生涯规划问题是企业职业生涯管理工作的重点。

(三) 人力资源专业工作者的角色与职责

人力资源专业工作者在职业生涯管理中的角色在许多方面与其他人力资源开发活动相同:确保组织拥有可以帮助员工实现目标的计划和行动。也就是说,人力资源专业人员在员工职业生涯发展中的主要作用在于为员工的职业生涯开发与管理活动提供基础性的平台支持。具体而言,在正式实施这一计划之前,人力资源部专业人员要组织专门的培训与研讨活动,帮助员工树立正确的职业生涯开发观念,明确自己在其中的角色定位与主要职责;接下来,应提供各种评价工具,并组织评价活动,帮助员工正确地认识和评价自己,了解自己的长处与不足,把握组织现在和未来的发展机会,确立职业生涯发展目标,制定具体、可行的发展策略，并帮助员工实施这些发展活动；在绩效考核期，人力资源专业人员应协同直线主管做好员工绩效面谈，利用绩效面谈的机会对员工职业生涯发展情况做出评估和反馈，重新开始新的职业发展循环。在员工的职业生涯规划与管理的过程当中，人力资源专业人员还应高度重视各级主管人员的职业生涯发展问题，以及对他们实施必要的职业发展技能培训。各级管理人员的职业生涯发展问题之所以重要，一方面，因为他们的职业生涯发展直接关系到组织未来的可持续发展问题；另一方面，他们自身的职业生涯能否得到妥善的解决，直接影响到全体员工的职业生涯发展问题，因为各级主管的参与程度是员工职业生涯发展能否成功的关键。为了帮助各级主管人员有效地指导员工的职业生涯开发工作，人力资源专业人员应该为其制定专门的培训开发活动，教授相关的技能与方法，提高他们的专业水平。

二、职业开发的实践活动

为了促进员工职业生涯发展计划的顺利实施，组织通常会采取一系列的干预措施。综合大多数企业的实践，我们发现企业常用的职业生涯发展的活动主要有以下几种：提供和组织员工进行自我评价，组织各种职业生涯咨询研讨，发布内部职位信息公告，进行任职潜力评价，以及其他开发计划。这些活动在不同企业得到了广泛的应用，我们将逐一进行介绍。

（一）职业管理与发展实践活动一：员工自我评价

自我评价是进行员工职业生涯发展规划的第一步，关系到整个规划活动的有效性。自我评价的工具和方法很多，基本目的只有一个，就是要让员工对自己的职业兴趣、爱好特长、价值取向、基本技能、优势与劣势等基本情况有一个准确、客观的认识和评价，为下一步的职业目标定位奠定基础。一般来说，组织员工进行自我评价有两种方式：一种是利用各种评估手册等书面或电子材料，另一种是召集员工评价讨论会。在大多数企业，都会采用前一种方式，因为对员工进行素质、能力、职业性向测试方面的资料非常多，提供这种专业服务的公司和机构也很多，而且，利用结构化或半结构化的材料对员工进行评价便于操作，整个过程比较容易控制。如果组织人力资源部规模较小，或是缺乏此类的专业人才，可以向第三方购买相应的测评资料，或是将整个测评工作委托给第三方专业机构完成。在向第三方购买测评资料的时候，应注意根据企业的实际情况对购买的资料进行必要的改编，因为，他们提供的资料通常情况下是通用型的资料，在许多具体细节上与企业的实际情况不甚吻合。另外，对于利用各种书面测评资料或是评价中心进行测评之后的结构的可信性，企业应该有一个十分清醒的认识。结果的可信程度一方面取决于测评资料设计水平（即是否切合被试的情况）；另一方面，也受被试对象本身一些因素的影响，如果被试本人有过这种测试的经历，则很难准确地得出其真实信息。组织职业生涯规划研讨会最大的优点在于，通过集中研讨，员工将更为准确地认识到自己的职业兴趣、优势与劣势，更加清醒地确定自己的职业发展目标，而且，这种研讨有利于员工构建必要的职业生涯成长人际网络，对于今后的职业发展大有裨益。当然，这种研讨会可以组织多次。在组织这种研讨会的时候，组织者应当注意使参与者将精力集中于讨论职业兴趣、爱好特长、价值观、个人的长处与不足这些基本信息，不要跑题。对员工进行评价，通常在职业探索阶段进行，这一工作完成得好坏，直接影响到员工日后的职业发展。

员工在职业开发中也担负一定的责任，必须清楚自己的价值观、兴趣、技能、性格和爱好等，我们在这里提供一个橱窗分析技术（见图 10-3）。**橱窗分析技术**是指按照别人知道、别人不知道、自己知道、自己不知道把个人特点分成公开我、隐私我、潜在我和背脊我。所谓公开我就是自己知道别人也知道的；还有一部分是自己知道别人不知道的即隐私我；所谓潜在我就是自己不知道别人也不知道，即自己的潜在能力，据研究有许多人现实表现出的能力只有 30%—40%，还有大量的潜在能力没有挖掘出来；背脊我就是别人知道自己不知道的现象，比如自己的不足和缺点等。橱窗分析在职业开发中的运用就是尽可能放大公开我，即自己知道自己的特长也让别人知道，这样比较有利于自己的发展；同时大力挖掘潜在我的部分，发挥自己的潜力。

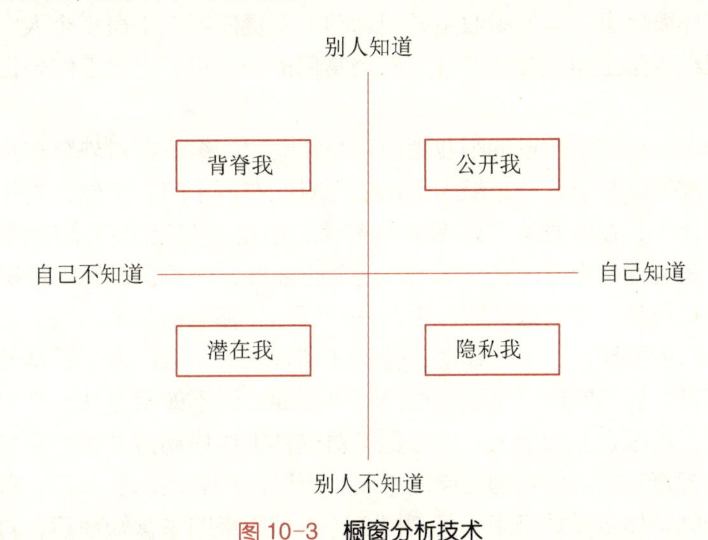

图 10-3　橱窗分析技术

（二）职业管理与发展实践活动二：职业生涯咨询

员工个人职业生涯发展咨询是员工与作为组织职业生涯咨询专家的代表之间的一种一对一的讨论活动。充当组织代表的职业生涯咨询专家是人力资源专业人员、主管或外聘的职业生涯咨询师。一般来说，直线经理和各级主管人员是员工职业生涯咨询的主要人选。为员工进行职业生涯咨询可以在平时进行，企业实际工作中通常将这一活动安排在年度绩效考核面谈时一并进行。我国许多企业迄今仍未建立起一套比较科学、合理的绩效考评机制，因而，绩效面谈也就无从谈起，这不仅直接影响到组织的薪酬分配，而且也影响到员工的职业生涯发展。所以，我国企业的当务之急是加强人力资源管理系统建设，构建基本的平台体系。如果主管人员利用年度绩效面谈的机会为员工职业生涯发展提供咨询意见，应该注意三个方面的具体问题：首先，在开始面谈和咨询的时候，应营造一种平和、随意的气氛，让员工真正感觉到组织在为自己的职业发展提供帮助，从而才可能挖掘出员工现实工作与职业发展中存在的问题；其次，面谈和咨询的重点应该基于员工职业生涯发展目标和现实的绩效与能力状况，找出问题和改进要点，在这一阶段，主管人员应该和员工一起，帮助员工去发现这些问题，就存在的问题与员工达成共识；最后，有效的绩效面谈和职业生涯咨询应该针对员工现存的种种问题，制定出相应的、切合实际的、有效的解决方案，并就这些措施、方案的具体执行情况与员工达成一致意见，并签署员工职业生涯发展计划书，员工和主管都应签名。主管人员在整个过程中应该让员工感知和树立起一种信念，即员工自己是职业生涯发展的主体，组织、领导只是个人职业生涯发展的助推器。

正如前文所述，某些主管在执行这一工作的时候，可能感觉到“无能”或“不愿”，因此，企业（尤其是人力资源部）应该针对不同主管的不同问题设定相应的培训与教育。除了解决主管人员在实施员工职业生涯发展过程中所表现出来的能力不足、态度不正问题以外，我们认为，将这一工作的实施情况纳入主管的绩效考核范畴之中，就目前企业的实际情况来看，不失为一种有效之举。

（三）职业管理与发展实践活动三：组织内部职位信息公示与职业生涯发展路径

员工要想做好职业生涯规划，除了要客观公正地进行自我评价之外，还需要掌握准确、详尽的组织环境信息。虽然职业生涯规划的主要责任者在于员工个人，但是组织也应该为员工提供组织内部工作机会的信息。两个常用的方法是：建立工作公告系统，确立职业生涯发展路径。

工作公告，是一种非常普遍的职业生涯开发活动，即组织在对外公布空缺职位信息之前，先在组织内部予以公示，让组织内部员工先对此有所了解。工作公告作为职业生涯开发的方法和措施之一，在西方发达国家非常普遍，但是，在我国企业并不多见。为什么？究其根本原因，表现为两个方面：一方面，就企业来看，许多企业尚未意识到在组织内部发布空缺职位信息也是一项有效的职业生涯开发活动，甚至错误地认为，如果某些员工因此而实现了在组织内部岗位之间的移动，他们在离开之后，组织还需要从外面招聘其他人员来填补他们离开之后的空缺，所以觉得没这个必要，还不如索性从一开始就从外面找人好了；另一方面，我国企业的很大一部分员工对这种工作移动方式还心存疑虑。因为大多数企业尚未建立起真正的内部竞聘上岗的机制，所以这种活动即使存在，通常也是员工与用人部门私下接触，如果没被录用，员工担心这事被原来的主管知道后，对自己日后的工作不利，所以，即使是组织发布了职位空缺的公告，前去登记应聘的内部员工并不太多。因此，解决这一问题的关键在于组织要真正认识到员工职业生涯发展的重要性，应逐步建设内部竞聘上岗的机制，同时，还要加强宣传与教育，让员工树立正确的职业与就业观念。事实上，这是成本较低而效果较好的一种职业生涯开发活动。

职业生涯发展路径，是员工所从事的一系列工作，通常包括相关的任务和经历。这些路径连同工作说明书或工作规范一起可以帮助员工制定有效的职业生涯战略。职业生涯发展路径作为职业生涯开发的方法和措施，要求随着职业路径一并提供相应的职务说明书或工作规范，因为职务说明书或工作规范明确规定了不同岗位不同的任职资格要求以及主要工作责任要项。为了促进不同类型的员工的职业生涯发展，许多组织都构建了“双通道”的职业生涯发展路径。所谓“双通道”，是针对企业常见的单一的管理通道而言的，即在组织中，员工的职业生涯发展路径除了可以选择管理通道逐级晋升以外（随着级别的不断提升，薪酬、福利等都会随之增加），还可以根据自己的兴趣爱好、专业特长选择非管理类的通道实现自己的职业生涯发展目标。双通道的职业生涯发展系统避免了组织成员“千军万马走管理独木桥”的现象，关键在于非管理通道的员工在随着其职务晋升的过程中，薪酬及其他待遇也能够得到同样的提升，在组织中会受到同样的尊重。我们在为一家企业提供咨询服务的过程中，产品研发部的部长向我们反映，他现在很苦闷。我们觉得很奇怪，为什么会苦闷呢，企业老总对他的评价很高，而且他的待遇也不错啊，最近还提拔为研发部部长。后来了解到，就是因为老总提拔他做研发部的部长，他才感到很烦闷，因为做了部长后，每天要处理许多杂事，他不能一心一意地做自己喜欢的研发工作了。这个小案例表明，在组织中，一方面随着组织结构扁平化的推进，管理岗位越来越少，而竞走仕途的人却不在少数；另一方面，有些人确实不愿意去“做官”，他更愿意从事自己的专业工作，因而，组织开设不同的职业发展通道实属必要。许多企业在实际工作中不只是设计了管理类与非管理类这两类职业发展通道，基于人力资源分层分类管理的基本理念，出于员工职业生涯发展的切实考虑，设置了管理类、管理服务类、技术类、营销类等不同的职业发展通道（习惯称之为“跑道”），不同的通道还设置了不同的级别（习惯称之为“任职资格等级”），便于不同的员工选择自己的职业发展路径。

（四）职业管理与发展实践活动四：任职能力与潜能评价

员工的职业生涯获得发展，表现为在职业生涯发展路径中职务级别的攀升（纵向）或是在不同职业路径之间的移动（横向），无论怎样，都要求任职能力的提升作为前提。在实际管理工作中，许多企业对于如何评价员工的任职能力高低感到很为难，觉得没有一套比较科学、可操作的工具可以利用，因此，在对员工做出称职与否的判断过程中，基本上是凭感觉。我们认为，如果企业建立起了一套完整的任职资格管理体系，这一问题将迎刃而解。任职资格管理体系是基于能力的企业人力资源系统的核心和基础，其基本要义是为企业建立多条职业发展通道，对每一条职业发展通道的级别进行划分，并明确每一级别的任职资格标准与行为标准。任职资格标准界定了同一职种不同级别员工知识技能特征，说明每个级别的员工能做什么，能做到什么程度；行为标准描述的是同一职种员工成功地完成所承担业务活动的最佳行为规范，据此判断员工业务行为是否符合公司规范。通过对相邻两个任职资格等级的资格标准和行为标准分别进行评价，即可确认出员工在达到下一个发展目标（任职资格等级）之前的能力差异情况，据此可以确定相应的培训与开发策略。

潜能评价的主要用途有两个方面：一是用于建立素质模型，二是用于企业的继承人计划。就现实情况而言，我国企业进行潜能评价更多的是用于企业的继承人计划，因为真正花大力气构建企业素质模型的企业还寥若晨星（深圳华为技术有限公司是中国企业构建素质模型的领头羊）。因此，潜能评价常见于企业高层领导的职业生涯开发活动之中，继承人计划中的潜能评价的主要目的就是要找出那些具备未来担当企业高级领导与管理岗位的优秀人才，加以开发和储备。高级管理人员在继承人管理中发挥着十分关键的作用，但是，其主要职责并不仅仅限于找出自身的替代者，关键在于找到这些人以后，发现并创造相应的机会，并提供给这些候选人，成为他们的导师和服务者，促进他们的成长和发展，真正实现继承人管理的目的。

（五）职业管理与发展实践活动五：其他开发计划

为了促进员工职业生涯的发展，组织通常还会采取一些其他的开发措施，如实施岗位轮换、建立指导计划、安排培训与学费补贴等。

实践证明，工作轮换是一种有效的职业生涯开发工具。工作轮换就是让员工在组织内部不同职能领域的工作岗位上进行轮换（俗称“轮岗”）。这些轮换一般都是水平方向而非垂直方向的，或者是从直线岗位轮换到职能岗位。工作轮换通常发生在新进员工和部分高绩效员工身上，新员工的工作轮换主要是为了让他们更快捷、更准确、更全面地了解组织的基本情况，通过在不同职能领域的工作岗位上的实习，更好地把握自己的职业兴趣与组织的工作岗位要求之间的匹配关系，还可以熟悉企业的人事、业务关系与工作流程，能够促进新进员工的社会化过程。许多企业的实践表明，新进员工通过岗位轮换可以降低其后期的离职率，并提高其工作满意度与组织忠诚度。工作轮换还可能发生在部分绩效优秀的员工身上，通常来说，对这些员工实行轮岗，其主要目的在于进一步培养，以便日后提拔之用。通过轮岗，可以培养他们的全局思维能力，能够构建更广泛的人际关系网络，能够熟悉其他部门的业务内容与流程，为日后在更高级别的管理岗位上开展工作奠定基础。

指导计划，也就是通常所说的导师计划。正如我们在本章介绍传统的职业生涯发展四阶段模型时所说，导师计划对于“导师”与“学员”双方都有好处。通过指导计划，一方面新进员工能够更快地进入工作角色、更好地完成工作任务及确定自己的职业发展目标，从而也能够有效地降低职业流动率；另一方面，“导师”可以通过这一计划培养自己的门生，传授自己的知识和经验，组织可以从中实现知识、经验、技能的共享与传播，也将受益匪浅。这种指导计划在有些组织中是正式的，在有些组织中可能是非正式的。虽然这种计划可能存在不足之处，总的来看，优点远远多于缺点，组织需要进行必要的引导。

三、职业高原问题的产生

组织在进行员工职业生涯开发与管理活动中，还须注意强化员工的职业动机，妥善解决“职业高原”问题。

有效的职业生涯开发计划的一个重要目标就是要开发员工的职业动机。职业动机包括职业适应性、职业洞察力与职业认同感三个方面。**职业适应性**（也即职业弹性）是指员工对影响自己工作的障碍、破坏因素或不确定性的抵制与应变能力；**职业洞察力**（也即职业远见）是指员工对自己和职业生涯的了解的准确程度，包括对自己（优势与劣势、职业兴趣、爱好特长等）评价的准确性，以及对组织和行业职业机会的认识的准确程度；**职业认同感**是指员工对工作、组织的认同和参与程度。职业动机会影响员工的绩效水平和职业生涯发展，职业动机较高的人即使遇到挫折也会继续追求自己选择的职业生涯目标（职业适应力），设定并追求比较现实的职业生涯目标（职业生涯远见），完全投身于工作并积极追求职业生涯目标（职业认同感）。虽然职业动机在很大程度上取决于员工个人的工作和生活经历，但是，组织的职业生涯开发活动，如提供员工自我评价手册、组织职业生涯咨询研讨、提供组织职业信息等，都有助于提高员工的职业动机。

传统的金字塔式的组织结构由于组织结构扁平化活动的推行，导致该类企业中的管理岗位越来越少，因而，依靠职务晋升实现自己的职业生涯发展的想法也越来越不现实，因而，引发“职业高原”现象的出现。

职业高原是指职业生涯发展过程中职务晋升可能性非常小的境况。20 世纪 90 年代，加拿大某省的政府机构与公共组织的中高级管理职位有所减少，这导致了政府公务员升迁机会的减少与职业高原的出现。由于看不到任何升迁机会，公务人员的士气大为消减，进而引发了组织工作绩效的下降以及辞职率的升高。

职业高原包括个人高原和组织高原。个人高原是指因为个体本身因素，如缺乏进一步晋升所需要的动机和能力等所造成的职业高原。组织高原是指因为组织因素无法满足员工职业发展的需求从而造成员工职业高原。个人的技术和能力、个人需求和价值观、缺乏内部激励和外部报酬、压力和组织低速成长等都是影响职业高原产生的因素。菲德曼和维特兹（D. C. Feldman and B. A. Weitz，1988）详细描述了引发职业高原的六大原因及其对绩效和态度的影响，以及解决这些问题的可能的管理干预（见表 10-3）。这一模型就职业高原产生的原因、对绩效和态度的影响做出了非常直观的描述，并提供了相应的管理干预措施。

表 10-3 职业高原的原因和管理干预建议

职业高原来源	对绩效和态度的影响	管理干预
1. 个人技术和能力		
甄选体系无效 缺乏培训 对反馈错误的理解	低工作绩效 较差的工作态度	重新设计甄选体系 进行培训 促进绩效评估和反馈体系的建立
2. 个人需求和价值观		
低的成长需求 安全和自主的职业定位 自我强加约束	稳定的工作绩效 较好的工作态度	继续进行奖励，临时对没有下降的绩效进行奖励 职业生涯信息系统
3. 缺乏内部激励		
缺乏技术多样性 低的任务特征 低的任务重要性	最低限度可接受的工作绩效 下滑的工作态度	联合任务 建立正规工作组 建立顾客关系 纵向负载 打开反馈通道
4. 缺乏外部报酬		
较小的升迁，很少提升 报酬体系的不公平性 非临时报酬	低工作绩效 较差的工作态度	重新设计薪酬体系 重新设计升迁政策 鼓励高度不满意的员工离开
5. 压力与精疲力竭		
工作中的人际关系 组织氛围 角色冲突	低工作绩效 较差的工作态度	工作轮换 预防性压力管理
6. 组织低速成长		
外部商业环境 “防护”的公司战略 错误的人事预测	短期内持续较好的工作绩效 下滑的工作态度	间歇休息；远距离培训 为“明星员工”提供更多的资源 劝说低绩效者离开或退休

资料来源：D. C. Feldman & B. A. Weitz. Career Plateaus Reconsidered [J]. *Journal of Management*, 1988, 14: 71.

四、规划职业发展阶梯

（一）职业生涯发展阶梯的特征

职业生涯发展阶梯是组织为内部员工设计的自我认知、成长和晋升的管理方案。职业生涯发展阶梯在帮助员工了解自我的同时使组织掌握员工的职业需要，以便排除障碍，帮助员工满足需要。另外，职业生涯发展阶梯通过帮助员工胜任工作，确立组织内晋升的不同条件和程序，对员工职业生涯发展施加影响，使员工的职业生涯发展目标和规划有利于满足组织的需要。职业生涯发展阶梯包括：职业生涯阶梯模式、职业生涯阶梯设置，以及职业策划与工作进展辅助活动等。其中，职业生涯阶梯模式与职业生涯阶梯设置是职业生涯阶梯设计的核心内容，也是研究的重点。

职业生涯阶梯是决定组织内部人员晋升的不同条件、方式和程序的政策组合。职业生涯阶梯可以显示出组织雇员晋升的方式、晋升机会的多少、如何争取晋升等，从而为那些渴望获得内部晋升的员工指明努力的方向，提供平等竞争的机制。其内涵主要包括三方面。

1. 职业生涯阶梯的宽度

根据组织类型和工作需要的不同，职业生涯阶梯可宽可窄。要求员工在多个职能部门、多个工作环境轮换工作的职业生涯阶梯是宽职业生涯阶梯，它适应对员工高度综合能力的要求。要求员工在有限个职能部门和工作环境中工作的职业生涯阶梯是窄职业生涯阶梯，它适应只要求员工具备有限专业经验和能力的需要。

2. 职业生涯阶梯的速度

根据员工能力和业绩的不同，职业生涯阶梯的设置可以有快慢之分，即快速梯和慢速梯。正常晋升和破格提升都应做到有政策依据。设置快速梯的前提是公司不会长久地将具备较高素质和能力的员工安排在同其条件不相称的工作岗位上。事实上，大量的大学毕业生的第一份工作都是基础性工作。显然组织有意日后安排更复杂、困难的工作给他们，可是由于背离了前提，新毕业生的流动率比别的职业人群要高。因此，职业生涯阶梯的建立可能导致招聘和晋升中差别对待的障碍。

3. 职业生涯阶梯的长度

根据组织规模和工作复杂程度的需要不同，职业生涯阶梯可长可短。职业生涯阶梯中的等级在 4 级及以下的可称为短阶梯，在 10 级以上的可称为长阶梯，在 5—10 级之间的可称为中等长度的职业生涯阶梯。组织职业生涯阶梯的长短对雇员的发展和潜力的发挥具有重要影响。

职业策划是指组织在员工进行个人评估和确定未来职业发展策略时给予他们有效的援助，帮助员工确认自身的能力、价值、目标和优劣势，并协助员工制定相应的职业生涯开发策略和职业发展路线的过程。职业策划一般由组织中具有专业知识的人力资源部门提供正规的帮助服务，以确保员工评估在形式、时间、内容范围上的一致性和一定的准确性。组织可以利用收集到的职业策划结果，有针对性地安排雇员的职业生涯活动，通过职业策划满足雇员和组织的双重需要。

工作辅导是组织为帮助员工胜任现职工作顺利完成各项工作任务而提供的各种旨在提高员工工作能力的辅助行为。工作辅导的方式灵活多样，具体可根据组织内部的工作性质、个人条件的不同而采取不同的方式。总体来说，工作辅导是以协助员工在工作中成功积累工作经验和提高工作能力为目的。

科学、清晰的职业生涯阶梯设置和规划可以满足雇员长期职业生涯发展的需求，同时还可以满足组织高层次工作清晰化、专业化的需要。组织可以借此通过适当的招聘政策吸引和留用更多高素质的人才，保证组织发展有稳定可靠的人员保障，而且可以更好地得到组织政策和法律的保护。

（二）职业生涯发展阶梯模式

职业生涯发展阶梯规划，是现代人力资源管理的关键。组织为雇员建立科学合理的职业生涯发展阶梯，对调动他们的积极性与创造性，增加对组织的忠诚感，从而促进组织的持续发展，具有重要的意义。组织的人力资源管理要善于有效地把组织的目标与雇员个人的职业发展目标结合起来，努力为他们确立一条有所依循的、可感知的、充满成就感的职业生涯发展道路。有关职业生涯发展阶梯的研究，始于20世纪50年代的美欧等地。20世纪90年代中期，中国部分企业也开始导入并做这方面的尝试。但由于国内企业和组织，一方面没有系统的理论为指导，另一方面较少有可供借鉴的对象，有关雇员职业生涯发展阶梯设置的研究，还处于探索与实验阶段。如今生涯阶梯作为企业管理实践中重要的激励工具，众多企业如华为、海尔、腾讯等都根据企业实际制定了相应的职业生涯阶梯模式。

根据国内外不同组织职业生涯阶梯设置的实践，可以发现，目前职业生涯阶梯模式主要分三类：单阶梯模式、双阶梯模式和多阶梯模式。

1. 单阶梯模式

传统的组织或企业的职业生涯发展阶梯只有一种行政管理职位。其职业生涯阶梯一般为：科员、副科长、科长、副处长、处长、副局长、局长，等等。为了提高技术人员的工作积极性，必须为其提供有效的提升等激励措施，在这种情况下许多在本专业业绩突出的技术人员被提升到管理职位上。尽管许多技术人员被提升后在管理岗位上取得了良好的业绩，但由于工作内容与环境的差异，以及能力要求的不同，也出现了许多适得其反的效果，对企业的高效运作和长远发展产生了不利影响。

2. 双阶梯模式

目前，组织中实行最多的职业生涯阶梯模式是双阶梯模式。为摆脱传统组织职业生涯发展单阶梯即单一行政职位系列的弊端，许多企业和组织为雇员提供了两种职业生涯路线和阶梯：一是管理生涯阶梯，沿着这条道路可以通达高级管理职位；二是专业技术人员生涯阶梯，沿着这条道路可以通达高级技术职位。如海尔集团分别设置了管理职务和技术职务的培训和升迁轨道。在实行双阶梯模式的组织或企业中，雇员可以自由选择在专业技术阶梯上得到发展，或是在管理阶梯上得到发展。两个阶梯同一等级的管理人员和技术人员在地位上是平等的。

3. 多阶梯模式

由于双阶梯模式对专业技术人员职业生涯阶梯的定义太狭窄，为此，如果将一个技术阶梯分成多个技术轨道，双阶梯职业生涯发展模式也就变成了多阶梯职业生涯发展模式，同时也为专业技术人员的职业发展提供了更大的空间。例如，美国一家化工厂将技术轨道分成三种：研究轨道、技术服务和开发轨道、工艺工程轨道。深圳某高技术公司将技术人员的职业发展轨道分成六种：软件轨道、系统轨道、硬件轨道、测试轨道、工艺轨道与管理轨道，不同的轨道又分成8—10种不同的等级。

（三）组织职业生涯阶梯的设置

组织职业生涯阶梯的设置，对促进雇员的发展、实现组织目标与员工个人目标的整合具有重要意义。因此，如何进行组织职业生涯目标的设计就成为当前人力资源管理的一项重要工作。组织在进行职业生涯阶梯模式选择与设计时应注意以下五个方面的问题。

第一，并非所有组织都有必要，或需要建立职业生涯阶梯。在决定建立职业生涯阶梯前，组织需要先考虑两个方面的问题：一是组织是否需要一个从内部提拔人才的长久机制；二是组织是否有必要建立一套培训发展方案，以便提供更多的后备人才以供提拔选用。如果组织可以随时自由从外部招聘到需要的各类人才，或者内部晋升只是偶然发生，或者内部晋升只是涉及极少数员工，那么就大可不必建立复杂的职业生涯阶梯。只有对上述两个问题的回答都是“是”时，才有必要构建职业生涯阶梯。

第二，职业生涯阶梯模式各有利弊。单阶梯模式发展道路单一，一定程度上影响了专业技术人员的发展。双阶梯模式在实践运用中也遇到许多困难。例如，对于同一等级的管理人员与技术人员来说，管理人员在人们心目中的地位要比技术人员高，另外，技术人员阶梯往往成为某些失败的管理人员隐退栖身之地。为了克服以上弊病，组织和企业对技术轨道上的晋升要实行严格的考核，同时在组织内要形成尊重知识、尊重人才的文化氛围。

第三，无论是实行双阶梯还是多阶梯职业生涯阶梯模式，其理论依据都是施恩教授提出的“职业锚理论”。许多研究也都发现专业技术人员主要有两种职业锚：技术型职业锚和管理型职业锚。有很强的管理定位的专业技术人员很希望能晋升到承担管理责任的职位上，并做出很大的组织成绩。有很强的技术定位的专业技术人员追求的是所拥有的技术知识、技术成就能获得内行的认同，他们关心的是获得更好的技术成就。技术型职业锚和管理型职业锚并不是截然分开的，一个科技人员可以同时有很强烈的技术定位和管理定位，他既可以承担很高的行政职务，又可以在本专业领域内成为一个优秀的科学家或工程师。

第四，在高技术企业，除了应该选择双阶梯或多阶梯职业生涯发展模式之外，不同行业的职业生涯阶梯的长度可结合行业的特点进行确定。根据组织的特点，一般应选择长职业生涯阶梯，并建立多等级技术职称评定体系，越高等级的升迁应越难。这是高效激发科研人员的创造性，维系其忠诚度，保持公司核心能力和核心人才的重要手段。例如，在通信行业，职业生涯阶梯可分 10—12 级，11 级技术人员为副研究员，12 级技术人员可定为技术研究员，同时必须细分软件和硬件、系统开发和测试、系统支持和维护三大类。

第五，职业生涯阶梯的设置应与组织的考评、晋升激励制度紧密结合。组织每年可考评 1—2 次，由高一层主管或技术委员会对雇员进行全面考评。在考评中，既要重视技术水平的考核，又要重视雇员对公司的忠诚度、合作精神和沟通能力的考察。雇员的行政与技术级别都应能上能下，连续两次考评为中等以下者应建议降级使用。技术等级应严格与薪酬挂钩，包括公司的内部股份和各项福利。

由于管理等级一般应高于技术等级，因此，应注意在优秀技术人员中挑选优秀人才进入管理层，以提高管理层的决策水平和实现技术人员的双轨或多轨发展。

组织职业生涯规划的建立是保障组织持续发展的基础，但组织职业生涯规划的落实才是关键。组织职业生涯规划的落实方式有多种，不同的组织可以采取不同的方式。在组织职业生涯规划的落实过程中，常用的措施之一就是职业生涯发展阶梯规划。

本章小结

本章首先介绍了职业开发的概念及意义。职业开发是指确保个人职业规划与组织职业管理的目标一致性来实现个人与组织需要的最佳结合，包括两项基本活动：职业规划与职业管理。职业规划是一项经过深思熟虑的计划，是个人为了了解和控制自身的职业生涯而实施的一项行动，它包括个人了解自身的优势与劣势，组织存在的机会与限制，从而选择和确定自己的职业目标，并为实现这些目标而进行的一系列准备工作。职业管理是指组织为了促进员工职业生涯的发展，所采用的一个督导与监控员工个人职业生涯规划和发展的持续的过程，通常与组织的职业生涯管理系统相适应。

第二节主要介绍了职业发展理论与职业发展模型。在职业发展阶段理论中主要介绍的是施恩和埃里克逊的成人发展阶段理论、莱维森的成人发展时期理论、生涯建构理论、生涯混沌理论以及背景行动理论。在职业发展模型中重点阐述的是传统与现代的职业生涯发展模型以及个人导向与组织导向的职业生涯管理模型。

第三节“职业规划与职业管理的实践”，重点介绍了职业开发的几项活动：如组织员工进行自我评价、组织各种职业生涯咨询研讨、发布内部职位信息公告、进行任职潜力评价，以及其他开发活动等。

复习思考题

1. 职业生涯规划情景模拟

请大家认真思考以下问题，并进行回答。每一个同学在对自己目前的知识、技术、能力以及理想工作所要求的其他资格进行测评的基础上，力求回答下面几个基本的问题：

你的短期的职业生涯目标是什么？你的长期的职业生涯目标是什么？哪种价值观对你而言最重要？我将如何实现你的职业目标？请制定出一个实现目标的具体行动规划。

2. 绘制鱼骨图：职业高原产生的原因

我们采取分组讨论的方法做一个课堂练习，用鱼骨图的方式来探讨导致职业高原出现的原因。时间为25分钟，将学员分4—5个小组，25分钟后每个小组派一位代表做三分钟的发言。

网上练习题

1. 越来越多的公司正在利用网络来发布职位空缺。同时，也有越来越多的人正利用网络来应聘。通过使用以下网址（或者是你自己找到的网址），来找到两个你可能适合的空缺职位，推荐网址是：

智联招聘 http：//www. zhaopin. com

前程无忧 http：//www. 51job. com

领英 https：//www. linkedin. com

猎聘网 https：//www. liepin. com

对于公司而言，利用网络招聘新雇员的优点是什么？对于求职者而言又如何呢？

2. 访问网址 http：//transition-team. com。该网址给出了公司所提供的向外安置和其他服务的有关信息。点击“service”键，并利用所获信息来回答以下问题：

（1）什么是“更换职业服务”？对这种服务给出定义并加以描述。

（2）该公司在退休研讨会上做了什么？

（3）行政人员、高级经理和一般群体的向外安置服务有何区别？有何相同点？

案例1

双重职业生涯发展路径设计：微软公司与贝尔—阿尔卡特公司的做法

现在越来越多的高科技企业采用了双重职业生涯发展的路径设计，其中以微软公司和贝尔—阿尔卡特移动通信有限公司为典型代表。

微软公司采用的是技术人员与管理人员的双阶梯职业生涯发展阶梯模式。作为科技型公司，微软公司非常重视其技术人员的职业生涯阶梯设置。微软公司技术人员的职业生涯阶梯共分15级，低级向高级晋升，必须基于上级主管对该员工的考评，考评每年有两次，一次主要确定能否晋级，另一次确定该年度此员工奖金与股票的多少。考评的主要内容是该开发人员完成所承担项目的工作的量与质，如软件编程的错误率多少，由高一级主管作1—5分的评定。一般连续三次评定为4分以上者可考虑晋级，而连续两次评定为3分或3分以下的员工，被视为“没有进取心”“没有前途”的员工，很可能被微软所淘汰。获取5分的员工也很少，表明微软对人才的高标准要求。一般的硕士、博士毕业生可获得7—8级的职称，能够升至15级的员工不多，一般要到临近退休时才可能实现。

微软的技术职称等级体系，主要针对从事产品研究与开发人员（软件工程师）、产品测试人员和技术支持与服务人员三大类。这种研究开发人员的职业生涯阶梯模式，使员工的工作压力很大，因此微软的研究人员是美国公司最勤奋的人员之一，由于考评对晋级与辞退，特别是股票的数量，有着直接的影响，因此，研发人员工作的积极性很高。

微软公司的管理人员职称约分12级，技术人员与管理人员的双轨转换不十分明显，这与微软公司强技术背景有关。

贝尔—阿尔卡特移动通信有限公司的职业生涯阶梯也是典型的双阶梯模式，公司设计出行政管理职位系列和专业技术职位系列，这一并行的职位系列制度，可以充分调动不同工作性质员工的积极性，为其提供公平合理的发展机遇，以便激发其创造潜力。

行政管理系列设7个级别，由低级到高级依次为初级职员、中级职员、高级职员、主任职员、三级经理、二级经理、一级经理。每一级的行政管理职位享受相应的待遇，如初级职员享受1—3级工资待遇，1级住房补贴待遇；而一级经理享受10级工资待遇，7级住房补贴待遇。申请行政管理职位的员工主要包括：各级经理人员、市场研究人员、销售人员、财务人员、物资采购人员、质量监督人员、行政管理及支持人员等。各级阶梯人员在行政管理职位人员中所占的比重大约为：初级职员为8%—10%，中级职员为13—15%，高级职员为28%—32%，主任职员为26%—34%，三级经理以上人员比例由公司根据发展战略确定。公司每年在年终考核结束后，根据公司总体规划并按一定的比例，确定主任职员及其以下各级行政管理职位晋升的比例和名额。三级经理由二级经理提议晋升，二级经理由总经理根据公司实际需要直接提名，报董事会批准后任命。

技术职位系列分为6个级别，由低级到高级依次为：职业技师、助理职业工程师、三级职业工程师、二级职业工程师、一级职业工程师、专家。各级专业技术职位也享受相应的待遇。如职业技师享受1—3级工资待遇，1级住房补贴；而专家享受8—9级工资待遇，6级住房补贴。申请专业技术职位的人员主要为：工程部门技术人员、研究与发展部门技术人员以及其他部门的技术人员。各级专业技术职位人员所占的比重为：职业技师占

8%—10%，助理职业工程师占13%—15%，三级职业工程师占28%—32%，二级职业工程师占26%—34%，一级职业工程师和专家的比例由公司根据发展战略确定。公司每年在年终考核后，根据公司总战略和一定比例，确定各级专业技术职位人员晋升的比例和名额。

每年年末，部门经理在部门员工个人申请的基础上，根据员工年终考核结果，结合各级职位的基本要求，提议晋升各级职位的人选，报公司设立的“职位评审委员会”评审通过。公司对新聘用的应届毕业生在实习期结束后根据有关标准和条件定职。对新聘用的有工作经验的行政管理或专业技术人员在试用期满后，根据具体情况和参照职位标准，确定其职位级别。

案例2

3M公司的员工职业规划与管理系统

多年以来，3M公司的管理层始终积极对待其员工职业生涯发展方面的需求。从20世纪80年代中期开始，公司的员工职业生涯咨询小组一直向个人提供职业生涯问题咨询、测试和评估，并举办个人职业生涯问题公开研讨班。通过人力资源分析过程，各级主管对自己的下属进行评估。公司采集有关岗位稳定性和个人职业生涯潜力的数据，通过计算机进行处理，然后用于内部人选的提拔。

人力资源部门负责对员工职业生涯开发中的各种作用关系进行协调。公司以往的重点更多地放在评估和人力资源规划上，而不是放在员工职业生涯开发的具体内容上。新的方法强调公司需求与员工需求之间的平衡。

3M公司最新设计的员工职业生涯规划与管理工作主要包括10项内容，这10项内容共同构成了一套卓有成效的员工职业生涯开发与规划体系。

1. 岗位信息系统（JIS）

多年以来，3M公司的全美员工民意调查显示，员工要求有更多的有关个人职业生涯机遇的信息。因此，在大环境非常适合的情况下，3M公司于1989年底开始试行了岗位信息系统。员工们的反应非常积极，这一示范项目被推广，从此该系统在全公司全面实施。在试行阶段，人力资源部、一线部门及员工组成了一个专题工作小组，进行为期数月的规划工作。这一“岗位信息系统”的初步目标是使3M公司的用人经理可以在内部发现人选，同时帮助职工明确竞争不同岗位所需的技能和资格。

该系统的组成部分包括岗位通告系统和反馈系统。管理层中的所有岗位，最高到总监级别，均在全公司中通报，仅最高层的1.5%的岗位不在通告之列，所有经批准的空位均被列出。空出岗位的通告时间为10个工作日。岗位需求信息发布采取电子方式，员工们可以通过自己的电脑调阅这方面的内容。销售代表及其他现场工作人员通过拨叫一个电话号码来获得岗位信息。另外还开通有一条电话热线，专门解答人们对岗位需求信息发布系统的疑问。

员工们可以申请自己认为有资格的任何所列出的岗位。在申请之前他们必须在自己目前的岗位上已经工作满24个月，除非他的主管放弃这一要求。他们以书面的方式填写申请表，这些申请表直接送交用人经理进行筛选。用人经理打电话给自己希望进行面试之申请人的经理，然后再直接打电话给申请者本人。

反馈是本系统的一个重要部分。用人经理对所有候选人均作出回应，未被面试者至少会收到一份格式化的信函。所有参加面试但未能获得申请岗位的人将收到一份备忘录或者一次电话通知。这一项目由员工职业生涯资源部门进行协调。

2. 绩效评估与发展过程（PADP）

绩效评估与发展过程涉及各个级别（月薪和日薪员工）和所有职能部门的员工。1989年它开始适用于月薪员工，1990年开始适用于日薪员工。当这一过程扩大到日薪员工时，公司为此召开了会议并提供了培训。

每一位员工都收到一份供明年使用的员工意见工作表。员工填入自己如何看待自己的工作内容，指出明年的四到五个主要进取方向和期待值。这份工作表还包括一个岗位改进计划和一个职业生涯开发计划。

然后员工们与自己的主管一起对这份工作表进行分析，就工作内容、主要进取领域和期待值以及明年的发展过程达成一致意见。在第二年中，这份工作表可以根据需要进行修改。此过程旨在根据实现目标过程中的相关因素，突出需要强化和改进业绩的领域。待到年底时，主管根据以前确定和讨论的业绩内容及进取方向完成业绩表彰工作。

在实施这一绩效评估与发展过程之前，3M公司的评价过程重点不在于具体对发展规划的要求。而上述过程巩固了这样一个观念，即员工对工作和职业生涯开发负有主要责任，领导者则作为一项关键性资源，提供咨询、建议和辅导。

具有重要意义的是，绩效评估与发展过程促进了3M公司主管与员工之间的交流。他们定期召开业绩讨论会议（一般是一个季度一次），鼓励员工根据需要主动与自己的主管进行非正式的商谈。

3. 个人职业生涯管理手册

公司向每一位员工发放一本个人职业生涯管理手册。它概述了员工、领导者和公司在员工职业生涯开发方面的责任。这一手册还明确指出公司现有的员工职业生涯开发资源，同时提供一份员工职业生涯关注问题的关系表格。

4. 主管公开研讨班

为期一天的公开研讨班有助于主管们理解自己所处的复杂的员工职业生涯开发环境，同时提高他们的领导技巧及对自己所担任的各类角色的理解（咨询者、教练、推荐人，等等）。主管们的反应始终是非常积极的，同时还计划开展一次公开研讨班跟踪过程。这一公开研讨班巩固了这样一个认识，即人才开发是主管工作的一个基本组成部分。这一强烈的开发重点还强调对业绩表彰过程的利用。虽然一般性业绩被包容在所有员工的评估中，但针对主管还增加了额外的评估。“员工开发与管理”乃是这些新增因素的第一个方面。

5. 员工公开研讨班

早在1987年，3M公司就已经开办了旨在帮助员工分析自己个人前途的职业生涯发展公开研讨班。经过1990年的改进，这一员工公开研讨班现在为期两天，提供所谓“个人职业生涯指导”，即强调自我评估、目标和行动计划，以及平级调动的好处和职位晋升的经验。第三天的内容可以附选，其重点在于内部岗位的求职技巧、如何写简历、如何面试，等等。如何有效利用岗位信息系统也被纳入公开研讨班的内容之中。

有些主管开始时担心这样的公开研讨班可能会起到鼓励人们跳槽的实际作用。然而事实上，参加过公开研讨班的大部分职员报告说，他们现在对自己目前的个人前途更加满意了，同时他们还充分地认识到如何更加现实地把握自己的个人职业生涯。

公开研讨班结束后，员工们根据要求回答跟踪问卷调查，而且他们的行动计划也得到跟踪（主管也参与其中）。为一视同仁地协助员工和主管，人力资源部准备了一个资料库，其中有与个人职业生涯相关的录像带。3M公司的各个图书室备有关于个人职业生涯话题的业务图书。虽然公司目前尚未使用职业生涯开发软件，但是正在就与个人职业生涯相关的电脑服务进行调查。

6. 一致性分析过程及人员接替规划

这一过程到达了顶点，集团副总裁会见各个部门的副总裁，讨论其手下管理人员的业绩情况和潜能。此过程影响到评定结果和人力资源部门的评审过程，因此对于转岗、发展和晋升都具有影响。这是一项重要的信息共享工具，对于管理人员来说也是反馈业绩信息的又一出处。此过程始于总监们与自己的经理们举行会议，执行总监们与自己手下的各位总监举行会议，部门或负责人事的副总裁则与各位执行总监举行会议。与上述一致性分析过程紧密相连的是一个在执行层面上开展的人员接替规划项目，它已经实行了六七年之久。公司正考虑将这一高度成功的项目扩大到中级管理层。

7. 职业生涯咨询

一方面公司鼓励职员主动去找自己的主管商谈个人职业生涯问题，另一方面公司也提供专业的个人职业生涯咨询，并为每一个部门指定一个人力资源经理作为咨询资源。这一咨询功能包括一些评估工具。员工们可以从主管、员工帮助顾问或人力资源经理处征得个人职业生涯咨询意见，他们亦可自行其是。咨询一般被用作对员工公开研讨班的跟踪调查，帮助员工制定一份深造计划，讲解简历写作技巧和面试技巧，帮助职工在求职失败后重新考虑个人前途问题，或帮助员工求职或重新确定个人发展方向。

8. 职业生涯项目

作为内部顾问，员工职业生涯开发工作人员根据职工兴趣开发出一些项目，并将它们在全公司推出。项目内容包括关于员工职业生涯资源部门的信息及现有的内部职业生涯开发资源。

9. 合作者重新定位

员工职业生涯开发工作人员在全公司范围内协调合作者重新定位程序。由于双职工夫妇的原因，这已经成为一个重要的功能，虽然本项目也解决非工作关系合作者的选择。

10. 学费补偿

此项目已实行多年。它报销学费和与员工当前岗位相关的费用，以及与某一工作或个人职业生涯相关之学位项目的全部学费和费用。

11. 调职

内部调职的协调通过“3M公司员工转岗”程序进行。其岗位撤销的员工自动进入一个个人职业生涯过渡公开研讨班，同时还接受具体的过渡咨询。这种方法在过去的八年中挽救了数千名职工的工作热情。根据管理层的要求，还为解除聘用的职工提供外部新职介绍。

在3M公司试图更加准确、更加现实地统一员工需求和公司需求的努力中，它已经成功地提高了工作效率，更大程度地唤起职工们为实现公司目标而所作的努力。主管们在员工职业生涯指导方面更具信心，在改进与员工的交流方面更具可信性。3M公司的各项员工职业生涯开发服务和项目，针对的是真正的需求。职业生涯发展规划和当前工作的改进虽然分属不同的领域，但又相互关联。由于公司是根据具体情况对待每一个人，所以它为个人和公司都带来了最大的利益。

思考：3M公司的员工职业规划与管理工作都包括哪些内容？

第十一章　组织发展与人力资源干预

【学习目标】

通过本章的学习，应该重点了解和掌握以下内容：

1. 组织发展的概念及其内涵；
2. 三种组织变革过程理论；
3. 什么是领导力？什么是管理技能？
4. 员工辅导、导师制、继任计划与企业大学的定义和作用；
5. 什么是人力资源培训与开发的外包？外包的具体流程是什么？
6. 人力资源培训与开发的未来发展趋势。

【开篇范例】

京东如何做到两年培养一批经理

自2009年成立以来，京东商城华东区随着业务量成倍增长，新员工越来越多，对中低层管理者（主管、经理）的需求量也日益增加。京东商城华东区，以“两年培养一批经理”作为战略目标，建立了“全体主管—三星主管—五星主管—储备经理”的“四级”模式。

1. 轮训全体主管（起点）

全体主管是京东华东主管培训的第一层级。每半年有300多位新加入以及新晋的基层主管，培训部以轮训方式教授管理知识，帮助其转变角色，学会基础的管理语言。

2. TWI训练三星主管（发展）

三星主管培训聚焦于培养主管们在日常工作中的沟通与指导能力，主要采取督导人员训练（Training Within Industry，TWI）的教学方式，通过线上线下混合式学习及设置选修课等方式促进课程迭代更新，3天的课程中只有20%的时间用于讲授，其余时间则用于学员操练。

3. 情景模拟提升五星主管（深造）

五星主管需学习激励下属和改善业绩的能力，成为更出色的团队领导。激励能力模块通过情景模拟训练主管的激励话术，改善能力模块则直接针对业务难点开设工作坊。季度回炉研讨主要针对那些被搁置的方案进行温习、跟进。

4. 翻转课堂培养储备经理（飞跃）

翻转课堂和接龙环节是储备经理培养的主要方式。培训部开设“情景领导”课程，帮助学员形成自己的领导风格。“接龙”游戏意在考验学员的执行力，即使到了新岗位也能够充满毅力地解决问题。储备经理正式晋升之前，培训部会邀请学员互评，考察团队合作、发现问题能力等关键点。此外，还为学员提供网上360度测评，考核沟通技巧、人际关系等因素，帮助未来的经理们看到自己的长处与缺点。

资料来源：陈文君，吴吉文．四级阶梯打造京东“储备经理池”．培训，2015（4）：87-91

第一节　组织发展与变革

组织发展思想由行为学家和管理心理学家在20世纪60年代首次提出，随后逐渐形成了较为系统的理论。下面我们将首先探讨什么是组织发展。

一、什么是组织发展

组织发展是指组织为适应内外环境的变化，通过有计划地改造组织流程、改善和调整组织整体结构和人员状况，从而增强组织的有效性及其成员工作满意度的过程。

人力资源干预指的是“由组织所设计的一系列系统性和规划性的活动，目的是让组织中的某些目标团队或者个人投身于与组织绩效改进存在直接或者间接关系的任务之中”。因此，有计划的干预，或者干预策略，就成为组织发展和实现变革的主要途径。

在组织发展的概念中，包括三重含义。

（1）组织发展可以增强组织运行的有效性。有效性，是指能够实现组织目标，完成组织长期和短期的发展规划。

（2）组织发展可以提高组织成员的工作满意度。在这里，工作满意度指的是预想的每一个组织成员感受到的对其工作环境的满意程度。从总体上讲，“富有挑战性的和有意义的工作会带来高的工作满意度，而且，如果被组织加以奖励，将会带来更高的满意度”。这样，组织发展所带来的就是个人和工作的双重满意了。

（3）组织发展是通过有计划的干预来增强组织的有效性和员工满意度的。

组织发展的重点是在组织内部发掘出足够的、有价值的信息来帮助组织及其成员做出自由选择。这种选择涉及帮助组织成员找到他们目前所面临的问题和事件的某种解决方案。其目标是加强组织解决问题的能力，其中，改变人的因素、发展人的潜能和特性是组织发展的根本。

此外，要全面理解组织发展的内涵，还必须关注以下三个方面的问题。

（1）组织发展的内容在不断地丰富和扩大。20世纪60年代初期组织发展主要侧重于人的因素，即人的行为的改造，以实现组织发展的目的。20世纪70年代以来，组织发展所涉及的广度和深度都进一步丰富和发展了，组织发展不仅包括了人的因素，还包括核心能力的培养、文化建设、团队建设以及组织流程的改进等。

组织文化由相对稳定和持久的因素构成。一种文化需要很长一段时间才能形成，而且一旦形成，又常常难以改变。在组织发展过程中，采取一系列有计划的教育变革策略，引导人们改变不适应形势发展的旧规范，建立一套新规范，改变人们的信念、态度、价值观，从而改变整个组织氛围和组织结构，使组织更适应新的制度、技术、市场和环境。为此，组织发展的内容可概括为四个领域的发展，即组织结构的发展、人员的发展和文化的创新以及技术的革新。

（2）组织发展是内因和外因共同作用的结果。内外环境是促使组织不断发展的根本原因。从组织外部因素来看，外部环境的复杂多变，使得组织只有适应这种变化，不断进行自我改进与更新，才能在新的环境中得以生存和发展。从组织内部因素来看，他们相互依存、相互作用，一个要素的变化必然引起整个组织系统的变化。因此，要从组织系统的整体出发，做好协调工作，才能促进组织发展。

（3）组织发展是确立目标，制订计划并付诸实施的实践活动。组织发展是以有关组织状况的各种数据为基础，在采集和分析数据的基础上，制订发展计划的活动。在组织发展中，有关组织氛围和人员状况的数据，比技术、财务和市场方面的信息以及资料更受重视。同时，重视数据的反馈和科学利用，有助于各级管理人员充分了解自身的情况，并制订改进的计划。组织发展的活动是制订和实施目标与计划的过程，并且需要设计各种学习活动来提高组织成员制订目标和计划的能力。

二、组织变革过程理论

为了增强组织的有效性及其成员的工作满意度，组织在变革过程中都会经历哪些阶段？下面将着重介绍三个不同时期的变革过程理论。科特·列维（Kurt Lewin）的变革过程理论、埃德加·施恩（Egdar Schein）的组织变革理论，以及丹特和顾特伯格（Eric Dent & Susan Goldberg）的变革过程理论。组织变革过程理论可用于解释组织改进和变革发生的动力机制。

（一）科特·列维的变革过程理论

科特·列维首次将组织变革过程划分为三个阶段：解冻阶段、运行阶段和冻结阶段。在解冻阶段，组织要让成员接受变革是不可回避的现实，并放弃做一些会阻碍变革进行的事情。在运行阶段，要使人们能够接受新的政策和实践。最后一个阶段，即冻结阶段，是使新的实践和行为成为组织今后日常运营中不可缺少的一部分。

科特·列维认为组织变革主要来自两种力量：一种是内部驱动，主要是来自组织中成员的需求；另外一种是源自环境的力量。源自环境的力量又可以划分为两种：推动力量和抵制力量，推动力量是促进变革发生的一种力量，而抵制力量则是保持现状的力量。对于那些由环境施加影响而造成的变革，促进力量必须大于抵制力量。

（二）埃德加·施恩的组织变革理论

埃德加·施恩在科特·列维的三阶段模型的基础上又进行了深化（见表 11-1）。施恩的组织变革模型关注的焦点在于如何使组织中的个体成员接受变革，以及变革代理者如何

表 11-1　埃德加·施恩的三阶段变革模型

阶段 1	**解冻阶段**——通过以下措施使组织成员渴望和接受变革： （1）造成员工的内疚感或者心理焦虑 （2）造成不确定性或者不完全的确定性 （3）提供心理安全感
阶段 2	**运行阶段**——通过以下措施帮助组织成员以一种新的视角来看待、判断、感受和做出反应： （1）对新的角色、行为模式加以认同 （2）洞察和分析环境，获取相关的信息
阶段 3	**再次冻结阶段**——帮助个体成员整合对下列事项的新观点： 能够将新的行为以及工作习惯融入其思维和行为方式之中

资料来源：E. H. Schein. *Process Consultation*（Vol. 2）. Reading, MA：Addison-Wesley, 1987：93.

管理变革等方面。埃德加·施恩的理论是，在阶段 1——解冻阶段，变革代理者要通过采取一系列措施让成员渴望和接受变革，要让员工改变既有的态度和行为。例如，对于需要改变不良工作习惯的员工而言，解冻就是要使他们认识到自己的工作表现是不佳的。在阶段 2——运行阶段，主要是实现变革，重点是要员工以新的方式和方法来开展工作，并且要确实相信通过工作习惯的改变，他的工作绩效是能够得到改善的。最后，在阶段 3——再次冻结阶段，变革代理者帮助员工将新的行为以及工作习惯融入其思维方式之中。这一阶段的主要目的是要帮助员工重塑自我概念，并且强化理想的工作绩效标准。

（三）丹特和顾特伯格的变革过程理论

丹特和顾特伯格不赞同组织中的大部分成员会抗拒组织变革的观点。他们的主要观点是：人们可能会对职务、地位、报酬或者舒适感的丧失产生抗拒心理，但是，这并不意味着对变革的抗拒，员工可能会抗拒那些未知的或被强行去完成的任务，或者那些从员工的角度来看不是很适合的管理层的决策。但是，在研究中他们发现，员工抗拒变革的实例少之又少。丹特和顾特伯格论证说，科特·列维关于员工抗拒变革的观点是存在误解的，在变革中，正确的关注点应该放在组织系统层次上。也就是说，工作是发生在一系列角色、态度、行为标准和其他因素的综合作用的系统之中的，因此，对变革的抗拒就应当是在整个组织系统层面上考虑的问题，而不是将焦点放在员工个体层面上。虽然应对个体层面的变革是至关重要的，然而，更需要考虑变革发生的大背景，以及影响组织整体运作的各种因素。

三、人力资源开发人员在组织发展策划中的角色

人力资源开发人员，在组织发展中应该起到什么样的作用呢？下面让我们来看看人力资源开发人员在组织发展中可以承担的一些角色。

人力资源开发人员在组织发展中可以作为组织的变革代理人。变革代理人应该具备关于组织开发方面的理论、概念、实践以及最新的研究成果的知识，以便能够在实施不同的干预策略的有效性方面向变革管理者提出具体建议。具体表现三个方面。

（1）人力资源开发人员在组织的战略变革过程中不仅可以对培训和开发提供建议，而且可以帮助战略计划者关注不同的变革方案，以及这些方案对员工可能造成的潜在影响，这种角色在所有的组织发展策划中都是极为关键的。

（2）企业兼并、收购和裁员必然会对员工产生巨大的影响，因此，人力资源开发人员必须致力于在变革的不同阶段帮助组织处理上述问题。一般来说，管理层必须注意与员工就裁员的原因以及为什么要这样做进行沟通，而人力资源开发人员可以协助管理层对员工的发展变革意识进行培养。

（3）绝大多数有计划的组织变革最终目的是导致个人行为的改变，因此，人力资源开发的需求必须配合组织发展的每一个阶段的需求，有计划地对人员进行培训与开发，这样才能保证组织发展顺利有效地进行。

当然，变革代理人除了组织内部人员，如人力资源开发人员外，也可以是外部的咨询师。内部代理人一般熟知组织的使命、结构、技术、内部政策和社会因素。这些知识对于促使变革管理者与组织成员之间建立起信任关系是非常重要的。但是，组织内的成员可能会感觉内部变革代理人与组织的关系太紧密，有时不容易做到客观、公正。此外，内部变

革代理人可能不具备特定干预策略所需的知识。为此，有些组织可能会考虑聘请一位具备组织开发知识和技能的外部咨询师。

聘请外部变革代理者是为了使其在规定时间内完成特定职能或任务。外部变革代理人的任务是由变革管理者决定的，通常在合同中加以说明。合同中应该明确外部变革代理人履行的工作的性质、工作的时间计划表、服务期限、方法和报酬，以及一些衡量变革代理人绩效的方法。

表 11-2 是变革代理人在组织发展中所扮演的角色。

表 11-2　变革代理人所扮演的角色

角　色	定　义	何时扮演该角色
拥护者	高度指导性的角色，变革代理人试图去影响组织成员使用某一种方法	当组织成员不能肯定使用哪种方法，需要很多指导时
技术专家	在特定问题上提供特定的技术知识	当组织成员在某一特定问题上寻求指导时
培训者或辅导者	提供有关组织开发或不同的干预策略的信息	当组织成员在组织开发的某些方面需要培训时
解决问题的合作者	在问题分析，确定解决方案和行动步骤上提供帮助	当组织成员在决策制定上需要帮助时
研究者角色	充当研究或资料搜集者的角色	当组织成员有特殊的要求时
反馈和解答者	通过对信息做出反应来帮助组织成员理解形势	当组织成员对资料不是很理解，并寻求解释时

资料来源：W. W. Burke. *Organization Development* [M]. Reading, MA: Addison-Wesley, 1987: 146-148.

第二节　组织发展实践

一、领导力与管理技能开发

（一）领导力定义及其理论

生活中我们经常使用"领导"一词，有时泛指处于领导岗位上的管理者，有时指具体的领导行为。事实上，领导力无处不在。进入 21 世纪之后，领导力的概念宽泛化：一是强调领导者和追随者之间的相互影响；二是注重建立愿景与引导变革，三是倡导有效领导力与情境适应性，其核心是影响力和获得追随者。

关于领导学的经典理论，目前公认的主要有：特质理论（Trait Theory of Leadership）、行为（风格）理论（Behavioral Theory of Leadership）和权变（情境）理论（Contingency Theory of Leadership）。

1. 特质理论

该理论认为某些特定的个人特质是与生俱来的，根据有无这些特质，可以将领导者和非领导者区分开来。该理论试图从卓越的领导者身上挖掘出具有共性的特质（如性格、品质等特征），从而找出有效领导活动发生的原因，也就是揭示为什么领导者能够成为领导者，为什么他们具备领导力。新的特质理论则强调领导力特质的实践性和生成性，主张可以通过训练和培养造就领导力。

2. 行为（风格）理论

行为（风格）理论希望从领导者的行为特征或领导风格中来探索出有效领导的答案，

认为行为表现的不同可以将有效的领导和无效的领导区分开来。其目的在于描述领导者的有效行为或领导风格，分析领导者如何有效地处理复杂的管理任务和指挥员工。行为与特质相比更容易学习。

3. 权变（情境）理论

权变（情境）理论着重关注的是领导者与被领导者的行为和环境间的相互作用，认为领导者的行为正确与否要由当时的情境来决定，领导行为效果的好坏不仅仅取决于领导者本人的素质与能力，而且也取决于被领导者的特点、领导环境等客观因素。因此，作为一个动态过程的领导职能，其效能如何，必须结合具体的情境、环境变化来进行分析，试图了解在特定情境下采取什么样的领导行为最为合适，领导者应根据环境的变化采取随机应变的方法。

除此之外，近些年来，学者们亦提出了以下领导理论：注重个人和组织的双重变革，同时讲求领导者和追随者的沟通互动，领导者对追随者进行愿景激励使其富有创造性地完成工作，达到所预期的组织目标的变革型领导；以满足追随者较低层次需求为基础，建立并执行基于个人利益的交易契约的交易型领导；把个人利益置于组织利益之后，具有利他性、奉献精神的自我牺牲型领导、服务型领导；以企业期望在未来达到的理想状态为核心的愿景型领导；等等。其中，领导力的柔性化（依靠个人魅力来发挥作用）趋势日趋明显；团队领导、自我牺牲型领导等研究受到广泛关注。

人们在探索领导力方面取得了长足的进步，认为领导力是一种真正可以影响组织和社会的力量。有时候，领导力会自发出现，但领导力更需要挖掘和开发，为机构和社会服务。

（二）管理技能培训与开发

1. 管理技能的定义

惠顿和卡梅伦（David A. Whetten & Kim S. Cameron）认为管理技能有以下四个特征。

（1）管理技能是行为方面的，它们不具有人格特质或风格倾向。管理技能由一系列可被确定的活动组成，个体通过进行这些活动产生某种结果。技能是可以被他人观测到的。

（2）管理技能是可控的，这些行为的表现在个体的控制之下。技能可以被个体自身有意识地显露、实践、改善或者抑制，是人们可以自行控制的行为。

（3）管理技能是可发展的。通过实践和反馈，人们可以改善自己的技能表现。在管理技能方面，人们可以从较低的技能进步到较高的技能。

（4）这些关键技能是相互联系、相互重合的。把某项技能从其他技能中孤立地区分开来是困难的。技能并不是简单的、重复性的行为，他们是复杂反应的整合体。在实践中，有效的管理者必须依靠技能的结合以达到特定结果。

需要补充的是，管理技能并不特指作为管理者所具备的技能，实际上它是每一个人都须具备的技能。

2. 管理技能的主要内容

罗伯特·卡茨（Robert Katz）提出的管理技能包括技术技能、人际技能和概念技能。技术技能是指应用专门知识和技能的能力；人际技能是指与人共事、理解他人和激励他人的能力；概念技能是指对复杂情况进行抽象和概念化的技能。

企业中不同管理层级的管理者担任着不同性质的工作，其所需要的管理技能也是不一样的。高层管理者的工作很大程度上决定着企业未来的发展方向，对整个企业的发展起着十分关键的作用，更多地需要运用概念技能；对于基层管理者而言，大多是完成上级布置的任务，更多需要技术技能；人际技能是管理者实现有效沟通、激励不可或缺的，因此对各层级的管理者都非常重要。研究普遍认为，管理者的层级越高，对于概念技能的要求就越高；管理者的层级越低，对于技术技能的要求就越高；无论哪个层级的管理者，都需要较强的人际技能。技术技能、人际技能和概念技能是相互联系的。

3. 管理技能的提升方案

管理技能开发是试图通过灌输知识、改变观点和态度、提高技能来改善管理人员目前和未来工作绩效的任何努力或方式，管理开发的最终目标是提高企业的管理绩效。管理技能开发必须兼顾概念学习和行为练习。没有以必需的概念知识为基础的练习是贫乏的，而且会忽视对不同情境的灵活性和适应性的需求。有效的管理开发当然不能只是按照书上的行为列表行事。

研究表明，一个五步骤的学习模型对于帮助个体开发管理技能最为有效，如表 11-3 所示。

表 11-3　管理技能开发模型

组成部分	内容	目标
1. 技能评估	调查工具	评估现有的技能和知识水平，使个体准备改变
	角色扮演	
2. 技能学习	书面材料	教授正确的原则，解释行为指导的原理
	行为指导	
3. 技能分析	案例	提供技能表现正反两方面的案例，分析它们的行为原则和工作的原则
	练习	
4. 技能练习	模拟	练习行为指导，根据个人风格调整原则，接受反馈和帮助
	角色扮演	
5. 技能应用	任务（行为的和书面的）	将课堂所学的知识应用于现实生活的情境，促进持续的个人开发

第一步是对现有的技能和知识水平的评估。

第二步展示生动的、以科学为基础的有效技能的指导原则和方针。

第三步是分析，提供模型或案例来分析真实组织环境中的行为原则。这一步也利于表明行为方针怎样适应于不同的个人风格和环境。

第四步是练习，个体可以进行实验，并可以在一个相对安全的环境中得到及时的反馈。

第五步是将技能应用于课堂外的真实世界，并且进行后续分析以判断应用得是否合理、成功。

二、员工辅导

（一）员工辅导的定义

员工辅导有两方面的含义：一方面，员工辅导是一种管理手段——通过它，管理者执行管理的职能；另一方面，员工辅导是引导员工绩效实现一定组织目标的一系列的管理技能。

员工辅导分为四个互为因果的阶段，每一阶段都是下一阶段的基础。未完成前一阶段的工作就无法进入下一阶段。最后一个阶段则对整个员工辅导流程起一种加强巩固的作用。

（1）建立协同关系。员工辅导流程首先应与员工创造出一种健康的工作关系，积极的工作关系对各方都有利，所有成员都能得到自己期待的结果。但要记住，这是一种职业关系，而不是私人关系。

（2）培养员工的自尊心。培养自尊是员工辅导的结果。它来自员工需要提高自己业绩水平和解难技巧的自我意识。培养自尊对管理者和员工同样有益，因为它有助于产生一种协同关系。

（3）奖励树立责任感和取得成果。作为辅导教练，管理者必须获得企业所需要的成果。但单靠管理者个人完成不了，必须通过他人协助才能完成任务。管理者必须通过激励战略设法提高员工的责任感，直言其对员工的期望。

（4）必须让员工了解结果的重要意义。员工必须认识到自己的努力对最后成果有何影响。接着告诉员工他们究竟干得如何。他们需要及时、不断的信息反馈才能沿着正确的方向前进。最后，管理者必须奖赏业绩优秀的员工。

（二）绩效管理与员工辅导

从传统意义来说，绩效评价系统一直被看作对员工的绩效进行管理的手段。在许多组织中都有正式的绩效评估程序。**绩效管理**是管理者确保员工的工作活动以及工作产出能够与组织的目标保持一致的过程，是企业赢得竞争优势的中心环节。它包括三个部分：绩效的界定、绩效的衡量和绩效的反馈。

现在已经有许多把员工辅导作为提高绩效的手段的研究，应注意的是，绩效管理和员工辅导都必须与组织的目标和战略联系起来。员工辅导的核心内容正是管理者以中立而非领导的身份用技巧反映员工的心态，使对方洞悉自己，并就其表现的有效性给予直接的回应，令员工及时调整心态、明确目标并以最佳状态去创造成果。员工辅导不仅仅是一种技术，它还是一种日常管理绩效的方法。

人们有什么样的信念，就会有什么样的行为，而这个行为直接导致了结果。传统管理善于从行为层面入手，但只是治标不治本。行为的背后是信念和心态，所以，信念才是“本”，只有把信念的宽度打开，才会有不同的行为，也就会有不同的成果。员工辅导在知识、技巧和心态三个不同的学习层面上，选择了心态作为切入点。

（三）员工辅导中的角色

员工辅导的主要职责应该由员工的直线经理或人力资源管理者来承担。尽管组织中的其他管理者也可以提供指导、教授新技能或者帮助克服特定的问题，但是最需要进行员工辅导的是发生在员工和直线经理日常的直接联系中的任务。直线经理的职责是确保他或她的小组能够并且有效地实现目标，完成任务。在企业中，直线经理分配任务、建立标准并监督绩效，因此，只有直线经理才具备足够的信息、机会和权力来进行有效的员工辅导。如果管理者成为辅导员，那么员工将会学习、成长并且更加努力地工作。由于管理者希望得到员工的最佳绩效，他本人也要努力工作。作为辅导员，管理者要学习和培养旨在引导员工获得更高绩效和生产力的各种技能。在辅导的过程中，管理者的能力也得到提升，这是作为辅导员最具有吸引力的地方。

在进行员工辅导的过程中，管理者将扮演以下四种角色之一：培训、职业辅导、直面问题、做导师。每种角色的结果不尽相同。

（1）培训。这种角色要求管理者扮演一对一的教师。管理者有责任就最终会影响员工成长的问题与他们共享信息。

（2）职业辅导。作为职业教练，管理者要引导员工相当深入地就其现在和将来的职业发展道路探索其兴趣和能力所在；帮助员工考虑替代方案、决策有关职业发展问题；让所在企业组织了解员工的职业发展观，以便企业做出相应的计划安排。

（3）直面问题。要提高业绩，必须直面问题。首先，管理者要要求员工改进业绩（要员工在成功的基础上做得更好）；其次，管理者需要令员工由不良的业绩提升到满意的业绩。

（4）做导师。作为导师，管理者要指导员工解开组织中的种种难解之“谜”；要引导员工渡过组织中的种种危机。做导师与做职业辅导有所不同。导师需要源源不断地就企业组织的目标与经营观为员工提供信息和见识，教导员工如何在企业组织内发挥作用。此外，在员工遇到个人危机时，他们还要成为员工的知己。

作为人力资源开发专业人员，可以通过向辅导员提供培训，来保证辅导员获得必备的技能，从而帮助管理者和主管成为有效的辅导员。除此以外，在员工辅导分析过程中发现的问题，可以通过运用某些人力资源开发方案来解决。

员工辅导是一项人力资源开发干预措施。人力资源开发包括许多培训以外的活动，目的是向员工提供符合目前和以后工作需要的必备技能和动机。为了推行有效的辅导，可能需要对主管进行培训，也可能需要对员工进行培训，来解决在员工辅导过程中发现的问题。

三、导师制

（一）企业导师制的定义

企业导师制是指资历资深的员工向资历较浅的员工传授工作经验，并为其职业发展提供支持和指导。虽然不同学者对企业导师制有着不同的认知，但整体而言，企业导师制是指企业中富有经验、知识、技能的资深者对经验不足者进行辅导与帮助而建立起来的一种支持性互动发展关系。指导者即导师（mentor），一般为企业中职位、权力和地位较高，经验较丰富的老员工；被指导者即徒弟、学员（mentee），大多为企业中地位、权力较低，工作经验尚浅的年轻员工。

随着社会的发展和员工自我意识的提升，“灵活多变”以及“无边界”的职场环境使如今的导师制也呈现出新的变化，如华为的导师制打破了过往年长导师指导年轻徒弟的导师制传统，即使员工工龄短、年龄小，但只要其在某一领域有所成就，一样能成为导师。现有研究对企业导师制概念的关注点已从导师对徒弟的单向关系转向师徒间的双向互动关系。

（二）企业导师制的类型

1. 正式导师与非正式导师

根据导师与被辅导者之间的关系是否由企业正式指定，导师分为正式导师和非正式导师。正式导师的师徒辅导关系是由企业正式指派，由企业人力资源部所配对、执行与管理的。非正式导师是被辅导者由于自身工作发展需要自发寻找知识、技能、工作经验丰富的员工担任自己的导师，不受组织的干涉，无须企业人力资源部门介入，师徒双方通过日常工作的互动相处，渐渐形成的非正式的辅导关系。

2. 直属导师与非直属导师

依据导师与被辅导者之间职位上的行政从属关系，导师分为直属导师和非直属导师。直属导师是一种纵向的指导关系，导师一般为被辅导者的直属上级，师徒双方是一种上下级从属关系；非直属导师是一种横向指导关系，导师和被辅导者之间不存在直接的上下级从属关系，两者只有资历、工作经验等的差异，多存在于同事之间。

3. 初级导师与次级导师

初级导师是指导师和被辅导者之间为传统“一对一”的指导关系，一位导师对应一位被辅导者；次级导师是指导师和被辅导者之间并不是“一对一”的指导关系，一位导师可以带很多位被辅导者，相应地，被辅导者也可以寻求不同导师的指导。由于市场竞争日益激烈，企业对人才的需求较大，员工个人职业流动性增强，不利于建立初级“一对一”的指导关系。因此，目前导师研究也日渐聚焦于非唯一性的次级导师。

4. 传统导师与逆向导师

依据导师和被辅导者的年龄长幼差异，导师分为传统导师和逆向导师。传统导师是年长导师对年轻被辅导者进行指导的过程；而逆向导师是指年轻导师对年长被辅导者进行指导，以帮助年长被辅导者获取新知识、新技能的指导方式。

（三）企业导师制的作用

企业导师制的作用主要体现在被辅导者、导师以及企业三方面，一定程度上这也是学者们对企业导师制进行广泛研究的现实基础。

1. 对被辅导者的作用

企业导师制对被辅导者的作用是最直接、明显的，因为企业导师制建立的初心就是帮助缺乏工作经验、技能的员工进步与成长，以促使其适应工作和职业发展的需要。凯西·卡拉姆（Kathy Kram）将企业导师制的功能归纳为职业发展功能和社会心理功能。

职业发展功能主要体现在赞助、辅导、展露、保护、挑战性工作任务五个方面，即导师借助自己的工作经验、知识与技能等提高被辅导者的工作绩效，支持被辅导者职业发展，给被辅导者分配一些具有挑战性的工作，为其制造展现能力的机会。

社会心理功能主要体现在接纳与认可、咨询、角色榜样、友谊四方面。导师能够帮助、接纳、尊重、认可被辅导者，聆听被辅导者工作中遇到的问题，为其指明方向，在交流互动的过程中建立深厚的友谊，成为被辅导者的榜样，激励被辅导者向导师看齐。此外，导师制能激发被辅导者的学习行为、反馈寻求行为，以及降低被辅导者的离职倾向，提高被辅导者的幸福感。

2. 对导师的作用

导师在辅导被辅导者的过程中可以获得工作满足感和成就感，获得尊重和认可，将会促使其产生更多的组织公民行为；导师在向被辅导者传递知识经验的同时也可以从被辅导者那里获得创新的观念、知识技能等，教学相长，共同进步；通过帮助被辅导者在企业中的职业发展，可以积累自己在企业中的资本，构建自己的权力和人际支持基础；对被辅导者进行工作安排、任务分配，可以激发导师更多的领导行为，提升导师的幸福感和组织承诺；导师制也能减少导师的职业高原认知，并降低这种认知所造成的负面影响，如降低导师的离职倾向。

3. 对企业的作用

导师制的实施可以增加企业对人才的吸引力；增加员工对企业的归属感，降低企业离职率，留住优秀员工；促进导师领导力的发展，提高企业的管理水平，促进企业人力资源发展；通过导师和被辅导者的互动交流，有利于企业内部的信息交流和信息共享，从而形成一种良好的沟通交流氛围，便于企业进行知识分享与创新、文化建设，增加企业的竞争优势。

（四）企业导师指导四阶段模型

卡拉姆的指导阶段理论认为指导关系可以分为以下四个阶段。

1. 初始化阶段

第一阶段为初始化阶段，一般持续的时间为指导关系开始后的 6 个月到 1 年内。在这一阶段，企业内资深员工与资历较浅员工之间“相互寻求”。资历较浅的员工会致力寻找企业中能力强、地位高、能为自己提供帮助的“潜在导师”，而资历较深的员工也会寻找企业中值得自己付出心血栽培的被辅导者。

2. 培育阶段

第二阶段为培育阶段，一般指导关系将持续 2—5 年。在这一阶段，导师会尽力帮助被辅导者的职业发展，为其提供职业、社会心理指导等帮助，同时导师也能在被辅导者身上获得帮助，这是一个双方均能获益的过程。

3. 分离阶段

第三阶段为分离阶段，一般持续 6 个月到 2 年，这一阶段包括指导关系结构自然分离和心理上的分离。自然分离主要是指师徒关系的自然结束，如导师与被辅导者两者的关系随着企业中正式导师项目的结束而分离。同时，随着导师提供的指引越来越少，被辅导者逐渐能够独当一面，两者则会因此而分离。

4. 再定义阶段

第四阶段为再定义阶段，指导关系结束后，师徒双方会形成一种非正式接触以及互相扶持的关系，将原来的师徒关系变成同事或朋友之间的友谊。

由此可知，师徒关系会随着时间的推移呈现出不同的密切程度，导师提供的指导功能的内容和数量也会发生变化。

四、管理继承人培养

简单来讲，**继任管理**通过预测组织未来发展的需求，识别、评价、开发、管理、储备组织核心的人力资本，将一系列人力资源开发与员工职业生涯管理活动同企业战略与未来发展紧密联系。继任管理与企业人力资源管理密切相关：一方面，它的实施与推进过程涉及人力资源管理中的绩效测评、培训开发与职业生涯规划等方面；另一方面，继任管理关注的是组织中特殊的对象——主要是企业经营者、高层管理者及具有特殊潜质的核心人员，它的实施效果对企业的现状及未来关系重大。此外，由于继任管理的任务是为组织储备未来的领导人，它更关注的是人员的潜力与未来的发展。因此，继任管理需要有特殊的管理模式、操作流程与应用工具。

（一）继任管理的内容与过程

继任管理在不同企业的应用中有不同的内容，这种差别主要取决于企业与企业领导人对继任管理应用的广度。继任管理不仅包括为企业寻找新的 CEO，也涵盖企业人员的招聘、甄选、培训、开发和晋升等环节。但无论范围如何，开发一个有效的继任管理系统有以下几个基本步骤。

1. 确定组织的能力需求

确定关键的能力需求通常是制定继任管理规划的第一步。组织的关键能力来源于企业战略。企业未来的领导人是战略实施的组织者与领导者，他所具备的能力必须符合企业战略的要求。因此，继任管理首先要从企业战略规划引出实现企业的使命、愿景与目标所需的能力和行为。

国外一些公司，这一步骤的具体实施过程是由公司的核心人员来提供有关公司面临的挑战、环境变化的可能、企业未来发展的看法，由持股的高层经理主持讨论，再结合以往各个管理层级总结的有效管理能力，列出需要培养的能力清单，进行分析。最后，通过向各个层级的管理者发放调查问卷，确定有效管理或应对未来挑战所需的能力。这样，每一层次所需的能力和关键行为就被确定下来。

现在，随着心理学与管理实践的相互融合程度的加深及行为评价、潜能测评等手段的成熟，以心理学为基础的管理工具——素质模型在企业及其他组织确定其继任者能力需求的过程中广为使用，为企业确立继任人的能力要求提供了一种有效的工具。

2. 建立能力评估体系

继任管理的第二步是根据明确的组织及职位未来的能力要求指标，对潜在的候选人进行评估。常用的评估工具包括绩效考核的数据，以及来自上下级全面的反馈。此外，也可以运用在招聘甄选中惯用的个性和心理测试、角色扮演、评价中心等方式。

DDI（Development Dimensions International）公司是一家全球性的管理咨询公司，在继任管理咨询服务方面有着丰富的经验。它提出了一套继任管理中用于评估候选人潜力和诊断发展需要的模型。表 11-4 描述的是提名升职人员的标准和发展需要的确定方式。

表 11-4　继任管理的评估和判断模型

标　准	识别有潜力者	诊断发展需求
组织 赞同组织价值观 表现出对他人的尊重 管理水平		
领导能力 领导动机和期望 能够承担领导责任 充分利用资源和人 领导团队，使之士气高昂		
人际关系技能 清晰和有效的沟通能力 有效的表达能力 良好的交际能力 值得信赖，受到尊重		

（续表）

标　　准	识别有潜力者	诊断发展需求
业绩 优秀的团队业绩 成功的指标 （如销售额、生产率、利率、质量等） 完成分配的任务		
发展潜力 对自己有清晰的认识 可塑性强，愿意接受意见 在新环境下快速学习的能力 能够从过去的工作中吸取经验教训		
保留的重要性/离职的风险 有单一技能或技能组合 是否是猎头公司的目标		
组织知识		
工作的挑战		
不规范的行为		

评估方式及标准的选择在组织间可以有所不同，但它必须是有效和透明的。此外，员工的能力并不是静态的，需要不断地评估，特别是当企业的战略和组织结构有所变化时，员工能力等级的调整乃至评估标准本身的修订则更为重要。此外，从上述评估过程可以看到，继任管理计划的制定及实施需要人力资源管理系统所提供的数据及方法的支持。

3. 建立加速跑道

为提名候选人建立加速跑道是许多成功的继任管理计划的共同的特点。进入加速跑道计划的人选是经过前一阶段的评估之后确定的候选人。成功的继任管理计划为有潜力的员工提供了多条跑道，如技术线的晋升通道和管理线的晋升通道两大系统。两个系统又细分为几条跑道，如管理体系有主管人员跑道、中层管理者跑道、高层管理者跑道。每条跑道包含几个等级，为有潜力的员工的职业生涯发展设置阶段性的目标，也为职位候选人的晋升进行准备。进入加速跑道的候选人数量依赖于空缺职位的数量以及组织习惯的挑选比率。加速跑道的数量反映了组织业务及结构的多样性及弹性。

4. 关注职位空缺及候选人的继任者发展状况

继任管理计划的最终目标是保证组织在适当的时候能为职位找到合适的人选。因此，它关注、管理的对象是职位与继任人两个方面，协同把握职位空缺及候选人发展的动态情况。

表 11-5 提供了一种将职位与任职者及候选人一齐纳入决策者视野的途径。

表 11-5 将职位与任职者及候选人一齐纳入决策者视野的途径

职位及现任任职者	职位空缺的可能性 A. 1 年之内 B. 1—3 年 C. 3 年以上	现有的候选人	1—3 年内可以形成的候选人	3 年以上可以形成的候选人	应付突发情况的方案

5. 任命及交接班环节

继任管理并不以找到了组织未来的领导人为终点，它延伸至新的任职者真正接任工作、行使职权那一刻。在国外公司比较成熟的操作中，前后两代任职者的交接班过程中或繁或简的各项环节，如管辖权限的转移、后续事项的处理等，都在继任计划中进行了规划。特别是许多组织对其 CEO 的选任过程有非常规范的管理模式，避免在领导人交接班过程中造成权力及责任的模糊及公司资产的损失。

6. CEO 继任计划

通常，完成前后两届 CEO 的更替需要 90—180 天的时间，董事会、人力资源部门、外部专家组、原来的 CEO 等，都会参与整个过程中。具体安排如表 11-6 所示。

表 11-6　CEO 继任计划

任命寻找候选人的专项小组	董事会
决定是否需要咨询顾问的帮助	董事会
制订整个过程的预算	董事会
界定职位的职责、任职要求以及候选人需要具备的素质	董事会及现任 CEO
确定为新的 CEO 提供的报酬方案	董事会
准备和发布招聘广告	专项小组及人力资源部
甄选初试	专项小组
确定入围人选名单	专项小组
进行第二轮面试	专项小组
测试、实施背景调查、信用状况调查	专项小组/顾问
确定新的 CEO 人选	董事会
新的 CEO 任职	董事会
在年度股东会上引见新的 CEO	董事会
前任 CEO 离职	

（1）由董事会负责制定本阶段的时间计划，并确保计划的执行。新的 CEO 人选的确定，应该在前任 CEO 离职 60 天前完成。

（2）专项小组由董事会任命，致力于执行继任计划，控制各个阶段的进展，同时向董事会推荐最终入围的候选人。专项小组可以部分或全部由董事会成员组成，人数以 3—5 名为佳。

（3）现任的 CEO 最好不要加入专项小组或者参与确定继任人最终的确定。但专家小组必须获得现任 CEO 的帮助，提供与候选人声誉和经历方面的信息。

（4）由董事会决定是由专项小组全面负责交接班过程，还是聘请外部顾问来帮助公司推动继任计划。如果聘请了外部公司，必须明确界定他们的职责。

（二）继任管理的实施及管理

继任计划的目标是保证在企业关键岗位的员工和高层管理者离职以后，企业能够迅速找到合适的继任者。继任计划确保公司管理层拥有一支可供选择并予以任用的储备人才团队。一般来讲，这支团队中的员工具备突出的专业技能及长期发展的潜质。

继任计划最重要的组成部分就是员工发展计划，按照职能种类的不同，员工发展计划分为主管人员（事业部经理、区域分公司经理、部门主管）和其他关键职位（中层管理者、技术主管）的员工发展计划。一般来讲，该发展计划包括以下内容：

（1）挑选潜在继任者的程序；

（2）制订特殊职位的候选人继任要求；

（3）细化员工适应新岗位和职责要求的时间和过程；

（4）识别候选人员的培训需求，为他们制订发展规划；

（5）制订“保护计划”，确保当前的任职者在继任者产生的过程中的利益。

员工绩效考核系统在继任计划的实施过程中起着关键的作用。定期的绩效考核旨在检验这些潜在的候选人是否达到了组织的期望，是否实现了继任发展规划中所设定的目标。

同时注意在制订员工职业发展规划及培训开发计划时，应将员工学习与组织及部门业务目标结合起来，并培养员工继续学习的能力。继任管理中的员工职业生涯发展规划应为两方面：一方面是员工的自我发展和潜能实现，另一方面是组织继任管理计划的实施和修正。

精心安排并积极落实的继任计划既能有效解决组织面临的危机，也能确保公司长远战略的实现。具体而言，它有五个方面的优点。

（1）开发、培养满足组织未来发展需求的技能和素质，既能减少员工适应新职位要求的时间，又能降低选择不恰当接班人的可能性；

（2）为企业员工提供了在组织内发展职业生涯和获得晋升的可能性，进而提供了一种员工激励，提高了他们的满意度和组织承诺；

（3）降低了员工流动和跳槽的可能性；

（4）提高人力资源培训和开发的目的性和效果；

（5）提高员工士气和参与公司事务的程度。

为了保证继任计划的成功实施，需要相关的程序、有效的控制和人力资源部门及管理者的参与。更重要的是，要修正那些关键职位任职者的认识，使他们抛弃对继任者的敌意，不要将他们视为竞争对手，而应视为他们的下一代——一种保证公司持续成功的重要因素。各个环节的推进、分阶段目标的实现、获得相关人员的一致支持并非易事，而继任计划的效果最终会在长期内得到检验。

继任管理可以定位为一系列继任问题的集合，集合的最高端只是解决 CEO 的继任问题，“是规划一个组织的最终执行权如何从一个人手中移交给另一个人，并应取得何种效果的过程”；在集合的另一端，继任管理广泛包括组织内各层次的领导者开发和继任，以及确保一个组织、部门、科室和工作组的持续高效的业绩所做的各种努力。这是一种通过内部提升的方式，系统有效地获取组织人力资源的方法，它能够有效地避免外部招聘带来的一系列弊端（如空降部队与地面部队的矛盾、文化与价值观的冲突、缺乏组织忠诚与归属感）。它是现代人力资源管理的重要组成部分。

五、企业大学

随着新产品、新技术的不断涌现，企业间的竞争日益激烈。单纯以培训为主体的传统体系远远无法满足企业现实发展的需要，企业的人才培养由传统培训模式逐步过渡到以承接企业战略和组织学习发展为核心的企业大学模式，企业大学逐渐成为与人力资源部平级的部门。许多企业都建立了自己的企业大学，如腾讯大学、阿里学院、京东大学、惠普大学、海尔大学、华为大学、中粮书院等。

（一）企业大学的定义

企业大学又称公司大学，是指由企业出资，以企业高级管理人员、一流的商学院教授及专业培训师为师资，通过实战模拟、案例研讨、互动教学等实效性教育手段，对内部员工或外部合作伙伴进行企业文化培训、战略宣导、知识更新及工作能力开发，满足员工终身学习需要的一种新型教育、培训体系。

由《培训》杂志推出的《2017 年中国企业大学统计报告》可知，我国国内九成左右的企业大学以服务企业内部员工为根本工作，未来 2 年内有升级（为企业大学）计划的培训中心在服务内部员工的同时，更多地会探索输出服务与产品的运营模式。此外，国内的企业大学在实体大学、虚拟大学与实体兼虚拟三种存在形态上的占比持平。

（二）企业大学的特点

企业大学以企业文化、企业战略为核心，运用现代科技及传统教学手段，通过企业文化的导入和企业学习习惯的培育，形成企业知识管理、人才培养、市场竞争的智力平台，最终成为实现企业战略规划的有力武器。其主要特点如下。

1. 战略性

战略性是企业大学最大的特征，也是其不同于传统的培训中心（或培训部门）的一个标志性特征。企业大学必须与企业战略相关联，促使企业实现其主旨和战略目的，可以表现为：教育目标与组织的战略需求相一致，将员工的所得与学习活动目标密切联系起来，高层管理者直接推进和积极主动参与。

2. 虚拟性

现代企业大学与传统大学不同，现代企业大学不一定要有校园，如戴尔大学就没有建立有形的校园。通过采用网络技术、多媒体技术或卫星电视等手段传播培训课程，可形成虚拟校园或虚拟化教学体系，如通过在线学习、CD-ROM、可视会议系统等形式实现教学。依据网络和通信技术的 E-Learning 模式使企业大学教育和培训方式更加灵活多样。

3. 针对性

企业大学的教育对象具有针对性。其最初的教育对象为本企业的员工，后扩展到供应商、销售商、其他企业的员工及社会公众。具体包括以下三种：第一种是企业内部公众，教育对象仅为本企业的员工，如戴尔大学；第二种是有限的外部公众，教育对象是本企业的供应商、销售商和客户等，如摩托罗拉大学；第三种是广泛的外部公众，教育对象是其他企业的员工和一般的公众，如迪士尼大学。

（三）企业大学的构建

合理构建企业大学、进行相关的企业大学模型设计是企业在工作实务上的需要。但关于企业大学的构建、模型设计的研究相对较少，这不仅是企业大学实践领域亟待解决的问题，也是学术界需要继续钻研探索的方向。

杨思卓将北京大学汇丰商学院领导力研究中心（PLC）提出的“八一模型”运用到了企业大学构建方面。“八一模型”由八个模块组成，具体如下。

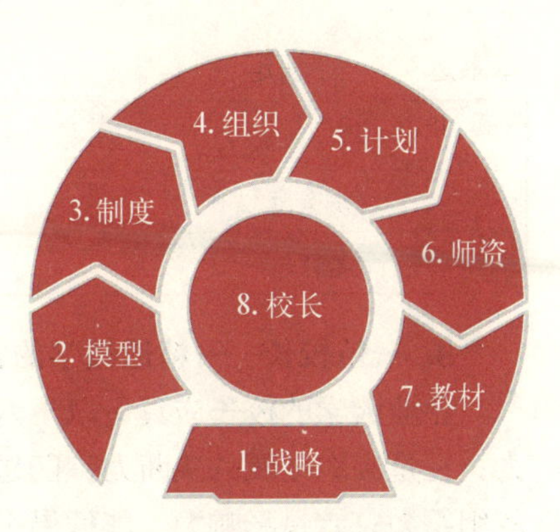

图 11-1　“八一模型”

1. 一个战略——明晰的人才发展战略

企业大学培训体系的核心就是人才发展战略，其应以企业发展战略整体目标为凭据，与企业发展战略层级目标相契合，在顺应组织目前需求和未来发展的基础上拟定合适的战略。

2. 一组模型——科学的员工素质模型

六维领导力系统（CPU）是 PLC 研制的员工素质模型，具体是指以“PLC 领导力三定律为中心，由决断力、推行力、教导力、学习力、影响力、组织力”等六个能力单位组成的领导者模型。

3. 一套制度——高效的绩效考评制度

ATC 是 PLC 研制的督导式培训考评制度。ATC 以职业团队为中枢，不断提高“领导力、凝聚力、执行力、成长力”四个维度，经由 A-Audit（测评，10 分）、T-Training（训练，20 分）、C-Consultant（督导，多次，占 70 分）的系列步骤，不断循环，最终实现组织团队绩效增加的制度体系。

4. 一个组织——专业灵活的管理组织

据预测，未来企业大学的主框架将为管理系统、教学系统和研发系统相互独立又有所交叉的组织形式。其按照相互默认的某种章程，各司其职而又彼此协调，自动地形成有序组织，再接受外在命令。

5. 一套计划——完善缜密的培训计划

主要是指依据一定的逻辑顺序，在客观、综合、全面的培训需求分析的基础上，根据组织战略做出的对培训时间、地点、对象、方式、内容以及培训者等系列内容的预先系统设定。

6. 一支师资——精专干练的师资队伍

PLC 提出“六步阶梯法”来培养名师。“六步阶梯法”即测选、预热、培训、评校、习惯、创新。其中，最为重要的是测选、评校。同时指出，建设师资队伍包含内部培训师资队伍的职业化标准和外部培训师的遴选工作。

7. 一套教材——经典科学的培训教材

PLC 指出应以主课件为核心，以“教案包、演练包、测试包、推介包”为辅助的“1+4”课件包结构体系（见表 11-7）。

表 11-7　“1+4”课件包结构

构　件	简明内涵	主要形式
主课件	基础培训教材	PowerPoint
教案包	培训教学方案	Word
演练包	辅助训练材料	CD/VCD

（续表）

构　件	简明内涵	主要形式
测试包	培训检验试题	Word
推介包	市场推广材料	Word/VCD

8. 一位校长——精通教学的领导人才

企业大学的校长应具备以下六种能力：一是与时俱进的学习力；二是带队育人的教导力；三是高瞻远瞩的决断力；四是务求绩效的推行力；五是建构组织，充分发挥团队力量的组织力；六是影响力，能凭借个人魅力凝聚专家型人才等。

第三节　人力资源培训与开发的外包技术

一、什么是人力资源培训外包

人力资源培训与开发的外包，是当代企业人力资源管理的一个重要发展趋势。所谓**人力资源培训与开发外包**，是指组织将本来由内部人力资源开发部门行使的部分或者全部职能，以委托和代理的形式交给组织外部的专业机构来完成的一种模式，从而使人力资源开发部门的职能和人员得以精简。

由于外部的专业机构具有更加专业化的服务能力，其行使这些人力资源职能的成本可能低于组织内部设立专门的机构和人员来完成这些职能的成本；另外，人力资源的外包往往集中在那些与组织的核心能力和竞争优势关系不大的职能上，这些职能在不同组织之间具有很大的相似性和通用性，因此，通过对这些职能的外包，也可以使组织将其精力和资源集中于那些帮助组织获取竞争优势的人力资源职能上。培训外包之所以发展得越来越快，一个很重要的原因是许多组织意识到培训外包机构有可能以费用更低、管理更好、成本效益更佳的方式提供更高质量的培训和开发。

如今，培训外包不仅是聘用外部讲师来讲授课程，也不仅仅是出资派员工脱产去参加外部的培训班、研讨会，它还体现在一些组织将培训的核心职能外包出去，具体包括制订培训计划、设计课程内容、办理报到注册、确定培训时间表、提供后勤支持、进行设施管理、选择讲师、进行课程评价等。通过与外包服务供应商及其专家建立伙伴关系，组织可以节省大量经费，并获得较高质量的、专门适用于其特定业务战略的培训项目。

组织决定要实施某一培训与开发项目之后，需要在项目的外包与自行设计开发之间做出选择。当然，这一工作也可以在确定了培训与开发项目的项目目标之后进行。就某一具体的项目而言，究竟是由组织人员自行开发，还是从外部培训机构或顾问公司采购，需要综合考虑成本、内容、师资、受训对象等多方面的因素，但是，组织在做出决策之前，需要弄清楚自行设计开发和外包究竟有何优劣。

二、影响培训项目外包与自行设计决策的主要因素

如今，提供人力资源管理与咨询服务的专业机构层出不穷。通常而言，外部专业培训

与咨询机构拥有专门的产品研发人员，多年的专业服务积累了相当的客户数据和实际经验，在实施培训与提供咨询服务的过程中，表现出的专业水准与职业化程度一般比较高，因此，从外部培训与咨询机构采购培训与开发项目，其专业性、系统性、完整性较好。但是，在甄选与采购过程中，如果未能严格把关和积极监控，外购项目也会存在一些比较突出的问题，如价格昂贵、适用性差。外包项目，最大的风险就在于项目的系统性、完整性都很好，专业性也很强，就是不切合企业的实际情况。出现这一现象的原因可能是培训或咨询机构没有认认真真地研究客户企业的实际情况和需求，无法有针对性地开展培训，也可能是时间过于紧迫，企业配合不够等其他原因导致的。

既然外包与内部自行设计开发都存在优点与不足，企业在做出决策的时候就应该权衡利弊，综合考虑。企业在就这一问题做出决策的时候要通盘考虑如下几个因素：成本、培训内容、培训师资以及培训对象的特点与数量。

有些企业对于培训费用与成本问题存在不太恰当的看法，认为这些培训开支纯粹是企业的一笔支出，而不从人力资源投资与开发的角度来看待，因而，能省则省，能少则少。培训外包的基本原则应该是在保证质量的前提下，尽可能降低采购成本。为此，企业人力资源部门应努力提高自身寻找服务机构、甄选项目内容以及开展商业谈判的能力，力争掌握主动权。成本固然是影响企业做出决策的重要因素，但是，最直接的因素还是培训项目的具体内容。如果企业内部人员对培训项目的内容都不熟悉，而这一培训项目又非常重要，那么，除了外包别无选择。当然，这种情况比较极端。还有一种情况，企业内部人员对培训项目的内容略知一二，但是，要想设计一个完整的培训项目，虽然不是不可能，但确实存在困难，这时该怎么办呢？我们认为，此时应该综合考虑项目内容的质量和成本问题，通过和外部比较之后，再做决定。一般情况下，如果企业内部有兼职教师能够讲授某些课程，那么，企业也可以组织这些教师自行开发培训项目。如果企业从经济的角度考虑，认为由这些兼职教师放下手头的业务工作，专门进行项目开发，可能得不偿失，那么企业也可以将课程设计外包出去，然后由自己内部的兼职教师消化、加工和改编之后，给学员进行讲解；如果企业内部没有相应的讲师，则需要从外部引进培训项目与培训师资。另外，受训对象的特点，尤其是受训者人数多少，也是影响企业项目决策的一个重要因素。如果受训人数较多，企业为此进行专门的项目设计与开发的回报率会较高；如果人数较少，则可考虑安排外派培训，外派培训也是外包的一种重要形式。

假设组织有一个长期战略规划，你要根据该规划去评价你的培训活动。为了了解你的培训活动是否符合组织的短期和长期目标，你必须定期审查培训计划，思考以下问题：

(1) 你是否增加了所有员工的培训机会？

(2) 现在是否在实施以往需要而得不到的新培训服务和计划？

(3) 通过这个新的培训项目你是否提高了员工、管理人员以及顾客的满意度？

(4) 在设计和实施培训计划的过程中你是否得到了时间和成本方面的节省？

(5) 员工调查和课程评价是否表明员工对现在所提供的培训计划感到满意？

(6) 你是否已经能将培训与企业目标、发展战略以及战略领导力整合为一体？

三、在选择培训项目外包机构时应考察的关键点

企业对人力资源培训工作的日益重视以及人力资源管理外包现象的出现，促成了我国培训市场的诞生与繁荣，培训机构层出不穷，培训队伍良莠不齐，培训活动五花八门，培训广告铺天盖地。因此，组织在选购培训项目时，应综合权衡各培训机构的培训资质、服务经历、培训师资、培训收费等要素，择优选取。

首先，组织在选择培训项目外包机构之前需要综合考虑自身的因素，对自身的实际状况进行深入细致的分析。表 11-8 列出了组织在选择培训与开发项目供应商之前应先进行的自我分析清单。

表 11-8　在选择培训项目外包机构之前需要考虑的因素

专业知识	组织内部是否缺乏设计、实施人力资源开发项目的技术、知识和能力
时机	现在是否是聘请外界专业机构的最适当时机
受训者人数	在通常情况下，受训者人数越多，组织自行设计培训项目的可能性越大。因此，如果需要接受培训的只有较少的人数时，人力资源开发部门可以将他们外派出去参加培训
课程内容	如果课程内容涉及企业核心机密或专有技术的话，那么人力资源开发部门应使用企业内部人员作为培训教师，开展企业内部培训
成本	人力资源开发部门通常会考虑成本问题，并且会将成本与其他问题结合起来考虑
人力资源开发部门的规模	人力资源开发部门的规模在很大程度上反映了组织自身具备的设计、实施技能培训的能力
其他因素	一些其他的外在因素使借助于外界机构进行技能培训更加有效

资料来源：A. P. Carnevale，L. J. Gainer，J. Villet & S. L. Holland. *Training Partnership: Linking Employers and Providers* [M]. Alexandria，VA：American Society for Training and Development，1990：6.

一旦组织决定从外部采购人力资源开发项目或其中的一部分，那么接下来的问题就是选择培训供应商了。在选择培训机构时，应观察他们提供的服务项目或其业务能力是否与组织的需要和目标相符。选择外界培训机构的标准因不同的组织而不同，但以下一些原则是普遍适用的。

（1）成本：价格要与培训与开发项目的内容和质量相符合。

（2）资质证明：包括认证资格、学历和其他能证明培训供应商专业能力的资料。

（3）行业背景：在相关领域从事培训服务的时间及其经验。

（4）经验：培训供应商以前有哪些客户，与这些客户的合作是否成功，能够提供哪些证明材料。

（5）经营理念：培训供应商的经营理念是否与本组织相符。

（6）实施培训的方法：培训供应商采用哪些培训方法和技术。

（7）培训内容：培训与开发项目的主题及内容如何。

（8）课程产品：包括培训项目的外在观感、示范，或是否提供演示项目。

（9）培训成果：预期的培训成果如何。

（10）支持服务：尤其是在项目实施和售后服务方面的支持力量如何。

（11）对项目计划书的要求：外部培训机构提供的服务项目是否与组织希望对方在项目计划书中体现的内容一致。

目前，我国的信用机制远未完善，因此，企业在选择外部培训机构的时候，首先要考

察其资质情况。另外，企业组织的某些培训活动最后需要得到有关部门的认可，因此，企业应更加认真地研究培训机构有无行业主管部门批准的资质条件。考察培训机构过去服务的行业与客户，并向这些企业进行考证，能够有效地分辨出培训机构的专业水准与职业化程度。尽管这一工作开展起来不太方便，但是，它不仅能够提高企业甄选的有效性，从而提高培训项目的有效性，而且企业可以通过这种考察活动构建有效的培训资源网络，为日后开展培训工作集聚广泛的资源。企业在选择外部培训机构的时候，另一个重要的考虑因素就是谁（什么样的人）将为企业实施培训活动，因为他/她直接关系到培训项目的效果好坏。最后，企业还应充分考虑和权衡各培训机构的报价，即培训成本问题。事实上，许多企业都将培训收费作为决策的主要依据，但是，成本永远只是一个相对的概念，它是相对于其他培训机构的报价而言的，更是相对于培训内容的质量而言的。正如前文所言，选择一家合适的外部培训机构，要求企业人力资源管理部门的人员具有较强的甄选与商业谈判能力。当然，掌握专业知识并了解业界动态是有效完成这一工作的前提条件。

四、培训外包的具体流程

培训外包的具体流程分为如图 11-2 所示的九个环节。方框中的内容是每个环节所涉及的关键问题。

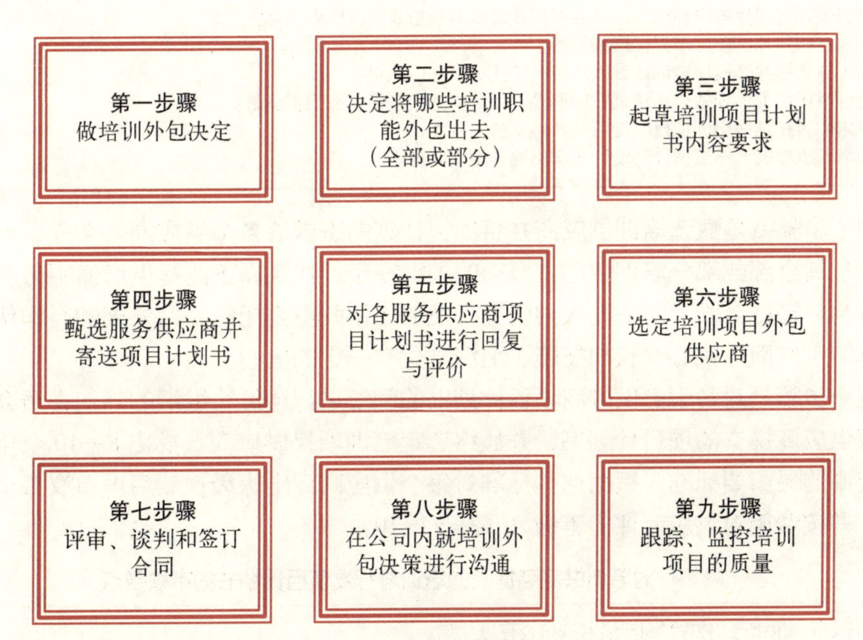

图 11-2　培训职能外包的九个环节

第一个步骤是做培训外包的决定。组织在进行培训外包决策之前，应当首先完成对组织的培训需求分析，在此基础上计算由内部进行培训或将培训外包的成本。

一旦选择了外包的方式进行培训，第二个步骤就要决定将哪些培训工作外包出去。当公司处在精简状态下的时候，高层管理人员可能建议将整个培训职能外包出去。更明智的决定可能是将培训职能的部分工作，如授课外包出去，而将培训计划设计、物资设备以及报到注册留给内部培训专业人员去做。如果公司在高速发展急需培训，并且不可能及时地聘请到有能力的培训人员，在这种情况下，公司应当考虑外包某些或全部的培训职能。

在决定了将某些培训活动外包出去之后，第三个步骤就是起草项目计划书内容要求，在项目计划书中应具体说明所需培训的具体类型和内容，以及培训对象等（见表 11-9）。如果项目计划书要求不完善，那么就更难找到能提供最适应本组织需求的服务的供应商。因此，需求评价和项目计划书要求的质量对于找到最佳合作伙伴并建立有效的培训与开发外包关系来说至关重要。

表 11-9 培训与开发项目计划书的内容要求

我们公司正在考虑将整个培训职能外包出去，包括培训规划、课程内容、报到注册、时间安排、后勤服务、设施管理以及讲师配备。请问贵公司能否提供这些服务？如果能够考虑与我们合作，请提供以下资料供我们参阅。
1. 请提供你们公司的简介。
2. 请提供一份客户名单和至少三位最近客户的名称及电话号码，以便我们能与之联系，了解你们公司的业绩。
3. 请描述你们公司将如何开展这些工作，包括人员的配置、时间选择以及收费标准。
4. 谁将是这个项目的负责人？此人曾获得哪些证书？哪些人将是培训课程的主讲教师？这些人有什么证书？能否提供主讲教师的培训课录像带，让我们选定对本公司最合适的讲师。
5. 你们公司将如何处理注册管理等事宜？请提供各种报告样本。
6. 你们公司都采用哪些培训技术和手段？你们是否提供使用最新技术的多媒体培训项目？请详细说明。
7. 你们的服务能力如何？你们对客户的响应速度如何？你们能否提供证明你们公司这方面表现的客户的名单供我们去了解？
8. 你们只提供固定课程的培训项目还是会根据我们的需求量身定制培训项目？
9. 你们主要在哪些地区和城市提供这些服务？
10. 你们是否与客户共同设计培训计划以适应员工技能和知识水平？
11. 你们是否对新培训计划做试点测试？你们是否为我们的员工提供练习和测验机会？
12. 请提供你们将在这些培训项目中使用的各种资料的副本。
13. 请说明培训流程的运作过程以及设计和实施培训课程的地点。

第四个步骤就是甄选培训供应商并将项目计划书寄送给各个供应商。今天，大多数公司都在外包其全部或部分培训活动。成功的关键在于，找到真正能提供增值服务的有效的供应商并与之签订合同。将公司人力资源开发的任何职责委托给公司外部的合作伙伴，都需要对其特定方面的核心专长与技能、组织文化有一定的信心。

第五个步骤是对各服务供应商项目计划书的回复进行评价。组织的外包委员会应该仔细地审议供应商提交的项目计划书，并最终选定培训项目供应商。挑出 8—10 个用以选择培训供应商的最重要标准，根据这些标准对每个供应商评出等级；然后再审议每个供应商的收费，并按费用对供应商评出等级（见表 11-10）。

表 11-10 对培训供应商提交的培训与开发项目计划书的审核要点

1. 该项目计划书与你所要求的培训计划书的符合程度如何？
2. 培训供应商的报价及服务收费与你的期望相符程度如何？
3. 该培训项目支出所能得到的明显的收益是什么？
4. 其设计和实施培训计划的时间安排是否符合你的需求？
5. 所提供的培训资料的质量如何？
6. 将负责实施你培训计划的人员的专业能力或经验如何？
7. 该供应商对计算机辅助培训、远程培训以及多媒体技术的熟悉程度如何？这是一个关键因素，因为人们常常觉得离岗去参加集中培训有困难。你希望了解是否能够通过各种传播方式实施培训。
8. 该供应商是否为同行业或相关行业的其他公司提供过培训服务？这是个加分因素，因为曾有过相关经验的供应商更加熟悉你的业务。

第六个步骤是选定培训项目外包供应商。在与培训供应商签订有关培训外包合同之前，要考察该供应商的证明材料。可以通过美国培训与开发学会这样的专业协会来核查，也可以通过个人熟识的从事外包培训活动的专业人员来了解。在对你可选择的全部对象都做过评议之后，最后选定一家培训供应商。

第七个步骤是审查、谈判和签订合同。在与供应商签订合同之前，要请财务人员审查该合同，以便确定财务问题以及收费结构；还须请律师审查该合同，确保合同中有规定如果培训效果不佳或不符合你的时间要求须给予赔偿的条款。在培训外包委员会里找一名最善于谈判的成员与你一起去谈判，达成一份最理想的合同文本。

第八个步骤是在公司中就有关培训外包的决策进行沟通。进行有效而及时的沟通是保证外包活动成功的关键。目前，许多公司会将计算机软件培训外包出去，因为很少有公司配备足以靠内部来进行这类培训的软件工程师，因此，必须让员工知道谁将为他们提供这个重要领域的及时而有效的培训。沟通应当是及时的和持续不断的，应当征求员工对任何外包培训计划质量的反馈。

最后一个步骤是跟踪、监控培训项目的质量。建立一种监控各种外包培训活动的质量和时间进度的机制，跟踪、监控以确保培训项目的效益符合项目计划书中的要求。要定期监控费用开支以及培训项目的质量。

五、甄选外部培训供应商的标准

为了取得成功，建立一系列挑选外部培训供应商的标准非常重要，组织可以根据自身的特定需求来考察培训供应商在设计和实施培训方面有哪些经验，以及该组织的人员任职资格要求；查看他们曾经开发过的培训项目；请他们提供一些服务过的客户的参考资料，并提供证据证明他们提供的培训项目是卓有成效的。甄选的目标是找到一个完全合适而不仅是专业能力合适的培训供应商。

可以按照表 11-11 所示的比较通行的评价标准对外包供应商进行细致的考察。

表 11-11　对培训供应商的评价标准

评价标准	具体内容
□ 供应商的声望	组织都希望与在该领域中享有良好声誉的供应商合作。因此，要取得一份能够证明其声望的人员名单并进行全面的审核
□ 财务状况	组织希望了解将与之合作的供应商在财务上是否稳定。如果你的培训供应商自己的生意做不下去了，你公司也会因此而受到影响，你又得再经历一遍提供项目计划书要求的过程。因此，要求对方提供信用证明
□ 培训经验	培训供应商的以往经验应当能说明它是否能够在确定的时间表内提供本组织所需要的培训
□ 相关文件	要求供应商能提供反映其长时间以来业绩的文本资料
□ 人员招聘与培训能力	在长期培训活动的过程中，供应商会有人员变化。它应当拥有一个招聘和培训自己员工的系统，以保证能快速补充新人
□ 共享价值观	培训供应商应当理解你组织的价值观和文化。信任是培训外包合作中的一个重要因素；你想要了解该外部供应商是否会以符合你价值观的方式实施培训计划。在与供应商几次见面后，要求他描述一下你公司的核心价值观

（续表）

评价标准	具体内容
□ 相关的数据资料	该供应商是否对你的项目计划书要求做出了正确和简洁的回复？他是否提供了不相关的信息（这种信息大多是没有价值并且浏览起来耗费时间的）？这可以告诉你某些有关该供应商专业及业务活动水平的情况
□ 时间选择和承诺	你是否觉得该供应商能够满足你对时间和工作量的要求？你是否认为该供应商能履行诺言？

当选定了一家比较理想的培训供应商后，与供应商签订合同是任何外包计划的最重要内容。在打算与外部培训供应商签订合同之前，即使该供应商告诉你这个合同是标准文本，没有必要审查，也应当让律师对合同进行审核。出于合同义务，很多公司尝试对培训供应商采用一次 6 个月服务期，在提前一定时间通知（如 30 天）的前提下有权取消合同。协商阶段要强调的重点应当放在建立一种积极的合作关系上。既要以信任为基础，又要制订使双方受益的协议条款，这才能形成一种共赢的局面。

第四节　人力资源培训与开发的未来发展趋势

随着培训技术和理念的不断发展，在人力资源培训与开发上也逐步呈现出了新的发展趋势。本节将重点探讨一些影响培训与开发的未来发展趋势。

一、将培训与开发与组织战略相联系

培训与开发从业人员面临的挑战之一是将培训与其组织的整体战略联系起来。许多组织仍然无法进行适当的培训需求分析，确保培训计划能够满足组织的战略需求和实际的业务需求。

越来越多的企业开始关注自身的竞争优势，培训部门则应该真正能够满足各业务部门，如市场营销、财务、生产部门发展的要求。这就要求公司的培训部门转变以往把培训当作经营问题的解决措施的观念，而将其作为一种绩效分析的方法。绩效分析包括确定绩效差距、缺陷，以及辨别培训是否可以作为解决各部门面临问题的方法。为此，培训部门应该承担的责任不仅是关注影响绩效改进的因素是什么，还包括为绩效改进提供相应的支持与服务。

目前，越来越多的企业正在谋求建立高效工作系统，培训部门则需要在人际交往、质量、技术技能以及帮助雇员理解整个产品或服务系统等方面提供优质的培训。培训部门应更关注为员工提供专家系统或电子绩效支持系统。目前，临时员工日益增多，对产品和服务的需求弹性也得到加强，对培训部门提出了更高要求。例如，对那些任职期有时只有几周的雇员，公司不愿花钱为其提供培训。但是，通过临时雇用机构，公司往往能挑选到最合适的雇员。由于临时员工对公司的情况知之甚少，当他们在工作中遇到某些不熟悉的情况、问题、规则和政策时，培训部门就为其提供支持，从而成为各个业务部门的合作伙伴。

也有一些小型公司则趋向于把培训工作外包给专职的培训公司或管理顾问机构，即在培训方面进行虚拟管理。公司把培训职能进行外包的部分原因是这些机构不仅有足够的师

资队伍、充分的信息、专业的培训技巧，而且还可以提供更广泛的交流机会。小型公司把培训工作外包出去既可以保证培训的质量，同时因为本企业不再设专职的培训师，也可以减轻本企业培训工作方面的负担，降低成本。但无论采取哪种形式，培训与开发部门都要成为业务部门的合作伙伴。

雇主依托自身力量提供培训，适应竞争变化，弥补人才缺口成为一种战略选择。面对第四次工业革命以及信息技术的快速变化，实践中的经验尚未来得及总结进入高等教育体系就面临着过时的境况。大学的课程体系设置远远落后于时代的发展，无法为企业界提供具备合格技能的毕业生。越来越多的企业依托自身力量弥补人才使用的缺口，培训的重点是在职员工。2017 年，在沃尔玛大学接受培训并顺利毕业的员工超过 225 000 名。沃尔玛的企业大学十分有效，75%的商店管理人员是从小时工作人员起步，经过企业大学的培训成长起来的。

二、培训中新技术的采用将更加广泛

在传统的以讲授为主的培训中，培训工具十分简单——一间教室、一张黑板、一本教材。这种培训往往易受时间、地点、人员方面的限制，难以收到良好的培训效果。今天，世界变化的速度比以往任何时候都快。数字化创新正在推动组织学习和发展领域的重大变革。公司的学习和发展战略必须跟随技术变化而改变，以应对新挑战。组织需要采用现代工具和技术，使人们学会以最有效的方式。例如：为了让新人更快进入状态，美国零售巨头沃尔玛导入 VR 技术，透过模拟、重现服务现场，包括处理客户投诉和购物高峰期的忙乱场景，让员工可以快速从做中学。

智能手机用户数量的激增、不断发展的社交媒体已经改变了人们学习新事物的方式。新的技术手段塑造了新的学习方式，具体而言主要有以下几种。

（1）人工智能。借助人工智能和机器学习，企业的培训与开发部门可以更好地了解学习者的行为，并通过过去行为推荐和定位内容来预测需求。人工智能可以帮助组织提供更加个性化的适应性学习方式。企业的培训与开发所面临的挑战是洞察数据的内容并挖掘出有价值的信息。

（2）移动学习。2018 年，全球智能手机用户的数量已经超过 33 亿。在企业中可以观察到，员工在智能手机上花费了大量的时间。他们用移动设备来做大部分的日常工作，也包括学习新东西。新出现的微学习（micro-learning）趋势就是顺应员工对于移动设备的热衷而产生的。通过微学习，可以向学习者提供即时的信息输入。微视频（micro-videos）的方式也是吸引员工注意力好方法。移动学习为员工提供了随时随地学习的机会，无论他们身在何处。通过将游戏化，微型学习和社交学习的概念结合到移动平台中，组织可以大大提高员工对学习和发展计划的参与度。

（3）VR（虚拟现实）与 AR（增强现实）。通过 VR 与 AR 技术的帮助，可以让学习的过程从获得无形知识，转换成带来实际的行为改变。VR 可以用较低成本重现场景，让员工可以在不影响顾客的情况下，得到宝贵的实践经验。举例来说，VR 可以通过不断重复场景，让主管从旁观察员工的反应，当场指导员工如何应对。虚拟现实可以改变跨组织培训的发展格局。跟随虚拟现实，学习者有身临其境的体验。AR 可以用来创建一个真正的教学环境。例如：基于增强现实，可以创建一个现实生活中的案例，学习者可以在其中扮演各种角色。如果在这样的情况下学习课程，学生不需要出现在现场，他们可以在全球任何地方参与，所需要只是接入高速网络、适应虚拟现实的电脑、移动设备和3d耳机。

（4）分布式团队的远程培训。随着组织的业务系统从集中的办公室转移到各地分散的模式，培训项目需要得到远程技术的支持。无论是员工分散在同一个城市的不同区域还是全国各地，他们的培训需求与之前集中办公的员工相比可能都不相同。这种分布式团队的远程培训将成为未来培训发展的一个重点。分布式团队的培训正在为雇主创造新型的远程学习和连接计划。前安永会计师事务所启动了一个“虚拟学院”，该课程提供以现场指导教师为主导的课程，其中包括提问、咨询师提升技巧、谈判技巧以及其他主题。该培训系统还为新晋经理和助理董事提供了远程培训。这两种方案都可以通过丰富的指导，实现高度身临其境的学习体验，所有的培训都在虚拟环境中进行，并且可以让受训者通过定期的社区呼叫、在线聊天和强大的专用中心（如EY SharePoint）与他们的同伴进行交流。

三、课程体系更加微型化、碎片化、定制化、游戏化

传统的培训课程体系设计，大多是通过一系列课程或一整天的课程传授知识或技能。学员不仅无法记得所有细节，也很难掌握课程精髓。

微型学习是一种能够让员工更好地在工作中学习的培训发展趋势。通过提供短而快速的学习模块，完成时间不到五分钟，人们可以在需要时获得相应的信息。微型学习不限时间、地点、老师。它将培训课程精简化，依照学员的需求，在他想要的时间、地点学习。因此，微学习能加强、补足正式培训课程的不足。

专家预测，随着员工的注意力越来越短，我们没有多少时间投入培训中，微型学习可能会超过正式培训。这个概念也支持了短期课程的持续普及，以便在团队成员需要时提供有针对性的技能和知识。

大规模定制帮助组织提升学习者的体验。一刀切的培训模式已经无法满足当今时代学习者的独特需求。员工期望并需要定制的培训，以适应其工作环境，并满足其工作角色和职能的特定需求。要做到这一点，领导者不仅仅要关注学习计划的创建，同时要考虑如何设计定制化的学习途径，从而涵盖整个学习体验——从工作入门到学习者获得专家表现。正式的学习成果将围绕个人的需求以及组织的目标来提供最佳的能力发展。定制化的培训模式可以依赖各种新的学习技术与模式。例如，自适应技术（Adaptive Technologies）正在帮助企业设计不同的学习内容；学习图书馆（Learning Libraries）提供微观学习元素，可以为持续访问提供帮助；社交媒体工具（Social Media）使我们能够在工作中强化关键学习概念。

定制化的培训模式将应用于哪些方面？第一，定制化的实时反馈系统。组织有机会比以往更快地识别和解决问题。管理人员将能够快速发现学习差距并确定哪些培训项目最为有效，因此他们能够及时进行课程更正，而不是等待每月或每年的反馈调查。第二，领导力的定制培训。组织开始花费更多的资源演练更加自然的领导力，而不是对每位管理者灌输同样的领导力内容。这意味着并不是每个处于同一位置的人都需要相同的培训和发展。让管理人员参与不同的领导力发展轨道，将产生比试图以同样速度发展每个人更好的结果。这种有针对性的培训形成了一个由在某些领域具有深厚知识的个人组成的全面团队，

而不是一个努力在所有领域保持同步的平庸团队。

游戏化学习看起来像是吸引新世代员工的噱头，但是学习和发展中的游戏化有可能在嵌入新知识方面取得巨大成果。自从把游戏化整合到他们的领导学院以来，德勤每周回访网站的用户数量增长了37%。利用游戏机制来刺激参与学习已经是许多专业培训计划中的关键要素。与工作场景相关的视频游戏、模拟和其他在线游戏可促进创造性思维并提高解决问题的能力。游戏化应用会鼓励新世代员工在创造无压力的社交氛围的同时，按期完成任务并获得新技能。

四、社会化学习模式兴起

社会化学习也是组织为了适应新世代员工而采用的培训与发展方式。在社交媒体的时代，人们从社交媒体平台获得的信息比其他任何媒体都多。社会化学习采用流行的社交媒体作为信息渠道，并将组织内容置于社交媒体中，以便团队成员以新方式共享内容并进行协作。社会化学习是一种有效的方法，可以增强正式培训和学习的效果。脸谱网最近推出了“工作场所”，允许任何规模的组织采用社交媒体作为学习和发展的手段。社会化学习已不再新鲜。

促使组织采用社会化学习方式主要有两个因素。一方面，越来越多的公司正在使用分布式劳动力。在员工无法集中或集中难度很大的情况下，组织内部采用社交媒体网络进行学习和发展安排，为组织成员提供了无缝交换思想的场所。另一方面，新世代劳动力的比例不断增加，如出生于1995—2000年的Z世代。这一代劳动力成长过程中高度依赖社交媒体和电子邮件作为交流的媒介。因此，当他们步入工作场所后，也会习惯于使用社交媒体作为分享文件、视频和有效沟通的手段。劳动力结构的变化意味着需要将社会化学习作为组织学习和发展战略的一个重要组成部分。

五、利用培训作为员工福利

培训正迅速成为公司竞争人才的重要支柱。个人和专业发展不仅是现代员工寻找工作时的重要因素，也是决定留任的重要因素。员工希望获得完善的培训来充实和提高他们的技能。培训和开发可以在保留和吸引员工方面发挥积极作用。通过提供培训和开发，员工在其职业角色中会更加积极成功。公司应该将培训作为激励员工的手段，并将其与退休，健康和医疗保障选项一起添加到现有福利包中。在现有公司中取得成功的员工倾向于长期留任。根据赫兹伯格的双因素理论，增加工作满意度的因素包括个人成长，认可或成就感。缺乏职业发展机会是离开一个组织第二常见的理由。

六、培训与开发更加强调软技能

随着组织变得更加全球化和多样化，软技能（如情商、协作和谈判）变得越来越重要。尽管数字化进程的快速发展，技术技能的重要性和回报不断增强，但其重要性会排在软技能之后。认识和培训“软技能”对于一线管理人员和新管理者来说更为重要。研究表明，47%的管理人员在担任新的领导角色时不会接受任何软技能方面的培训。管理者软技能的缺失对于技术团队非常不利。如果沟通和委派技能不到位，可能会使技术团队的工作受到阻碍。

软技能主要是指以管理技能为核心的一系列非技术技能。沟通技能对组织很重要，越来越变得全球化和多样化。重视发展这些技能才能更好地协作、沟通、决策、和谈判等。员工的语言沟通技能就是软技能一个很好的例子。在技术帮助引领创新的同时，发展员工，尤其是管理者的软技能对于提升沟通价值、补充技术技能是必要的。改善员工的软技能，将软技能培训列入议程应是未来组织培训与开发的重要趋势。

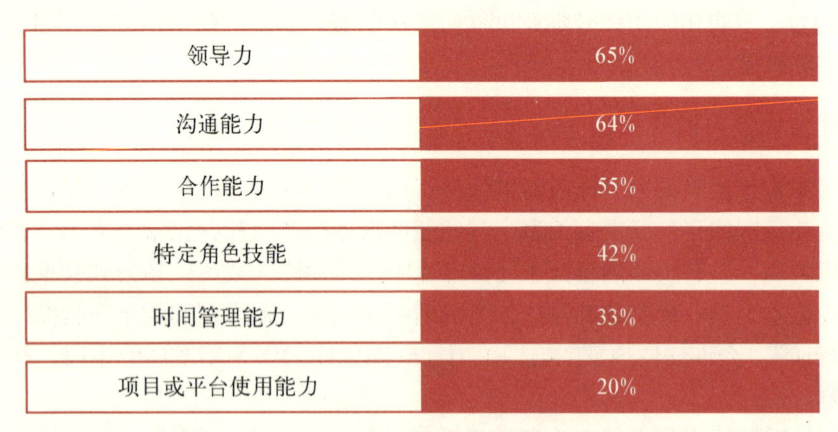

图 11-3　员工最需要学习的重要技能

资料来源：Linkedin Learning，2018 Workplace Learning Report，2018.

七、教练技术方兴未艾

随着教室规模不断缩小，教师的角色正在从一名大量听众的协调者转变为一名私人教练或导师。教师必须超越传统的辅导技能，拥有一系列讲故事和辅导的技能，能够提供个性化学习体验。学习者不希望在工作前培训中仅仅获得了关于该工作的信息和事实。他们希望教师创制与他们工作相关的故事，让学习者成为故事和培训体验的中心。

本章小结

本章探讨了组织发展及人力资源干预的概念及其内涵。组织发展是指组织为适应内外环境的变化，通过对组织过程有计划的干预，改进和更新组织整体结构和人员状况，增强组织的有效性及其成员工作满意度的过程。有计划的人力资源干预指的是“由组织所设计的一系列系统性和规划性的活动，目的是让组织中的某些目标团队或者个人投身于与组织绩效改进存在直接或者间接关系的任务之中”。

第二节重点介绍了组织发展实践中的一些人力资源干预方式，包括管理技能开发的方法、员工辅导的作用、导师制的类型、管理继承人培养的过程以及企业大学构建的模型。

第三节重点介绍了人力资源干预的一种措施——人力资源培训与开发的外包技术。这包括外包的概念以及具体的流程，培训部门在未来将加强同外部培训人员和其他供应商的合作伙伴关系。

第四节重点介绍了人力资源培训与开发的未来发展趋势。

复习思考题

1. 请简述组织发展的概念及其内涵。
2. 请描述三种组织变革过程理论。
3. 请描述组织发展实践的主要内容。
4. 什么是人力资源干预?
5. 人力资源培训与开发专家在组织发展策划中所起的作用是什么?
6. 什么是人力资源培训与开发的外包? 外包的具体流程是什么?
7. 请说明培训外包与自行设计与开发培训项目各自的优缺点。
8. 讨论新技术在未来将会对培训产生何种影响。
9. 人力资源培训与开发的未来发展趋势有哪几个?

网上练习题

1. 访问网址 http: //www. astd. org，这是美国培训与开发协会的网址。通过查阅相关资料，请展望对培训与开发的发展产生影响的几种趋势，并阐明理由。

2. 请访问网站 www. knowledge. base. net，思考如下问题：企业应如何建立知识管理平台? 知识管理能给企业带来什么好处?

应用练习题

对某公司的一位管理者进行访谈。请他/她从培训的技术与方法、服务水平、专业知识以及对公司业务的促进作用等几个方面来评价本公司的培训部门，并陈述理由，然后对这次谈话进行归纳。基于所收集到的信息，对该公司培训部门工作绩效的改进提出合理化建议。

案例 1

腾讯公司在线学习的关键词与重要维度

2016 年的人才发展协会（ATD）大会中，有很多议题都在讲脑科学学习的应用，紧随趋势，腾讯未来的学习主题也将回归成人学习的本质，强调建立与大脑相匹配的教学方式。在线学习就是这样一种方式，配合记忆曲线的规律，通过推送相关的内容去建立联系、巩固练习，改变学后即忘的现状。

腾讯在线学习建设的 5 个关键词：轻量、有趣、个性、社交、应用

在以往“轻量、有趣、个性、社交”的基础之上，2017 年腾讯在线学习的建设新增了一个维度叫“应用”。

1. 轻量：和“娱乐”竞争

注意力经济时代已经到来，随着信息科技（IT）崛起、信息大爆发，我们接触的信息平台和界面越来越多，量越来越大，以至于最后不知道该记些什么。在这种情况下，太多的内容会侵占学习者的时间。在线学习最大的竞争对手就是娱乐，因为大部分在线学习都是在业余时间进行的，而在业余时间大家更愿意做一些消遣的事情而不是去学领导力等课程。所以，把内容做得越来越轻量，让大家易于学习并且能快速记忆和应用才是关键。

2. 有趣：在不知不觉中学习

腾讯希望改变“在线学习是一种学习”这个认知，让在线学习泛娱乐化，让人能在一个有趣的体验中不知不觉学到东西。比如，TED 就是一个很有意思的平台，能够打动人、吸引人，从头到尾没有一个学习的字样，但在浏览内容的过程中就可以促使人们学习，这对腾讯是一个很大的启发。

3. 个性：量身打造学习内容

腾讯在做内部推送的时候发现，有些很精彩、有深度、有干货的内容学习量并不高。因为腾讯人的压力非常大，关键绩效指标考核（KPI）负担也很重，在有限的时间内要尽量考虑怎样去完成工作。在这种情况下，腾讯越来越强调培训内容的针对性，因为人们可能更倾向于选择与自己工作强相关的内容，甚至是为自己量身打造的内容。

4. 社交：引爆受众群

在未来，不管是线上还是线下，如果你想要拥有很广的受众，最有效的方式就是用社交引爆它。腾讯发现当下很多的文章、产品都是通过转发、好友推送等社交手段，最后达到了“爆款”的效果。

5. 应用：转化学习成果

这是最近腾讯新增的关键词，也是腾讯未来努力的一个重要方向。腾讯更强调未来学习的学以致用，如果仅仅停留在“学”这个阶段，学完没有转化，那对于企业而言并无用处。

腾讯学习实践的六大维度：体验、内容、形式、场景、大数据、生态

腾讯的在线学习是从 2006 年开始的，也经历了模仿学习、试错、再创新等一系列摸爬滚打的阶段，到现在逐渐形成了自己的一套实践体系。

1. 打动用户的体验

(1) 首先，要能敏捷迭代

在做在线学习网站之前，2006 年，腾讯就开始考察很多国内外企业的做法，但事实上，这些可以拿来即用的外来品的内容并不是腾讯想要的。因此，腾讯进行了很多次改版。从最初的着重呈现日程、新闻活动，到 2012 年开始有大篇幅的内容呈现，再到 2016 年的重构，腾讯越来越强调个性化服务，通过数据分析和采集把用户最常用的内容呈现在首页。

(2) 其次，要能抓准“主要矛盾”

举一个例子，腾讯有好几个团队在做直播，邓昊罡的团队起步并不早但是却走到了最后，为什么？大家都在关注怎么让直播设备简化、直播便捷、有越来越多的功能，但邓昊罡的团队始终关注的是视音频的高质量，一直致力于把最关键的部分做精、做好，让用户有高清流畅的体验，这才是做直播最应该解决的主要矛盾。

(3) 最后，要与时俱进，让学习体验不断跟上技术的变化

微课、翻转课堂、慕课、案例闯关等越来越普及，腾讯会了解、尝试、跟进一些对自身有价值的内容，如慕课。腾讯自己研发的慕课里面有录像、互动答题、情景演练等，以多个微课小视频的形式出现。学员学习完课程之后可以交叉互评，也可以进行社群交流，线上线下结合。当然，社群是有门槛的，学员必须完成固定数量的内容学习，并完成作业提交和交叉阅卷，达到所需分数，才有机会进入这个微信群。因此，大家会更有动力，更

愿意去学习。

2. 有趣有用的内容

海量的学习内容对于用户来说其实并非好事，因为他们往往会不知道自己到底该选哪一个，该从哪开始，所以，腾讯现在提出了“四库全书”项目。

“四库全书”项目体现了三个理念：品类全，“找得到”；数量精，帮助用户能“找得快”；通过智能的个性化推荐，让用户“找得准”。

3. 易于社交的形式

除了学院公众号推送的微信图文可以轻松转发或分享到朋友圈外，对于线上学习中的考试，腾讯也特别设计了考试结果的趣味性展示，不仅支持把考试结果分享到微信群和朋友圈，而且可以根据项目对头像和考试结果用文字进行自定义，如“学霸”“学渣”等，还可以根据具体考试或培养项目的需要进行个性化定制，从而提高对参与者的吸引力，使他们更有分享转发的意愿。

4. 基于应用的场景

应用场景也是非常重要的一个点，不论是做内容还是做运营，都要特别强调学以致用。

例如，绩效考核后会有部分人面临职级晋升的机会，需要充分准备晋升的面试答辩，那接下来的这三步就很重要：

（1）第一步是让你的思维更加结构化，让你的组织更有逻辑；

（2）第二步是做出一个 PPT 演示文稿；

（3）第三步是提升演讲技巧。

很多人并不擅长这类晋级答辩，而抓住这个场景，给大家推送相关内容，大家就会很愿意去学这些以往可能不太会主动搜索的内容。学以致用重在“用”，因而，强调应用场景是腾讯现在越来越关注的重点。

5. 研究喜好的数据

腾讯做了一个 24 小时学习曲线图，下午 5 点、晚上 10 点到 11 点是网络课程学习的高峰，晚上 9 点是微信公众号学习的高峰，而 APP 的学习则是在晚上 11 点之后，学员在白天基本不会学习 APP 的内容。这就揭示了一个问题，大家并没有想象中那么好学，等车或者排队的碎片化时间大家更倾向于看微信或者做其他的事情，因此，推送相关内容的时间点就很重要，推的时间不对会导致点击量低迷。

2016 年，腾讯发布了鹅厂学习数据，坐在桌子前面学的人占了 61%，排队时学习的只有 9%，23% 是躺在床上学的。这就能证明 PC 端学习依旧占主流，而且用连贯时间学习的人占大部分，用碎片时间学习的人其实是很少的。基于对这些数据的分析，腾讯现阶段在线学习的建设重点仍然是 PC 端，移动端只是补充手段。另外，腾讯的精品内容推送都集中在下午 4 点、5 点或者晚上 8 点左右，避开排队、等车等碎片化时间，以便大家可以静下心来学习。

6. 推动循环发展的生态

以前做在线学习，可能更多地着眼于如何快速、广泛地传播学习内容，而未来，腾讯希望能打造一个完整的学习生态：从分享到学习，到实践，到经验沉淀，最后到自己也能成为知识分享者。

在这个过程中，一方面，腾讯借助碎片化、游戏化、情景练习等手段推动知识的内化；另一方面，腾讯也会出机制、搭平台、造氛围、识达人、鼓励大家把工作中的实践经验归纳沉淀，鼓励知识的传承；同时，腾讯还会定标准、出指南、造工具、给模板，帮助大家降低分享门槛，使知识的传承能自然地动态扭转而不仅仅只是依赖培训组织者。

资料来源：《培训杂志》根据腾讯学院在线学习平台负责人邓昊罡于“2017中国企业培训与发展年会”的主题演讲整理而成。

思考：腾讯的一套在线学习实践体系主要包括哪些内容？

案例2

GE值得借鉴的“逆向”导师制①

代际是条河，一边是被社会贴上标签的“千禧一代”，他们有创意、敢表达、目无尊长……毁誉参半；河的那一边是公司里的高级领导人，他们基本处于四五十岁的年纪，对层出不穷的新科技较为陌生，不知道如何应用，对未来科技发展的判断也和20多岁的年轻人有分歧。如果说未来就在“千禧一代”的手中，那怎样跨越高级领导人与年轻人之间的观念和知识隔阂呢？

1999年，时任GE CEO的杰克·韦尔奇让五六百位高层领导与精通网络的二三十岁的年轻人结对子，为高层领导者创造一个了解“新世代”的机会，也帮助他们了解年轻领导者将面临的挑战。2011年，GE再次意识到了不同代际员工之间存在的隔阂：一方面，年轻员工觉得公司没有太多地使用他们已经熟悉的各种社交网络工具，工作方式不够酷，表现手法不够炫，另一方面，年长的员工则对年轻人要这些玩意儿做什么不解。

争论中诞生的逆向导师

为了从年轻一代身上了解新趋势，以CEO杰夫·伊梅尔特为首的GE管理层决定发起名为“世界新动向”的项目，从全球各集团选拔出21位年轻人，汇聚到GE在美国的克劳顿村培训中心，从他们的视角来看GE需要做哪些改变，并将研究成果向全球高管分享，这便是业界广泛赞誉的“GE逆向导师”计划的雏形。

组织者向这21位年轻人下达了一个简单得不能再简单的指令，从他们的视角来看GE需要做哪些改进，半个月给一次报告，一个半月后向高级副总裁汇报工作进展，三个月后向CEO杰夫·伊梅尔特做汇报。三个月后，员工与公司的互信终于结出了果实。大家从400多个点子中投票筛选出四个最有价值的方案汇报给伊梅尔特。

第一个方案是让公司采用在线游戏的方式加强各项产品与服务的宣传。借鉴中国开心农场的例子，像GE生产的飞机发动机，其构造、功能和原理完全可以用年轻人喜爱的游戏方式来呈现，让高中生都看得懂。

第二个方案是职业导航。这个想法为GE人提供一个平台，可以看到从职业起点到他的职业目标之间要经过哪些阶段、层级和培训，需要哪些技能，公司又有哪些人跟他们走的是一样的路径，可以成为他们的职业导师。

---

① 《职场》2013年第7期，作者钱丽娜。

第三个方案是线上福利系统。提供多种福利项目，员工可根据自己的需求选择适合自己和家庭的福利，投资一个更健康的未来。

第四个方案是顶尖人才培训。可结合公司内既有的各种领导力项目，并与其他 GE 的业务伙伴公司有的领导力项目联盟，让人才得以跨界及跨行业学习。

为了了解员工内心真实的想法，伊梅尔特把过堂式地演示改成了小型座谈会，弄了一个小圆桌，团团围坐，像聊家常那样谈各种调研中的发现，拉近与员工的距离。

“逆向导师”上岗

由 21 个年轻人给 CEO 出点子的项目做得很成功。受这个项目的启发，GE 开始考虑如何让这些年轻人继续发挥他们“逆袭”的作用。

GE 定期组织全球总裁们前往美国进行培训。每年总裁们在制定发展目标时，总希望能够多接触一些新鲜的人和事，于是 GE 把这些年轻人带到了培训现场，让他们从自己的视角来告诉总裁这个世界正在发生哪些变化，年轻人关注的热点是什么。预热之后，公司让总裁们在这些年轻人中挑选自己的老师。

年轻人的教学方法也是出新出奇的，他们在现场教总裁们下载软件，现场“碰”。有些头发都已花白的总裁兴奋地拿着 iPhone 碰来碰去，迷上了各种新奇的小应用。之后，总裁们被各自的小导师“领走”，认认真真地去学习各种应用软件。当然这只是基础课程。接下来导师们会教总裁如何利用新型的社交网络来和年轻人沟通，如 Twitter、Facebook、Linkedin 等平台。导师们在上课之前花了很多时间来研究为什么有些帖子跟帖率高、转载率高，为什么有些不行，并且将研究的内容与“学生总裁”进行探讨。在学生熟悉掌握社会化媒体的应用后，导师们又教他们如何利用这些新媒体来招聘员工，做营销活动。

“逆向导师”无论是对公司还是对总裁个人都产生了积极的影响。这些高级领导者怀有开放的心态来接受新事物，学以致用，为公司的运营创造了新的价值。逆向导师活动结束后，公司把所有参与配对的总裁召集到一起，分享感受，谈谈下一步的打算。按 GE 的规划，让高级领导人学习新事物的教育应该是持续进行的，每半年要更新一次。21 个年轻人提出的有价值的点子也被印制成手册发给人力资源的领导者，作为他们的工作参考。

中国版导师，从微博教起

如今，“逆向导师”已经成为一股不可逆的潮流在 GE 内部推行。2013 年 4 月，GE 大中华区 CEO 夏智诚也为自己找到了三位近 90 后的小导师。中国区“逆向导师”的征集令是在微信以及公司内网上发出的，成为导师的条件是必须热爱、精通社会媒体。这个小小的细节也说明了导师本身也要经过新媒体应用的测试。三位导师的主要任务是帮助夏智诚改进微博的沟通方法，但是究竟哪些话题可以影响年轻人，怎样影响，都要经过周密的规划。

有了这三位导师，夏智诚会把他想发布的内容提前发布在微信上和导师们沟通，讨论之后再发布到微博上。如今夏智诚的微博不再是满版文字，有了中英文对照版，还有了有趣的图片和视频，特别是他扮成真人版大熊猫为成都拍的形象广告片“Chengdu！Can do！”一下子拉近了他和读者的距离。

参考文献

1. ［美］雷蒙德·A. 诺伊. 雇员培训与开发［M］. 徐芳，译. 中国人民大学出版社，2001.
2. ［美］雷蒙德·A. 诺伊，约翰·霍伦贝克，拜雷·格哈特，等. 人力资源管理：赢得竞争优势（第三版）［M］. 刘昕，译. 中国人民大学出版社，2001.
3. ［美］杰克·菲利普斯. 培训评估与衡量方法手册［M］. 李元明，林佳澍，译. 南开大学出版社，2001.
4. 周志忍. 现代培训评估［M］. 中国人事出版社，1999.
5. 林正大. 第五层次的培训效果［J］. 企业研究，2002（12）：72-73.
6. 汤启宇. 西门子公司的行动学习培训法［J］. 杭州金融研修学院学报，2003（2）：49.
7. 彭剑锋. 战略人力资源管理：理论、实践与前沿［M］. 中国人民大学出版社，2013.
8. ［美］雪伦·B. 梅里安，罗斯玛丽·S. 凯弗瑞拉. 成人学习的综合研究与实践指导［M］. 黄健，张永，魏光丽，译. 中国人民大学出版社，2011.
9. 王志军，陈丽. 联通主义学习理论及其最新进展［J］. 开放教育研究，2014，20（5）：11-28.
10. 程璐楠. E-learning 时代的学习理论——联通主义［J］. 中国国际财经（中英文）. 2016（19）：35-38.
11. ［美］杰弗里·A. 迈尔斯. 管理与组织研究必读的 40 个理论［M］. 徐世勇，译. 北京大学出版社，2017.
12. 艾志红. 吸收能力的理论演化与研究述评［J］. 技术经济与管理研究，2017（1）：38-42.
13. 张剑，张微，宋亚辉. 自我决定理论的发展及研究进展评述［J］. 北京科技大学学报（社会科学版）. 2011，27（4）：131-137.
14. 吕林海. 人类学习的研究历史、本质特征与改进努力——脑科学视角下的解析与启示［J］. 全球教育展望，2013，42（1）：45-52.
15. ［美］伊莱恩·碧柯. ATD 学习发展指南（第 2 版）［M］. 顾立民，杨震，赵弘，等，译. 电子工业出版社，2016.
16. 李东朔. 培训新势力从人工智能到虚拟现实——人工智能与虚拟现实离企业培训有多远［J］. 培训，2016（11）：34-39.
17. ［美］埃尔伍德·霍尔顿. 在组织中高效学习：如何把学习成果转化为工作绩效［M］. 机械工业出版社，2016.
18. 曲可佳，Richard A. Young，邹泓，余益兵. 职业生涯背景行动理论及其方法的述评

[J]. 心理科学进展，2010，18（10）：1567-1573.
19. 柳亮. 领导力理论视野下的大学内部管理变革研究［J］. 国家教育行政学院学报，2010（1）：23-26.
20. ［美］惠顿、卡梅伦. 管理技能开发（第八版）［M］. 戴维智，译. 清华大学出版社，2011.
21. 魏钧，李淼淼. 导师网络研究综述［J］. 外国经济与管理，2013，35（2）：67-70+80.
22. 葛明磊，张丽华，郭子豪，杨舒文. 企业大学设计模型的再思考——来自华为大学的案例研究［J］. 中国人力资源开发，2016（18）：27-34.
23. 杨思卓. 新型企业大学构建的“八一模型”［J］. 现代企业教育，2014（9）：18-22.
24. 刘颖，吴峰. 企业大学逻辑：基于个案的设计模型［J］. 中国人力资源开发，2014（24）：6-10.
25. Abel A L, Li J. Exploring the Corporate University Phenomenon: Development and Implementation of a Comprehensive Survey [J]. *Human Resource Development Quarterly*, 2012, 23 (1): 103-128.
26. Kram K E. Improving the Mentoring Process [J]. *Training and Development*, 1985, 68 (7): 16-32.
27. Kram K E. Phase of the Mentor Relationship [J]. *Academy of Management Journal*, 1983, 26 (4): 608-625.
28. Pryor R, Bright J. *The Chaos Theory of Careers: A New Perspective On Working In the Twenty-First Century* [M]. Oxford: Routledge, 2011: 244.
29. Kontoghiorghes C. A Systemic Perspective of Training Transfer//Käthe Schneider. *Transfer of Learning in Organizations*. Springer, 2014.
30. Zahra S A, George G. Absorptive capacity: A Review, Reconceptualization, and Extension [J]. *Academy of management Review*, 2002, 27 (2): 185-203.
31. Cohen W, Levinthal D. Absorptive Capacity: A New Perspective on Learning and Innovation [J]. *Administrative Science Quarterly*, 1990, 35 (1): 128-152.
32. Beach L R. Image Theory: An Alternative to Normative Decision Theory [J]. *Advances in Consumer Research*, 1993, 20 (1): 235-238.
33. Siemens G. Orientation: Sensemaking and Wayfinding in Complex Distributed Online Information Environments [M]. Aberdeen: University Doctoral Dissertation, 2011.
34. Siemens G. Connectivism: A Learning Theory for the Digital Age [M]. *International Journal of Instructional Technology & Distance Learning*, 2005, 2 (1): 3-10.
35. Mezirow J. *Transformative Dimensions of Adult Learning* [M]. San Francisco: Jossey-Bass, 1991.
36. Mezirow J. *Learning as Transformation: Critical Perspectives on a Theory in Progress* [M]. San Francisco: Jossey-Bass, 2000.
37. Irwin L. Goldstein. *Training in Organizations* [M]. Brooks/Cole Publishing Company, 2001.

38. Desimone R L, Werner J M & Harris D M. *Human Resource Development* [M]. Harcourt College Publishers, 2002.

39. Maher J H, Kur C E. Constructing Good Questionnaires [J]. *Training and Development Journal*, 1983, 37 (6): 106.

40. Robinson D G, Robinson J. Training for Impact [J]. *Training and Development Journal*, 1989, 43 (8): 39.

41. Kraiger K, Ford J K, Salas E. Application of Cognitive, Skill-based, and Affective Theories of Learning Outcomes to New Methods of Training Evaluation [J]. *Journal of Applied Psychology*, 1993, 78: 323.

42. Philips J J. *Handbook of Training Evaluation and Measurement Methods* [M]. Houston: Gulf, 1983.

43. Bretz R D, Thompsett R E. Comparing Traditional and Integrative Learning Methods in Organizational Training Programs [J]. *Journal of Applied Psychology*, 1992 (77): 941-951.

44. Miller R B. Task description and analysis [M] //R. M. Gagne (ed.), *Psychological Principles in Systems Development*. New York: Holt, Rinehart and Winston, 1962.

45. Wircenski J L, Sullivan R L, Moore P. Assessing Training Needs at Texas Instruments [J]. *Training and Development Journal*, 1989, 43 (4): 61-63.

46. Gray G R, Hall M E. Training Practices Instate Government Agencies [J]. *Public Personnel Management*, 1997, 26 (2): 187-202.

47. Overmyer-Day L, Benson G. Training Success Stories [J]. *Training & Development*, 1996, 50 (6): 24-29.

图书在版编目(CIP)数据

培训与开发理论及技术/徐芳主编. —2版. —上海：复旦大学出版社，2019.8（2023.8重印）
（复旦博学·21世纪人力资源管理丛书）
ISBN 978-7-309-14472-7

Ⅰ.①培… Ⅱ.①徐… Ⅲ.①企业管理-职工培训-高等学校-教材 Ⅳ.①F272.92

中国版本图书馆CIP数据核字(2019)第146978号

培训与开发理论及技术(第二版)
徐 芳 主编
责任编辑/宋朝阳 李 荃

复旦大学出版社有限公司出版发行
上海市国权路579号 邮编：200433
网址：fupnet@fudanpress.com http://www.fudanpress.com
门市零售：86-21-65102580 团体订购：86-21-65104505
出版部电话：86-21-65642845
常熟市华顺印刷有限公司

开本 787×1092 1/16 印张 23 字数 531千
2023年8月第2版第4次印刷
印数 12 301—14 400

ISBN 978-7-309-14472-7/F·2600
定价：58.00元